本书得到国家自然科学基金面上项目（71872103）资助

CULTIVATING LONG-TERMIST

RESEARCH ON THE GOVERNANCE EFFECT AND MECHANISM OF EXECUTIVE REPUTATION

塑造长期主义者

高管声誉治理效应及实现机制研究

徐　宁◎著

中国财经出版传媒集团
经济科学出版社
Economic Science Press

图书在版编目（CIP）数据

塑造长期主义者：高管声誉治理效应及实现机制研究/徐宁著.
—北京：经济科学出版社，2021.5
ISBN 978－7－5218－2526－8

Ⅰ.①塑…　Ⅱ.①徐…　Ⅲ.①企业－领导人员－舆论研究－中国　Ⅳ.①F279.2

中国版本图书馆 CIP 数据核字（2021）第 076912 号

责任编辑：郎　晶　刘战兵
责任校对：王苗苗
责任印制：范　艳　张佳裕

塑造长期主义者：高管声誉治理效应及实现机制研究
徐　宁　著
经济科学出版社出版、发行　新华书店经销
社址：北京市海淀区阜成路甲 28 号　邮编：100142
总编部电话：010－88191217　发行部电话：010－88191522
网址：www.esp.com.cn
电子邮箱：esp@esp.com.cn
天猫网店：经济科学出版社旗舰店
网址：http://jjkxcbs.tmall.com
北京季蜂印刷有限公司印装
710×1000　16 开　20.75 印张　350000 字
2021 年 6 月第 1 版　2021 年 6 月第 1 次印刷
ISBN 978－7－5218－2526－8　定价：83.00 元

前　言

近年来，市场竞争的加剧、单边主义的盛行、“逆全球化”趋势的凸显，尤其是进入2020年以来，新冠肺炎疫情的全球性蔓延，使得企业面临的外部环境越来越动荡，各种“黑天鹅”“灰犀牛”等风险因素也给企业带来了前所未有的挑战。2020年《哈佛商业评论》中文版推出“中国百佳CEO”榜单，纵览榜单上的首席执行官（CEO），几乎都有一个共性，那就是面对纷繁复杂的环境和进退维谷的决策之时能够始终坚守长期主义，始终坚持以提升企业长期价值为导向。陈春花（2020）指出，长期主义是卓越企业确保持续成功最主要的优势，而CEO能否形成长期主义价值观是企业持续成长甚至逆境成长的关键。① 笔者于2016年提出了“公司治理的价值创造效应”的观点，即公司治理机制的设计主旨应实现从“价值分配”到“价值创造”的演进，通过设计价值创造导向的公司治理机制明确如何通过资源的开发和利用来创造企业长期价值，而不仅仅强调短期价值的分配。② 这是长期主义在公司治理领域的体现与诠释。

经过十几年对中国情境下公司治理理论与实践的长期研究，笔者发现，在解决股东与高管之间的委托代理关系特别是改善高管短期主义倾向的公司治理系统之中，声誉契约是一种能够塑造

① 陈春花．唯有长期主义者方能跨越危机［J］．哈佛商业评论（中文版），2020（12）：61－63.

② 徐宁．技术创新导向的高管激励契约整合研究［M］．北京：经济科学出版社，2016：42.

长期主义者的重要机制。相对于现金薪酬、股权、期权、控制权等激励契约，声誉具有其独特的属性与作用机理，是构成长期主义导向的公司治理激励与约束体系不可或缺的组成部分。

最优契约假说认为，有效的高管激励契约是促进委托人与代理人利益趋同的关键治理机制之一。[①] 然而在21世纪初发生的安然丑闻中，股票期权却俨然变成了高管获得私利的动力，成为代理问题的一部分，这使学者们对其进行了重新审视。最具代表性的观点是管理层权力理论，该理论指出，由于管理层权力的存在与监督机制的缺失，激励契约的制定与实施有可能被管理层所控制。[②] 2008年金融危机中的美国国际集团（AIG）“奖金门”事件也揭示了金融企业薪酬管理的普遍性问题。近年来，中国公司高管薪酬与绩效的严重脱钩及过大的薪酬差距也成为质疑的对象。为此，针对高管薪酬的规定相继颁布。此项政策及其在企业界引起的高管降薪风波，在学术界引发了更为激烈的争论。然而，这种通过“看得见的手”对高管薪酬进行管制的方式，仅仅是权宜之计，而非治本之策。为了实现激励相容，上市公司对高管进行的诸如薪酬、股权、声誉等方面的激励手段构成了高管激励契约的整体，它们相互影响并产生作用。已有学者证实，在显性激励契约不完备的情况下，对于拥有剩余控制权的高管来说，声誉可以作为一种无形资产，在某种程度上抑制其短期行为，以达到降低代理成本的目的。[③④]

在中国情境之下，高管声誉嵌入了中国独特的历史发展脉络和丰富的社会环境，或者说有其特殊的历史和社会情境，比如历

① Jensen M C, Meckling W H. Theory of the Firm: Managerial Behavior, Agency Costs and Ownership Structure [J]. Journal of Financial Economics, 1976, 3 (4): 305-360.

② Bebchuk L A, Fried J M. Executive Compensation as an Agency Problem [J]. Journal of Economic Perspectives, 2003, 17 (3): 71-92.

③ Fama E F. Agency Problems and the Theory of the Firm [J]. Journal of Political Economy, 1980 (88): 288-307.

④ Milbourn T T. CEO Reputation and Stock-based Compensation [J]. Journal of Financial Economics, 2003, 68 (2): 233-262.

史传承形成的社会道德规范、中西方交融形成的市场、法制思想、社会心理共同构造的价值评价尺度。在西方管理理论中，需要层次理论提出了一种较为高级的“尊重需要”，如渴望名誉与声望，包括受人赏识、注意或欣赏。这对应于中国传统文化中对“名”的追求。谈晨皓等（2016）指出，尽管人们普遍存在对“名利双收”这一理想成就的期望，但往往事与愿违，在社会现实中名与利通常不能兼得，因而通常会迫使人们必须去面对名利博弈的两难抉择。[①] 而在这种名利博弈中，上市公司高管可能会为了维持或追求良好声誉而选择“舍利取义”，也可能由于“面子问题”导致“为名所累”。因此，在中国特殊的制度环境及文化情境之下，高管对其声誉的诉求有着更为复杂的特性，研究高管声誉的治理效应及作用机理对中国上市公司实践也具有重要的实践意义。

在实践界竭尽心力找寻解决方案的同时，学术研究者也开始将关注点放在能够对高管产生激励与约束双重效用的声誉契约上面。在理论界，对激励问题研究的基础经历了从单次博弈到动态博弈的演进过程。早期的委托代理理论是以委托人和代理人之间的一次博弈关系为前提的。20 世纪 80 年代以后，经济学家将动态博弈理论引入委托代理理论研究中，论证了在重复代理关系情况下声誉机制对代理人的隐性激励作用。[②] 近年来，学者们对高管声誉的治理效应进行了更加深入的研究，形成了较多的研究成果。但是，在理论上存在最优契约假说与管理层寻租效应假说的分歧，在实证研究中也并未取得一致性结论。在中国特殊的制度与文化情境之下，高管声誉会呈现出怎样的独特属性与影响因素？对于高管而言，良好的声誉究竟是动力还是负担？高管会选择“舍利取义”还是“为名所累”？高管声誉是否能够显著影响高管行为

① 谈晨皓，王逸博，崔诣晨，王沛．名利博弈中的舍利取义行为［J］．心理科学进展，2016，24（12）：1907－1916.

② 黄再胜．西方企业激励理论的最新发展［J］．外国经济与管理，2004（1）：28－31.

以及如何发挥公司治理效应？这些都值得深入系统地进行探究。

鉴于此，本书综合运用文献分析、理论演绎、案例研究、实证检验等质性分析与量化研究的整合框架，对中国特殊的制度与文化背景之下高管声誉的独特属性、构成维度、影响因素、作用机理、治理效应、优化途径等进行系统研究，以期拓展已有研究领域，并为中国企业的公司治理机制设计提供有益参考。

主要章节安排如下：

第1章通过对高管声誉及其治理效应相关研究文献的回顾与梳理，概括了高管声誉内涵界定的贡献观、能力观与综合观三种观点，厘清了影响高管声誉形成的多种因素。继而阐释了有效契约假说与寻租效应假说及其理论基础，并从高管声誉所具有的长期性、约束性、内隐性、易损性等独特属性出发揭示了高管声誉“双刃剑”效用产生的原因，构建了高管声誉效用研究的理论框架。基于此，对高管声誉对公司绩效、盈余管理、高管报酬、利益相关者行为、公司战略决策、资源获取等因变量的双重效用和影响其治理效用强弱的情境因素进行了梳理。最后对尚待研究的前沿问题予以展望，以期为后续研究及企业实践提供有益参考。

第2章承续经济学、社会学、管理学对声誉提出的理论框架，通过案例研究方法，揭示了声誉的三重激励效用，即信号效用、工具效用和心理效用，并从实践层面归纳新的研究发现，阐释了激励效用的实现途径，构建了以声誉为激励物和强化物的循环性声誉激励机制，以期通过深化声誉激励的研究为公司高管激励的理论和实践提供有益指导。

第3章从社会嵌入视角出发，通过多案例的探索性研究，剖析并阐释了高管声誉激励的作用机理。研究表明：高管行为嵌入社会中为高管带来声誉资本，声誉资本是高管人力资本、社会资本、心理资本的集合；关系嵌入和结构嵌入通过社会行为规范、商业互惠原则、信任机制、二次信任机制和三层次网络结构等要素对高管行为产生引导和强化作用；声誉资本通过集合激励效用作用于高管行为，从而形成社会嵌入下公司高管声誉激励机制的闭合循环。

第 4 章首先指出以促进创新为主旨的价值创造成为衡量公司治理有效性的重要维度，继而从价值分配与价值创造的整合视角出发，研究了高管声誉的影响因素，并运用 2011 ~ 2014 年的中国上市公司平衡面板数据进行了实证检验。研究表明：财务绩效与 CEO 薪酬水平显著正相关，但对 CEO 声誉却没有显著影响；创新绩效对 CEO 薪酬及声誉均能够产生影响，而基于双元创新原理，突破性创新产出越多，CEO 声誉水平越高，渐进性创新产出越多，CEO 薪酬水平越高；产权性质对上述两组关系具有显著的调节效应。因此，通过 CEO 薪酬及声誉契约的合理设计以引导其进行合理的创新决策，是提高企业创新能力的重要途径。

第 5 章在质性研究的基础上，对中国情境下高管声誉激励契约的强度、效用及作用途径进行了研究。以对部分高管的深度访谈为基础，运用中国上市公司 2007 ~ 2013 年的平衡面板数据进行实证检验，结果表明：高管声誉激励强度与公司规模显著正相关，高管人力资本在两者之间具有中介作用；声誉激励通过与显性激励的交互效应对公司绩效产生间接的效用，具体而言，声誉激励与薪酬激励之间存在互补效应，与股权激励之间存在互替效应；产权性质能够对高管声誉激励效用产生显著的影响。

第 6 章以 2011 ~ 2015 年中国上市公司平衡面板数据作为样本，实证检验了双重代理关系框架下高管声誉对上市公司权力配置的影响，从崭新的视角阐释了高管声誉对上市公司治理的作用路径。研究表明，根据来源不同，高管权力可以分为基于高管身份的绝对权力和基于股权特征的相对权力，高管声誉对其拥有的绝对权力具有显著的正向影响；基于身份的绝对权力在高管声誉与高管薪酬水平之间存在中介效应，即高管声誉导致绝对权力的增加，继而提高了高管薪酬水平；高管声誉能够明显抑制控股股东的侵占效应，有效解决第二类代理问题；在国有上市公司中高管声誉的治理作用更为显著。本章的结论拓展了现有公司治理研究的视域，并为上市公司运用高管声誉等隐性契约进行合理的权力配置从而提升治理水平提供了有益参考。

第7章基于高管声誉的双重治理效应观点，运用2012～2017年中国上市公司数据，实证检验了CEO声誉对真实盈余管理行为的“双刃”效应及作用机制。研究表明：CEO声誉与真实盈余管理行为之间具有显著的倒U形关系；CEO风险承担水平在CEO声誉与真实盈余管理行为之间起到了中介传导作用。在拓展性分析中，本章进一步探讨了股权性质、CEO股权激励与CEO职业背景对CEO声誉“双刃”效应的影响。研究发现，国有股权属性、较高水平的CEO股权激励、CEO复合型职业背景均可以弱化CEO声誉与真实盈余管理行为的倒U形关系。研究结论揭示了CEO声誉在中国情境下的双重治理效应及作用路径，为真实盈余管理行为动因的研究提供了新的经验证据。

第8章运用2007～2016年中国上市公司的平衡面板数据，采用爱德华兹（Edwards）和兰伯特（Lambert）提出的调节路径分析方法，对高管声誉与研发（R&D）投资之间的非线性关系及高管薪酬的中介效应进行了实证检验。研究表明：高管声誉与R&D投资之间具有显著的倒U形关系，在高管声誉水平达到最优值之前，高管声誉对R&D投资会产生正向影响，但超过该最优值，则会演变为负向影响；高管声誉通过倒U形曲线效应影响了高管薪酬，进而影响了R&D投资，促成了高管声誉与R&D投资之间的倒U形关系，即高管薪酬在高管声誉与R&D投资的关系中间起到了中介传导作用。研究结论突破了以往的线性视阈，能够为技术创新导向的公司治理机制设计提供参考。

第9章运用2007～2018年山东国有上市公司数据作为样本，

采用多元回归分析方法，一方面从公司特征与个人特征两个层面，探究了山东国企高管声誉的形成路径，另一方面从高管声誉的双重治理效应视角出发，基于有效契约假说和寻租效应假说对山东国企高管声誉的治理效应进行了实证研究。研究揭示了山东国企高管声誉的成因和结果，为高管声誉的理论研究提供了有益参考，并为高管限薪背景下高管声誉的培育和治理效应的发挥提供了可行性建议。中国情境下高管声誉拥有特殊的属性，国企高管声誉与其职业生涯发展息息相关，合理利用声誉契约激励与约束高管行为，是薪酬管制背景下实现委托人与代理人利益趋同的重要途径之一。在此基础之上，深入探究国企高管声誉的形成路径及治理效应是充分发挥高管声誉激励有效性、进一步完善国企内部治理机制的重要前提。

第 10 章构建了国企高管声誉治理效应实现机制，旨在通过对高管声誉及其形成路径进行合理设计，促使国企高管形成追求良好声誉的动机，从而有效地对高管行为进行引导，以实现组织整体目标与价值增值。该实现机制包括国企管理目标体系、高管声誉评价机制、高管声誉传播机制、高管声誉激励机制等。通过对国企高管声誉评价体系进行优化与完善，使高管声誉的形成路径更为明晰，同时，有效利用不同层次情境因素的交互作用，强化有效契约效应，弱化寻租效应，制定出科学的高管声誉激励机制，能够提升企业的治理水平。

第 11 章对高管薪酬结构对战略投资行为影响的研究文献进行了回顾，并对现金、股权及期权等薪酬契约的效用进行了比较研究。本章在对诠释高管薪酬契约效用差异的相关理论进行梳理的基础上，从风险偏好、感知成本、激励相容路径等维度对上述差异性的来源进行了分析，继而阐释了合理设计薪酬的必要性以及影响高管薪酬契约整合效应的内外部情境因素。针对已有研究的不足，本章提出了相关研究展望，包括进一步考察高管心理特征对高管激励与战略投资行为关系的影响、合理地将隐性激励安排纳入战略投资决策框架、系统性考虑公司内外部环境的不同情境因素可能产生的治理效应等。

第 12 章运用文献回顾法，从理论基础、研究思路与研究方法等角度出发，把股权激励效应的相关研究归纳为外生视角、内生视角、超外生视角与超内生视角四种研究视角，并以研究视角的演进路径为主线系统阐释了股权激励效应的研究脉络与趋势，然后通过比较这四种研究视角，深入剖析了研究视角演进的合理性和发展的内在逻辑，最后对未来研究进行了简要展望，以期为后续研究奠定扎实的基础。

第 13 章运用文献回顾法，对高管内部债权激励的独特属性、测量方式、作用路径及治理效应等方面的文献进行了梳理与分析。研究发现：相对于薪酬及股权激励，债权激励具有对未来支付的不确定性、对公司清算价值的高敏感性、对高管冒险倾向的抑制性等独特属性；基于最优契约理论与管理层权力理论，债权激励具有两条迥异的作用路径，一是实现激励相容降低代理成本，二是凸显权力寻租增加愤怒成本；在当前实践中债权激励对公司风险承担水平、公司治理水平、战略决策、公司价值及利益相关者行为等均会产生积极的治理效应。在此基础上，本章还阐述了债权激励治理效应实现的理论框架及主要不足，以期为后续研究及中国情境下高管激励契约设计优化提供有益借鉴。

第 14 章在对高管显性激励与隐性激励两大类型进行比较的基础上，从激励周期、报酬性质、报酬强度决定因素、过程明确性等多重维度对薪酬激励、股权激励等典型显性契约方式以及控制权激励、声誉激励等隐性契约方式的作用机理进行了全面比较。继而运用激励相容性原理对它们实现激励相容的路径进行了分析，以此为基础构建高管激励契约整合模型，系统阐释激励契约的整合原理，从而为后续研究及公司进行高管激励契约设计提供有益参考。

本书的理论贡献在于：

第一，在对中国情境下高管声誉进行属性分析与理论解构、完善高管声誉的测量方式的基础上，借鉴社会学相关理论，综合运用文献分析、理论演绎以及对高管的深度访谈等方法对高管声誉的影响因素与治理效应进行系统研究，为后续有关高管声誉的实证研究提供方法论基础。

第二，通过运用对公司高管进行实地观察、深度访谈等质性研究方法，“进入现场”接触研究对象，运用单案例或者跨案例分析方法，对高管声誉的形成路径与作用机理进行更为深入的剖析，以期揭示在中国特殊的制度环境及文化情境之下，高管声誉对高管行为的内在作用机理，将质性研究与量化分析相结合，突破大样本计量分析方法的研究局限。

第三，从价值分配与价值创造两个视角出发，对中国情境下高管声誉的治理效应进行理论与实证探讨，以委托代理理论框架下声誉效应理论为基础，将西方理论与中国“面子文化”相结合，诠释并解决了有效契约假说与管理层寻租效应假说的分歧，丰富与拓展了高管声誉研究的理论视阈。

第四，运用系统论观点，对现金薪酬、股权激励、期权激励、内部债权激励、控制权激励、声誉激励等激励契约的独特属性、作用差异性及其深层次原因进行了系统深入地研究与诠释。继而突破性地提出了高管激励契约整合观点，运用激励相容性原理对它们实现激励相容的路径进行分析，并阐释了激励契约的整合原理。

本书的实践意义在于：

第一，为企业实践者与政策制定者提供一个高管声誉契约如何形成并产生治理效应的理论框架，使其能够更有针对性地优化与完善高管声誉评价体系，通过进一步影响高管声誉的形成路径，充分发挥高管声誉的治理效应，避免高管的短期主义，将其塑造成长期主义者。

第二，为企业实践者与政策制定者构建一个基于多层次情境因素的高管声誉治理效应实现机制，指导他们进行更为合理的高管声誉激励契约设计，从而强化高管声誉的“有效契约效应”，弱化其“寻租效应”，以弥补显性激励契约的不足。

第三，为现阶段中国上市公司进行价值创造导向的公司治理制度创新提供更为可靠的实践参考。在借鉴西方现有研究结论的基础上，运用多种研究方法深入探讨中国情境之下高管声誉的价值分配效应与价值创造效应，总结、提炼出源于我国历史脉络和社会情境的理论，从而更好地指导中国企业进行长期主义导向的公司治理制度设计。

目　　录

第1篇　质性研究专题

第2篇 实证研究专题

第 1 篇
质性研究专题

第1章

高管声誉双重治理效应研究评述

本章通过对高管声誉及其治理效应相关研究文献的回顾与梳理，概括了高管声誉内涵界定的贡献观、能力观与综合观三种观点，厘清了影响高管声誉形成的多种因素，继而阐释了有效契约假说与寻租效应假说及其理论基础，并以高管声誉所具有的长期性、约束性、内隐性、易损性等独特属性出发揭示了高管声誉"双刃剑"效用产生的原因，构建了高管声誉效用研究的理论框架。基于此，对高管声誉对公司绩效、盈余管理、高管报酬、利益相关者行为、公司战略决策、资源获取等因变量的双重效用和影响其治理效用强弱的情境因素进行了梳理。最后对尚待研究的前沿问题予以展望，以期为后续研究及企业实践提供有益参考。

1.1 问题的提出

所有权与经营权的分离、委托人与代理人的利益偏差以及信息的不对称，导致了"逆向选择"与"道德风险"问题，从而产生了代理成本。公司治理机制的合理设计是对代理人进行激励与约束的重要路径。有效的高管激励契约是促进委托人与代理人利益趋同的关键治理机制之一。[①] 然而，随着实践的发展，薪酬、股权等显性激励的弊端日益凸显，尤其是2001年安然丑闻的出现，使学者们对其进行了重新审视。由于管理层权力的存在与监

① Jensen M C, Meckling W H. Theory of the firm: Managerial behavior, agency costs and ownership structure [J]. Journal of Financial Economics, 1976, 3 (4): 305-360.

督机制的缺失，激励契约的制定与实施有可能被管理层所控制。① 席卷全球的金融危机和部分公众公司的财务造假事件更加暴露了显性激励契约的不完备性。而在显性激励机制难以发挥预期效用、代理人行为无法准确观测的情况下，“声誉效应”（reputation effect）可以用来解决长期博弈状态下的委托代理关系。② 声誉是一种无形资产，高管可能会因为该项资产的升值而获得内在的激励，或者是为了维持或提升该项资产的价值而减少市场投机行为。因此，在实践界竭尽心力找寻解决方案的同时，理论界也开始将关注点放在能够对高管产生激励与约束双重效用的声誉契约上面。

在学术界，对激励问题研究的理论基础经历了从单次博弈到动态博弈的演进过程。高管期望能够在未来获得更高的报酬、职业发展和持续合作机会，因此会更加看重自己的声誉，从而为了长远的利益考虑而放弃短期利益。③ 声誉机制可以削弱组织中存在的信息不对称性以及减少运营中所存在的不确定性。④ 近年来，学者们对高管声誉的治理效应进行了更加深入的研究，形成了诸多有价值的研究成果，但并未取得一致性结论。有研究表明，良好的声誉是有利的，因为它能够给组织带来社会资本与商誉方面的增量。⑤ 但也有学者指出，良好的声誉是一种负担，可能会引起更多的利益相关者关注，如果出现负面事件，其所带来的对预期的违背将会产生更严重的后果。因此，声誉对于高管而言，究竟能够给予他们动力还是成为负担？两种结果会在什么样的情境下发生？这些问题均值得深入研究。

本章主要的研究贡献在于：第一，在对有关高管声誉及其治理效应的研究文献进行梳理的基础上，对高管声誉的内涵、形成、独特属性、治理效应及情境因素等内容进行了系统的挖掘与阐释，构建了高管声誉治理效应研究的理论框架，并提出了未来重点研究的潜在方向，为后续研究提供了有益参考。第二，阐释了有效契约假说与寻租效应假说以及对应的理论基础——传

① Bebchuk L A, Fried J M. Executive Compensation as an Agency Problem [J]. Journal of Economic Perspectives, 2003, 17 (3): 71 -92.

② Radner R. Monitoring cooperative agreements in a repeated principal-agent relationship [J]. Economitrica, 1981, 49 (5): 1127 -1148.

③ 张维迎. 产权、激励与公司治理 [M]. 北京：经济科学出版社，2005.

④ Wong S S, Boh W F. Leveraging the ties of others to build a reputation for trustworthiness among peers [J]. Academy of Management Journal, 2010, 53 (1): 129 -148.

⑤ Zavyalova A, Pfarrer M, Reger R K, et al. Reputation as a benefit and a burden? How stakeholders' organizational identification affects the role of reputation following a negative event [J]. Academy of Management Journal, 2016, 59 (1): 253 -276.

统委托代理理论与行为委托代理理论，并从高管声誉自身具有的独特属性出发，深入剖析了高管声誉在公司治理层面体现的“双刃剑”效用及其产生的原因，丰富与拓展了高管声誉理论研究的内容。第三，从动态权变视角出发，对影响高管声誉治理效应强弱的情境因素进行了总结与阐释，为实践者制定具有针对性与适用性的高管声誉激励与约束契约提供了理论借鉴。

1.2 高管声誉的内涵与形成

1.2.1 高管声誉的内涵

一般而言，有关声誉的研究聚焦于公司与个体两个层面。在公司层面，声誉被认为是他人对一个公司较长一段时期内的评价。因此，公司声誉是一种无形资产，可以带来竞争优势，对公司具有重要意义。公司需要与不同的利益相关者保持良好的关系（包括供应商、股东与顾客等），且通常要通过媒体或其他公共关系等方面的努力来管理声誉。个体层面的声誉被认为是他人对一个人的品质或行为的认知。这激励着人们为了创造并保持一个对他们有利的声誉而管理他们的形象。因此，他们的行为要与人们的期望保持一致。[①] 高管声誉属于个体层面的声誉，学者们对高管声誉有不同的内涵界定。本章将学者们的界定分为三种类型：一是贡献观，从高管贡献的角度来界定声誉；二是能力观，从高管能力的角度来界定声誉；三是综合观，秉持该观点的学者们认为，声誉既是高管能力的体现，也是高管贡献的反映。具体如表1-1所示。

表1-1　高管声誉内涵界定

类型	研究者及年份	对高管声誉的内涵界定
贡献观	贝利（Bailey，1971）	对高管个人贡献的一种累积性认知（collective perception）
	法玛（Fama，1980）	声誉可以体现管理者的边际产量，而这通常是无法直接观察到的
	马修等（Mathew et al.，2004）	当媒体等第三方将高管作为公司正面绩效表现的主要贡献者时，高管声誉就产生了

① Ranft A L, Zinko R, Ferris G R, et al. Marketing the Image of Management: The Costs and Benefits of CEO Reputation [J]. Organizational Dynamics, 2006, 35 (3): 279-290.

续表

类型	研究者及年份	对高管声誉的内涵界定
能力观	米尔伯恩（Milbourn，2003）	高管能力在市场上的评价（market's assessment）
	张维迎（2005）	高管声誉是市场有关高管个人能力和行为等方面的信息的一个综合反映
	格里芬和沃德（Graffin and Ward，2010）	观察者在一段时期内对高管在某一专业领域的能力与品质的累积性判断（collective judgment）
	江（Koh，2011）	高管声誉来自经理人市场对高管能力的评价，尤其是赢得市场的能力
综合观	丰布兰（Fombrun，1996）	高管声誉是对高管有效利用其社会与管理技能完成组织目标的一种评价，是公司声誉的一种重要构成
	韦德（Wade，2006）；格拉芬等（Graffin et al.，2008）	拥有较高声誉的高管是那些能够经得住考验的模范（exemplary）高管
	费斯凯林（Fetscherin，2015）	提出了高管声誉的4Ps组合，包括业绩（performance）、个性（personality）、威望（prestige）和形象（persona）

资料来源：根据相关文献整理。

高管声誉与公司声誉有怎样的联系与区别呢？丰布兰（1996）指出，高管声誉是公司声誉的一种重要构成。① 费斯凯林（2015）也指出，高管声誉与公司声誉是一对相互交织的概念，两者相互影响。② 塔德雷斯（Tadelis，1998）通过建立一般均衡动态模型后发现，良好的声誉是稀缺的，能够带来声誉租金，因此个人声誉和企业声誉都能够激励代理人。③ 也有学者通过实证研究发现，高管声誉与公司声誉都会对公司绩效产生积极影响，但高管声誉作用的持久性与延展性要优于公司声誉。④

① Fombrun C J. Reputation: Realizing Value From the Corporate Image [M]. Boston: Harvard Business School Press, 1996.

② Fetscherin M. The CEO branding mix [J]. Journal of Business Strategy, 2015, 36 (6): 22 - 28.

③ Tadelis S. What's in a Name? Reputation as a Tradeable Asset [J]. American Economic Review, 1998, 89 (1): 68 - 77.

④ Weng P S, Chen W Y. Doing good or choosing well? Corporate reputation, CEO reputation, and corporate financial performance [J]. North American Journal of Economics & Finance, 2017, 39 (1): 223 - 240.

1.2.2　高管声誉的形成

由文献梳理可知，高管声誉的形成受到公司披露的信息、利益相关者评价、媒体倾向性以及高管的个人特质等因素的影响。

第一，公司信息披露。基于信号理论，企业披露的信息会影响高管声誉，正面的信息会对高管声誉有积极作用，而负面信息会对高管声誉有一定的损害。高管声誉是高管才能向外界输出的重要信号，而公司绩效是高管能力与品质的关键表现。因此，企业披露的财务指标、资本市场指标等会影响高管声誉的形成。约翰逊等（Johnson et al.，1993）选择 36 个行业的大约 900 位高管的时间序列面板数据作为样本，用证券分析师对经理人表现的年度评价对高管声誉进行衡量，研究表明，财务指标与高管声誉之间具有正相关关系，该类指标反映了资本市场指标难以传递的有关高管能力方面的信息。① 卡普兰等（Kaplan et al.，2015）选择 MBA 学生作为参与者进行实验研究后发现，CEO 声誉主要取决于公司披露的财务绩效。② 当公司绩效较好时，高管会获得较高的声誉，③ 但当出现负面信息时，经理人市场会将其归因为管理层的失败。④

第二，利益相关者的评价。沃克（Walker，2010）指出，声誉不仅来源于被评价组织自身的努力，而且有赖于外部评价方是否能够正确、有效地感知和评价，是一种存在于组织间的相对概念。⑤ 因此，声誉嵌入在利益相关者构成的网络关系中。比如，顾客对企业提供产品和服务的满意度会影响企业信度以及高管声誉，企业是产品和服务的提供方，顾客对产品和服务的满意度会直接影响顾客对企业及高管的信任度，继而影响高管声誉。

第三，媒体报道的倾向性。媒体报道会因为其主观动机而带有一定的偏向性，这样的偏向性会对高管声誉有一定影响。海沃德等（Hayward et al.，

---

① Johnson W B，Young S M，Welker M. Managerial Reputation and the Informativeness of Accounting and Market Measures of Performance ［J］. Contemporary Accounting Research，1993，10（1）：305－332.

② Kaplan S E，Samuels J A，Cohen J. An Examination of the Effect of CEO Social Ties and CEO Reputation on Nonprofessional Investors' Say-on-Pay Judgments ［J］. Journal of Business Ethics，2015，126（1）：103－117.

③ Wade J B，Graffin S D. The burden of celebrity：the impact of CEO certification contests on CEO pay and performance. ［J］. Academy of Management Journal，2006，49（4）：643－660.

④ Graham J R，Harvey C R，Rajgopal S. The economic implications of corporate financial reporting ［J］. Journal of Accounting & Economics，2004，40（1－3）：3－73.

⑤ Walker K. A systematic review of the corporate reputation literature：Definition，measurement，and theory ［J］. Corporate Reputation Review，2010，2（4）：357－387.

2004）认为，名人 CEO 的出现是媒体报道将公司的优秀业绩归功于 CEO 的结果。[①] 米勒（Miller，2006）在研究媒体对财务舞弊的监督作用时指出，媒体做出的企业报道会更多地考虑读者兴趣，而读者亲自验证真实性的概率也较低。[②] 醋卫华、李培功（2015）也指出，相当一部分的媒体追捧报道并非是由于企业的出色业绩，其真实动机是获得该上市公司的广告收入以及迎合公众偏好。[③]

第四，部分研究发现高管的个人特质也会影响高管声誉。比如，费斯凯林（2015）运用跨学科的分析方法进行研究发现，CEO 任期（经验）、学历、体格特征等会影响 CEO 声誉，继而影响公司声誉与业绩。[④]

1.3 理论假说与理论框架

1.3.1 两类假说及其理论基础

由前文分析可知，由于高管声誉本身具有的属性与特征，加之公司披露的信息、媒体报道倾向性、利益相关者评价等因素对其形成的影响，高管声誉能够产生显著的公司治理效应。学者们对该问题进行了理论研究，形成了截然不同的两类假说——有效契约假说（efficient contracting hypothesis）与寻租效应假说（rent extraction hypothesis）。

有效契约假说认为，高管声誉与公司价值之间具有正相关关系。法玛（1980）指出，声誉可以解决来自劳动力市场的逆向选择问题，也可以减少道德风险，这可能会增加公司的市场价值。公司中拥有良好声誉的高管的数量与公司的绩效成正比。[⑤] 米尔伯恩（2003）也指出，当高管声誉增加时，股东与高管之间的利益冲突会减弱，也就是说高管声誉会降低代理成本。[⑥]

---

① Hayward M L A，Rindova V P，Pollock T G. Believing one's own press：The causes and consequences of CEO celebrity［J］. Strategic Management Journal，2004，25（7）：637－653.

② Miller G S. The Press as a Watchdog for Accounting Fraud［J］. Journal of Accounting Research，2006，44（5）：1001－1033.

③ 醋卫华，李培功. 媒体追捧与明星 CEO 薪酬［J］. 南开管理评论，2015（1）：118－129.

④ Fetscherin M. The CEO branding mix［J］. Journal of Business Strategy，2015，36（6）：22－28.

⑤ Fama E F. Agency Problems and the Theory of the Firm［J］. Journal of Political Economy，1980（88）：288－307.

⑥ Milbourn T T. CEO Reputation and Stock-based Compensation［J］. Journal of Financial Economics，2003，68（2）：233－262.

寻租效应假说却认为，具有较高声誉的高管容易把精力放在自己的职业生涯和维护自己的声誉方面，从而忽略了公司的整体利益，因此，高管声誉与公司价值之间具有负相关关系。一个人的声誉越好，他就越容易受到激励去选择低风险的项目，因为即使是一个小错误也可能会把他建立多年的声誉毁掉。[①] 而这种风险规避型的战略选择倾向会影响企业的技术创新甚至长远发展。马修等（2004）通过构建理论模型发现，媒体倾向于将公司的战略行为与绩效过度归因于高管的个人特质。而如果高管自身也相信了这种过度归因，即完成了对其声誉的内化（internalization），有可能会变得对自己过去的行为与能力产生过度自信。而当 CEO 过度自信导致其过分执念于为高管带来声誉的行为时，高管傲慢（hubris）随之产生。[②]

本研究指出，两种假说具有不同的理论基础。有效契约假说以传统委托代理理论为基础，即认为高管通常具有风险规避（risk aversion）的倾向，而良好的声誉可以提高高管的风险承担水平，使之与股东利益趋于一致，避免高管的短期行为。寻租效应假说更多的是基于行为委托代理理论，即考虑高管的损失规避（loss aversion）特征，强调了高管出于对已有声誉的维护而做出不利于股东与公司整体利益的行为。

1.3.2 高管声誉的独特属性：双重效应产生的原因分析

高管声誉双重效应产生的原因在于其本身具有的独特属性，包括长期性、约束性、内隐性与易损性等特征。前两者与有效契约假说框架下的高管声誉积极效应相关，后两者与寻租效应假说框架下的高管声誉消极效应相关。

第一，长期性与约束性：有效契约效应产生的原因。由于长期利益可以激励参与人建立自己的声誉，实现一定时期内的合作均衡，因此在多次重复博弈的委托代理关系之下，竞争、声誉等隐性契约才能够发挥其预期的激励效用。[③] 也就是说，只有通过长期的重复博弈建立起包括能力、经验等信号

---

① Holmstrom B. Managerial Incentive Problems: A Dynamic Perspective [J]. Review of Economic Studies, 1999, 66 (1): 169 - 182.

② Mathew L A, Hayward Violina P. Rindova, Timothy G. Pollock. Believing One's Own Press: The Causes and Consequences of CEO Celebrity [J]. Strategic Management Journal, 2004, 25 (7): 637 - 653.

③ Kreps D, Roberts J. Predation, Reputation and Entry Deterrence [J]. Journal of Economic Theory, 1982, 27 (2): 280 - 312.

显示，使经理人市场对高管个人产生认同，声誉才能够形成。[①] 不同于显性激励契约，声誉是与高管的长期职业生涯相关联的。因此，高管为了其长期的职业发展，会将自身利益趋同于股东利益，从而积极地为公司的长期利益做出贡献。同时，在市场竞争较为充分的情况下，经理人声誉是其努力和能力等信号的载体，将会影响其职业生涯、物质报酬以及利益相关方预期，从而约束其行为。[②] 贝德纳等（Bednar et al.，2015）通过研究发现，高管为自身利益而选择有争议的治理行为时，会受到来自声誉方面的惩罚，这将会抑制高管的这些潜在行为，发挥声誉的社会控制功能（social culture function）。[③] 坎比尼等（Cambini et al.，2015）也证实，一旦高管做出违背契约的行为，将遭受明显的声誉损失，高管会制约自己的行为以避免该项损失。因此，约束性也是高管声誉能够产生积极作用的原因之一。[④]

第二，内隐性与易损性：寻租效应产生的原因。相对于薪酬等明确的契约，高管声誉是复杂且难以清晰表达的，也没有明确的标准，对高管声誉的评价也多具有主观性。安德森等（Anderson et al.，2008）的研究表明，对他人的评价与评价主体的个人经历、观察角度相关，并且声誉的形成、作用与反馈等过程均受到多种因素的影响，并不具备规范的契约特征。[⑤] 如前文所述，媒体将公司绩效过度归因于高管个人，而高管也接受了这种过度归因，这将会导致其过度自信甚至是傲慢行为。这就是内隐性导致的问题。再者，高管声誉是一种重要的长期战略资产，其形成需要经历较长的过程，较为脆弱、容易受到损伤。[⑥] 一旦高管行为陷入道德或法律的困境，声誉较好的高管也会受到更多的关注与质疑[⑦]。但是，如果声誉受损，经理人可以通

---

① Holmstrom B. Managerial Incentive Problems: A Dynamic Perspective [J]. Review of Economic Studies, 1999, 66 (1): 169-182.

② Fama E F. Agency Problems and the Theory of the Firm [J]. Journal of Political Economy, 1980 (88): 288-307.

③ Bednar M K, Love E G, Kraatz M. Paying the price? The impact of controversial governance practices on managerial reputation [J]. Academy of Management Journal, 2015, 58 (6): 1740-1760.

④ Cambini C, Rondi L, De Masi S. Incentive Compensation in Energy Firms: Does Regulation Matter? [J]. Corporate Governance: An International Review, 2015, 23 (4): 378-395.

⑤ Anderson C, Shirako A. Are individuals' reputations related to their history of behavior? [J]. Journal of Personality and Social Psychology, 2008, 94: 320-333.

⑥ Kreps D, Roberts J. Predation, Reputation and Entry Deterrence [J]. Journal of Economic Theory, 1982, 27 (2): 280-312.

⑦ Ketchen D J, Adams G L, Shook C L. Understanding and managing CEO celebrity [J]. Business Horizons, 2008, 51 (51): 529-534.

过一些提升信誉的行为修复声誉,① 与高管相关的积极信息会对处于危机中的高管声誉有明显的修复作用。② 这样会强化高管“损失规避”的动机，从而使高管声誉对公司的长期投资、风险决策等产生负面作用。

1.3.3　理论框架

近年来，以两种假说为基础，学者们对高管声誉的治理效应进行了诸多研究，主要集中于公司绩效、盈余管理、高管报酬、利益相关者行为、公司战略决策、公司资源获取等不同维度的影响。在研究过程中，多数文献证实了高管声誉具有“有效契约”与“寻租”两个方面的“双刃剑”效应。学者们同时发现，高管职业生涯、声誉信号的发出与接受者类型、公司治理有效性和公司基本特征等因素是影响高管声誉治理效应的主要情境变量。因此，根据文献梳理与回顾，本章将高管声誉治理效应研究的理论框架总结如图 1－1 所示。

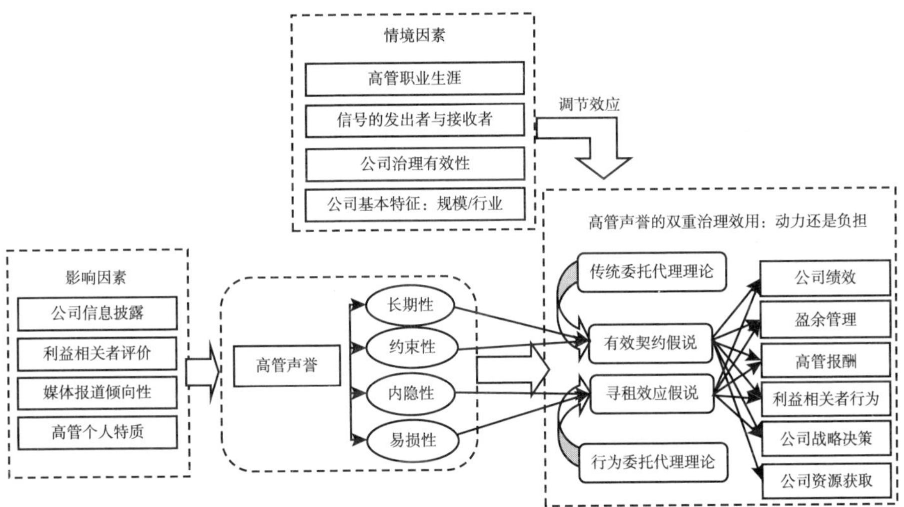

图 1－1　高管声誉治理效应研究的理论框架

资料来源：根据相关文献整理。

① Cianci A M, Kaplan S E. The effect of CEO reputation and explanations for poor performance on investors' judgments about the company's future performance and management [J]. Accounting Organizations & Society, 2010, 35 (4): 478－495.

② Sohn Y J, Lariscy R. Resource－Based Crisis Management: The Important Role of the CEO's Reputation [J]. Journal of Public Relations Research, 2012, 24 (4): 318－337.

1.4 高管声誉治理效应及情境因素

1.4.1 高管声誉治理效应实证研究

通过文献梳理发现，高管声誉的双重治理效应同时存在。除对外部资源获取的单一积极效应之外，高管声誉对公司绩效、盈余质量、高管报酬、利益相关者行为、公司战略决策等均具有两个方面的“双刃剑”效应。

第一，高管声誉对公司绩效的影响。科赫（Koh，2011）选择1987～2003年间获得269个奖项的189位名人企业家作为研究对象，这些奖项是在安永（Ernst and Young）以及具有高发行量的商业期刊等组织的评比中获得的。① 实证检验表明，名人高管对公司财务报表质量与公司绩效有正向影响。当CEO获得第一个奖项之后，衡量公司绩效的财务指标与市场回报率均会增加。同时，资本市场会认为该公司具有长期的投资价值。但韦德等（2006）也发现，当CEO刚刚以其专业性获得声誉的时候，股东们对此是十分重视的，这体现在最初的股票回报上面，但随着时间的推移，这种效应会逐步减弱直至变为负效应。② 费斯凯林（2015）通过研究发现，CEO声誉对企业绩效既有积极的影响，也有消极的影响。③ 通过将CEO声誉进行建构之后发现，诚实和谦虚等个性特征可以对企业绩效产生积极的影响，崇尚权术（machiavellianism）与自恋等特征对企业业绩产生消极的影响。

第二，高管声誉对盈余管理的影响。弗朗西斯等（Francis et al.，2008）提出了一个有趣而又重要的问题：CEO声誉会影响企业的盈余质量吗？他们选择标准普尔500家上市公司1992～2001年间的CEO作为样本，运用新闻媒体中的报道频次作为CEO声誉的代理变量，运用面板数据检验后发现，CEO声誉与盈余质量之间呈负相关关系。作者解释说，那些更具挑战性的

---

① Koh K. Value or Glamour? An Empirical Investigation of the Effect of Celebrity CEOs on Financial Reporting Practices and Firm Performance [J]. Accounting & Finance, 2011, 51 (2): 517－547.

② Wade J B, Graffin S D. The burden of celebrity: the impact of CEO certification contests on CEO pay and performance. [J]. Academy of Management Journal, 2006, 49 (4): 643－660.

③ Fetscherin M. The CEO branding mix [J]. Journal of Business Strategy, 2015, 36 (6): 22－28.

企业可能需要声誉更好的管理者。① 马尔门迪尔和泰特（Malmendier and Tate，2009）的数据基础是作者手工收集的在 1975 ~ 2002 年间获得相关奖励的 CEO，经验证据表明，CEO 获得奖励之后更倾向于进行盈余管理。他们在治理水平较差的公司中发现了以下现象：尽管公司绩效会下降，但高管的薪酬会在获奖之后的三年内持续增长。②

第三，高管声誉对高管报酬的影响。首先，高管声誉不仅会影响高管报酬业绩敏感性，也会影响高管报酬水平。米尔伯恩（2003）建立了一个基于股票价格的经理人最优契约模型，该模型以股东的可观察信息、无折现等为前提假设，以经理人声誉作为其管理能力的信号，得出结论：经理人声誉水平越高，以股权为基础的报酬—业绩敏感性越大。③ 韦德等（2006）运用《财富世界》年度 CEO 获得者来对 CEO 声誉进行衡量，研究发现，高管声誉对其薪酬有正向影响，这种影响大于业绩差异带来的影响。但是，两者的关系受公司绩效表现的调节作用的影响；当净资产收益率为正值时，高管声誉对其薪酬有正向影响；当净资产收益率为负值时，在同等的业绩水平之上，具有较高声誉的高管却获得了较低的报酬。④ 其次，高管声誉影响了高管团队薪酬水平。桑切斯马林和拜绍利—索莱尔（Sanchezmarin and Baixauli - Soler，2014）运用来自西班牙声誉监测机构的 CEO 声誉数据进行实证检验后发现，具有较高 CEO 声誉的公司，其高管团队薪酬水平也更高。高管声誉同时影响了他人对薪酬的评价。⑤ 卡普兰等（2015）通过研究发现，参与者对 CEO 薪酬的评价受 CEO 声誉的影响，与拥有较好声誉的 CEO 相比，拥有较差声誉的 CEO 得到非专业投资者支持的比率较低，而非专业投资者对 CEO 薪酬公平性的认知在两者之间起中介作用。⑥

---

① Francis J，Huang A H，Rajgopal S，et al. CEO Reputation and Earnings Quality [J]. Contemporary Accounting Research，2008，25（1）：109 - 147.

② Malmendier U，Tate G. Superstar CEOs [J]. Quarterly Journal of Economics，2009，124（4）：1593 - 1638.

③ Milbourn T T. CEO Reputation and Stock-based Compensation [J]. Journal of Financial Economics，2003，68（2）：233 - 262.

④ Wade J B，Graffin S D. The burden of celebrity：the impact of CEO certification contests on CEO pay and performance. [J]. Academy of Management Journal，2006，49（4）：643 - 660.

⑤ Sanchezmarin G，Baixauli - Soler J S. CEO reputation and top management team compensation [J]. Management Decision，2014，87（52）：540 - 558.

⑥ Kaplan S E，Samuels J A，Cohen J. An Examination of the Effect of CEO Social Ties and CEO Reputation on Nonprofessional Investors' Say-on-Pay Judgments [J]. Journal of Business Ethics，2015，126（1）：103 - 117.

第四，高管声誉对利益相关者行为的影响。声誉嵌入于社会网络特别是其利益相关者构成的网络关系之中。CEO 声誉会显著影响利益相关者的期望、沟通渠道的拓展、给支持者传递信息的需求等多个维度。① 有学者对 CEO 声誉与公司资本投资之间的关系进行研究后发现，股票市场中的投资者多倾向于投资具有较高声誉的 CEO 所管理的公司。CEO 声誉可以减弱股票市场对成长前景较弱的公司的负面反应。② 也有研究为 CEO 声誉作为一种战略资源在公司危机处理中与处理后的积极作用提供了经验证据。具体而言，较好的 CEO 声誉可以减轻在危机发生后许多利益相关者对公司的负面认知。③ 毕楠等（2015）研究发现高声誉企业家进行品牌延伸时会收到消费者更高的评价。④ 帕克等（Park et al.，2014）以战略领导力等级的权力演变为基础，实证检验了 CEO 声誉在管理者被解雇事件中的作用。根据替罪羊理论（scapegoating theory）的观点，作者发现，CEO 声誉降低了 CEO 被解雇的可能性，但是当面临较差的公司绩效时却增加了这种可能性。⑤

第五，高管声誉对公司战略决策的影响。秋等（Cho et al.，2016）以社会心理学的身份控制理论（identity control theory）为基础，通过实证检验发现，拥有较高声誉地位的高管倾向于为被并购公司支付较低的溢价，而当先期公司绩效偏离于行业平均回报率的时候，这种倾向会所有改变，即支付较高的溢价。该研究同时发现，当高管刚刚获得较高声誉奖励的时候，并购溢价会进一步增加。作者提出，高管声誉具有明显的“双刃剑”效应，在发挥激励效应的同时，高管有时也会迫于期望创造出与其声誉地位相匹配的公司未来绩效而感到压力，以致做出有利于其个人声誉而非公司整体利益的战略决策，尤其是当声誉被高管完全内化之后，这种影响会更加强烈。⑥

---

① Gaines - Ross L. CEO Reputation: a key factor in shareholder value [J]. Corporate Reputation Review, 2000, 3 (4): 366 - 370.

② Jian M, Lee K W. Does CEO reputation matter for capital investments? [J]. Journal of Corporate Finance, 2011, 17 (4): 929 - 946.

③ Sohn Y J, Lariscy R. Resource - Based Crisis Management: The Important Role of the CEO's Reputation [J]. Journal of Public Relations Research, 2012, 24 (4): 318 - 337.

④ 毕楠，银成钺. 名人企业家——品牌延伸的新路径 [J]. 外国经济与管理，2015，(5): 25 - 35.

⑤ Park J H, Kim C, Sung Y D. Whom to Dismiss? CEO celebrity and management dismissal [J]. Journal of Business Research, 2014, 67 (11): 2346 - 2355.

⑥ Cho S Y, Arthurs J D, Townsend D M, et al. Performance deviations and acquisition premiums: The impact of CEO celebrity on managerial risk-taking [J]. Strategic Management Journal, 2016, 37 (13): 2677 - 2694.

第六，高管声誉对公司资源获取的影响。高管声誉作为公司的无形资产，可以为公司带来更多的机会。[①] 依据社会认同理论，高管声誉会影响组织内个体以及潜在求职者对组织的认同感，潜在求职者会主动追寻具有高声誉的管理者。盖恩斯（Gaines，2000）实验证明，80%的求职者认为CEO声誉是考虑工作场所是否符合预期的重要因素。具有良好的高管声誉可以帮助企业寻求更符合职位要求、企业文化的求职者，有利于企业获得更加匹配的人力资源。[②] 姚冰湜等（2015）发现，高声誉CEO会着重关注外部环境的动态变化和外部信息的获取，从而为团队增加异质性的信息资源。[③] 孙俊华等（2009）以332家中国制造业上市公司为样本研究发现，具有良好声誉的企业家能够通过自我关系网络和企业关系网络获得的资源越多，这样企业能够获得的外部资源也就更为丰富。[④] 因此，高管声誉在社会关系网络中扮演着重要角色，可以影响企业对外部资源的获取。

1.4.2　影响高管声誉治理效应的情境因素

从动态权变视角出发，高管声誉治理效应的发挥会受到多种情境因素的影响。通过文献梳理发现，高管职业生涯、声誉信号的发出与接受者类型、公司治理有效性以及公司基本特征等是影响高管声誉治理效应的主要情境因素。

第一，高管职业生涯。罗森（Rosen，1982）认为，伴随着高管职业生涯的发展，声誉机制对代理人的隐性激励作用会逐步弱化，也就是说，在高管职业生涯的早期，声誉契约具有更为显著的效用。[⑤] 但也有学者认为，声誉机制可以跨越时间因素的限制，当声誉被作为可交易性的资产时，声誉机制同样能够对处于职业生涯晚期的代理人提供有效激励。[⑥] 塔德雷斯

---

① Ketchen D J, Adams G L, Shook C L. Understanding and managing CEO celebrity [J]. Business Horizons, 2008, 51 (51): 529 -534.

② Gaines - Ross L. CEO Reputation: a key factor in shareholder value [J]. Corporate Reputation Review, 2000, 3 (4): 366 -370.

③ 姚冰湜，马琳，王雪莉，李秉祥．高管团队职能异质性对企业绩效的影响：CEO权力的调节作用［J］．中国软科学，2015（2）：117 -126.

④ 孙俊华，陈传明．企业家社会资本与公司绩效关系研究——基于中国制造业上市公司的实证研究［J］．南开管理评论，2009（2）：28 -36.

⑤ Rosen S. Authority, Control, and the Distribution of Earnings [J]. Bell Journal of Economics, 1982, 13 (2): 311 -323.

⑥ Kreps D, Roberts J. Predation, Reputation and Entry Deterrence [J]. Journal of Economic Theory, 1982, 27 (2): 280 -312.

(1998) 在此基础上也提出，声誉会对代理人提供跨越职业生涯的长期性激励。他进一步强调了在不同职业生涯阶段，对代理人提供激励的声誉来源也不同，处于职业生涯早期的代理人由于关注于未来报酬而尽力维护个人声誉，处于职业生涯晚期的代理人则更加看重企业声誉的价值。① 黄群慧等(2001)、张维迎（2005）均指出，经营者的长期预期是高管声誉机制形成和发挥作用的基础。因此，高管对职业生涯的规划会影响其对声誉的在意程度。②③

第二，声誉信号的发出与接受者类型。根据信号理论，通过设计良好的信号作为载体，高管才能够建立起声誉。信号的发出者与接受者类型会显著影响声誉形成与作用的过程。贝维等（Boivie et al., 2016）的研究表明，分析师声誉、CEO 声誉与公司声誉之间是相互影响与相互关联的，来自不同主体的声誉信号会共同影响公司业绩。④ 贝德纳等（2015）发现，当高管的行为受到质疑时，声誉惩罚（reputational penalties）的效用将根据信息接收者的不同而具有差异。比如，外部证券分析师与同行管理者两类接收者对管理者采用毒丸计划（poison pills）的解释明显不同。这表明，声誉发挥的约束功能更具有随机性，声誉信号本身与传递信号的过程都会影响其效用。⑤ 也有实证研究发现，CEO 声誉与公司声誉都会对公司绩效产生积极影响，但 CEO 声誉作用的持久性与延展性要优于公司声誉。⑥

第三，公司治理有效性。桑切斯马林和拜绍利—索莱尔（2014）在研究高管声誉对高管团队薪酬影响的同时，检验了公司治理有效性的调节作用。研究发现：相比外部所有者控制的公司，高管声誉与高管薪酬的正向联系在内部管理者控制的公司更加显著；董事会的监督效应对高管声誉与高管

---

① Tadelis S. What's in a Name? Reputation as a Tradeable Asset [J]. American Economic Review, 1998, 89 (1): 68-77.

② 黄群慧，李春琦．报酬、声誉与经营者长期化行为的激励 [J]．中国工业经济，2001 (1): 59-63.

③ 张维迎．产权、激励与公司治理 [M]．北京：经济科学出版社，2005.

④ Boivie S, Graffin S, Gentry R. Understanding the Direction, Magnitude, and Joint Effects of Reputation When Multiple Actors' Reputations Collide [J]. Academy of Management Journal, 2016, 59 (1): 188-206.

⑤ Bednar M K, Love E G, Kraatz M. Paying the price? The impact of controversial governance practices on managerial reputation [J]. Academy of Management Journal, 2015, 58 (6): 1740-1760.

⑥ Weng P S, Chen W Y. Doing good or choosing well? Corporate reputation, CEO reputation, and corporate financial performance [J]. North American Journal of Economics & Finance, 2017, 39 (1): 223-240.

薪酬之间的关系产生了显著的负向调节作用。作者解释：在不完善的公司治理体系之下，董事会仅仅是为了将合法性信息进行外部传递，而非真正以组织或者利益相关者的利益为出发点进行监督。[①] 因此，治理主体之间的权力制衡、董事会治理等因素会影响声誉效用的实现。

第四，公司基本特征。行业特性、公司规模等也会影响高管声誉的治理效应。约翰逊等（1993）通过研究表明，高管声誉与公司绩效之间的关系强弱在不同行业之间存在差距。[②] 斯特恩等（Stern et al.，2014）在研究以高科技为主导的行业内企业创立者的声誉和地位对与新建立企业进行联盟的影响时认为，对于科技敏感度较高的产业而言，在与新建立公司联盟时，高管需要面对相当大的不确定性。由于各个行业的特性不同，高管声誉所产生的影响也会有差异。[③] 马尔门迪尔和泰特（2009）的研究表明，在规模较大的公司中，由 CEO 获奖带来的声誉与权力的增加会恶化委托代理问题。[④]

需要强调的是，相对于其他公司治理机制，高管声誉的形成及治理效应的实现并没有十分明确的模式与路径，其影响因素也更复杂。所以，在较大程度上会受到高管个人经历及心理因素的影响，比如，张维迎（2005）指出，长期导向型的高管可能会更在意自己的声誉。然而，目前对情境变量的研究忽视了上述因素。[⑤]

1.5　研究结论与展望

1.5.1　研究结论

通过对高管声誉研究文献的回顾与梳理，本章得出以下结论：第一，学

① Sanchezmarin G, Baixaulisoler J S. CEO reputation and top management team compensation [J]. Management Decision, 2014, 87 (52): 540 - 558.

② Johnson W B, Young S M, Welker M. Managerial Reputation and the Informativeness of Accounting and Market Measures of Performance [J]. Contemporary Accounting Research, 1993, 10 (1): 305 - 332.

③ Stern I, Dukerich J M, Zajac E. Unmixed signals: How reputation and status affect alliance formation [J]. Strategic Management Journal, 2014, 35 (4): 512 - 531.

④ Malmendier U, Tate G. Superstar CEOs [J]. Quarterly Journal of Economics, 2009, 124 (4): 1593 - 1638.

⑤ 张维迎．产权、激励与公司治理 [M]. 北京：经济科学出版社，2005.

者们通常从贡献观、能力观与综合观三种范式出发界定高管声誉的内涵，同时高管声誉的形成路径受公司信息披露、利益相关者评价、媒体报道倾向性、高管个人特征等因素的影响；第二，有关高管声誉治理效应的理论研究体系中存在两类假说——有效契约假说与寻租效应假说，它们分别以传统委托代理理论与行为委托代理理论为基础，而高管声誉的这种“双刃剑”效应产生的原因是高管声誉本身具有的独特属性，长期性与约束性决定了高管声誉在有效契约框架下的积极效用，内隐性与易损性决定了高管声誉在寻租效用框架下的消极效用；第三，高管声誉会对公司绩效、盈余质量、高管报酬、利益相关者行为、战略决策、资源获取等因变量产生双重的治理效应，而从动态权变视角出发，这些治理效应会受到高管职业生涯、声誉信号的发出者与接受者类型、公司治理有效性、公司基本特征等情境因素的调节作用的影响。综上所述，本章通过文献梳理与理论分析构建了高管声誉治理效应研究的理论框架，为高管声誉乃至公司治理研究领域的深入与拓展提供了思路，同时也会为实践者制定合理的高管声誉激励与约束契约提供有益借鉴。

1.5.2 管理启示

在契约不完备的情况下，对于拥有剩余控制权的高管来说，如何将其决策的外部性内部化，从而使其对自身行为负责？诸如薪酬、股权等方面的显性激励手段的弊端日益凸显，声誉作为一种重要的公司治理机制被理论界与实践界关注。然而，通过笔者对多位高管的访谈发现，他们平日里对声誉的作用有感觉，但难以表述，也没有形成运用声誉激励完善公司治理和制度化的管理方法。这说明实践中也需要系统的高管声誉激励理论来解释现象和指导行为。本章通过文献梳理与理论分析，明确了高管声誉的内涵与特征、形成的影响因素、双重治理效应及情境因素，为政策制定者构建以声誉为核心的治理机制提供了理论参考。如果能够通过优化与完善高管声誉评价体系进一步影响高管声誉的形成路径，并有效利用各层次情境因素的交互作用强化“有效契约效应”、弱化“寻租效应”，制定出合理的声誉激励及约束契约，那么将会提升企业的治理水平。

1.5.3 研究展望与启示

第一，在维度解构的基础上对高管声誉进行合理测量。目前的文献中多采用媒体曝光率（media counts）与高知名度奖项（high-profile awards）来测量高管声誉。媒体曝光率无法准确测量声誉：一是新闻媒体本身的专业性并不能保证；二是忽略了投资者等外部利益相关者对 CEO 的评价；三是新闻媒体选择报道对象的目的受多种因素的影响，造成了对 CEO 声誉衡量的偏差。部分学者认为，高知名度奖项是由杰出的商业领域的专家公开评选出的，更能够反映 CEO 声誉。但该方式也并不完善，首先未考虑利益相关者评价这个关键维度，而且即使是相关专家公开评选，也会由于信息不对称而导致偏差。因此，通过对高管声誉的构成维度进行分析来完善高管声誉的测量方式，是实证研究进一步深化的前提。

第二，鉴于高管声誉的内在属性，借鉴社会学与心理学等相关观点，深入探讨与阐释高管声誉的形成路径。有学者认为，财务绩效是难以客观评价高管声誉的，它与高管才能之间是松散耦合的：一是高管声誉具有长期性质，财务绩效却是短期的，两者之间并不直接相关；二是公司绩效不仅取决于高管决策，还会受到行业与环境因素的影响。因此，应该借鉴社会学或心理学中的相关理论对高管声誉的形成路径及影响因素进行系统分析，综合运用文献分析、理论演绎以及对高管的深度访谈等方法对声誉进行解构，同时运用上市公司数据进行进一步验证。

第三，高管声誉治理效应的研究视角应实现从价值分配到价值创造的演进，并尝试探究高管个人经历及心理因素等情境变量的调节效应。目前对高管声誉治理效应的实证研究多基于价值分配视角，忽视了价值创造视角下的理论与实证研究。价值分配视角的研究主要探讨在分配环节如何对剩余索取权与剩余控制权进行配置。价值创造视角则强调，公司治理的作用范围不能仅涉及分配环节，而应延伸到生产过程中，对资源配置发挥一定的效用，从而影响企业的技术创新。在当前公司治理研究领域中，已取得了较多支持价值创造视角的经验证据，但鲜有研究对高管声誉的价值创造效应进行深入探讨。而由于高管声誉具有的长期性与约束性等特征，如果将其作为一种隐性激励契约，可能会减少高管对短期或个人利益的关注，从而对公司创新产生促进作用。但高管也可能会为了维护自身声誉而拒绝承担较高的风险，这样反而会抑制公司的技术创新。高管声誉对技术创新究竟能够产生怎样的影响？受到何种情境因素的影响？这些都是值得探讨的主题。此外，近期的文献以高管心理特征或个人经历作为研究对象。[1][2] 而鉴于高管声誉对高管行为的作用过程，其心理与经历等也应该作为情境因素引入高管声誉治理效应的研究框架之中。

第四，后续研究应通过对公司高管进行实地观察、深度访谈等质性研究方法，“进入现场”接触研究对象，运用单案例或者跨案例分析方法，对高管声誉的作用机理进行更为深入的剖析。由于高管声誉具有的内隐性特征，仅采用大数据样本进行计量分析难以对其作用机理等内容进行准确的界定与阐释。单案例研究方法可以更好地阐释单一情景下的高管声誉对高管行为作用的动态过程，跨案例研究方法则遵从可复制的逻辑原则，从多个案例中归纳统一规律，以此提升结论的可靠性。上述方法可以在一定程度上克服实证研究的局限性。尤其是在中国特殊的制度环境及文化情境之下，研究高管声誉激励的治理效应及作用机理也需要借助案例研究等质性方法。

① Sunder J, Sunder S V, Zhang J. Pilot CEOs and corporate innovation [J]. Journal of Financial Economics, 2017, 123 (1): 209 -224.

② Bernile G, Bhagwat V, Rau P R. What doesn't kill you will only make you more risk - Loving: early-life disasters and CEO behavior [J]. Journal of Finance, 2017, 72 (1): 167 -206.

第2章

高管声誉的激励效用及实现途径：单案例研究

现代公司普遍以薪酬、股权等显性契约对其高管进行激励，但随着该类契约局限性的逐步凸显，深入探究如何发挥声誉的激励效用，是实现不同高管激励契约配置与协同的前提与基础。本章承续经济学、社会学、管理学对声誉提出的理论框架，通过案例研究方法，揭示了声誉的三重激励效用，即信号效用、工具效用和心理效用，并从实践层面归纳新的研究发现，阐释了激励效用的实现途径，构建了以声誉为激励物和强化物的循环性声誉激励机制，以期通过深化声誉激励的研究为公司高管激励的理论和实践提供有益指导。

2.1 问题的提出

自1932年伯利和米恩斯（Berle and Means，1932）提出公司所有权与控制权相分离的命题之后，[①] 如何激励高管使其选择和实施真正以公司利益为导向的活动成为公司治理研究领域的核心内容。[②] 在以薪酬激励为代表的显性激励机制之外，学者们从经济学、管理学、社会学等不同范式出发，初步

① Berle A，Means G C. The Modern Corporate and Private Property ［M］. NewYork：Macmillan. 1932.

② Shleifer，Andrei and Robert W. Vishny. A Survey of Corporate Governance ［J］. Journal of Finance，1997，52（2）：737 – 783.

探讨了以声誉为代表的隐性激励机制对管理者的影响。由于研究方法的局限性，上述结论尚处于理论层面，缺乏经验证据的支持。费里斯等（Ferris et al.，2003）将个人声誉界定为“在过往中由个人突出的特质和造诣、卓著的行为以及既有印象融合而成的集合”。① 而根据邓巴和施瓦巴赫（Dunbar and Schwalbach，2000）的调查结果，管理者把声誉看作是其成功的可持续驱动力。② 声誉与高管行为紧密相连，具有更为持久的价值性。因此，深入探讨高管声誉激励效用的类型及实现途径成为现阶段公司治理研究的重要拓展方向。

经济学将动态博弈理论引入委托代理关系的研究中，构建了声誉模型，论证了在多次重复博弈代理关系的情况下，声誉等隐性激励机制能够发挥激励代理人的作用。③ 赫姆斯特姆（Holmstrom，1999）基于法玛（1980）的思想建立的代理人市场—声誉模型则直接用于说明市场上的声誉可以作为显性激励契约的替代物。④⑤ 基于管理学相关理论，追求良好的声誉是经营者的成就发展需要，或归于马斯洛的尊重和自我实现的需要。经营者努力经营，不仅仅是为了得到更多的报酬，还期望得到高度评价和尊重，期望有所作为和成就，期望通过企业发展证实自己的经营才能和价值，达到自我实现。⑥ 社会学扩展了声誉的作用范围（从公司这一孤立组织和规范的经济学逻辑扩展到多层次社会关系之中），认为名声（reputation）代表着社会资本，因为社会网络和它们的价值表现物也可以被动员起来产生某种回报。行动者在工具性和表达性行动中可以通过名声来动员他人的支持。⑦

上述多学科的声誉激励理论为公司高管声誉激励提供了理论框架。现有

① Ferris G R，Blass F R，Douglas C，Kolodinsky R W，Treadway D C. Personal reputation in organizations ［A］//Greenberg J（Ed.）. Organizational Behavior ［C］. Mahwah，NJ：Lawrence Erlbaum Associates，2003：211－246.

② Dunbar R J M，Schwalbach J. Corporate Reputation and Performance in Germany ［J］. Corporate Reputation Review，2000，3（2）：115－123.

③ 皮天雷. 国外声誉理论：文献综述、研究展望及对中国的启示 ［J］. 首都经济贸易大学学报，2009（3）：95－101.

④ Holmstrom B. Managerial Incentive Problem－A Dynamic Perspective ［J］. Review of Economic Studies，1999，66（1）：169－182.

⑤ Fama E F. Agency Problems and the Theory of the Firm ［J］. Journal of Political Economy，1980，88（2）：288－307.

⑥ 黄群慧，李春琦. 报酬、声誉与经营者长期化行为的激励 ［J］. 中国工业经济，2001（1）：58－63.

⑦ 林南著，张磊译. 社会资本：关于结构与行动的理论 ［M］. 上海：上海人民出版社，2004：152.

的对公司高管激励问题的研究大多集中于以薪酬、股权激励为代表的显性激励方面，缺乏对声誉如何发挥激励作用的研究。为了能够更加深入细致地进行案例跟踪调研和演化分析，本章在理论分析的基础上，通过案例研究方法，系统地探讨公司高管声誉效用的类型，并在此基础上深入探讨声誉激励机制的构建，以期丰富与拓展现有研究成果，为相关学者的后续研究提供有益借鉴。

2.2 理论分析与命题提出

作为隐性激励契约的重要构成，声誉激励将高管个人认同与公司的持续成长相结合，与薪酬激励、股权激励等显性激励方式有明显的互补性。隐性激励是一种寻求代理成本最小化的补偿性契约安排，并不存在明确的合同约定，但具有能够使被激励者实现自我激励、激励作用持久等优势。① 然而，较之易于制度化和数量化的显性激励契约，基于高管心理感知的隐性激励契约缺少描述体系，难以清晰表述声誉激励的作用过程。为了能够更好地阐释声誉激励的作用过程，揭示其作用机制，对声誉的效用及其实现途径进行系统分析是必要的前提和基础。

2.2.1 公司高管声誉的信号效用及其实现

公司高管所经历的职业生涯中需要发挥声誉的信息传递效用，以取得各方的认可，促进其职业发展和事业成功。员工个人声誉不仅直接地影响他人对其自身形象的评价，如他人会认为拥有良好个人声誉的员工更有能力②、更可信任③、更易获得他人的尊敬，④ 而且还会使其人际关系行为的有效性

---

① 徐宁，徐向艺. 控制权激励双重性与技术创新动态能力——基于高科技上市公司面板数据的实证研究［J］. 中国工业经济，2012（10）：109－121.

② Gioia D A，Sims H P. Perceptions of Managerial Power as a Consequence of Managerial Behavior and Reputation［J］. Journal of Management，1983，9（1）：7－26.

③ Ostrom，E. Toward a Behavioral Theory Linking Trust，Recirocity and Reputation［A］//Ostrom E，Walker J M（Eds.）. Trust and Reciprocity：Interdisciplinary Lessons from Experimental Research［C］. New York：Russell Sage Foundation，2003：19－79.

④ Emler N，Hopkins，N. Reputation，social identity，and the self［A］//Abrams D，Hogg M A（Eds.）. Social Identity Theory：Constructive and Critical Advances［C］. New York，NY：Springer－Verlag，1990：113－130.

受到影响。[①] 有实证研究表明，员工的个人声誉有助于其获得更好的工作业绩评价。[②] 员工在组织中的形象（口碑）和工作业绩评价往往是其职业晋升的重要标准，所以个人声誉会促进员工的职业发展。

高管追求事业成功就需要通过声誉的信息传递效用使利益相关方充分认知其品质、能力、既有业绩，从而对其行为和未来业绩形成良性预判，促进合作的稳定性和持久性，达成共同目标的实现。信息经济学的信号理论解释了声誉的信息传递效用，一方的竞争优势（如强项或能力）是其私人信息（private information），如果没有设计良好的信号（如教育水平、证书等）作为传递载体，别人可能不会知道或不会相信。[③] 实践中，高管的声誉信息源于品质、能力和业绩三个价值维度，由此三个维度形成了高管的声誉矢量，这一矢量既有数量上的强度差异也有方向上的美誉度差异。实践中，高管希望自身声誉矢量在三个维度上皆为正向，是充分的正声誉，通过口碑、媒体等途径传播之后，高管可以获得显著的声誉溢价，从而助力其事业成功。当高管声誉两维度为正时，我们称其具有偏正声誉，利益相关方对其共识往往是“美中不足”，这一声誉会影响到合作的开展；当高管声誉为两维度为负的偏负声誉甚至三维度皆负的负声誉时，往往导致合作方的不信任，使交易成本升高，甚至无法合作。

综合上述分析，高管对其需要的认知和追求是产生动机的本源，自我实现、尊重和归属感形成的优势需要和需要组合是激励高管的直接动机，事业成功成为自我实现的一个代表变量。在直接动机的激发下，高管声誉成为一个前因要素，声誉的激励作用表现在其助力高管事业成功的信号传递效用。基于此，本研究提出：

命题 2 -1：声誉具有高管信息的信号传递效用，高管为有效传递个人信息而具有追求良好声誉的动机。

---

① Hochwarter W A, G. R. Ferris, R. Zinko, B. Arnell and M. James. Reputation as a Moderator of Political Behavior - Work Outcomes Relationships: A Two - Study Investigation with Convergent Results [J]. Journal of Applied Psychology, 2007, 92 (2): 567 -576.

② Liu, Y., Ferris G R, Zinko R, et al. Dispositional Antecedents and Outcomes of Political Skill in Organizations: A Four - Study Investigation with Convergence [J]. Journal of Vocational Behavior, 2007, 71 (1): 146 -165.

③ Spence M. Job Market Signaling [J]. Quarterly Journal of Economics, 1973, 87 (3): 355 - 374.

2.2.2　公司高管声誉的工具效用及其实现

无论是集体还是个体行动者的行动都有两个主要动机：保护既有的有价值资源和获得额外的资源，行动者在工具性和表达性行动中可以通过名声来动员他人的支持。① 获取资源是公司高管胜任其“企业家”和“一般管理者”双重角色的一项基础条件，出于企业家行为模式的诱因，公司高管需要获取并运用资源创造企业绩效，据此根据贡献获得报酬；作为“一般管理者”，其同样需要尽量多地掌控资源，从而稳固地位并争取晋升，基于掌控的资源总量获得报酬。② 声誉发挥了工具效用，帮助高管掌控资源从而实现事业成功，因此追求声誉并发挥其工具效用成为公司高管的激励要素。

公司高管声誉的工具效用表现在维护关系网络、提升关系质量、增强资源动员能力三个方面。企业家是企业的代言人和象征符号，公众总是会从其行动和信息中寻找超越其本身的象征性意义，③ 从而嫁接企业家与其所带领的企业、产品等，这样对企业家的认知和评判也就自然影响了对其企业和产品的评价。④ 具有良好个人声誉或企业商誉的企业家，通过自我关系网络和企业关系网络获得的资源或动员能力就会越多，从而能为企业获得更多的优势资源，因此企业更可能获得更好的绩效，反之则相反。企业家是企业的形象代表，企业家个人声誉、企业商誉往往是很难完全区分开来的，而企业家在为企业动员资源的时候，关系网络成员更多看重的是包含了企业家个人声誉的企业商誉。⑤ 良好的声誉反映了潜在合作伙伴对其内在特质和未来前景的肯定。⑥ 在企业间关系中，声誉可以明显降低个人首次接触的障碍，产生如同“相识”的可信性。⑦ 声誉机制通过提供关于成员信任度的信息来减少

---

① 林南著，张磊译．社会资本：关于结构与行动的理论［M］．上海：上海人民出版社，2004：152.

② 黄群慧．企业家的期望角色：经济学和管理学的阐释［J］．财经科学，2001（6）：57－62.

③ Zott C，Huy Q N. How Entrepreneurs Use Symbolic Management to Acquire Resources［J］. Administrative Science Quarterly，2007，52（1）：70－105.

④ 葛建华，冯云霞．企业家公众形象、媒体呈现与认知合法性——基于中国民营企业的探索性实证分析［J］经济管理，2011（3）：101－107.

⑤ 孙俊华，陈传明．企业家社会资本与公司绩效——基于中国制造业上市公司的实证研究［J］．南开管理评论，2009（2）：28－36.

⑥ 蔡宁，徐梦周．我国创投机构投资阶段选择及其绩效影响前实证研究［J］．中国工业经济，2009（10）：86－95.

⑦ Kirmani A，Rao A R. No Pain，No Gain：A Critical Review of the Literature on Signaling Unobservable Product Quality［J］. Journal of Marketing，2000，63（2）：66－79.

行为的不确定性，以增强网络成员间互动的有效性。信任是社会资本的一种形式，与物质资本、人力资本具有同等的重要性。信任是组织间有效合作的前提，是一项价值很高的资产。[①] 社会地位源于声誉的积累和分配，是社会资本的代表。声誉可以动员社会网络和网络中的价值，从而获得他人支持，因此提高了个体在社会结构中影响他人的能力。

综合上述理论分析，并根据林南社会资本理论模型，可以构建一个塔式社会声誉效用结构。结构位置代表高管可以达到的社会资源层面的高度，由高管个体声誉和公司声誉构成的组合声誉决定，我们称这个组合声誉为双元高管声誉；高管在结构位置上能够动员的社会资源总量又取决于高管声誉构成的关系数量和关系强度两个维度指标。通过塔式社会声誉效用结构可以看出，高管所处的社会资源层面由结构位置、关系数量和关系强度三个维度共同决定，而这三个维度又取决于高管双元声誉的广度、强度和美誉度，高管声誉成为其寻求社会资源结构中的“优势位”并掌控社会资源的关键工具。因此，本研究提出：

命题2-2：*声誉对高管有工具效用，高管为有效掌控资源而具有追求良好声誉的动机。*

2.2.3 公司高管声誉的心理效用及其实现

需要层次理论向人们揭示了激励的切入点：激励不在于激励者向被激励者提供何种可能的激励物，而在于这种激励物对被激励者的价值，或者说激励者应当向被激励者提供其所需要的激励。要实现激励的这种效用，激励者就必须研究被激励者的需要、动机、价值观等内在的“心理”。[②] 公司高管的低层次的物质需要往往已得到满足，在这种情况下，声誉因其能够满足高管社交、尊重和自我实现的高层次心理需要，从而具有心理满足效用，能够成为激励高管的动机。

公司高管声誉的心理满足效用首先来源于高管的内生动机。人们从企业得到的收益可以有不同的形式，可以是工资、奖金、股息等货币形态的收益，也可以是心理满足、社会声望等非货币形态的收益。[③] 两种收益构成了

---

① 巨荣良．企业组织转型与声誉机制的构建［J］．经济管理，2007（10）：26-30.
② 李仕明，唐小我．企业权力配置与经理激励［M］．北京：科学出版社，2003：63.
③ 张维迎．产权、激励与公司治理［M］．经济科学出版社，2010：2.

公司高管的两类动机，前者为外生动机，后者为内生动机。外生动机可以通过发挥金钱的回报作用来实现，是对需要的间接满足。内生动机通过对需要的直接满足发挥作用，个体按照自身的偏好来评价其行为，具有自我维持的特征。[①] 内生动机可以分为快乐导向型和职责导向型。所谓快乐导向型，就是人们因为自身的喜好或满意去从事一项活动而无须任何报酬，职责导向型就是人们因为自身的使命感或者社会规范要求而去从事一项活动。[②]

根据自主理论，自己做主（autonomy）和自己能胜任工作（competence）的感觉是人们的一种需要。个体对自身自主性和胜任力的判断，构成了其内生动机的直接动因。那些提升个体在自主性与胜任力方面感觉的因素（如社会情境）能强化个体的内生动机，反之，那些减少这些感觉的因素会破坏内生动机。当某种奖励可以作为个人能力的证明，或者个体的自主性需求由其满足时，则个体的内生动机因此奖励受到强化。[③] 从更一般意义上而言，个人声誉和个人获得的来自知识的竞争优势都直接影响着个体在自主性和胜任力方面的感觉，进而影响着个体的内生动机。

上述理论在心理学理论、认知结构学习理论、行为科学的框架内为声誉的心理满足效用奠定了理论基础。高管为满足尊重、自我实现等高层心理需要而追求声誉，声誉因此可以作为激励物并满足高管的快乐感、自主性和胜任力，从而强化高管的内生动机，优化高管行为。声誉心理满足效用的作用逻辑包含了应答性行为、操作性行为、中介变量作用和认知结构，可以构建一个声誉的心理激励模式：[④]公司使用声誉（如荣誉称号、身份地位、口碑评价）作为刺激物对公司高管进行激励，高管按照自身需求和认知结构对声誉进行认知，判断“是否”和“为什么”需要声誉，其后产生操作性行为，表现为受到声誉激励后的行为优化，包括积极、消极和淡然三种行为倾向，最终“功成名就”实现业绩和目标、获得尊重和认可、取得报酬。在这一激励模式中，声誉既是行为的结果，又是行为的诱因。在此模式基础上，本研究提出：

---

① Deci E L, Koestner R, Ryan R M. A Meta-analytic Review of Experiments Examining the Effects of Extrinsic Rewards on Intrinsic Motivation [J]. Psychological Bulletin, 1999, 125 (6): 627-668.

②④ 廖飞，施丽芳，茅宁，丁德明．竞争优势感知、个人声誉激励与知识工作者的内生动机：以知识的隐性程度为调节变量［J］．南开管理评论，2010（1）：134-145.

③ Deci E L, Ryan R M. The "What" and "Why" of Goal Pursuits: Human Needs and the Self-determination of Behavior [J]. Psychological Inquiry, 2000, 11 (4): 227-268.

命题 2－3： 声誉对高管具有心理效用，高管有为获得心理满足而追求良好声誉的动机。

2.3 样本选取与研究设计

2.3.1 单案例研究方法的选用依据

目前在关于公司高管声誉激励的研究中，缺少综合考虑信号效用、工具效用、心理效用多因素的系统研究，需要“进入现场”接触研究对象，研究其行为和心理的动态过程。由于案例研究是一种研究策略，其焦点在于理解某种单一情景下的动态过程，[①] 因此，本章采用案例研究方法。而单案例的优越性在于能更加深入细致地进行案例跟踪调研和演化分析。[②] 基于此，本章选取一个较为典型的案例进行单案例的探索性研究。

2.3.2 分析策略

本章采用“检验理论”和“构建理论”相结合的分析策略，首先将建立在实证调查基础上发现的信息与建立在理论预测基础上的理论模型进行匹配，在此基础上，针对实证调查过程中发现的超出理论模型解释范围的信息进一步进行文献对话，通过构建理论，完善理论预测模型。

2.3.3 抽样原则与案例背景介绍

案例研究的样本选择遵循目的性抽样原则，理论抽样的目标是要选择那些可能复制或者拓展新型理论的案例。根据研究主旨，本章选取了 JC 公司 W 总经理为研究对象，主要基于以下原因考虑：第一，W 总经理声誉发展具有完整的时间周期，其声誉伴随其职业起步期和发展期逐步形成。其经历从大学毕业进入公司开始，历经公司考察、选用、晋升等关键职业阶

---

① Eisenhardt K M. Building Theories from Case Study Research ［J］. Academy of Management Journal, 1989 (14): 532－550.

② Buckley P J, Jeremy C, Tan H. Reform and Restructuring in Chinese Stateowned Enterprises: Sinotrans in the 1990s ［J］. Management International Review, 2005 (45): 147－172.

段，并融入了公司从计划性初建到市场化运作的历史情境。第二，在其声誉形成的各阶段，有典型的故事作为案例供理论研究和探讨。这些典型故事包括公司领导对其的赏识，同事对其逐步认可，初任领导岗位的心路历程，任职高管岗位后对声誉的认知。第三，其成就和身份已被利益相关方认同并给予积极评价，形成了完整的声誉系统，这使其具有正向代表性。基于以上因素，选用本案例可使本研究获得充分和生动的研究资料，这有助于本研究深入地进行理论挖掘和探讨，也使本研究所获得的可能结果更有说服力。

2.3.4 调研与访谈过程

1. 访谈提纲准备

在理论分析的基础上设计了初步访谈提纲，将初步访谈提纲发至 1 位研究公司治理与高管激励的教授、1 位研究应用心理学的教授、1 位研究公司高管激励机制的博士和 4 位博士研究生征求意见。在进行了 3 轮往复修改之后形成修订稿，针对 1 位已退休的公司高管进行了访谈测试，对访谈提纲的效果和操作性进行了检验。通过以上工作，制定了 17 题的访谈提纲。

2. 访谈过程

访谈分两个阶段进行。2013 年 12 月进行了预调研，通过参与 W 总经理所做的专题报告了解 JC 公司发展的历史沿革、发展战略，约 1 小时。预调研后，将访谈提纲通过电子邮件发至 W 总经理，请其考虑相关问题。2014 年 1 月 7 日到公司拜访 W 总经理，进行当面访谈。访谈进行了约 1.5 小时。

3. 数据搜集

半结构化访谈是本章数据搜集的一个主要渠道。访谈是以访谈提纲为基础的半结构化访谈，以此避免访谈的僵化。访谈过程围绕 17 题进行，具体的表述可能会依据被访谈人的反应进行调整。当发现一些重要的信息点时，会通过请被访谈人具体谈包含此信息的故事的方式具化情境和挖掘信息。

2.3.5 数据编码与数据分析

通过逐字整理访谈录音，获得11503字的访谈记录。笔者将本记录作为数据源进行了编码，对本章的主要概念首先进行代码表示（见表2-1）。编码过程如下：首先两名辅助人员将全部录音整理成文字，笔者通读并审校该访谈记录，之后进行编码。本章编码的原则是：第一，依据理论模型进行文本分解；第二，把可以代表多个概念的文本资料分别列入相应概念；第三，超出理论模型的信息不列入编码表，但在讨论中要作为研究发现进行分析。

表2-1　　本章主要概念代码方案

一级概念	代码	二级概念	代码
需要	1XY	—	—
动机	2DJ	信号效用	21XH
		工具效用	22GJ
		心理效用	23XL
目标	3MB	声誉导向	31DX
		行为优化	32YH
		下属认同	33XSRT
激励状态	4JLZT	声誉价值预期	41JZYQ
		获得声誉可能性	42HYKL
		使命认知	43SMRZ
		成就预期	44CJYQ
		努力程度	45NLCD
人力资本	5RLZB	—	—
社会资本	6SHZB	—	—
认同	7RT	—	—
成就感	8CJG	—	—
满足感	9MZG	—	—

在上述原则指导下，结合“检验理论”和“构建理论”的分析策略，具体采取如下步骤进行编码。第一步，根据代码表中有关概念进行文本标

注，确定信息条目，然后将信息条目对应概念进行编码。编码总计得到有效条目 73 条，其中需要 1 条，动机 3 个维度 17 条，目标 2 个维度共 8 条，激励状态 5 个维度共 13 条，人力资本 6 条，社会资本 8 条，认可 14 条，成就感 2 条，满足感 4 条。第二步，根据检验理论的分析策略，针对编码内容进行分析，验证理论命题和声誉激励机制框架；运用构建理论的分析策略，针对新发现的理论视角再次回到理论文献和数据发现的对比中，从而发展理论。

2.4　研究发现与讨论

2.4.1　声誉发挥了公司高管信息整合和传播作用：信号效用及其实现

经济学中的信号传递模型和通信理论相结合，可以更好地解释高管声誉的信号作用。信号传递模型说明了一个动态不完全信息对策，描述了信息发送和接收双方的交互过程。在此基础上，本书借助通信理论的七要素模型，将高管声誉信息的交互过程整合为包含信源、信道、信宿 3 个主要模块和编码、译码、反馈、噪音 4 个环节的动态传播过程（见图 2 – 1）。

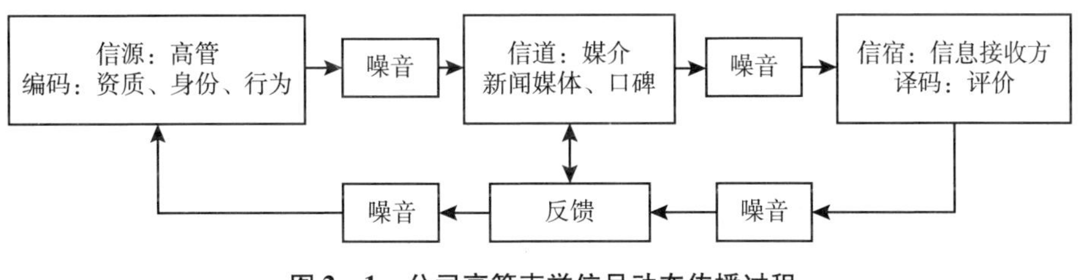

图 2 – 1　公司高管声誉信号动态传播过程

高管的学历、经历、专业资质蕴含着高管综合素质等潜在声誉信息，是代表其能力的声誉信号，使其在职业发展中容易获得更多机会，这一现象在高管职业早期更为明显。W 总经理谈道：“我那个时代，大学生相对少一点，JC 公司这边当时正规大学的少，领导是非常看重大学生的。在学校里，我也算是比较活跃的，经常组织各种活动与演讲。所以到了工作单位，这一类的活动有时我也参加。大家感觉我比较活跃，而且有一定的组织能力，写材料文笔也不错，一些新的管理办法推行的时候……我能够很快地适应，能够承担起去推动这个管理活动的责任。”学历、资质产生的声誉信号在其工作行为中得到了验证，进一步得到了口碑传播和优良评价、认可，W 经理说：“同事就感觉这个人相对比较踏实、比较肯干，有一定的能力。”同时，由于 JC 公司正值发展和破格选用人才的时期，其声誉帮助 W 总经理逐步实现职业成功：“提职比较早，我是 1991 年毕业的，在企业管理岗位上干了一年，第二年就转到了人事，成为党委秘书。我是 1994 年，就是过了 3 年就被提拔为秘书科的副科长了，1995 年 26 岁成为副处长。”W 总经理的声誉信号通过口碑信道最终在主要领导这一信宿中形成了评价，并在干部提拔后的谈话中给予了反馈：“提完以后包括在这之前也不会说得很多，但提完了以后他会交代……希望你们这些有能力、有思想、有知识、有见解的专业青年尽快地发挥作用。能够把 JC 的管理往前推一步，形成……一个管理团队，能够对 JC 未来很有利。对自己有一种责任的嘱托。”在上述职业早期的声誉信号传播中，噪音是在各环节存在的：“我从党委秘书岗位调到办公室工作，先是当了一段时间秘书，观察了几个月，感觉不错，四个月后就提成副科长了。又干了大约半年的时间，破格了。实际上这次破格也是有很大争议的，就只有过那么一次，从副科直接到副处，估计大家也是很认可，所以很快就平息下来了。”

W 总经理职业初期的案例描绘了公司高管声誉信号动态传播过程。在这一过程中，声誉包含了高管能力、品质和预期业绩信息，形成了口碑性的声誉矢量。声誉的信号作用形成了高管的知名度、美誉度和良性预期。信号作用使声誉成为诱发高管良性行为的激励物，命题 1 得到了验证。

2.4.2 声誉帮助公司高管掌控有益资源：工具效用及其实现

研究发现，高管重视通过获得一定的身份、资格来提升自身声誉，获取资源整合能力。同时，高管重视维护好公司的专业声誉，从而保障自身职业声誉。维护圈层声誉和职业声誉的目的在于通过优良声誉帮助其寻求社会资源结构中的“优势位”并掌控社会资源（见表 2－2）。

表 2－2　　　　　　　　　　　**高管声誉的工具效用**

<table>
<tr><th>情境</th><th>事例描述</th><th>发现</th></tr>
<tr><td rowspan="3">高管圈层声誉</td><td>社会兼职的荣誉……就是兼职的职务……个人比较珍视也比较重视，我觉得这些活动和个人的发展和企业的发展都是紧密相关的</td><td rowspan="3">高管重视社会兼职身份带来的圈层关系，并努力维护好自己在圈层中的声誉，保障与圈层关系互动和互助的能力以及资源整合能力</td></tr>
<tr><td>青年企业家……每次开会参与的人员近百人。有一些做得很成功的，和他们打交道，从理念、思想、信息上有一些交流，我觉得还是很有收获的</td></tr>
<tr><td>有一个人说你不好，说你什么事做得不好，可能其他同学、其他朋友也会对你有看法，所以我对朋友的态度是能够做到的尽力去做好，尽力去帮助别人，而且忠诚守信。比方说有个什么事你请我做，我就给你说清楚这个事怎么样，当然不能说有触及法律和纪律的东西，能帮的一定帮，但是有些话要说清楚，帮到什么程度，哪些不能做，一定把握好。给人的感觉是，这个人比较踏实，比较守信，还是值得交往的。圈内要说这个声誉的问题，我一直想，这个一旦受损，是很难弥补的，而且是一个事能影响一个圈层</td></tr>
<tr><td rowspan="3">高管职业声誉</td><td>有段时间，CH 公司来函说我们保障上有问题。这个也是一个业内口碑的问题，CH 公司提出这个问题就是想影响 JC 的声誉，那么对我个人来讲，即使我不分管，但我是总经理，我也受影响。不能给我们同行业间尤其是我们的客户产生不好的印象。这与生产紧密相关，与企业也是紧密相关的</td><td rowspan="3">高管重视客户和合作方等利益相关者对公司的评价，以此维护自身职业声誉，进而实现公司声誉和个人声誉的良性互动以及公司业绩与个人事业的相互促进</td></tr>
<tr><td>社会上有时也是这样，有一次政务监督热线报道有旅客反映我们的服务人员与旅客争吵骂人。我们马上核查录音录像，并与旅客联系。最终确认的情况是服务人员没有骂人，旅客说了过头话。这个事出现了以后，要马上去处理，把负面影响降到最低，最后这样的结果是最好的。但因为那是通过话筒传播到社会的，辐射面太大了，有一定的影响</td></tr>
<tr><td>现在我们都有这个意识，客户公司提出问题大家都非常认真的去落实，现在尽量年底有个座谈，客户公司都是提一些细节上的问题，提建议，都觉得和 JC 的关系处得很好、很和谐，JC 对客户公司服务的这个意识比较强。只要他们有需求，我们力所能及地想办法给他们解决，他们发展好了以后，自然给我们带来收益，就是通过他的发展，客观地给我们 JC 带来发展</td></tr>
</table>

通过声誉的工具作用，高管被特定的社会圈层接纳和认可，圈层对高管形成了稳定的人格和行为预期，可以使用圈层促进沟通、获取信息、整合资源，以提升高管的社会资本和人力资本。同时，由表 2－2 可以看出，声誉的工具效用受到高管职业声誉的影响，高胜任力的高管具有名副其实的“实名”，声誉的工具效用也更显著，可以帮助高管获得圈层更持久和稳定的认同，保障合作机会。上述分析验证了命题 2：声誉对高管有工具效用，高管为有效掌控资源而具有追求良好声誉的动机。

2.4.3 声誉强化公司高管心理资本：心理效用及其实现

声誉对高管心理资本的强化作用是高管声誉的主要心理效用。心理资本是指能够导致员工积极组织行为的心理状态，① 是促进个体成长发展与绩效提升的重要因素，② 具有投资性和收益性。③

心理资本包括以下4个关键要素：信心、希望、乐观和坚韧，这4个要素是员工努力工作的动因，也是激发员工主动性和创造力的核心因素。④ 研究发现，高管的心理资本要素形成于高管主观预期，其期望获得与预期一致的客观评价（见表2-3）。因此，命题2-3得到验证，声誉起到了行为反馈的作用，当声誉符合其自身预期时，将使高管获得认同感，得到心理满足，使其受到激励并强化积极组织行为。

表2-3　　高管声誉的心理效用

要素	事例描述	发现
希望	JC发展到这个程度，感觉还是慢了一些，我个人的想法就是尽快将JC的设施完善，总的规模要做大，而后把JC周边发展起来，建一个航空城，这个是我现在正在努力的目标……我想到我退休的时候，员工有这样的评价：我在任期间，还是真正干事的，JC的面貌发生了比较大的变化。也是在这期间，就要这个结果。同时这个人还是有能力做事的，做人也比较正直。大家也比较服气，有一定的威望	高管的心理资本具有主观性。声誉可以提供针对高管行为和业绩的反馈，从而使高管强化认同感，保持和提升心理资本强度
	我非常希望我的同学、我的朋友给我一个好的评价……我想从做人来讲，不偏不倚，比较忠诚正直，非常希望有一个很好的工作环境，有一个很好的家庭环境，还有一个很好的社会环境、社会圈，我非常注重这些	
信心	通过几次组织部的反馈来看，干部职工对我还是比较认可的，评价还是不错的，基本上每年都是优秀，大家认可度还是比较高的	
乐观	从内心来讲，我还是信奉淡然一些，这种淡然就是不要求条件多么好、待遇多么高，物质的东西我倒不是很在意。我信奉的就是平平淡淡的生活、平平淡淡的追求，也不是说刻意要去争职位，只是在处理的过程中，相关的事宜啊、配合别人工作啊，团结团队啊，这方面可能是，在客观上形成这种局面，最后自然而然地得到认可与晋升	
坚韧	我的风格就是踏实、走稳，看准的下决心去干，有一些需要商量调研的还是要走一个科学的流程	

① Luthans F, and Youssef C M. Human, social and now positive psychological capital management: Investing in people for competitive advantage [J]. Organizational Dynamics, 2004, 33 (5): 57-72.

② 王雁飞，朱瑜．心理资本理论与相关研究进展［J］．外国经济与管理，2007（5）：32-39.

③ 张红芳，吴威．心理资本、人力资本与社会资本的协同作用［J］．经济管理，2009（7）：155-161.

④ 蒋建武，赵曙明．心理资本与战略人力资源管理［J］．经济管理，2007（9）：55-58.

2.4.4　三重激励效应的实现途径：公司高管声誉激励机制构建

声誉在实现上述三种效用过程中发挥了行为激发和行为强化两方面的激励作用，形成了循环性声誉激励框架。高管为追求声誉的信号效用、工具效用和心理效用而努力工作，声誉成为诱发高管行为的激励物。声誉所激发的高管努力程度，受到高管对声誉价值、声誉实现可能性、使命认知、成就预期四个因素综合判断的影响。高管努力获得成就后，声誉效用以口碑评价和荣誉称号为载体，带给高管认同感、成就感和满足感。在此过程中，声誉成为强化物，使高管前期努力得到认可，获得心理满足，从而强化高管努力状态，发挥了对高管行为的强化作用，形成激励循环。

2.5　研究结论与启示

为了实现激励相容，公司对高管进行的诸如薪酬、股权、声誉等方面的激励手段构成了高管激励契约的整体，它们相互影响而产生作用。而在当代中国，高管处于独特制度环境，其对声誉的诉求有更为复杂的特性。因此，研究声誉的效用及其实现途径是对公司高管激励问题的一个有益补充，对中国企业实践有重要意义。据此，本章从信号、工具和心理三种效用展开理论分析，通过单案例的探索研究提出公司高管声誉激励机制框架。研究发现：公司高管对声誉的诉求体现为信号性、工具性和心理性效用，并具有以声誉为激励物和强化物的循环激励过程。

本研究不仅是对既有理论的一个探索性创新，同时还具有一定的实践指导意义。公司高管的努力程度是公司发展的基础保障，而其努力的关键是激励是否有效。在现实中，很多公司通过薪酬体系给予高管物质性激励，但是给予声誉激励的意识和方法尚不充分。通过声誉激励公司高管，有利于提升公司激励体系的效果。通过本章理论分析和单案例的探索研究，针对公司如何给予高管声誉激励，笔者对公司提出政策建议如下：

第一，建立高管年度声誉评价制度。公司制定针对高管分管业务、努力程度和综合素质的评价表，每年定期组织高层、中层和部分一线员工对高管进行评价，评价结果反馈给高管，并通过高管团队务虚会的方式，给高管做出解释和说明的机会。通过这一制度使高管认知自身声誉，了解公司各层次同事对自己声誉的评价，通过强化高管组织认同感、减弱声誉扭曲获得心理满足，从而发挥声誉的激励作用。

第二，建立公司传记体系，形成高管声誉载体。公司传记体系包括公司博物馆、《公司大事记》、《公司年鉴》、《公司影像志》等形式，可以通过这种具有承载和再现功能的传记体系记载公司的重要成果，间接地反映高管的成就和公司、员工等利益相关方对高管的认同。以此为高管声誉载体，给予高管有效的心理反馈，从而发挥声誉的激励作用。

第三，发挥媒体的声誉激励作用。通过媒体建立行业性或区域性的高管排名榜，年度性和周期性地对获得市场认可的高管排序，并对典型高管的标杆性业绩和行为进行案例化报道，以此形成高管社会声誉评价平台，在社会层面发挥声誉激励作用。

本章存在一定的研究局限，需要在将来的研究中进一步完善。一方面是案例高管的选择。尽管所选择的公司高管职业生涯完整，对高管声誉有自己的经验、感受和思考，但受到案例高管数量和调研过程的局限，归纳出的机制解释力还有待进一步检验。考虑到我国多种性质公司的差异、行业差异和高管人口统计指标的差异，未来需要从多角度选择案例对象，进行多案例分析，以进一步完善机制框架。另一方面，本章虽然探索了声誉的信号、工具和心理三种效用，但需进一步通过实证分析来检验在不同情境之下三种效用的实现程度。

第3章

高管声誉激励的作用机理：跨案例研究

随着高管显性激励契约的局限性逐步显现，强化声誉等隐性契约的作用从而实现两者的协同成为提升激励效用的关键途径。本章从社会嵌入视角出发，通过多案例的探索性研究，剖析并阐释了高管声誉激励的作用机理。研究表明：高管行为嵌入社会中为高管带来声誉资本，声誉资本是高管人力资本、社会资本、心理资本的集合；关系嵌入和结构嵌入通过社会行为规范、商业互惠原则、信任机制、二次信任机制和三层次网络结构等要素对高管行为产生引导和强化作用；声誉资本通过集合激励效用作用于高管行为，从而形成社会嵌入下公司高管声誉激励机制的闭合循环。

3.1 问题的提出

随着公司所有权与控制权相分离命题的提出，如何通过签订不同激励契约以促进高管目标与股东利益趋于一致，成为理论界关注的焦点。近年来，薪酬、股权等常用显性激励契约的负面效应日益凸显，声誉等隐性契约对于公司高管的激励作用得到了更多的重视。对声誉的研究可以追溯至亚当·斯密，经济学将声誉作为保证契约诚实执行的重要机制。① 通过引入动态博弈理论分析委托代理关系，经济学进一步深化了声誉激励理论，认为市场上的

---

① 皮天雷．国外声誉理论：文献综述、研究展望及对中国的启示［J］．首都经济贸易大学学报，2009（3）：95－101.

声誉可以作为显性激励契约的替代物。① 在代理理论视角之下，管理者为了避免自己的声誉受损，往往会回避那些被认为是自利或者是与股东利益相背离的行为，这是公司治理研究领域的一个潜在假设。②③ 在多次重复交易中，管理者基于声誉可以带来的长远预期收益，会提供更加优质的劳动。克雷普斯（Kreps）、米尔格罗姆（Milgrom）、罗伯茨（Roberts）和威尔逊（Wilson）所建立的 KMRW 定理说明，声誉机制在多阶段博弈时发挥重要作用，上阶段的声誉可以影响到下阶段及后续阶段的效用。④⑤ 贝德纳（Bednar，2015）的研究表明，当高管做出可能会引起争议的自利行为时，他会受到声誉上的惩罚。这些惩罚会降低高管自利行为发生的概率，从而使声誉具有了一种社会控制功能（social control function）。⑥

但已有对公司高管声誉激励问题的研究大多采用量化方法，聚焦于以大样本统计数据来验证公司声誉的作用效果，包括其对高管薪酬、公司绩效以及盈余管理的影响。在社会学层面深入探究声誉作为隐性激励契约对高管产生激励的内在作用机理的研究不多。社会学最具特色的一面就是强调社会的相互作用，强调社会结构对个人行为的影响，⑦ 借鉴社会学理论，可以在经济学、管理学研究逻辑基础上，进一步扩展高管声誉激励的研究空间，从而将公司高管声誉激励的逻辑从原子化地对自我利益的追求，发展为在具体、动态、多层次的社会关系和社会结构中追求自身多重目标体系的实现。

本章借鉴社会嵌入理论，按照“个人和企业的经济行为受到社会关系和社会结构的影响”的分析逻辑，⑧ 以“公司高管的经济行为”为嵌入主

① Holmstrom B. Managerial Incentive Problem：A Dynamic Perspective [J]. Review of Economic Studies，1999，66（1）：169-182.

② Dalton D R，Hitt M A，Certo S T，et al. The Fundamental Agency Problem and Its Mitigation：Independence，Equity，and the Market for Corporate Control [J]. The Academy of Management Annals，2007，1（1）：1-64.

③ Fama E F，Jensen M C. Separation of ownership and control [J]. The Journal of Law & Economics，1983，26（2）：301-325.

④ Kreps D，Wilson R. Reputation and Imperfect Information [J]. Journal of Economic Theory，1982，27（2）：253-279.

⑤ Milgrom P，Roberts J. Predation，Reputation，and Entry Deterrence [J]. Journal of Economic Theory，1982，27（2）：280-312.

⑥ Bednar M K，Love E G，Kraatz M. Paying the price? The impact of controversial governance practices on managerial reputation [J]. Academy of Management Journal，2015，58（6）：1740-1760.

⑦ 张其仔．社会学方法对于企业管理理论与实践的意义 [J]. 经济管理，2012（2）：4-11.

⑧ Granovetter M，Swedberg R. The sociology of economic life [M]. Boulder：Westview，1992.

体，以“关系嵌入和结构嵌入”为嵌入客体，将声誉资本作为中介变量，在理论分析的基础上，通过案例研究方法，系统探讨关系嵌入和结构嵌入作用维度和方式，并在此基础上深入探讨社会嵌入下的高管声誉激励机制的构建，以期丰富与拓展现有研究成果，为相关学者的后续研究提供有益借鉴。

3.2 理论分析与命题提出

嵌入是新经济社会学研究的核心问题，经过60多年的发展，在多学科得到广泛应用，学者们一致认为，行为主体嵌入的社会网络既为行为主体提供了竞争的社会资源，也限制了其行为时空。[①] 公司治理的研究借鉴嵌入理论将研究从公司组织层面扩展到社会背景下开展分析，[②] 但学界对于高管激励的研究尚聚焦于公司内部，大多依托于代理理论分析薪酬、股权等易于制度化和数量化的结果性激励要素对高管的激励作用，对于社会背景下高管行为过程中的激励要素和作用逻辑未充分分析。本章认为，声誉是影响高管行为的过程性激励要素，高管行为嵌入社会中，其行为结果成为存量声誉资本，社会嵌入通过关系嵌入和结构嵌入影响其声誉资本，进而影响其社会资源获取能力和行为时空，最终引导高管行为，产生激励作用。为了阐述社会嵌入下声誉对公司高管的激励机理，对声誉资本、关系嵌入、结构嵌入的内涵和作用方式进行分析是必要的前提和基础。

3.2.1 声誉资本与高管行为

资本作为现代经济学的核心概念之一，是随着近现代商品经济的形成发展而出现的一个经济学描述性概念，现代资本概念已不再建立在对价值的纯经济学理解之上，它已扩展为一个包含经济价值、政治制度、社会文化价值及个人品德的综合性概念。[③] 也有现代学者从社会文化价值资源的

---

① 黄中伟，王宇露．关于经济行为的社会嵌入理论研究述评［J］．外国经济与管理，2007（12）：1-8.

② 陈仕华，李维安．公司治理的社会嵌入性：理论框架及嵌入机制［J］．中国工业经济，2011（6）：99-108.

③ 李敏．论企业社会资本的有机构成及功能［J］．中国工业经济，2005（8）：81-88.

占有与积累视角来解释资本，使资本概念的内涵进一步扩展。[①②] 克雷普斯（Kreps，1990）认为声誉是长期生存的无形资本，是一种与物质资产和金融资产相类似的资产，声誉是逐步建立和逐渐消失的，也需要投资和维持。[③]

标准声誉理论指出，声誉的作用在于为关心长期利益的参与人提供一种隐性激励以保证其承诺行动，[④⑤]“声誉能够增加承诺的力度”这一结论成为该理论的基石。高管行为是嵌入主体，高管前期行为和承诺兑现情况累积成高管的声誉资本，高管声誉资本的核心价值在于强化信任和创造优势位。声誉资本是高管人力资本、社会资本、心理资本的三维度资本存量与信息集合，表现为高管市场价值信息。具体来说，人力资本维度包含了高管健康、管理能力、企业家才能信息，社会资本维度包含了高管拥有社会网络和社会资源动员能力信息，心理资本维度反映了高管所拥有的积极心理资源信息。在社会嵌入状态下，高管声誉资本代表着利益相关方对高管以往三维度表现的评价和未来表现的预期，并对高管产生内部驱动力，体现为交往过程中的信任。高管嵌入三层次结构中，包括公司内部管理系统、公司所处价值链交易系统和宏观社会系统，通常，企业家寻找能使其连接相关网络中结构洞的位置，[⑥] 优良的声誉资本可使高管处于网络中心位置，吸引网络中的其他角色与高管建立并保持联系。具有了信任和网络优势位，高管便可以更好地动员资源，从而有利于高管创造优良业绩。综合以上分析，在社会嵌入背景下，公司高管声誉超越了公司内部范畴，在社会层面上具有了资本属性，强化了各利益相关方对高管的信任，使高管处于网络中的优势地位，有助于高管维护三层次网络关系，便于高管取得经营业绩。基于此，本章提出以下命题：

---

① 布尔迪厄．文化资本与社会炼金术［M］．上海：上海人民出版社，1997.

② ［美］弗朗西斯·福山．信任——社会美德与创造经济繁荣［M］．海口：海南出版社，2001.

③ Kreps D. Corporate culture and economic theory ［M］//Alt J，Shepsle K （eds.）. Perspectives on Positive Political Economy ［M］. Cambridge University Press，1990.

④ Kreps D，Wilson R. Reputation and Imperfect Information ［J］. Journal of Economic Theory，1982，27 （2）：253－279.

⑤ Fudenberg D，Levine D. Maintaining A Reputation When Strategies are Imperfectly Observed ［J］. Review of Economic Studies，1992 （59）：

⑥ Burt R S. Structural Holes：The Social Structure of Competition ［M］. Cambridge：Harvard University Press，1992.

命题 3－1：高管行为嵌入社会中为高管带来声誉资本，声誉资本是高管人力资本、社会资本、心理资本的集合。

3.2.2　关系嵌入下声誉资本对高管的激励机理

关系嵌入是指单个行为主体的经济行为嵌入与他人互动所形成的关系网络之中，当下人际关系（ongoing interpersonal relationship）网络中的某些因素，如各种规则性期望、对相互赞同的渴求、互惠性原则，都会对行为主体的经济决策与行为产生重要的影响。[①] 关系嵌入对经济行为的作用机理表现在两个方面：第一，关系嵌入的知识获取效应。如果没有与其他企业建立基于信任、关系专用投资和路径依赖的嵌入关系，那么就很难通过学习来获得隐性知识。[②③] 第二，关系嵌入的治理效应。合作伙伴间相互学习，彼此了解、依赖，最终促进组织间信任的发展。关系嵌入有助于形成行为规范和取得社会认可，培养互惠意识和长期合作观念，建立共同解决问题的制度安排，因此成为一种治理伙伴行为的社会控制机制。[④] 当高管行为符合各种规则性期望、相互认同和互惠性原则时，才能产生良性声誉，声誉因此成为关系嵌入下的激励中介变量，既是高管上期行为累积的声誉资本，又是高管下期行为的预期要素。声誉可以帮助高管充分利用关系嵌入的作用机理，强化人际关系网络，调用社会资源，以此创造绩效。

声誉资本可以帮助高管在人际网络中建立信任和二次信任关系。信任是社会中最重要的综合力量之一，[⑤] 在创造价值的制度环境里如果没有信任，就没有任何技术、使用价值能够转移为经济利润。信任的来源信分为三种：基于能力的信任、基于善意的信任（源于另一方具有将事情做好的意愿）

---

① Granovetter M, Swedberg R. The sociology of economic life [M]. Boulder: Westview, 1992.

② Uzzi B. Social Structure And Competition In Interfirm Networks: The Paradox of Embeddedness [J]. Administrative Science Quarterly, 1997, 42 (1): 35－67.

③ Nahapiet J, Ghoshal S. Social capital, intellectual capital, and the organizational advantage [J]. Academy of Management Review, 1998 (23): 242－266.

④ Rowley T, Behrens D, Krackhardt D. Redundant governance structures: an analysis of structural and relational embeddedness in the steel and semiconductor industries [J]. Strategic Management Journal, 2000 (21): 369－386.

⑤ Simmel G. The Metropolis and Mental Life [M]//Wolf K H (ed. & trans.). The Sociology of Georg Simmel. New York: Free Press, 1950.

和基于正直的信任（源于被信任者认同并遵守信任者所认可的原则）。[①] 声誉是社会机制的运作结果，[②] 声誉网络具有“溢出”效应，声誉常常会影响到交易范围之外的个体[③]，在两个以上成员构成的社会网络中，除了会产生传统的一对一的双边信任外，还会产生一种特殊的信任形式——“二次信任”。[④⑤] 所谓二次信任，即在一个包含两个以上成员的社会网络中，存在一些成员都认可的社会规范，网络中的成员相信任何违背规范的成员和纵容违规行为的成员都会受到网络中其他成员的惩罚。[⑥] 在双边信任和二次信任的共同作用下，第三方治理机制将使声誉激励机制更为有效，表现在商业团体内部的放逐、仲裁、排斥等处罚措施有助于形成高效率均衡。[⑦⑧⑨]

命题3-2：通过声誉资本建立人际网络中的信任和二次信任关系，以帮助高管更好地进行资源整合，从而强化以提升声誉资本为导向的高管行为，这实现了关系嵌入下声誉资本对高管的激励效用。

3.2.3 结构嵌入下声誉资本对高管的激励机理

结构嵌入指行为主体及其所在的网络嵌入于由其构成的社会结构之中，并受到来自社会结构的文化、价值因素的影响。[⑩] 任何组织和个人都嵌入或悬浮于一个由各种关系联结形成的多重、复杂、交叉的社会网络之中。[⑪] 关

---

① Mayer R C, Schoorman F D. An Integrative Model of Organizational Trust [J]. Academy of Management Review, 1995, 20 (3): 709-734.

② Shenkar O, Yuchtman-Yaar E. Reputation, Image, Prestige, and Goodwill: An Interdisciplinary Approach to Organizational Standing [J]. Human Relations, 1997, 50 (11): 1361-1381.

③ Kehoe P J, Cole H L. Reputation Spillover across Relationships: Reviving Reputation Models of Debt [J]. Social Science Electronic Publishing, 1996, 116 (116): 175-117.

④ FISKE, Page A. Relativity within Moose ("Mossi") Culture: Four Incommensurable Models for Social Relationships [J]. Ethos, 1990, 18 (2): 180-204.

⑤ Sheppard B H, Sherman D M. The Grammars of Trust: A Model and General Implications [J]. Academy of Management Review, 1998, 23 (3): 422-437.

⑥ 寿志钢，苏晨汀，周晨．商业圈子中的信任与机会主义行为［J］．经济管理，2007（11）：66-70.

⑦ Milgrom P R, North D C, Weingast B R. The role of institutions in the revival of trade: the law merchant, private judges, and the champagne fairs [C]// Economics and Politics. 1990: 1-23.

⑧ Greif A. Reputation and Coalitions in Medieval Trade: Evidence on the Maghribi Traders [J]. Journal of Economic History, 1989, 49 (4): 857-882.

⑨ Greif A, Weingast B R. Coordination, Commitment, and Enforcement: The Case of the Merchant Guild [J]. Journal of Political Economy, 1994, 102 (4): 745-776.

⑩ Granovetter, M, and Swedberg, R. The sociology of economic life [M]. Boulder: Westview, 1992.

⑪ Uzzi B. The sources and consequences of embeddedness for the economic performance of organizations: The network effect [C]. American Sociological Review. 1996: 674-698.

于结构嵌入对经济行为的作用机理的研究主要集中于分析网络位置的信息获得效应，结构嵌入会影响组织获取信息的数量以及信息的对称程度，从而提高决策效率和效果，并推动组织创新。① 波特（Burt，1992）的“结构洞”理论指出，一个人占据了资源交换的良好位置，具有较高的网络嵌入性，就能拥有较多、较高质量的资源从而形成“洞效应”，即拥有资源优势和控制优势。②

杰索普（Jessop，2001）通过解构社会关系识别了三个层面的结构嵌入：第一层面是人际经济关系的社会嵌入；第二层面是组织间关系的制度嵌入；第三层面是复杂的离心社会中不同功能的制度秩序的社会嵌入。③ 借鉴其理论可以具象化高管的三层次社会嵌入结构：第一层面是公司内部微观信任网络，即高管与公司内其他成员构成的公司内部网络。高管与其他成员关系越密切、越稳定，越有利于其从高管团队和各部门获得支持与资源，从而帮助其成功决策和执行。第二层面是组织间中观信任网络，即高管作为公司代表参与公司间的各种经济活动所形成的组织间网络。公司高管间的人际交往是形成组织间联系的重要途径，高管在公司外部经济活动中所处的网络位置决定了高管能够获取资源的多寡，以及所获取资源的效用。第三层面是社会宏观信任网络，即高管与构成公司经营环境、影响公司经营决策的社区、政府、公众、协会团体等社群组织之间形成的信任网络。结构嵌入决定了高管的行为时空和行为规范，当高管具有了良好的结构嵌入层次和结构位置，符合各结构层次的行为规范时，才能形成良好的声誉资本，高管受到声誉激励的动机在于充分利用结构嵌入的作用机理，扩展自身结构嵌入层次和行为时空，以此获得信息优势和社会资源优势。

命题 3－3： 通过声誉资本扩展高管的嵌入层次和行为时空，帮助高管获取信息优势与社会资源，从而强化以提升声誉资本为导向的高管行为，这实现了结构嵌入下声誉资本对高管的激励效用。

---

① 黄中伟，王宇露．关于经济行为的社会嵌入理论研究述评［J］．外国经济与管理，2007，29（12）：1－8.

② Burt R S. Structural Holes：The Social Structure of Competition［M］. Cambridge：Harvard University Press，1992.

③ Jessop B. Regulationist and Autopoieticist Reflections on Polanyi's Account of Market Economies and the Market Society［J］. New Political Economy，2001，6（20）：213－232.

3.3 样本选取与研究设计

3.3.1 案例研究方法的选用依据

目前关于公司高管声誉激励的研究缺少超越公司内部视野在社会视角下探讨关系嵌入和结构嵌入如何激励高管经济行为的系统研究，需要“进入现场”接触研究对象，将理论分析与高管经验、认知相结合，分析关系嵌入和结构嵌入作为嵌入客体如何对高管行为这一嵌入主体产生作用。由于案例研究是一种研究策略，其焦点在于理解某种单一情景下的动态过程，① 因此，本章采用案例研究方法。

3.3.2 分析策略

本章采用“检验理论”和“构建理论”相结合的分析策略，首先将通过实证调查获取的信息与理论分析建立的模型进行匹配分析，在此基础上，对于访谈资料中超出理论模型的信息进一步进行文献检索与分析，通过构建理论，完善理论预测模型。

3.3.3 案例选择原则与案例背景介绍

案例选择遵从可复制的逻辑原则，多个案例被当作一系列实验，每个案例都为证实或证伪先前个案所得出的结论服务。② 根据这一原则和本章的研究主旨，选取10家公司高管作为研究对象，主要基于以下考虑：第一，公司行业背景、国有企业或民营企业属性以及是否为上市公司对高管的社会嵌入和行为特征都会产生影响，因此，考虑上述因素进行研究对象选择，以检验不同情境下社会嵌入对高管声誉激励的共性和差异化影响。据此，本章选择的公司分属化工、生物医药、家电、市政公用企业、外贸、传媒、家电、电子信息、电子商务、矿产资源10个行业。国有企业高管7名，民营企业

① Eisenhardt K M. Building Theories from Case Study Research [J]. Academy of Management Journal, 1989 (14): 532 –550.

② 罗伯特·K. 殷. 案例研究设计与方法 [M]. 重庆：重庆大学出版社，2004：61.

高管 3 名。上市公司 4 家，非上市公司 6 家。在 10 位高管中，总经理 9 名，副总经理 1 名，9 名总经理中，同时兼任集团公司副总经理的 3 名。第二，所选高管对于社会关系、社会网络和所处层次结构有充分认知，有典型的故事作为案例供理论研究和探讨。这些典型故事包括个人逐步形成声誉资本的往事，与合作方产生的信任关系对其工作和个人的影响，在不同层面的社会网络中建立合作关系和取得支持的往事。第三，高管在各嵌入层面形成了良好的声誉，其与利益相关方建立了信任关系，形成了完整的社会嵌入系统，这使其具有正向代表性。基于以上因素，选取 10 家公司高管作为案例可获得充分和生动的研究资料，有助于本研究在多维度比较的基础上进行深入的理论挖掘，探索社会嵌入对高管声誉激励的共性和不同情境造成的差异性，使本研究所获得的结果更有说服力。

3.3.4　调研与访谈过程

1. 访谈提纲准备

课题组在理论分析的基础上设计了初步访谈提纲，将初步访谈提纲发至 2 位研究公司治理与高管激励的教授、1 位研究应用心理学的教授和 4 位研究公司治理的博士征求意见。在进行了 3 轮往复修改之后形成修订稿，依据修订稿对 3 位公司高管进行了访谈，对访谈提纲的效果和操作性进行了检验，确认了访谈提纲的可操作性。通过以上工作，制定了 15 题的访谈提纲。

2. 访谈过程

访谈分两个阶段进行。首先对访谈对象和其公司进行网络预调研，通过百度搜索高管姓名和公司名称获取有关信息，了解高管发展历程、荣誉称号、主要报道和公司发展的历史沿革、发展战略，以此了解访谈对象基础信息，结合访谈提纲准备谈话素材。网络预调研后，将访谈提纲通过电子邮件发送至访谈对象，请其考虑相关问题，最终按照约定时间进行当面访谈。一般访谈时间在 1 小时左右，部分高管访谈时间达到了 2 小时以上。

3. 数据搜集

半结构化访谈是本章数据搜集的一个主要渠道。访谈提纲是半结构化访谈的基础，访谈对象通过提纲对访谈内容有了了解和准备，从而可以尽可能提供必要的案例信息，并避免访谈的僵化。访谈围绕 15 题进行，具体的题目顺序和问题表达会依据被访谈人的反应进行调整。当被访谈人谈及重要观点和信息点时，访谈者会通过请被访谈人具体谈包含此信息的故事的方式具化情境和挖掘信息。

3.3.5 数据编码与数据分析

10 位高管的访谈录音共 659 分钟，通过逐字整理，获得 108478 字的访谈记录。课题组将本记录作为数据源进行了编码，对本章的主要概念首先进行代码表示，见表 3 -1。编码过程如下：首先由 3 名研究人员通读并审校该访谈记录，结合研究主题讨论访谈记录和研究主题的对应关系，之后进行编码。本章编码的原则是：第一，依据理论模型进行文本分解；第二，对于可以代表多个概念的文本资料分别列入相应概念；第三，超出理论模型的信息不列入编码表，但在讨论中要作为研究发现进行分析。按照被访谈高管的保密要求，文中以 A ~ J 十个字母分别代表十位高管。本章主要概念的代码方案如表 3 -1 所示。

表 3 -1　本章主要概念代码方案

一级概念	代码	二级概念	代码
声誉资本	1RC	人力资本	21RLZB
		社会资本	22SHZB
		心理资本	23XLZB
关系嵌入	2RE	信任	21TR
		二次信任	22MTR
结构嵌入	3SE	公司内部嵌入	31IC
		组织间嵌入	32RO
		宏观社会嵌入	33IS

在上述原则指导下，结合“检验理论”和“构建理论”的分析策略，具体采取如下步骤进行编码。第一步，根据代码表中有关概念进行文本标

注，确定信息条目，然后将信息条目对应概念进行编码。编码总计得到有效条目 73 条，其中声誉资本 3 个维度 24 条，关系嵌入 2 个维度 32 条，结构嵌入 3 个维度 49 条。第二步，首先根据检验理论的分析策略，针对编码内容进行分析，验证理论命题；其次运用构建理论的分析策略，对新发现的理论视角再次回到理论文献和数据发现的对比中，从而发展理论。

3.4　研究发现与讨论

3.4.1　声誉资本发挥了以心理资本为主导的集合激励作用

研究发现，高管的行为产生了声誉资本，声誉资本包含心理资本、社会资本、人力资本三个维度（见表 3-2）。声誉资本的心理资本维度作用表现出了能够导致积极组织行为的心理状态，[①] 成为促进个体成长发展与绩效提升的重要因素。[②] 声誉能够激发高管信心、希望、乐观和坚韧四个关键心理要素，而这四个要素恰恰是激发员工主动性和创造性的核心因素，[③] 十位高管的访谈结果也体现出，声誉产生的心理资本是影响高管内生动机和行为的主导因素。

根据社会资本理论，[④] 声誉资本的社会资本维度作用表现为其可提升高管网络资源动员能力。访谈结果表明，声誉能够帮助高管凝聚资源、叠加优势，获取利益相关方的支持和团队的忠诚信任。声誉在人力资本维度中发挥了其信号显示作用。张维迎（2005）认为，声誉是决定个人价值的重要因素，经理人如果不努力，其业绩表现就会不佳，人力资本的市场价值就会下降。[⑤] 访谈结果表明，声誉使高管能力能够得到认可，帮助高管获得晋升机会、行业位置并受到重视。

---

① Luthans F, Youssef C M. Human, social and now positive psychological capital management: Investing in people for competitive advantage [J]. Organizational Dynamics, 2004, 33 (5): 57-72.

② 王雁飞，朱瑜. 心理资本理论与相关研究进展 [J]. 外国经济与管理，2007 (5): 32-39.

③ 蒋建武，赵曙明. 心理资本与战略人力资源管理 [J]. 经济管理，2007 (9): 55-58.

④ 林南，张磊译. 社会资本：关于结构与行动的理论 [M]. 上海：上海人民出版社，2004: 152.

⑤ 张维迎. 产权、激励与公司治理 [M]. 北京：经济科学出版社，2005: 221.

上述研究发现验证了命题3－1。与此同时，研究也发现，声誉资本的心理资本维度是三个维度的主导力量。心理资本维度具备内生性的激发高管行为的作用，社会资本和人力资本维度具有工具性的诱发高管行为的作用。声誉资本对高管的激励是通过内生激发和工具性诱发两种途径发挥集合作用的。

表3－2　高管声誉资本的集合激励作用案例

维度	事例描述	发现
心理资本	A高管谈道："对行业和政府组织给予的荣誉都感到非常珍视，如同行将其推选为行业协会的会长，在省青年联合会担任副主席、委员，在市人大担任人大代表。但根本在于干好当前工作，为社会做出贡献。"	在声誉的作用下，高管表现出积极的心理状态，顺境时有继续努力的动力，逆境时具有信心、保有希望和韧性
	B高管在谈到在面对困境坚持努力的事例时说："这个坚持中又有荣誉的成分，因为要是放弃就是承认自己是个失败者，我不能输，只要坚持我就有成功的可能。这也是一种精神吧。"	
	C高管认为："声誉的基本作用是动力，这个动力是无穷的。这个荣誉对你是一个激励，激励你要跟自己较劲。要对得起这个荣誉，甚至说要争取更大的荣誉，这不就是前进的动力吗。这个动力首先是内生动力，不是别人给的，是你自己的。"	
	E高管谈道："社会的公共认可其实对自己是个很大的激励。当你遇到困难的时候，你有信心战胜它，当你工作顺利，一些问题解决得比较顺心的时候，你也会提醒自己，也许你能做得更好。（声誉）激发自信，会提示你这不是最终目标，你还要做得更好，看得更远，我认为它的作用在这方面是很强大的。"	
社会资本	C高管认为声誉"凝聚了所有的资源、所有的团队……声誉是无形资产，首先要体现它的价值性。人无信不立，'信'就是信誉，荣誉就是对信誉的一个确认"。	声誉作为社会资本可以发挥资源凝聚作用，获取政府、利益相关方和团队的支持
	H高管谈道： （1）我们做得好，做得扎实，就能获得预期的成果。如果有关部门能从媒体或者我们的汇报中知道的话，会非常愿意再滚动支持我们的项目，就会给我们资金，给我们评一些荣誉，这个就是优势的叠加。这就是优势富集，（利益相关者）就越来越愿意支持你。 （2）高管的声誉也非常重要。很多投资者会研究你的企业的掌门人，你的企业的文化、走向、生命力，这些是和你的高管有关系的。有的上市公司高管一出问题，公司的股票立马开始下跌，股民都跑了。 （3）团队跟着你干一份事业，他也要看你这个人，这些人最看重的是领头人，所以他的声誉肯定也是相辅相成的。	

续表

维度	事例描述	发现
人力资本	A 高管谈道："过去当工人的时候评劳动模范、先进工作者，当干部的时候愿成为模范干部，现在就非常平淡。"	声誉有助于高管得到公司和行业的认可，使其人力资本得到展现并获得发展机会
	D 高管认为："你所在的位置和你所能到达的层次，这个不只反映个人的能力，它也反映了你这个企业在全国同行当中所处的位置。"	
	F 高管认为："你如果有一个好口碑的话，实际上也会受到行业的重视。"	

3.4.2　关系嵌入强化了以信任和二次信任为纽带的声誉激励契约效应

研究发现，关系嵌入决定了高管声誉资本的形成方式和评价标准，信任和二次信任成为构成高管声誉资本的重要因素。在关系嵌入下，高管声誉资本通过形成初次声誉和合作强化声誉的循环得到加强。声誉资本形成和强化的基础在于：高管行为满足了利益相关方的期望和互惠要求，取得了认可和赞同。

表 3－3 的访谈结果表明，高管遵从关系嵌入下形成的重诺守信的理念和行为规范，以此建立和维护自身优良的声誉资本。声誉资本包含了利益相关方对高管能力、合作意愿（善意）、品质的评价，成为形成信任并通过口碑形成二次信任的基础。二次信任对于高管也产生了双重激励效用，表现为降低初次合作难度和拓展潜在合作网络。关系嵌入下，高管受到声誉激励的动机在于依靠信任和二次信任，建立和维护稳定的合作关系、扩展潜在合作网络，并更好地调用资源，从而取得认可并创造绩效。访谈结果的分析验证了命题 3－2。

表 3－3　　关系嵌入下声誉激励作用案例

维度	事例描述	发现
信任	A 高管谈到对其个人评价时认为："品质好、能力强、业绩好。当然无论从哪个角度讲，现在到这个地步了，品质还是第一位的。"他重视品质为自己带来的信任。	（1）高管行为满足了利益相关方的期望和互惠要求，取得了赞同后形成和强化高管声誉资本。（2）重诺守信的价值观念在关系嵌入中发挥主要规则导向作用。（3）高管声誉资本中包含了利益相关方对其的信任。维护信任关系从而保持长期合作关系成为关系嵌入通过声誉资本激励高管的主要途径。
	B 高管谈道：（1）我们公司虽然不大，但是一直坚持到今天，11 年了。中国企业平均寿命不是 2.8 年吗？所以我觉得能坚持 11 年，跟诚信有直接关系。（2）公司与公司的合作，实际上在我看来就是人与人的合作。人不好沟通不好打交道，那会很麻烦的。所以说有了合作的前提，认可了这个公司、这个老板……同样，我也在我认可的这些工厂、公司里面选最好的企业来合作。（3）像我们这个小公司，人家认可的是你的服务，是你在付款、收款时的信誉，是你执行合同的力度这种信誉。（4）我个人对于口头承诺也从不食言，从来没有对客户失信。这个是大家给我捧场的原因。	
	C 高管认为：（1）人无信不立，"信"就是信誉，荣誉就是对信誉的一个确认，荣誉就是信任的一个符号，有信任就有信誉，有信誉就会带来合作。（2）谈到 20 世纪 90 年代与中科院合作的案例时他说："我们当时在山东县级市，没有任何条件基础，企业刚起步，从零开始，怎么能取得人的信任？就是沟通交流，让他对企业的未来发展产生信任，有了信任才有成果转化，大家就合作了。"	
	D 高管谈到与客户建立稳定合作关系的案例时说："通过我们这种反复的沟通宣讲，大家会形成建立在价值观认同基础上的互信，然后互利。"	
	E 高管谈到在管理团队中建立声誉资本的案例时说："如果高管个人在这方面具备的素质条件确实是比其他人高，那自然就会形成他的领导地位。而且人们经历的事情多了，解决的问题多了，走过的路多了，慢慢地大家心目中的这种感觉、这种形象就会以口碑的形式表现出来。所以实际上口碑是对过去的一个评价，也就意味着你所做过的，你能做的。大家会对你赋予一种新的期望。"	
	F 高管在谈到扩展合作方的案例时说："如果是人家对你不认可，或者是听说你这个企业很烂，你这个人又很烂，那你想去开拓一个新的市场是不可能的，可能他连见都不见你。"	
	G 高管谈道："集团曾兼并一家资金链即将断裂的公司，这家公司出现了登门要账的'挤兑'局面。新集团接收后，供应商考虑到新接手集团的声誉，将欠款及时归还公司，以保持良好合作关系。诚信不是虚无飘渺的，而是一个巨大的经济资源。在你困难的时候，诚信是无价之宝。"	

续表

维度	事例描述	发现
信任	H 高管谈道："领导者角色很重要，团队觉得跟着你干事，再苦再累都心甘情愿，觉得跟对人了，士气会非常高。投资者的资金投向你，你的市值怎么样，也是看这个领导。股东对投资者问答、投资者平台都很看重。比如企业的高管身体发生状况他们都很关注。"	（1）高管行为满足了利益相关方的期望和互惠要求，取得了赞同后形成和强化高管声誉资本。 （2）重诺守信的价值观念在关系嵌入中发挥主要规则导向作用。 （3）高管声誉资本中包含了利益相关方对其的信任。维护信任关系从而保持长期合作关系成为关系嵌入通过声誉资本激励高管的主要途径。
	I 高管谈道："十大网货品牌、最佳全球化实践网商等奖励从某种程度上来说对我们是一种肯定，从某种程度上来讲也增加了这种风险投资对我们的信心。与投资人商谈时，投资人表示：我进来一看你们这些人的感觉，就觉得我的投资是对的，我感觉你们就是踏踏实实干活的人。对人的信任是第一位的。而且中间有无数小的成功可以确认，别人才信你。	
	J 高管谈道："我觉得一个人做事得信守诺言，所谓诺言，就是你过说的话，就一定要做到。做不到，一定要有合理的说法。"	
二次信任	A 高管谈道："一个人离开了这个行业，离开了江湖还会有人在传说。确实感觉口碑是特别重要的。目前的企业家，特别是国有企业，对于口碑是非常看重的。"	（1）二次信任主要通过口碑发挥作用。 （2）二次信任具有降低初次合作难度的作用。 （3）二次信任具有拓展潜在合作网络的作用。
	B 高管谈道："我的客户都对我说，你那里不止一个员工说你是'老总妈妈''妈妈老总'，这让我感到自豪。虽然这在正规公司不一定是最好的称谓，但是我觉得很温暖。我是一个充满感情、有很多爱的老总。这个是我比较珍视的一个称号。"	
	C 高管谈道："那时候合作方声誉较高，是中科院的首席专家，他们向别人推荐你，他们也有信任度。"	
	D 高管谈道："商界英雄会是个评选也是个表彰，是一个声誉的赋予。这对职业经理人非常重要，他的名字出现在这个地方就等于被背书一次，他在其他地方流动的时候，或者往其他地方流动的时候，是一个很重要的说明。"	
	E 高管谈道："对你的评价，你能拥有的声誉，实质上是你的团队，是你所在的部门，在外界的一个综合反映。你的团队要有这样的评价，这样的地位，你再做什么事情，你的合作伙伴会感到放心，所以它的作用是积极的。"	
	F 高管谈道："口碑的作用不是去介绍推销你自己，别人替你去讲这个人管理的这个企业怎么样，就比你自己说要好得多。"	
	G 高管谈道："一个人、一个企业在这个社会当中的声誉、诚信有了口碑之后，会带来很多的财富。声誉和诚信是无价之宝。"	
	I 高管谈道："实际上我们就是被国际知名和中国知名的这种风险投资认可的一家具有良好声誉的公司。那么以后我们展开各种商业合作，都会比较顺利。"	

3.4.3 声誉资本通过三层次结构空间在结构嵌入中起到背书效用

研究发现，通过结构嵌入，公司高管声誉资本存在于公司内部、组织之间、社会层面三层次结构空间，在各层次空间公司高管通过口碑、认可积累声誉资本，声誉资本成为高管的一种背书，帮助高管获得支持、信任和持续合作机会。

在公司内部，高管最关注的是员工、管理团队形成的网络，这是其创造业绩的核心力量。担任公司副总或者集团子公司总经理的高管，同时关注上级对其的认可，这直接决定着高管最终获得的业绩评价，影响到其个人发展机会。6 位公司总经理从不同侧面谈到了重视员工、管理团队的认可。C 高管谈道："你的价值发挥要有个平台，企业是你体现价值的最直接的平台……你的团队就是核心。" B 高管谈道："我现在实实在在在意的是员工能说我是个好老板。" E 高管谈道："团队不在大小……维护好基本的利益，这是团队有凝聚力、有战斗力的基础，有了这几个合力，你的工作会一直积极向前发展。" F 高管谈道："我对下级有管理权，相对下级来讲，我是强势的。他们对的我口碑可能更客观，更有说服力。" J 高管谈道："公司的几个关键人才才是绝对的核心……可以说没有这几个人就没有这个企业。" I 高管谈道："和员工的关系，这是我最重视的。另外我还有 4 个合伙人，和他们的关系是我最重视的。" 3 位在集团子公司任总经理和 1 位在公司担任副总经理的高管在强调员工、团队认可的同时，进一步阐述了重视上级的评价。A 高管谈道："比如说人际（关系），（希望）得到下属和团队的认可，能力希望能得到上级的认可，业绩希望能得到行业的认可。" D 高管谈道："更看重组织内部的认可，组织内部的认可如果能和自己内心的这种评价匹配起来，其实反映了这个组织的健康程度，这个组织越健康，自己的这种逻辑情感的表达才越顺畅，要不然你就产生了价值观认同上的这种偏离，我觉得所谓声誉激励很重要的一点是，它反映了人对自己价值观的认同，以及组织系统的健康程度。" G 高管谈道："领导对你的评价可能使你得以提升，或者是经济利益得以实现。" H 高管谈道："内部层面讲应该是你的直接上级对你的认可。当然，不能光看'上'，下面群众基础（也要有），这是在公司内部生存的基础。”将上述访谈结果从网络要素和激励逻辑两个方面进行归纳发现：高管重视的公司内部网络要素为员工（核心员工）、团队（合伙人）、上级，激励逻辑为高管业绩、行为形成口碑、认可，最终以声誉资本的方式固化，影响到高管的威望、晋升、绩效、薪酬、心理感受。

在组织之间，高管用圈层的理念来把握自己所处的中观环境，关注与产业链上的相关企业形成的网络结构，注重取得行业中的口碑与认可，从而实现在产业链上的持续合作，保持行业地位，获取有效信息，实现企业良性发展。4 位高管从产业链的角度谈到重视与客户、供应商之间的关系。B 高管谈道：“外贸相对来说比较简单，因为我就是个中间商……（希望）客户能说我守信、诚信。”D 高管谈道：“我们的客户，尤其是大客户，关系到我们的生死存亡，不管你愿不愿意，都应该非常重视这些关系。”G 高管谈道：“我感觉排在第一位的应该是供应商，供应商不仅仅是产业链上的合作者，更重要的是还能在技术上的相互促进。”I 高管谈道：“在这个生态圈里，我认为最重要的是工厂吧，我们现在有 200 多家合作的工厂。这些工厂能和我们保持紧密的合作关系，这对我们来说价值是最大的。”4 位高管阐述了组织间网络能产生的效用。A 高管谈道：“很大程度上是对（个）人、是对企业的认可，一个企业在行业或者是区域中的地位……整体来说还是非常看重行业的理解、认可。”C 高管谈道：“（重视公司能）在产业、行业中扮演一个什么样的角色。”F 高管谈道：“在这个圈子我做得久了，通过业务、供应商、行业协会、行业之间的交流，各企业经营管理者的信息，包括口碑，都能在交流当中获得。你如果有一个好的口碑的话，实际上也会受到行业的重视。”J 高管谈道：“我担任一个协会的理事是为了获得一个载体平台，开会时你能参加。最主要的作用是，透过它能够获得信息、进行交流，或竞争或合作，或协同配合。”上述访谈结果表明，在组织层面上，高管最关注的是与供求双方形成的网络关系，这是公司创造价值的基础链条。组织层面能够给高管带来双重效用：第一是平台声誉效用。对于高管所在公司的认可使高管具有了更好的工作平台，促进其创造良好业绩。第二是个人声誉效用。组织层面信任高管，给予其行业评价与口碑，使其获得信任，并能通过行业协会等方式获得信息，取得协同配合机会，提升了高管创造业绩的能力和职业机会。

在社会层面，高管集中表现出对公司和政府之间关系的重视，同时，对社会层面的网络重视程度弱于对公司内部和组织之间网络的重视程度。5 位高管谈到了在社会层面关注与政府等相关方的关系。F 高管谈道："公用事业企业离不开政府，很多的政策，包括价格管控等。关键的业务环节都离不开政府的管控，因此企业要想做好，跟行业主管部门的关系很重要。"G 高管谈道："熟人或者社会对你声誉的影响是社会地位的问题。排第二位的应该是政府，因为任何一个企业做得再大，也是在政府所创造的秩序和环境当中生存的。"H 高管谈道："作为上市公司，现在的关注点太多了，政府、大股东要关注，小股民也要关注，消费者也要说买你的产品要吃得安全、吃得放心。"J 高管谈道："政府能给你什么，政府掌握着宏观导向，他是个决策者。"5 位高管都表达出了在社会层面对政府的重视，公司能否处理好与政府之间的关系，能否在政府创造的秩序和环境中取得发展，这是高管普遍关注的问题。2 位高管谈到对于社会层面网络的关注是相对弱化的。A 高管谈道："当过市人大代表，现在还是省青年联合会的委员和副主席。有时候我们自己就是先把自己的事干好，一些外部的事情最后解决，你自己工作做不好，一味搞协调，那样效果反倒不会太好。"C 高管谈道："企业首先要看它社会化的属性，上市公司既是股东的企业，又是公众公司。公众公司怎么在资本市场有一个好的形象。就像人体一样，是个系统，就是生态体系。你的团队就是核心的。其他的相关方就是紧密的，政府发展环境就是松散的。"上述访谈结果表明，公司高管在社会层面网络上普遍关注与政府之间的关系，但更强调在公司内部网络和组织之间网络取得绩效，避免行为的虚化。

综上所述，高管声誉资本形成于三层次嵌入体系，这一嵌入体系以"生态系统"的模式构成高管的行为空间。同时，以公司内部声誉资本为核心，形成"同心圆"式的声誉扩散和交互依存状态。声誉资本在高管所嵌入的"生态系统"内发挥背书作用，高管为使其行为在三个层次获得认可和支持，并能够获取信息优势和以信任为代表的社会资源，必须维护自身良好的声誉。因此声誉资本成为激发和强化高管良性行为的重要动机，命题 3 - 3 得到验证。

3.4.4 声誉资本激励效应的实现途径

公司高管行为的社会嵌入表现为关系嵌入和结构嵌入，高管行为体现其能力和品质，社会嵌入对高管的激励作用通过行为激发和行为强化两种途径实现，如图 3－1 所示。在关系嵌入之下，社会行为规范和商业互惠原则引导和约束高管行为，强化高管的合规行为，并通过信任机制和二次信任机制形成“信任”这一高管珍视的激励物来引导高管行为。结构嵌入下，高管行为嵌入于公司内部、组织之间、社会层面三层次社会结构空间。各层次嵌入空间对高管行为有特定预期，符合结构预期的高管行为将得到认可和强化，反之，则使高管受到所属网络的排斥。

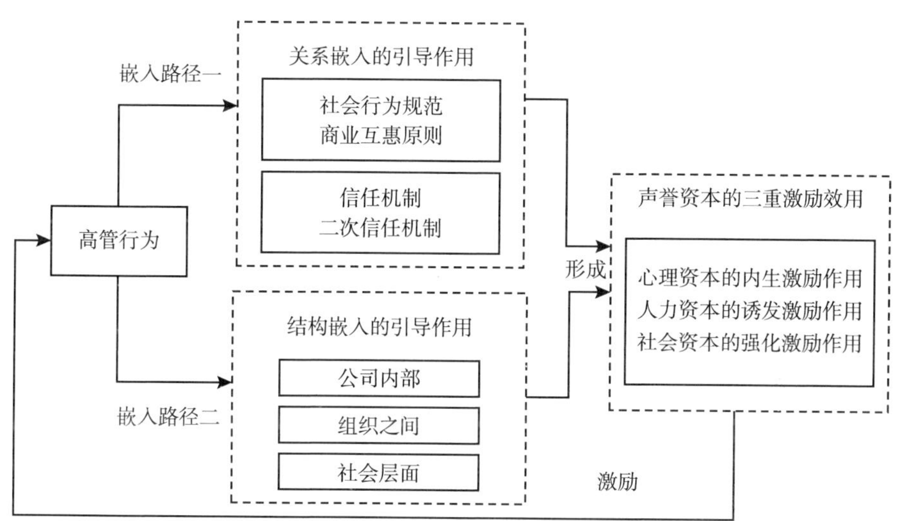

图 3－1　社会嵌入下公司高管声誉激励机制

高管行为通过关系嵌入和结构嵌入形成声誉资本，声誉资本对高管产生三重激励作用。心理资本对高管产生内生激励作用，使高管感觉得到认同、尊重和自我实现，以此提升高管满足感，强化高管行为。人力资本使高管市场价值得到提升，社会资本使高管的社会动员能力得到提升，二者成为高管行为的诱发因素与强化因素，高管为了取得人力资本和社会资本的积极效用，必须按照关系嵌入和结构嵌入形成的规范与原则行事。声誉资本通过集合激励效用作用于高管行为，形成社会嵌入下公司高管声誉激励机制的闭合循环。

3.5 研究结论与启示

3.5.1 主要结论

实现高管激励效用最大化需要公司采取系统性的激励方案，综合运用薪酬、股权、声誉等多种激励方式。特别是在当下的中国，改革的深化和社会的发展使高管个体认知与社会现实不断融合与冲突，其对声誉有更为复杂的认知和诉求。并且，声誉的作用空间和效用已经超出公司内部，通过整个社会三层次网络与高管发生交互作用。据此，本章从社会嵌入的视角展开理论分析，以高管行为为嵌入主体，以关系嵌入和结构嵌入为嵌入客体，引入声誉资本的概念，通过多案例的探索研究提出社会嵌入下公司高管声誉激励机制。研究发现：公司高管行为的社会嵌入通过关系嵌入和结构嵌入实现，二者通过社会行为规范、商业互惠原则、信任机制、二次信任机制和三层次网络结构五大要素对高管行为产生引导和强化作用，最终形成声誉资本。声誉资本通过心理资本、人力资本、社会资本三重集合激励效用作用于高管行为，形成社会嵌入下高管声誉激励机制的闭合循环。

3.5.2 研究启示

本章以理论探索性创新为基础，具有一定的实践指导意义。充分激励高管从而使高管最大限度为股东利益和公司价值努力是公司发展的基础条件。在现实中，公司重视通过薪酬体系给予高管物质激励，但往往不能有意识地给予高管声誉激励。通过声誉激励公司高管，可以提升公司激励体系的整体效果，并且在提升高管心理资本和人力资本的同时，能够为公司凝聚社会资本。通过本章理论分析和多案例的探索研究，针对公司如何给予高管声誉激励，笔者对公司提出以下政策建议：

第一，建立公司声誉导向体系。年度和任期业绩考核是公司常采用的考核方式，公司应与之相结合建立声誉导向体系：将公司战略目标分解为考核指标的同时，设立与战略目标和考核指标相匹配的荣誉称号，如最佳创新奖、业绩进步奖、市场开发奖、社会责任奖等。通过声誉导向体系，可以使高管更加明确公司的价值导向，在实现公司经营绩效的同时追求公司价值的提升。公司可以在年度和任期考核中兑现高管的薪酬奖励并通过表彰大会、公司年会等形式给予高管荣誉奖励，使高管获得心理上的认同感、尊重和自我实现，从而引领和强化高管行为。对于在任期内做出突出贡献的高管，公司可以将其业绩、典型案例收入公司大事记、公司博物馆等纪传体系，既给予高管激励和认可，也使公司的文化和历史得到积淀，对公司员工形成持续激励效果。

第二，公司应给予高管多维网络交流机会。高管声誉激励是在社会嵌入下发挥作用，社会环境下，高管更需要圈层之间的沟通交流，促进商业伙伴关系的形成，形成个人声誉资本。公司可以通过圈层发挥社会行为规范和商业互惠原则的影响作用，形成正向价值导向，引导高管行为。例如，公司内部的问题研究小组、高校和社会教育机构的高管研修课程、各类企业家论坛和 NGO 组织为高管提供了多维度的网络交流机会，在这些交流的过程中，潜移默化的正向价值理念、榜样作用、协同互助关系都会对高管发挥激励作用。在交流过程中，既有对高管业绩和行为的认同，也会加强高管的心理认同感，强化高管正向行为。

第三，政府应引导优良的商业氛围和商业价值理念，树立良好的声誉标准。公司高管重视政府所发挥的作用，因此，政府应通过行业协会、媒体舆论等途径为高管树立诚信的商业价值观念和行为模范，通过价值引领的方式引导高管行为，使诚信的高管行为得到社会认同和学习，产生社会性的声誉激励作用。

本章存在一定的研究局限，将来需要在探索性研究的基础上深化实证研究。尽管所选择的公司高管在行业上具有代表性，对关系嵌入和结构嵌入有自己实践中的感受和思考，通过访谈可以归纳出社会嵌入下公司高管声誉激励机制，但需要进一步将访谈内容形成调查问卷，通过问卷调查进一步检验归纳所得机制的解释力，从而提升研究的信度和效度。

第 2 篇
实证研究专题

第4章

高管声誉的影响因素：财务绩效还是创新绩效

随着理论的演进与实践的发展，以促进创新为主旨的价值创造成为衡量公司治理有效性的重要维度。除财务绩效之外，CEO 薪酬及声誉是否也受到了创新绩效的影响？针对上述问题，本书运用 2011 ~ 2014 年的中国上市公司平衡面板数据进行实证检验。研究表明：财务绩效与 CEO 薪酬水平显著正相关，但对 CEO 声誉却没有显著影响；创新绩效对 CEO 薪酬及声誉均能够产生影响，基于双元创新原理，突破性创新产出越多，CEO 声誉水平越高，渐进性创新产出越多，CEO 薪酬水平越高；产权性质对上述两组关系具有显著的调节效应。因此，通过 CEO 薪酬及声誉契约的合理设计以引导其进行合理的创新决策，是提高企业创新能力的重要途径。

4.1 问题的提出

传统代理理论认为，所有权与经营权的分离会产生委托代理问题。有效契约假说认为，合理的高管激励契约能够促进高管利益与股东利益的趋同，从而降低代理成本。[①] 高管激励机制包括显性与隐性两个方面的契约，前者以薪酬激励为主，后者以声誉激励为主。何种因素影响了 CEO 的薪酬及声誉？以往文献指出，公司财务绩效是主要因素。然而，随着竞争范围扩大、

① Jensen M C, Meckling W H. Theory of the Firm: Managerial Behavior, Agency Costs and Ownership Structure [J]. Journal of Financial Economics, 1976, 3 (4): 305 - 360.

竞争程度加剧、技术变革加速等外部环境因素的变化，技术创新能力对企业价值创造具有明显的促进效应。[①] 基于创新经济学及相关理论，公司治理机制的设计主旨应从交换领域转向生产领域，探究如何通过促进知识资源的开发与利用来创造价值，[②] 因此，以促进创新为主旨的价值创造成为衡量公司治理有效性的重要维度。在《2016 年全球创新指数报告》中，中国跻身 25 强。作为技术创新的主体，中国企业对技术创新越来越重视。在此实践背景之下，对 CEO 薪酬及声誉影响因素的研究也应该从价值创造视角出发，需要深入探究的具体问题是：追求创新给企业带来竞争力的同时给 CEO 带来了什么？作为关键的公司治理机制，CEO 薪酬及声誉是否受到了公司创新绩效的影响，从而能够更加有效地促进技术创新？

CEO 薪酬水平的影响因素问题一直是理论界与实践界共同关注的焦点。在相关研究中，以公司财务绩效作为主要影响因素的文献较为丰富，它们普遍将 CEO 薪酬界定为对公司以前绩效的回报。[③] 但在实践中，随着管理层权力的滥用，与绩效明显脱钩的 CEO 薪酬受到了越来越多的质疑，尤其是不断涌现的天价薪酬和过大的薪酬差距更是引发了社会公众的不满。针对上述现象，别布邱克（Bebchuk，2003）提出了寻租效应假说——如果管理层权力延伸到对自身薪酬结构及水平的决策层面，那么高管薪酬激励就不能有效地解决代理问题，而是成为代理问题的一部分。[④] 由于薪酬激励的局限性愈加凸显，学者们开始关注 CEO 声誉等隐性激励契约的影响因素及效用。[⑤⑥] CEO 声誉是 CEO 能力与品质向外界输出的重要信号，是观察者对 CEO 才能在一段时间内的累积性评价。有文献指出，财务绩效的提升或者规模的扩大是 CEO 才能的表现，也是影响 CEO 声誉水平的主要因素。然而，由于 CEO

① 徐宁，徐鹏，吴创．技术创新动态能力建构及其价值创造效应——来自中小上市公司的经验证据［J］．科学学与科学技术管理，2014（8）：13－16.

② 徐宁．技术创新导向的高管激励契约整合研究［M］．北京：经济科学出版社，2016：42.

③ Fama E F. Agency Problems and the Theory of the Firm［J］. Journal of Political Economy，1980，88（2）：288－307.

④ Bebchuk L A，Fried J M. Executive Compensation as an Agency Problem［J］. Journal of Economic Perspectives，2003，17（2）：71－92.

⑤ Francis J，Huang A H，Rajgopal S，et al. CEO Reputation and Earnings Quality［J］. Contemporary Accounting Research，2008，25（1）：109－147.

⑥ Zavyalova A. Reputation as a benefit and a burden? How stakeholders' organizational identification affects the role of reputation following a negative event［J］. Academy of Management Journal，2015，59（1）：253－276.

声誉具有隐性特征，需要在长期内经过多次博弈才能发挥作用，因此，短期的财务绩效可能并不能对 CEO 声誉产生显著的影响，甚至由于声誉具有的约束性特征，CEO 可能会更多地以公司的长期与整体利益为出发点去进行战略决策，如进行技术创新投资等，这样反而会对短期的财务绩效产生负向影响。因此，有学者开始探讨其他因素对 CEO 薪酬水平的影响，如公司治理因素、[①] 高管个人特征[②]等，但鲜有文献深入探讨技术创新绩效对 CEO 薪酬或声誉水平的影响。

针对上述问题，本书运用 2011 ~2014 年中国上市公司的平衡面板数据，系统探讨了影响 CEO 薪酬或声誉的公司财务与创新绩效因素。本章的主要贡献如下：第一，将价值分配与价值创造两种视角相结合，既探讨了影响 CEO 薪酬或声誉的财务绩效，也研究了创新绩效对 CEO 薪酬或声誉的影响；第二，借鉴双元创新理论，进一步将创新绩效分为突破性创新（radical innovation）产出与渐进性创新（incremental innovation）产出两个维度，两者在创新程度等方面具有较大差异，对 CEO 薪酬及声誉有不同的影响；第三，引入产权性质作为调节变量，以探讨并揭示在国有控股与非国有控股两种产权特征之下，创新绩效是如何影响 CEO 薪酬及声誉的，以期为不同性质的公司提供更有针对性的经验证据与理论借鉴。

4.2　理论分析与研究假设

4.2.1　财务绩效对 CEO 薪酬或声誉水平的影响

财务绩效对 CEO 薪酬的影响一直是学者们关注的焦点。凯尼昂和何（Conyon & He，2012）通过对中国上市公司相关数据进行研究发现，CEO 薪酬与企业绩效显著正相关。[③] 科尔代鲁等（Cordeiro et al.，2013）探究了

---

① Bebchuk L A，Fried J. M. Pay without performance：The unfulfilled promise of executive compensation ［M］. Cambridge，MA：Harvard University Press. 2004.

② O'Reilly C A，Doerr B，Caldwell D F，and Chatman J A. Narcissistic CEOs and executive compensation ［J］. The Leadership Quarterly，2014，25（2）：218 –231.

③ Conyon M J，He L. CEO Compensation and Corporate Governance in China ［J］. Corporate Governance：An International Review，2012，20（6）：575 –592.

不同的企业绩效衡量方法——会计绩效（ROA）和股票市场绩效（股票收益率）对中国企业高管薪酬的影响，结果表明：会计绩效与股票市场绩效都会影响高管薪酬水平，但是会计绩效的影响作用更大。① 当然也有研究并未取得类似的结论。随着外部资本市场与上市公司内部治理有效性的提升，对 CEO 薪酬及其制定过程的监督力度增强，CEO 薪酬与公司财务绩效的关系也应该更为显著。

CEO 声誉是 CEO 才能向外界输出的重要信号，而公司财务绩效是 CEO 能力与品质的关键表现。公司财务绩效是否能够影响 CEO 声誉呢？少数国内学者对 CEO 声誉水平的影响因素进行了探讨，如有研究表明，在控制了行业和年度的影响后，企业规模、高管持股比例与 CEO 声誉显著正相关。② 也有学者发现，高管声誉激励强度与公司规模显著正相关，高管人力资本在两者之间具有中介作用。③ 然而，鲜有研究证实了公司财务绩效对 CEO 声誉的影响。本章的研究认为，公司财务绩效是难以客观评价 CEO 声誉的。首先，公司绩效与高管才能之间是松散耦合的。④ 其次，CEO 声誉则具有长期性质，公司财务绩效却是短期的，两者之间并不是密切相关的。公司绩效不仅取决于高管的决策，也会受到行业与环境因素的影响。⑤ 因此，提出如下假设：

假设 4 –1a：财务绩效与 CEO 薪酬水平之间具有显著的正相关关系。

假设 4 –1b：财务绩效与 CEO 声誉水平之间不存在显著的线性相关关系。

4.2.2 创新绩效对 CEO 薪酬或声誉水平的影响

CEO 拥有公司资源配置的最终决策权，因此，CEO 对公司资源配置与价值创造的影响大于其他个体。所以，技术创新绩效的好坏是体现 CEO 才能的关键指标。技术创新绩效是否也能够影响 CEO 薪酬及声誉？薪酬与声誉是两

① Cordeiro J J, He L, Conyon M, et al. Informativeness of performance measures and Chinese executive compensation [J]. Asia Pacific Journal of Management, 2013, 30 (4): 1031 –1058.

② 李辰颖，杨海燕. CEO 声誉受哪些因素影响：理论与实证［J］. 当代经济管理，2012，34（3）：19 –26.

③ 王帅，徐宁，姜楠楠. 高管声誉激励契约的强度、效用及作用途径——一个中国情境下的实证检验［J］. 财经理论与实践，2016，37（3）：69 –76.

④ Myers S C, Majluf N. Corporate financing and investment decisions when firms have information that investors do not have [J]. Journal of Financial Economics, 1984, 13 (2): 187 –221.

⑤ Holmstrom B. Design of incentive schemes and the new Soviet Incentive model [J]. European Economic Review, 1982, 17 (2): 127 –148.

种不同类型的激励契约，前者是短期的显性契约，后者是长期的隐性契约。因此，影响两者的技术创新产出类型也应该不同。由于技术变化强度和对象不同，技术创新可以分为渐进性创新和突破性创新。① 突破性创新是对原有技术进行的重大创新，渐进性创新则是通过对原有技术进行改进而形成的逐步而连续的创新。这两类创新产出对CEO薪酬与声誉的影响效应是不同的。

与CEO薪酬不同，长期性与约束性是CEO声誉拥有的关键属性。在多次重复代理关系下，竞争、声誉等隐性激励机制能够发挥激励代理人的作用。当参与人之间重复多次交易时，长期利益可以激励参与人建立自己的声誉，实现一定时期内的合作均衡。② CEO声誉更多地与其长期行为、公司长期绩效相关，存续并作用于CEO长期的职业生涯，这是其长期性的体现。CEO声誉的约束性体现在：一旦CEO做违背公司整体利益的事情，会容易受到声誉方面的惩罚。③ 学者们对CEO声誉的公司治理效应进行了研究，形成了两类假说。有效契约假说认为，声誉可以解决信息不对称带来的逆向选择与道德风险问题，以增加的公司市场价值。当CEO声誉增加时，股东与CEO之间的利益冲突会减弱，CEO声誉会降低代理成本。④ 与之相反，寻租效应假说却认为，具有较高声誉的高管容易把精力放在自己的职业生涯和维护自己的声誉方面，从而忽略公司的整体与长期利益。比如，一个人的声誉越好，他就越容易受到激励去选择低风险的项目，因为一个小小的错误可能会把他建立多年的声誉毁掉。而这种风险规避型的战略选择倾向可能会影响企业的技术创新甚至长远发展。⑤ 但在近几年的实证研究中，学者们证实了在多数情境之下"有效契约假说"占主导地位，如CEO声誉增加了资本投资的价值，市场对拥有良好声誉的CEO所做出的资本投资的反应是积极的。⑥

---

① Van Uxem F W，Poutsma E. Process innovation and automation in small and medium sized business [M]. Netherlands：Delft University Press. 1987.

② Kreps D J. Roberts. Predation，Reputation and Entry Deterrence [J]. Journal of Economic Theory，1982，27 (2)：280 -312.

③ Bednar M K，Love E G，Kraatz M. Paying the price? The impact of controversial governance practices on managerial reputation [J]. Academy of Management Journal，2015，58 (6)：1740 -1760.

④ Milbourn T T. CEO reputation and stock-based compensation [J]. Journal of Financial Economics，2003，68 (2)：233 -262.

⑤ Holmstrom，B. Managerial incentive problems：a dynamic perspective [J]. The Review of Economic studies，1999，66 (1)：169 -182.

⑥ Jian M，Lee K W. Does CEO reputation matter for capital investments? [J]. Journal of Corporate Finance，2011，17 (4)：929 -946.

根据有效契约假说的观点，CEO 声誉能够促进 CEO 利益与公司整体利益的趋同，激发 CEO 的创新意愿。尤其是对于创新程度较高的突破性创新产出而言，其成功不仅需要 CEO 拥有较好的战略决策能力，也需要其具有较高的战略执行力以及在创新过程中的协调管理能力。由此可知，突破性创新产出越多，CEO 的才能也就越得到认可，其声誉也就越高。而渐进性创新风险较低，在短期内容易取得收益。渐进性创新产出多，CEO 的短期价值可能会受到影响，薪酬会有所提升。因此，提出如下假设：

假设 4－2a：创新绩效能够对 CEO 声誉水平产生显著的正向影响，具体而言，突破性创新产出越多，CEO 声誉水平越高。

假设 4－2b：创新绩效能够对 CEO 薪酬水平产生显著的正向影响，具体而言，渐进性创新产出越多，CEO 薪酬水平越高。

4.2.3 产权属性的调节效应

中国所特有的制度环境和发展路径造就了国有控股和非国有控股二元分离的现实格局，两者在很多方面存在着较大差异。在国有上市公司，控股股东与公司管理层是完全分离的，高管人员在企业决策中拥有较强的自由裁量权，缺乏明确的所有者监督；[①] 民营上市公司的高管通常由民营股东或其家属担任，这使得高管们天然享有较大的权威，管理层寻租效应可能会更加凸显，董事会监督的有效性会逐步降低。[②]

部分研究表明，产权属性会影响公司的薪酬策略。在非国有控股公司和董事会独立董事比例较高的公司中，CEO 薪酬与企业绩效的正相关关系更强。[③] 与非国有公司相比，国有公司更依靠会计绩效来决定高管薪酬。[④] 在不同产权性质公司中，CEO 薪酬与绩效的关系强度也略有不同，但结论并不一致。比如，民营上市公司具有更高的薪酬业绩敏感性和更少的薪酬黏

① 王新，毛慧贞，李彦霖．经理人权力、薪酬结构与企业业绩［J］．南开管理评论，2015，18（1）：130－140.

② Bebchuk L A，Fried J M，Walker D I. Managerial power and rent extraction in the design of executive compensation ［J］. The University of Chicago Law Review，2002，69（3）：751－846.

③ Werner S，Tosi H. Gomez－Mejia L R. Organizational governance and employee pay：how ownership structure affects the firm's compensation strategy ［J］. Strategic Management Journal，2005，26（4）：377－384.

④ Cordeiro J J，He L，Conyon M，et al. Informativeness of performance measures and Chinese executive compensation ［J］. Asia Pacific Journal of Management，2013，30（4）：1031－1058.

性；[①] 国有上市公司的高管薪酬增加对绩效的积极效应略高于非国有上市公司。[②] 也有学者通过研究证实，股权属性能够对 CEO 声誉与高管团队薪酬之间的关系产生显著的调节效应。[③] 并且，公司控股股东的属性会直接影响 CEO 声誉的有效性，[④] 声誉激励的效果会因所有权不同而有所差异。[⑤] CEO 声誉的治理效果受到实际控制人性质的影响，声誉机制对国有企业更加有效。[⑥] 由此可知，在不同产权属性的上市公司中，技术创新绩效对 CEO 薪酬及声誉的影响会有所不同。因此，提出如下假设：

假设 4 -3a：产权性质对创新绩效与 CEO 薪酬水平之间的关系具有显著的调节效应，即在国有控股与非国有控股上市公司中，上述关系的强度有所不同。

假设 4 -3b：产权性质对创新绩效与 CEO 声誉水平之间的关系具有显著的调节效应，即在国有控股与非国有控股上市公司中，上述关系的强度有所不同。

4.3　样本选取与研究设计

4.3.1　样本选择与数据来源

本研究选择中国非金融类上市公司作为研究样本，选取 2011 ~ 2014 年为研究区间，逐步剔除 ST 类公司、被停止上市的公司、CEO 发生更替的公司以及数据缺失的公司，每年度得到 392 家公司，共 1568 个有效观测样本的平衡面板数据。书中 CEO 声誉激励契约强度指标通过百度新闻手工查询

---

① 方军雄．我国上市公司高管的薪酬存在粘性吗？［J］．经济研究，2009（3）：110 - 124.

② 刘绍娓，万大艳．高管薪酬与公司绩效：国有与非国有上市公司的实证比较研究［J］．中国软科学，2013（2）：90 - 101.

③ Sanchezmarin G，Baixaulisoler J S. CEO reputation and top management team compensation［J］. Management Decision，2014，87（52）：540 - 558.

④ Malmendier U，Tate G. Superstar CEOs［J］. The Quarterly Journal of Economics，2009，124（4）：1593 - 1638.

⑤ 马连福，刘丽颖．高管声誉激励对企业绩效的影响机制［J］．系统工程，2013，31（4）：22 - 32.

⑥ 雷宇．实际控制人性质与声誉机制的有效性——基于公司信息披露的经验证据［J］．财经论丛，2011（3）：93 - 98.

与整理，专利数据由作者通过中国知识产权网专利数据库手工查询，其他相关公司治理结构数据与财务指标数据来自国泰安（CSMAR）数据库。

4.3.2 变量设计

1. CEO 薪酬激励水平与 CEO 声誉激励水平

根据相关学者的研究，笔者选择用“公司年末披露的 CEO（或总经理、总裁）薪酬的自然对数”来对 CEO 薪酬激励水平（CEO – Pay）进行测量。考虑到更好地对 CEO 声誉的层级高低进行合理区分，从而能够对 CEO 声誉激励水平（CEO – Reputation）进行较为客观的测量，笔者借鉴国内外学者的相关研究，采用“公司 CEO（或总经理、总裁）每年度的百度新闻报道频次的自然对数”进行测量。这样既能够用连续变量对 CEO 声誉激励强度进行合理测量，也能够形成跨年度的平衡面板数据。

2. 突破性创新产出与渐进性创新产出

为对上市公司的创新绩效进行更为系统全面的分析，本章将其划分为“突破性创新产出”（RI – Output）与“渐进性创新产出”（II – Output）两个维度。突破性创新产出的创新程度更高，所承担的风险也更高；渐进性创新多是以效率为导向的创新，具有渐进性的特征。因此，本章用“公司年度发明专利申请数量”来测量突破性创新产出，用“公司年度实用新型与外观设计专利申请数量之和”来测量渐进性创新产出。

变量定义与计算方式如表 4 – 1 所示。

表 4 – 1　变量定义与计算方式

变量名称	符号	变量定义与计算方式
CEO 薪酬激励水平	CEO – Pay	公司年末披露的 CEO（或总经理、总裁）薪酬的自然对数
CEO 声誉激励水平	CEO – Reputation	公司 CEO（或总经理、总裁）每年度的百度新闻报道频次的自然对数
公司财务绩效	ROA	公司年末披露的扣除非正常性损益的总资产收益率

续表

变量名称	符号	变量定义与计算方式
突破性创新产出	RI - Output	公司年度发明专利申请数量
渐进性创新产出	II - Output	公司年度实用新型与外观设计专利申请数量之和
股权集中度	CR	公司年末第一大股东所持股权数量占股权总数的比例
股权性质	OW	实际控制人性质。实际控制人为国有，设为1，实际控制人为非国有，设为0
公司规模	Size	公司年末总资产的自然对数
成长性	Grow	总资产增长率 =（期末总资产 - 期初总资产）/期初总资产
行业特性	IND	公司所处行业虚拟变量。处于高科技行业* 设为 1，其他行业设为 0
财务杠杆	LEV	公司年末披露的总负债占总资产的比例

注：* 根据王华、黄之骏等学者的研究，按照证监会 2001 年颁布的《上市公司行业分类指引》等，确定如下几个行业的企业为高科技企业：化学原料及化学制品制造业（C43）、化学纤维制造业（C47）、电子业（C5）、仪器仪表及文化和办公用机械制造业（C78）、医药生物制品业（C8）、信息技术业（G）。

4.3.3 研究方法与模型设计

为克服截面数据分析较易出现的误差项序列相关性与异方差性等问题，并解决由不随时间变化的遗漏变量所产生的内生性问题，本书运用中国上市公司的平衡面板数据，采用多元回归与豪斯曼（Hausman）检验进行实证检验，构建如下模型——依次为模型（M4 - 1）到模型（M4 - 6），其中，模型（M4 - 1）与模型（M4 - 6）为加入创新产出与产权性质交互项（$Output_{i,t} \times OW_{i,t}$）的模型，以检验产权性质的调节效应。

$$CEO - Pay_{i,t} = \alpha + u_i + b_1 ROA_{i,t} + b_2 CR_{i,t} + b_3 OW_{i,t} + b_4 Size_{i,t} + b_5 Ind + b_6 Grow_{i,t} + b_7 LEV_{i,t} + e_{i,t} \quad (M4-1)$$

$$CEO - Reputation_{i,t} = \alpha + u_i + b_1 ROA_{i,t} + b_2 CR_{i,t} + b_3 OW_{i,t} + b_4 Size_{i,t} + b_5 Ind + b_6 Grow_{i,t} + b_7 LEV_{i,t} + e_{i,t} \quad (M4-2)$$

$$CEO - Pay_{i,t} = \alpha + u_i + b_1 II - Output_{i,t} + b_2 OW_{i,t} + b_3 CR_{i,t} + b_4 Size_{i,t} + b_5 Ind + b_6 Grow_{i,t} + b_7 LEV_{i,t} + e_{i,t} \quad (M4-3)$$

$$CEO - Pay_{i,t} = \alpha + u_i + b_1 II - Output_{i,t} + b_2 II - Output_{i,t} \times OW_{i,t} + b_3 OW_{i,t}$$

$$+b_4CR_{i,t}+b_5Size_{i,t}+b_6Ind+b_7Grow_{i,t}+b_8LEV_{i,t}+e_{i,t} \quad (M4-4)$$

$$CEO-Reputation_{i,t}=\alpha+u_i+b_1RI-Output_{i,t}+b_2OW_{i,t}+b_3CR_{i,t}+b_4Size_{i,t}+b_5Ind+b_6Grow_{i,t}+b_7LEV_{i,t}+e_{i,t} \quad (M4-5)$$

$$CEO-Reputation_{i,t}=\alpha+u_i+b_1RI-Output_{i,t}+b_2RI-Output_{i,t}\times OW_{i,t}+b_3OW_{i,t}+b_4CR_{i,t}+b_5Size_{i,t}+b_6Ind+b_7Grow_{i,t}+b_8LEV_{i,t}+e_{i,t} \quad (M4-6)$$

在模型中，α 表示截距项，$b_i(i=1, 2, \cdots)$ 为模型回归系数，i 表示横截面的个体，t 表示时间，$e_{i,t}$表示随机干扰项。数据分析采用的是 Stata12.0。

4.4 实证研究结果分析

4.4.1 描述性统计

表4－2为变量描述性统计的分析结果。CEO 薪酬水平的平均值为13.1144，最大值为16.0682，最小值为9.2093。CEO 声誉水平的平均值为4.9805，最大值为13.0878，最小值为0。两者的区别在于，CEO 薪酬水平的标准差并不大，但 CEO 声誉水平的标准差比较大。这说明，相对于薪酬水平，声誉水平在不同公司的 CEO 之间差距较大。公司财务绩效（ROA）平均值为0.0354，最大值为8.4414，最小值为－6.7760。创新绩效分为两个维度来探讨，突破性创新产出的平均值为8.0702，最大值为857，最小值为0。渐进性创新产出的平均值为10.5957，最大值为510，最小值为0。上市公司创新绩效之间的差别较大，有的公司能达到几百件，但有部分上市公司多年来的专利申请量一直为零。

表4－2　描述性统计结果

变量名称	样本数量	平均值	标准差	最小值	最大值
CEO 声誉	1565	4.9805	1.7761	0.0000	13.0878
CEO 薪酬	1565	13.1144	0.6924	9.2093	16.0682

续表

变量名称	样本数量	平均值	标准差	最小值	最大值
公司财务绩效	1565	0.0354	0.2787	-6.7760	8.4414
突破性创新产出	1565	8.0702	39.4675	0.0000	857.0000
渐进性创新产出	1565	10.5957	40.1971	0.0000	510.0000
股权集中度	1565	48.4566	15.4268	12.0953	91.2802
股权属性	1565	0.1958	0.3969	0.0000	1.0000
公司规模	1565	22.3282	1.1326	19.2878	26.6253
行业特性	1565	0.3189	0.4662	0.0000	1.0000
财务杠杆	1565	0.5233	0.2782	0.0168	8.6118
公司成长性	1565	0.1734	1.2116	-0.8701	45.4604

4.4.2　面板数据分析结果

由表 4-3 所知，模型（M4-1）经过 Hausman 检验之后选择了随机效应模型（RE），该模型的 Wald 检验值为 265.1，P 值为 0.0000，因此在整体上具有有效性。从变量系数的显著性上看，公司财务绩效（ROA）的系数在 0.05 水平上显著为正。因此，公司财务绩效与 CEO 薪酬水平之间具有显著的正相关关系，即财务绩效越好，CEO 薪酬水平越高。由模型（M4-2）的 Hausman 检验可知，也应该选择随机效应模型（RE），但 Wald 值为 12.72，P 值为 0.0791，所以该模型并不具备整体有效性。同时，公司财务绩效的系数并不存在显著性，由此可知，公司财务绩效与 CEO 声誉水平之间并不存在显著的相关关系。

表 4-3　　公司财务绩效与 CEO 薪酬或声誉的关系实证检验结果

变量	M4-1：因变量为 CEO 薪酬		M4-2：因变量为 CEO 声誉	
	固定效应（FE）	随机效应（RE）	固定效应（FE）	随机效应（RE）
公司绩效	0.0894** (2.02)	0.0692** (1.97)	0.0064 (0.03)	-0.0116 (-0.09)
股权集中度	0.0005 (0.25)	0.0003 (0.25)	0.0028 (0.31)	-0.0023 (-0.51)

续表

变量	M4-1：因变量为 CEO 薪酬		M4-2：因变量为 CEO 声誉	
	固定效应（FE）	随机效应（RE）	固定效应（FE）	随机效应（RE）
股权属性	0.0949 (1.91)	0.0962** (2.31)	0.1110 (0.42)	0.0992 (0.64)
公司规模	0.3309*** (10.71)	0.3005*** (15.08)	0.4240*** (2.82)	0.1726*** (2.71)
行业特性	dropped	0.0770 (1.26)	dropped	-0.1033 (-0.64)
财务杠杆	0.0960 (1.33)	0.0462 (0.72)	-0.1070 (-0.29)	-0.1395 (-0.59)
公司成长性	-0.0335*** (-5.67)	-0.0293*** (-5.99)	-0.0551*** (-2.88)	-0.0348*** (-2.58)
R^2	0.1380	0.1373	0.0127	0.0098
F/Wald 检验	F=19.74 P=0.0000	Wald=265.1 P=0.0000	F=2.22 P=0.0389	Wald=12.72 p=0.0791
Hausman 检验	chi2=5.08 Prob=0.5335 （选择 RE）		chi2=3.96 Prob=0.6817 （选择 RE）	

注：***、**、*分别表示1%、5%、10%的显著性水平，括号内为T值或Z值；Hausman检验：P大于0.05则接受原假设，意味着模型为随机效应模型（RE）；否则拒绝原假设，采用固定效应模型（FE）；对Hausman设定检验无法判别的模型，采用随机效应模型（RE）；本表未报告常数项。

表4-4列示了突破性创新产出与CEO声誉关系的实证分析结果。模型（M4-3）经过Hausman检验之后选择了随机效应模型（RE）。该模型的Wald检验值为36.52，P值为0.0000，因此在整体上具有有效性。从变量系数的显著性上看，突破性创新产出变量（RI-Output）的系数在0.01水平上显著为正。由此可知，突破性创新产出与CEO声誉水平之间具有显著的正相关关系，即突破性产出越多，CEO声誉水平越高。模型（M4-4）是加入产权性质与突破性创新产出交互项的模型（RI-Output×OW），由模型可知，Hausman检验选择了随机效应模型（RE），Wald值为47.05，P值为0.0000，说明模型整体上是有效的。从系数的显著性上看，自变量突破性创

新产出的系数在 0.01 水平上显著为正，交互项在 0.1 水平上显著为正，同时，R^2 为 0.0162，显著大于模型 3 的 R^2。由此可知，产权性质对突破性创新产出与 CEO 声誉水平之间的关系有正向的调节效应，也就是说，在国有控股上市公司中，突破性创新产出对 CEO 声誉的正向影响更为强烈。

表 4-4　突破性创新产出与 CEO 声誉的关系实证分析结果

变量	M4-3		M4-4	
	固定效应（FE）	随机效应（RE）	固定效应（FE）	随机效应（RE）
突破性创新产出	0.0019 (1.54)	0.0031*** (4.24)	0.0006 (0.61)	0.0023*** (4.03)
突破性创新产出*股权属性			0.0055** (2.17)	0.0034* (1.85)
股权属性	0.1114 (0.43)	0.0940 (0.61)	0.0984 (0.37)	0.0666 (0.43)
股权集中度	0.0032 (0.35)	-0.0022 (-0.49)	0.0031 (0.34)	-0.0020 (-0.46)
公司规模	0.4067*** (2.65)	0.1489** (2.32)	0.4083*** (2.66)	0.1475** (2.30)
行业特性	dropped	-0.1258 (-0.79)	dropped	-0.1202 (-0.75)
财务杠杆	-0.1161 (-0.77)	-0.1249 (-0.78)	-0.1113 (-0.73)	-0.1220 (-0.77)
公司成长性	-0.0534*** (-2.79)	-0.0329** (-2.46)	-0.0540*** (-2.81)	-0.0332** (-2.51)
R^2	0.0136	0.0145	0.0150	0.0162
F/Wald 检验	F=2.74 P=0.0119	Wald=36.52 P=0.0000	F=3.12 P=0.0029	Wald=47.05 P=0.0000
Hausman 检验	chi2=4.54　Prob=0.6034 （选择 RE）		chi2=7.60　Prob=0.3692 （选择 RE）	

注：***、**、*分别表示 1%、5%、10% 的显著性水平，括号内为 T 值或 Z 值；Hausman 检验：P 大于 0.05 则接受原假设，意味着模型为随机效应模型（RE）；否则拒绝原假设，采用固定效应模型（FE）；对 Hausman 设定检验无法判别的模型，采用随机效应模型（RE）；本表未报告常数项。

表4－5列示了渐进性创新产出与CEO薪酬关系的实证检验结果。模型（M4－5）经过Hausman检验之后选择了随机效应模型（RE），由随机效应模型的Wald检验（Wald＝234.54，P＝0.0000）可知，其在整体上具有有效性。渐进性创新产出变量（II－Output）的系数在0.1水平上显著为正。由此可知，渐进性创新产出与CEO薪酬水平之间具有显著的正相关关系，即渐进性创新产出越多，CEO薪酬水平越高。模型（M4－6）是加入产权性质与突破性创新产出交互项的模型（II－Output×OW），Hausman检验也选择了随机效应模型（RE），Wald值为233.91，P值为0.0000，说明模型整体上是有效的。从系数的显著性上看，渐进性创新产出的系数在0.05水平上显著为正，交互项在0.05水平上显著为正，同时，R^2为0.2115，显著大于模型5的R^2。由此可知，产权性质对渐进性创新产出与CEO薪酬水平之间的关系有负向的调节效应，也就是说，在非国有控股上市公司中，渐进性创新产出对CEO薪酬的正向影响更为强烈。

表4－5　　渐进性创新产出与CEO薪酬的关系实证检验结果

变量	M4－5		M4－6	
	固定效应（FE）	随机效应（RE）	固定效应（FE）	随机效应（RE）
渐进性创新产出	0.0011** （2.11）	0.0008* （1.92）	0.0013** （2.26）	0.0011** （2.35）
渐进性创新产出＊股权属性			－0.0012* （－1.79）	－0.0014** （－2.30）
股权属性	0.0007 （0.34）	0.0004 （0.31）	0.0007 （0.34）	0.0004 （0.30）
股权集中度	0.0919* （1.87）	0.0950** （2.27）	0.0961* （1.94）	0.1053** （2.48）
公司规模	0.3182*** （9.36）	0.2960*** （13.86）	0.3187*** （9.37）	0.2966*** （13.89）
行业特性	dropped	0.0704 （1.12）	dropped	0.0667 （1.06）
财务杠杆	－0.0052 （－0.09）	－0.0252 （－0.56）	－0.0057 （－0.10）	－0.0256 （－0.57）

续表

变量	M4-5		M4-6	
	固定效应（FE）	随机效应（RE）	固定效应（FE）	随机效应（RE）
公司成长性	-0.0316*** (-5.40)	-0.0285*** (-5.88)	-0.0315*** (-5.39)	-0.0283*** (-5.85)
R^2	0.1380	0.1374	0.2074	0.2115
F/Wald 检验	F=17.21 P=0.0000	Wald=234.54 P=0.0000	F=15.12 P=0.0000	Wald=233.91 P=0.0000
Hausman 检验	chi2=2.23　Prob=0.8978 (选择 RE)		chi2<0 (选择 RE)	

注：***、**、*分别表示 1%、5%、10% 的显著性水平，括号内为 T 值或 Z 值；Hausman 检验：P 大于 0.05 则接受原假设，意味着模型为随机效应模型（RE）；否则拒绝原假设，采用固定效应模型（FE）；对 Hausman 设定检验无法判别的模型，采用随机效应模型（RE）；本表未报告常数项。

4.5　研究结论与启示

本章将价值分配与价值创造两种视角相结合，系统探讨了财务绩效与创新绩效对 CEO 薪酬或声誉的影响，并运用 2011～2014 年的中国上市公司平衡面板数据进行实证检验，得出以下结论：（1）公司财务绩效与 CEO 薪酬水平之间具有显著的正相关关系，但公司财务绩效对 CEO 声誉并没有显著影响。（2）技术创新绩效对 CEO 薪酬及声誉均能产生显著影响。本章借鉴双元性创新理论，分别探讨了突破性创新产出与渐进性创新产出两个维度的不同影响，具体而言，突破性创新产出越多，CEO 声誉水平越高，渐进性创新产出越多，CEO 薪酬水平越高。（3）产权性质对突破性创新产出与 CEO 声誉水平之间的关系有正向的调节效应，即在国有控股上市公司中，突破性创新产出对 CEO 声誉的正向影响更为强烈。（4）产权性质对渐进性创新产出与 CEO 薪酬水平之间的关系有负向的调节效应，即在非国有控股上市公司中，渐进性创新产出对 CEO 薪酬的正向影响更为强烈。本章的局限性在于：第一，由于考虑到高管变更等因素和数据可得性问题，限制了研究区间与样本量的选择，在今后的研究中将加以拓展；第二，仅探讨了股权属性的调节效应，未来研究将进一步探讨多层次的情境变量，包括高管个体因素、内部治理因素以及外部制度环境因素等。

对企业实践的启示如下：第一，进一步构建并完善合理的 CEO 绩效评价体系，使之在 CEO 薪酬设计及 CEO 声誉评价中起到更为重要的作用，以更好地引导 CEO 的动机与行为。CEO 绩效评价体系应涵盖公司财务绩效、技术创新绩效等指标，具体权重确定以公司战略重点为导向。第二，由于技术创新绩效的两个维度——突破性创新产出与渐进性创新产出分别对 CEO 声誉或薪酬产生影响，为保证企业双元创新的平衡性与互补性，薪酬与声誉契约的有机整合是关键。具体来说，应该通过对 CEO 薪酬及声誉激励契约进行合理设计来引导企业正确地进行技术创新战略决策，提高企业技术创新能力。第三，在不同产权性质的公司中，应通过强化不同的激励契约来促进不同维度的技术创新绩效。在国有控股公司中，运用 CEO 声誉激励对突破性创新的促进效应更加显著；在非国有控股公司中，运用 CEO 薪酬激励对渐进性创新的促进效应更加明显。

第5章

高管声誉的形成路径及其对公司绩效的影响

本章将质性研究与量化分析相结合，对中国情境下高管声誉激励契约的强度、效用及作用途径进行研究。首先对部分高管进行深度访谈，继而运用中国上市公司2007~2013年的平衡面板数据进行实证检验，结果表明：高管声誉激励强度与公司规模显著正相关，高管人力资本在两者之间具有中介作用；声誉激励通过与显性激励的交互效应从而对公司绩效产生间接的效用，具体而言，声誉激励与薪酬激励之间存在互补效应，与股权激励之间存在互替效应；产权性质能够对高管声誉激励效用产生显著的影响。

5.1 问题的提出

委托人与代理人目标函数的不一致与信息不对称的客观存在，导致了现代公司中的委托代理问题。有效的高管激励契约能够促进代理人的利益与委托人相一致，从而使其选择以公司整体利益为导向的活动。[①] 高管激励通常是通过订立各种不同契约来完成的，[②] 一般包括显性（explicit）契约与隐性（implicit）契约。前者具有明确的契约条款、激励标准及时限规定，而后者在这些方面并不明确。在多年的公司治理实践发展中，对有关货币薪酬、股

---

① Jensen M C, Meckling W H. Theory of the firm: Managerial behavior, agency costs and ownership structure [J]. Journal of financial economics, 1976, 3 (4): 305-360.

② Dale-Olsen, H. Executive Pay Determination and Firm Performance: Empirical Evidence from a Compressed Wage Environment [J]. The Manchester School, 2012, 80 (3): 355-376.

权激励等显性激励的质疑声不绝于耳，诸多实证研究也均未取得一致性结论。近年来，该类激励方式的负面效应也日益凸显。高管薪酬的过度增长及其黏性特征导致了过大的薪酬差距。为了实现股票期权收益，管理层也往往会产生操纵会计盈余的行为。① 因此，针对企业高管尤其是国企高管薪酬管制的规定相继出台，2015 年推出的薪酬管制政策及其引致的高管降薪风波，再一次成为争论的焦点。在此背景之下，隐性激励所发挥的替代作用及其实现途径也就成为公司治理理论与实践亟待解决的问题。

作为典型的隐性激励契约，声誉激励起到了不可或缺的作用。尤其是当代理人的行为无法准确界定、显性激励机制难以实施之时，长期的委托代理关系就可以利用“声誉效应”（reputaiton effects）来解决。② 虽然董事会可以观察到代理人的行为，但信息是不充分的，不可能完全通过正式的契约来规制，但上述委托代理问题的解决可以通过声誉激励来完成。③ 因此，应借鉴协同论相关观点，深入探究不同高管激励契约的作用差异以及它们之间的相互关系，进而考察高管激励契约组合的协同效应。④ 然而，该类研究仍需进一步深化与拓展，从而探讨如何通过高管契约的合理配置实现更好的激励功能。作为最为重要的隐性激励契约之一，有关声誉激励的理论探讨较为丰富，但多以委托代理理论为基础。随着激励理论的深入发展，经济学将动态博弈理论引入委托代理关系的研究中，⑤ 论证了在多次重复博弈代理关系的情况下，声誉等隐性合约能够发挥激励代理人的作用，可以作为显性激励契约的替代物。⑥ 在激励契约不完备的情况下，声誉对拥有剩余控制权的高管来说，是一种无形资产，它可以大大抑制经理层的市场投机行为，进而客观上起到减低交易费用的作用。⑦ 然而，为进一步深化与拓展声誉激励的研究

---

① 傅颀，邓川．高管控制权，薪酬与盈余管理［J］．财经论丛，2013（4）：66－72.

② Radner R. Monitoring cooperative agreements in a repeated principal-agent relationship［J］. Economitrica，1981，49（5）：1127－1148.

③ Cambini C.，Rondi L.，De Masi S. Incentive Compensation in Energy Firms：Does Regulation Matter?［J］. Corporate Governance：An International Review，2015，23（4）：378－395.

④ 徐宁，王帅．高管激励与技术创新关系研究前沿探析与未来展望［J］．外国经济与管理，2013（6）：23－32.

⑤ 皮天雷．国外声誉理论：文献综述、研究展望及对中国的启示［J］．首都经济贸易大学学报，2009，11（3）：95－101.

⑥ Holmstrom B. Managerial Incentive Problems：A Dynamic Perspective［J］. Review of Economic Studies，1999，66（1）：169－182.

⑦ 冀县卿．我国上市公司经理层激励缺失及其矫正［J］．管理世界，2007（4）：160－161.

体系，同时对于企业的激励机制设计也提供更为有益的参考，下列问题亟待解决：高管声誉激励强度的决定因素是什么？声誉激励对于公司绩效的效用如何？作用途径是什么？与显性激励之间具有怎样的关系？然而，由于数据可得性问题，在目前的研究文献中，理论分析与模型构建方面的研究成果较多，尚缺乏实证研究的支持，尤其是在中国情境下的研究。

鉴于此，本章将质性访谈与跨年度大样本数据分析相结合，更为系统地探讨高管声誉激励的强度、效用及作用途径。本章的主要贡献在于：第一，考虑到声誉激励的内隐性特征，在引入质性研究方法对代表性高管进行开放式深度访谈的同时，采用跨年度平衡面板数据进行实证分析，进而解决由不随时间变化的遗漏变量所产生的内生性等问题，突破了两种方法的个体局限性。第二，研究视角从传统的委托代理理论向激励契约整合理论演进。由于委托代理链条信息分布的非对称特征，单个激励契约的边际效用呈递减趋势，甚至会因过度使用而产生负向作用。本章基于激励契约整合视角，深入探究声誉激励与显性激励之间的相互关系及其发挥效用的内在途径，进而为上市公司进行高管激励契约的合理配置提供有益参考。

5.2　理论分析与研究假设

5.2.1　高管声誉激励契约的强度决定及形成路径

高管声誉激励强度是由何种因素所决定的？是公司规模，还是公司披露的财务绩效？是通过何种路径实现的？这是本章首先要解决的问题。通过对现场访谈资料的整理可知，多数高管认为，公司规模相对于公司盈利能力等而言，是决定高管声誉强度的主要因素。一位被访谈的高管解释说：大众或者媒体对于公司的关注点可能更加聚焦于其规模的扩大，公司规模增长得越快，高管的能力与努力就越能得到肯定。对于显性激励，加贝克斯和兰迪尔（Gabaix and Landier，2008）通过实证检验发现，在市场资本中，CEO 薪酬更多的是由企业总规模来决定的。[①] 有些学者也对 CEO 声誉水平的影响因素进

① Gabaix X，Landier A. Why Has CEO Pay Increased So Much？［J］. Quarterly Journal of Economics，2008，123（1）：49－100.

行了探讨，如李辰颖、杨海燕（2012）的实证结果表明，在控制了行业和年度的影响后，企业规模的确与CEO声誉显著正相关。[①] 由此可知，企业管理的实践者与理论的研究者，均认为公司规模是影响高管声誉激励强度的主要因素。然而，通过进一步分析，我们认为，高管人力资本是联结公司规模与高管声誉激励强度的桥梁，具有中介效应。哈里斯和海尔法特（Harrris and Helfat，1997）发现，人力资本对于来自组织内部CEO继任者、产业内组织外部CEO继任者、产业外部CEO继任者的起薪水平，均具有决定性的作用。[②] 而人力资本对于显性激励强度的上述影响也应该能够延伸到隐性激励层面。依据战略资源学派的观点，高管人力资本是一种特殊的战略资产，具有价值性、稀缺性、难以替代性等特征，应当获得与之相对应的较高市场回报。[③] 这种市场回报除了物质上的报酬之外，也包括晋升、声誉等隐性的收益。在实践中，随着公司规模的扩大，高管人力资本价值也随之提升，从而使其声誉激励强度也得到增加。因此，公司规模对于高管团队声誉激励强度的作用是通过高管人力资本的中介效应实现的。

假设5-1：公司规模与高管团队声誉激励强度之间具有正相关关系，而这种关系是通过高管人力资本的中介效应实现的。即公司规模越大，高管团队的人力资本价值越高，其声誉激励强度则越大。

5.2.2 高管声誉激励契约的效用及其作用途径

有关高管声誉激励的效用，国内外学者在理论上进行了探讨，但缺乏在中国情境下实证研究的支持。克雷普斯和罗伯茨（Kreps and Roberts，1982）指出，在多次重复代理关系下，竞争、声誉等隐性激励机制能够发挥激励代理人的作用。当参与人之间重复多次交易时，长期利益可以激励参与人建立自己的声誉，实现一定时期内的合作均衡。[④] 张维迎（2005）提出，声誉是市场有关个人行为和能力等方面的信息的一个综合反映。高管必须关心自己

---

① 李辰颖，杨海燕．CEO声誉受哪些因素影响：理论与实证［J］．当代经济管理，2012（3）：19-26.

② Harris D，Helfat C. Specificity of CEO human capital and compensation［J］. Strategic Management Journal，1997，18（11）：895-920.

③ Amit R，Schoemaker P J H. Strategic Assets and Organizational Rent［J］. Strategic Management Journal，1993，14（1）：33-46.

④ Kreps D，Roberts J. Predation，Reputation and Entry Deterrence［J］. Journal of Economic Theory，1982，27（2）：280-312.

的声誉信息，以便在未来获得更高报酬、职业发展和持续合作机会。[①] 在此基础上，也有学者进行了实证研究，如马连福、刘丽颖（2013）采用倾向得分匹配分析法，对获得外部市场声誉的 54 名上市公司董事长的声誉激励对企业绩效的影响及其微观机制进行了实证分析，结果表明：声誉激励不能降低代理成本，但能提高代理效率，从而提升公司的经营绩效。[②] 本章认为，声誉激励具有隐性特征，不具备规范的合约条件，并且需要在长期中经过多次博弈才能发挥作用。正如法玛（Fama，1980）提出，在竞争较为充分的市场上，经理人的工作绩效是其努力和能力的信号，将会影响利益相关方对其的良好预期，从而进一步影响其职业生涯与取得更好的物质激励。声誉的激励作用可以在一定程度上约束经理人的行为。[③] 坎比尼等（Cambini et al.，2015）也指出，声誉激励之所以能发挥作用，是因为一旦代理人做出违背契约的行为，将遭受明显的损失。代理人为了避免这种损失会制约自己的行为。[④] 因此从某种意义上说，声誉激励更多的是一种约束机制，而这种约束机制将与薪酬、股权等显性激励之间形成良好的协同关系。

鉴于声誉激励的内隐性与约束性等特征，其可能并不直接作用于公司绩效，而是通过与显性激励的相互影响而产生对公司绩效的间接效用。在实践中，薪酬激励多以激励功能为主，约束功能略显不足，而声誉契约却集激励与约束功能于一体，在一定程度上应该与薪酬激励能够相互补充。米尔伯恩（Milbourn，2003）以经理层的声誉作为其领导能力的信号并且以股东的可观察信息、无折现等为前提假设，建立了一个基于股票价格的经营层最优契约模型，得出经理层的薪酬和经理层声誉之间存在正相关关系的结论。[⑤] 因此，声誉激励作为一种具有约束性质的长期激励，对薪酬激励效用的发挥具有促进作用，两者是一种互补关系。但股权激励则不同，其显著优势在于能够将员工利益与企业长远利益结合在一起，从而起到长期激励的作用，同时

---

① 张维迎．产权、激励与公司治理［M］．北京：经济科学出版社，2005.

② 马连福，刘丽颖．高管声誉激励对企业绩效的影响机制［J］．系统工程，2013，31（5）：22－32.

③ Fama E F. Agency Problems and the Theory of the Firm［J］. Journal of Political Economy，1980（88）：288－307.

④ Cambini C，Rondi L，De Masi S. Incentive Compensation in Energy Firms：Does Regulation Matter?［J］. Corporate Governance：An International Review，2015，23（4）：378－395.

⑤ Milbourn T T. CEO reputation and stock－based compensation［J］. Journal of Financial Economics，2003，68（2）：233－262.

也可以通过设置行权条件、解锁条件等多项门槛来约束经营者的行为。因此对于同样具有长期性与约束性特征的股权激励而言，其与声誉激励则应表现出一种互相替代的关系。鉴于声誉激励的内隐性与约束性等特征，其可能并不直接作用于公司绩效，而是通过与显性激励的交互作用产生对公司绩效的间接效用。

假设 5-2： *声誉激励通过与显性激励契约的交互效应从而对公司绩效产生间接的正向效用。具体而言，声誉激励与薪酬激励之间存在互补效应，与股权激励之间存在互替效应。*

5.2.3 基于不同产权性质的高管声誉激励效用比较

在不同产权性质的公司中，声誉激励的效用，尤其是其与显性激励的关系应该有所不同。已有学者证实了产权性质对声誉激励效用的影响。李军林（2002）认为，在声誉效应的激励机制下，国有企业经理人员手中拥有企业的控制权对企业的运作是有效率的。[①] 雷宇（2011）的研究表明，声誉机制的效果受到公司实际控制人性质的影响，声誉机制对于国有企业更加有效。[②] 马连福、刘丽颖（2013）的研究结果也揭示了声誉激励的效果会因不同所有权而有所差异。[③] 结合上述理论分析，通过对现场访谈资料的分析，进一步对假设进行初步构建。访谈中涉及声誉和薪酬的关系问题，所访谈的8位高管对此阐述了自己的观点，民企高管和国企高管的观点有较大差异。民营企业高管对声誉的诉求较之国有企业高管明显弱化，更多追求事业的成功和自我价值的实现；而对于国有企业高管，个人事业成功和自我价值实现也与晋升紧密相连，植根于职位和国企平台，因此，声誉在其追求晋升过程中起到了基础性作用。国有企业高管的成就与其职务紧密相连，而且受到薪酬体系的限制，在不能追求更高薪酬的情况下，高管往往通过追求晋升或声誉等隐性收益来实现自我价值，因此，声誉对于国企高管的约束作用更加显著，对薪酬则具有更加明显的替代作用。正如坎比尼等（Cambini et al.，

---

① 李军林．声誉、控制权与博弈均衡——一个关于国有企业经营绩效的博弈分析［J］．上海财经大学学报，2002（4）：38-45.

② 雷宇．实际控制人性质与声誉机制的有效性——基于公司信息披露的经验证据［J］．财经论丛，2011（3）：93-98.

③ 马连福，刘丽颖．高管声誉激励对企业绩效的影响机制［J］．系统工程，2013，31（5）：22-32.

2015）的研究表明，在声誉的有效约束之下，对高管薪酬进行管制的确会提高公司的效率。[①] 同理，基于声誉的约束作用，国企高管在实施股权激励的过程中，利益趋同效应可能会更加凸显，堑壕效应则能够得到抑制。因此，声誉激励越有效，股权激励的正向效应越明显，两者之间应该存在一种互补效应。通过访谈资料进一步分析，民营企业高管特别是企业所有者具备明显的“人企合一”特征，事业的成功是其追求的主要目标，声誉对薪酬的替代作用弱化。

假设 5 - 3：产权性质能够对高管声誉激励的效用产生显著的影响。在国有控股上市公司中，声誉激励与薪酬激励之间具有替代关系，与股权激励之间具有互补关系，但在民营控股上市公司中上述效应并不显著。

5.3　样本选取与研究设计

5.3.1　样本选择与数据来源

本章选择中国上市公司作为研究样本，选取 2007 ~ 2013 年为研究区间，逐步剔除 ST 类公司、被停止上市的公司以及数据缺失的公司，每年度得到 499 家公司，7 年共 3493 个有效观测样本的平衡面板数据。本章中相关公司治理结构数据与财务指标数据来自国泰安（CSMAR）数据库。其中，声誉激励强度指标除通过国泰安数据获取之外，部分缺失的数据通过手工查阅巨潮咨询网公布的上市公司年报，或者查阅百度百科等渠道获得。此外，笔者选取了 8 家上市公司的高管进行了访谈，在产业属性方面，包括资源性行业、生物制药行业、化工行业、家电行业、电子商务和国际贸易；按照产权性质分类，包含国有控股与民营控股；从公司所处市场环境来看，8 家公司都处于竞争性市场环境。访谈分两个阶段进行。与高管约定访谈时间后，将访谈提纲通过电子邮件发送给高管，请其考虑相关问题。同时，通过百度对其进行网络预调研：以公司名和高管姓名为关键词搜索高管信息，形成预调

① Cambini C, Rondi L, De Masi S. Incentive Compensation in Energy Firms: Does Regulation Matter? [J]. Corporate Governance: An International Review, 2015, 23 (4): 378 - 395.

研资料。预调研后，按照约定时间到公司拜访进行约 1.5 小时的面对面访谈。在访谈过程中，具体的表述可能会依据被访谈人的反应进行调整。

5.3.2 变量设计

1. 声誉激励强度变量设计

目前对于声誉激励的测量仍然没有统一的标准，但多数学者选择了公众媒体对高管的评价作为声誉激励的代理变量。如采用金融界（Financial World）报道的证券分析师对经理人表现的年度评价作为经理人声誉，① 道琼斯新检索服务中包含 CEO 姓名的与企业相关的文章数量，② CEO 姓名百度新闻搜索频次，③ CCTV（中国年度经济人物）、财富（中国最具影响力的25 位商界领袖）和世界经理人（中国经济年度风云人物）等对 A 股上市公司董事长的评选，等等。但上述研究普遍受到样本数量的限制，难以形成较大样本的面板数据进行更为稳定的分析。为进一步解决该问题，笔者通过对海信电器、青岛海尔、东阿阿胶等上市公司的部分高管进行访谈，进一步对声誉激励的变量选择进行完善。这些高管普遍认为，获得的奖励或荣誉（如劳动模范、五一劳动奖章、优秀企业家等称号），政协委员、人大代表等政治兼职，以及行业协会主要负责人等兼职能够给他们带来声誉方面的激励作用。因此，笔者通过对样本公司披露的高管履历进行分析，统计了每家公司中具有地市级以上（包括地市级）获得社会荣誉，或者兼任人大代表、政协委员等，或者兼任行业协会主要负责人的高管，继而采用符合上述条件的高管人数占全部高管人数的比例对公司高管团队的声誉激励强度进行测量。

2. 薪酬激励强度与股权激励强度变量设计

根据相关学者的研究，本章选择以“公司年末披露的前三位高管薪酬

---

① Johnson W B, Young S M, Welker M. Managerial reputation and the informativeness of accounting and market measures of performance [J]. Contemporary Accounting Research, 1993, 10 (1): 305 - 332.

② Bednar M K, Love E G, Kraatz M. Paying the price? The impact of controversial governance practices on managerial reputation [J]. Academy of Management Journal, 2015, 58 (6): 1740 - 1760.

③ Cordeiro J J, He L, Conyon M, et al. Informativeness of performance measures and Chinese executive compensation [J]. Asia Pacific Journal of Management, 2013, 30 (4): 1031 - 1058.

总额的自然对数”来测量货币薪酬激励强度,① 用“公司年末经营者持股数量与总股份的比值”来测量股权激励强度。②

其他变量设计如表 5－1 所示。

表 5－1　　变量定义与计算方式

变量名称	符号	变量定义与计算方式
公司绩效	ROA	公司第 N＋1 年年末扣除非正常损益后的总资产收益率*
声誉激励强度	RI	公司年末获得地市级以上奖励，兼任地市级以上人大代表、政协委员等政治兼职或者兼任行业协会主要负责人的高管人数占全部高管总人数的比例
薪酬激励	SI	公司年末披露的前三位高管薪酬总额的自然对数
股权激励	EI	公司年末高管持股数量与总股份的比值
高管年龄	AGE	公司年末高管团队平均年龄
股权集中度	CR	公司年末第一大股东所持股权数量占股权总数的比例
股权制衡度	Z	公司年末第一大股东与第二大股东之比
机构投资者持股	II	公司年末十大股东中机构投资者持股数量与股权总数的比例
独立董事比例	IB	公司年末独立董事数量占董事总数的比例
公司规模	Size	公司年末总资产的自然对数
成长性	Grow	总资产增长率＝（期末总资产－期初总资产）/期初总资产
行业特性	IND	公司所处行业虚拟变量，处于高科技行业设为 1，否则设为 0
财务杠杆	LEV	公司年末总负债占总资产的比例

注：*为更好地验证变量之间的因果关系，选择第 N＋1 年年末扣除非正常损益后的总资产收益率（ROA）作为因变量，自变量均选择第 N 年年末的数据。

5.3.3　研究模型

本章将采用 2007～2013 年的平衡面板数据，运用多元回归分析与 Hausman 检验对参数进行估计。

① 唐松，孙铮．政治关联、高管薪酬与企业未来经营绩效［J］．管理世界，2014（5）：93－105.

② 王华，黄之骏．经营者股权激励、董事会组成与企业价值——基于内生性视角的经验分析［J］．管理世界，2006（9）：102－116.

首先，将高管团队声誉激励强度（RI）作为被解释变量，公司规模（SIZE）作为解释变量，高管平均年龄（AGE）作为中介变量，其检验步骤为：第一步检验公司规模与声誉激励强度之间是否具有显著的相关关系。倘若显著，第二步检验中介变量（AGE）与公司规模（SIZE）的相关关系是否显著。第三步分别把中介变量（AGE）与公司规模（SIZE）同时放入第一步的回归方程中，如果此时被解释变量与解释变量之间的显著性消失，说明存在完全中介效应；而如果两者的关系仍然显著但数值有所下降，则说明存在部分中介效应。以上步骤所采用的三个模型如下：

$$RI_{i,t}=\alpha+u_i+b_1Size_{i,t}+b_2CR_{i,t}+b_3Z_{i,t}+b_4Crow_{i,t}+b_5IND_{i,t}+e_{i,t} \tag{M5-1}$$

$$AGE_{i,t}=\alpha+u_i+b_1Size_{i,t}+b_2CR_{i,t}+b_3Z_{i,t}+b_4Crow_{i,t}+b_5IND_{i,t}+e_{i,t} \tag{M5-2}$$

$$RI_{i,t}=\alpha+u_i+b_1Size_{i,t}+b_2AGE_{i,t}+b_3CR_{i,t}+b_4Z_{i,t}+b_5Grow_{i,t}+b_6IND_{i,t}+e_{i,t} \tag{M5-3}$$

其次，将公司绩效（ROA）分别作为被解释变量，将高管声誉激励强度（RI）作为解释变量。为更好地验证不同高管激励契约之间的交互作用，加入薪酬激励强度（SI）与股权激励强度（EI）变量以及三者的两两交互项与三维交互项。对于两两交互项而言，若交互项回归系数显著为正，则一个变量的边际效应随着另一变量的增加而递增，即两者之间存在一种互补关系；反之，若交互项回归系数显著为负，则一个变量的边际效应随着另一变量的增加而递减，即两者之间存在一种替代关系。而若三者的乘积项显著，则说明三者之间具有三维调节关系。①

$$\begin{aligned}Y_{i,t}=&\alpha+u_i+b_1RI_{i,t}+b_2SI_{i,t}+b_3EI_{i,t}+b_4CR_{i,t}+b_5Z_{i,t}+b_6OW_{i,t}+b_7II_{i,t}\\&+b_8IB_{i,t}+b_9Size_{i,t}+b_{10}Grow_{i,t}+b_{11}IND_{i,t}+b_{12}LEV_{i,t}+e_{i,t}\end{aligned} \tag{M5-4}$$

$$\begin{aligned}Y_{i,t}=&\alpha+u_i+b_1RI_{i,t}+b_2SI_{i,t}+b_3EI_{i,t}+b_4RI_{i,t}\times SI_{i,t}+b_5RI_{i,t}\times EI_{i,t}\\&+b_6SI_{i,t}\times EI_{i,t}+b_7RI_{i,t}\times EI_{i,t}\times SI_{i,t}+b_8CR_{i,t}+b_9Z_{i,t}+b_{10}OW_{i,t}\\&+b_{11}II_{i,t}+b_{12}IB_{i,t}+b_{13}Size_{i,t}+b_{14}Grow_{i,t}+b_{15}IND_{i,t}\\&+b_{16}LEV_{i,t}+e_{i,t}\end{aligned} \tag{M5-5}$$

① 徐宁，徐向艺．技术创新导向的高管激励整合效应——基于高科技上市公司的实证研究[J]．科研管理，2013，34（9）：46－53.

在上述模型中，i 表示横截面的个体，t 表示时间，α 表示截距项，b_i（i=1，2，…）为模型回归系数，$e_{i,t}$表示随机干扰项。数据分析采用的是 Stata 12.0。

5.4　实证研究结果与分析

5.4.1　描述性统计结果

表 5-2 列示了主要变量的分年度描述性统计。由其可知，高管团队声誉激励强度的均值一直呈现出平稳的递增趋势，从 2007 年的 0.1253 增长到 2013 年的 0.1410。薪酬激励强度的均值也呈现逐渐增长的状态。但股权激励强度均值却在 2008 年之后出现了递减的趋势，这是由于 2005 年开始的股权分置改革同时为股权激励奠定了制度基础，因此之后的三年是上市公司积极试水股权激励方案的高峰时期，但随着股权激励制度的逐步规范，很多上市公司对股权激励的选取回归理性。尤其是 2008 年席卷全球的金融危机，致使诸多上市公司的股价纷纷下跌到行权价格之下，因此从那时开始部分公司终止了股权激励计划。

表 5-2　分年度变量描述性统计

变量		2007 年	2008 年	2009 年	2010 年	2011 年	2012 年	2013 年
声誉激励强度（RI）	平均值	0.1253	0.1319	0.1331	0.1349	0.1394	0.1386	0.1410
	最大值	1.0000	1.0000	1.0000	1.0000	0.7500	0.7500	0.6111
	最小值	0.0000	0.0000	0.0000	0.0000	0.0000	0.0000	0.0000
	标准差	0.1317	0.1331	0.1295	0.1280	0.1264	0.1192	0.1224
薪酬激励强度（SI）	平均值	13.5051	13.6499	13.7495	13.9555	14.0906	14.1634	14.2241
	最大值	15.6529	16.0092	15.9209	15.9245	16.2747	16.9637	17.1668
	最小值	11.0186	11.7906	10.3609	10.3797	10.3080	12.2061	11.2118
	标准差	0.7669	0.7128	0.7293	0.7296	0.7297	0.6686	0.6800

续表

变量		2007 年	2008 年	2009 年	2010 年	2011 年	2012 年	2013 年
股权激励强度（EI）	平均值	0.0196	0.0192	0.0148	0.0154	0.0155	0.0162	0.0158
	最大值	0.6578	0.6140	0.5694	0.5252	0.4981	0.4959	0.4677
	最小值	0.0000	0.0000	0.0000	0.0000	0.0000	0.0000	0.0000
	标准差	0.0829	0.0786	0.0661	0.0634	0.0639	0.0649	0.0618

5.4.2 面板数据分析结果

1. 高管声誉激励契约的强度决定及路径分析结果

如表 5－3 所示，本章共进行了三个步骤的回归分析。在进行 Hausman 检验之后，模型（M5－1）与模型（M5－3）选择了随机效应模型（RE），模型（M5－2）选择了固定效应模型（FE）。由模型（M5－1）的检验结果可知，Wald 值和 P 值分别为 740 和 0.0000，说明该模型整体有效，并且公司规模（SIZE）的系数在 0.05 的水平上显著为正，这表明了公司规模与高管声誉激励强度之间的显著正相关关系。由模型（M5－2）的回归分析结果来看，F 值为 107.70，P 值为 0.0000，即模型具有整体有效性，而由变量系数及其显著性水平可知，高管年龄与公司规模在 0.01 的水平上显著正相关，即公司规模越大，高管平均年龄就越大。同样，由模型（M5－3）的分析结果可知，应选择随机效应模型且模型整体有效，在同时加入中介变量与解释变量的情况下，仅有中介变量（AGE）系数在 0.01 的水平上显著为正，而公司规模的系数不显著，这说明高管年龄起到完全中介效应。由此得出结论，公司规模与高管声誉激励强度之间具有正相关关系，而这是通过高管人力资本的中介作用实现的。因而假设 5－1 得证，即公司规模越大，高管的人力资本价值越高，其声誉激励强度则越大。

表 5－3　　高管声誉激励契约的强度决定及路径分析结果

变量	M5－1：ID 为 RI		M5－2：ID 为 AGE		M5－3：ID 为 RI	
	FE	RE	FE	RE	FE	RE
公司规模（SIZE）	0.0066** (2.20)	0.0042** (1.97)	1.9230*** (22.64)	1.6737*** (24.94)	－0.0004 (－0.14)	－0.0021 (－0.81)

续表

变量	M5－1：ID为RI		M5－2：ID为AGE		M5－3：ID为RI	
	FE	RE	FE	RE	FE	RE
高管年龄（AGE）					0.0034*** (4.76)	0.0037*** (5.79)
股权集中度（CR）	0.0379 (1.55)	0.0274 (1.40)	－1.1643* (－1.67)	－1.2061** (－2.19)	0.0420* (1.73)	0.0318 (1.64)
股权制衡度（Z）	－0.0001** (－1.97)	－0.0001** (－2.57)	0.0042*** (3.07)	0.0043*** (3.15)	－0.0001** (－2.14)	－0.0001*** (－3.08)
行业特性（IND）	－0.0213*** (－2.96)	－0.0175*** (－2.87)	0.1028 (0.46)	0.1751 (0.96)	－0.0217*** (－3.15)	－0.0181*** (－3.00)
成长性（GROW）	－0.0011*** (－2.23)	－0.0008 (－1.55)	－0.0908*** (－3.33)	－0.0783*** (－3.36)	－0.0007* (－1.72)	－0.0005 (－1.06)
R^2	0.093	0.089	0.2083	0.2082	0.092	0.086
F/Wald检验	F＝4.89 P＝0.0002	Wald＝740 P＝0.0000	F＝107.70 P＝0.0000	Wald＝656 P＝0.0000	F＝5.85 P＝0.0000	Wald＝58.74 P＝0.0000
Hausman检验	chi2（5）＝8.96 Prob＞chi2＝0.1106		chi2（5）＝24.32 Prob＞chi2＝0.0002		chi2（6）＝9.67 Prob＞chi2＝0.1394	
	采用RE		采用FE		采用RE	

注：***、**、*分别表示0.01、0.05、0.1的显著性水平，括号内为T值或Z值。本表未报告常数项。

2. 高管声誉激励对公司绩效的效用及作用途径分析结果

由表5－4所知，未加入交互项之前的模型经过Hausman检验之后选择了固定效应模型（FE）。模型的F检验值为2.41，P值为0.004，因此具有整体有效性。从系数的显著性上看，仅有薪酬激励强度能够对公司绩效表现产生正向的影响，显著性水平为0.01；声誉激励强度、股权激励强度对于公司绩效表现的影响并不显著。在加入了三者的两两交互项以及三维交互项之后的模型同样也选择了固定效应，并且由回归系数可知，薪酬激励强度与股权激励强度的系数均在0.01的水平上显著。而薪酬激励与声誉激励的交互项在0.05水平上显著为正，说明两者之间具有互补效应，股权激励与声誉激励的交互项也在0.05水平上显著为负，说明两者具有互替效应。这与假设5-2一致。同时，股权激励与薪酬激励之间也存在显著的互替效应。由此可以看出，声誉激励并不直接作用于公司财务绩效，但可以通过对薪酬激励与股权激励的交互效应实现对公司绩效表现的间接影响。在声誉激励的调节作用之下，薪酬激励与股权激励对于公司绩效均具有显著的促进效应。这是声誉激励对公司绩效提升的独特作用途径。

表5-4　　高管声誉激励对公司绩效的效用及作用途径分析结果

变量	M5-4		M5-5	
	FE	RE	FE	RE
声誉激励强度 (RI)	0.0355 (0.92)	0.0136 (0.74)	0.0354 (0.90)	0.0141 (0.71)
薪酬激励强度 (SI)	0.0514*** (3.11)	0.0331*** (2.80)	0.0552*** (3.16)	0.0343*** (2.75)
股权激励强度 (EI)	-0.0189 (-0.27)	0.0288 (0.91)	4.4472*** (3.11)	0.9069 (0.94)
交互项：				
RI×SI			0.5436** (2.27)	-0.1638 (-0.89)
RI×EI			-7.1727** (-2.12)	2.3902 (0.95)
SI×EI			-0.3181*** (-3.08)	-0.0619 (-0.90)
RI×EI×SI			-0.0991 (-1.01)	-0.0437 (-1.08)
股权集中度 (CR)	0.2361*** (2.75)	0.1032*** (3.29)	0.2435*** (2.79)	0.1060*** (3.29)
股权制衡度 (Z)	-0.0001** (-1.96)	-0.0001*** (-2.98)	-0.0001** (-2.00)	-0.0001*** (-3.02)

续表

变量	M5 - 4		M5 - 5	
	FE	RE	FE	RE
股权性质 (OW)	0.0103 (0.47)	-0.0089* (-1.74)	0.0131 (0.60)	-0.0092* (-1.82)
机构投资者持股 (II)	0.1334*** (2.58)	0.0169** (1.98)	0.1397*** (2.65)	0.0166* (1.94)
独立董事比例 (IB)	0.0511 (0.88)	-0.0059 (-0.16)	0.0492 (0.84)	-0.0040 (-0.11)
公司规模 (SIZE)	-0.0907*** (-3.63)	-0.0351* (-1.83)	-0.0904*** (-3.65)	-0.0352* (-1.83)
公司成长性 (GROW)	0.0024 (1.35)	-0.0001 (-0.10)	0.0025 (1.37)	-0.0001 (-0.09)
行业特性 (IND)	-0.0047 (-0.41)	0.0206* (1.85)	0.0013 (0.12)	0.0208* (1.86)
财务杠杆 (LEV)	0.7773*** (2.92)	0.3287 (1.31)	0.7799*** (2.94)	0.3296 (1.31)
R^2	0.1579	0.1666	0.1586	0.1672
F/Wald 检验	F = 2.41 P = 0.004	Wald = 743.60 P = 0.0000	F = 1.93 P = 0.0142	Wald = 755.37 P = 0.0000
Hausman 检验	chi2 = 27.15　Prob = 0.0073 (选择 FE)		chi2 = 26.52　Prob = 0.0054 (选择 FE)	

注：***、**、*分别表示 0.01、0.05、0.1 的显著性水平，括号内为 T 值或 Z 值。本表未报告常数项。

3. 国有控股与民营控股上市公司样本的比较分析结果

如表 5-5 所示，基于国有控股上市公司样本的模型经过 Hausman 检验选择了固定效应模型（FE），且 F 值为 2.38，P 值为 0.0021，具有整体有效性。其中，薪酬激励强度的系数在 0.01 水平上显著为正，其他两种激励契约的系数不显著。但声誉激励与薪酬激励的交互项在 0.1 水平上显著为负，声誉激励与股权激励的交互项在0.1水平上显著为正。这表明，在国有控股公司中，薪酬激励与公司绩效表现之间存在显著的正相关关系，并且声誉激励与薪酬激励之间存在互替关系，声誉激励与股权激励之间存在互补关系。由于国有股权的特殊性，与全部样本的分析结果不同，声誉激励能够在一定程度上替代薪酬激励，且与股权激励产生互补效应。这与我们在访谈时得到的结论相一致，国企高管的自我价值与其职务紧密相连，并且在受到薪酬体系限制的条件之下，高管往往通过追求晋升或声誉等隐性收益来实现自我价值。同时，鉴于声誉对国企高管的约束作用，股权激励的双重效应则更多地表现为利益趋同，而不是堑壕效应。基于民营上市公司样本的研究通过Hausman检验选择了随机效应模型（RE），由该模型可知，在民营控股公司中，薪酬激励对公司绩效具有显著的正向影响，但声誉激励对于显性激励的调节效应均不显著。由此得出，产权性质能够对高管声誉激励的作用途径产生显著的影响。因此，假设5－3得证。

表5－5　基于不同产权性质的比较分析

变量	国有控股上市公司		民营控股上市公司	
	FE	RE	FE	RE
声誉激励强度（RI）	0.0139 （0.28）	－0.0035 （－0.16）	－0.0065 （－0.26）	0.0004 （0.02）
薪酬激励强度（SI）	0.0674*** （3.65）	0.0492*** （2.99）	0.0036 （0.92）	0.006** （1.97）
股权激励强度（EI）	－9.3876 （－0.56）	－4.1174 （－0.47）	0.8247 （1.45）	0.4841 （0.80）
交互项：				
RI×SI	－8.1325* （－1.74）	－5.7970 （－1.42）	0.1526 （1.24）	0.0594 （0.21）
RI×EI	126.6686* （1.90）	87.1080 （1.48）	－2.2627 （－1.31）	－0.8616 （－0.51）
SI×EI	0.5689 （0.48）	0.3183 （0.53）	－0.0552 （－1.34）	－0.0324 （－0.73）

续表

变量	国有控股上市公司		民营控股上市公司	
	FE	RE	FE	RE
RI × SI × EI	6. 3736 (0. 81)	-2. 1646 (-0. 55)	-0. 0003 (-0. 01)	-0. 0105 (-0. 33)
股权集中度 (CR)	0. 2792 *** (3. 08)	0. 1828 *** (2. 78)	0. 0225 (0. 97)	0. 0294 * (1. 84)
股权制衡度 (Z)	-0. 0002 ** (-2. 31)	-0. 0003 *** (-3. 17)	-0. 0001 (-1. 12)	-0. 0001 (-1. 59)
机构投资者持股 (II)	0. 0881 * (1. 80)	0. 0091 (0. 70)	0. 0325 (1. 08)	0. 0092 (0. 72)
独立董事比例 (IB)	0. 1372 ** (2. 23)	-0. 0171 (-0. 34)	-0. 1325 ** (-2. 14)	-0. 0992 * (-1. 91)
公司规模 (SIZE)	-0. 1252 *** (-4. 85)	-0. 0483 ** (-2. 10)	-0. 0227 *** (-4. 88)	-0. 0168 *** (-3. 95)
公司成长性 (GROW)	0. 0053 (1. 45)	0. 0024 (0. 88)	0. 0009 ** (1. 96)	0. 0005 * (1. 77)
行业特性 (IND)	-0. 0012 (-0. 08)	0. 0044 (0. 64)	0. 0164 ** (2. 50)	0. 0218 *** (4. 41)
财务杠杆 (LEV)	0. 9296 *** (4. 17)	0. 4609 (1. 60)	0. 1257 *** (3. 42)	0. 0727 * (1. 80)
R^2	0. 2231	0. 2349	0. 0145	0. 0358
F/Wald 检验	F = 2. 38 P = 0. 0021	Wald = 42. 31 P = 0. 0002	F = 5. 81 P = 0. 0000	Wald = 76. 47 P = 0. 0000
Hausman 检验	chi2 = 31. 66　Prob = 0. 0027 (选择 FE)		chi2 = 18. 45　Prob = 0. 1870 (选择 RE)	

注：***、**、* 分别表示 0. 01、0. 05、0. 1 的显著性水平，括号内为 T 值或 Z 值。本表未报告常数项。

5. 5　研究结论与启示

本章将质性研究与量化分析相结合，在对部分代表性公司的高管进行访谈的基础上，运用中国上市公司 2007 ~ 2013 年的平衡面板数据，对高管声誉激励契约的强度、效用与作用途径进行了理论与实证研究，主要结论如下：第一，公司规模越大，高管人力资本价值越高，高管声誉激励契约的强度也越大。该结论从实证分析的角度诠释了高管声誉激励强度的主要决定因素是公司规模，而非利润等绩效指标，同时也揭示了为何在实践中高管偏好把企业做大而非最强的原因。第二，声誉激励契约通过与显性激励的交互效应从而对公司绩效产生间接的正向效用。具体而言，声誉激励与薪酬激励之间存在互补效应，与股权激励之间存在互替效应。第三，产权性质能够对高管声誉激励的效用产生显著的影响。在国有控股上市公司中，声誉激励与薪酬激励存在互替效应，与股权激励存在互补效应，但在民营控股上市公司中上述效应并不显著。由此可知，声誉激励是通过与显性激励契约的配置从而实现了协同效应，这也证实了高管激励契约的系统整合观。但本章尚存在以下局限性：一是由于数据可得性的限制，并未对高管声誉的层级高低进行合理区分；二是声誉激励与显性激励的协同机理还应通过案例研究等多种途径来进行深化与拓展。

第一，从公司内部、行业内部、社会公众三个层次出发系统构建高管声誉评价体系，继而影响高管声誉的形成路径，使之更好地对高管的动机与行为进行有效激励。公司内部评价是基础性评价，董事会依据绩效考核指标对高管做出基础性考核评价，以此反映高管的经营能力，作为高管在职业经理人市场上的价值基础；发挥行业内部的评价导向作用，通过推选行业组织的会长、副会长、理事等兼职方式和给予行业荣誉称号的方式认可高管在行业内的突出表现，建立高管行业性声誉并树立行业的声誉导向；在社会范围内建立区域性和全国性优秀企业家评选体系，通过表彰优秀企业家给予企业家社会声誉认可，并为企业家群体树立标杆导向。

第二，通过多种途径实现声誉激励与显性激励的协同，从而发挥高管激励契约的整合效应。公司可建立声誉评价表彰体系，以公司战略为导向，将年度表彰与定期表彰相结合，在给予高管显性激励的基础上，通过表彰体系进一步认可高管的表现和业绩，给予高管心理上的认同感。比如在年度表彰中设立最佳创新奖、业绩突出进步奖、最佳社会责任奖等多维度的荣誉称号，以此认可有关高管在相关方面做出的突出贡献，树立公司声誉导向。定期表彰中可以设立十年荣誉奖、忠诚奉献奖等荣誉称号，以此认可高管长期服务公司所做出的贡献，引领公司价值导向。同时，适度发挥声誉激励的社会控制功能，对薪酬激励、股权激励等带来的负面效应进行抑制。

第三，拓展多重渠道提升高管声誉资本的价值，以促进高管声誉激励的主体效用，而非仅仅作为显性激励的配角。公司应建立公司博物馆、大事记、影像志等史料性声誉记录平台，将高管做出的对公司有重大影响的业绩、成就进行多媒体的留存和展示。通过上述平台的声誉记录和传播效用，提升声誉资本价值，发挥对高管的激励约束作用，既为公司传承了历史和正能量，也使其成为独特的高管声誉激励作用主体。

第6章

高管声誉对权力配置的治理效应

通过实践中不断涌现的控制权争夺局面可以洞悉，高管声誉在上市公司权力博弈的过程中扮演了重要角色。本章以2011~2015年中国上市公司平衡面板数据作为样本，实证检验了双重代理关系框架下高管声誉对上市公司权力配置的影响，从崭新视角阐释了高管声誉对上市公司治理的作用路径。研究表明，根据来源不同，高管权力可以分为基于高管身份的绝对权力与基于股权特征的相对权力，高管声誉对其拥有的绝对权力具有显著的正向影响；基于身份的绝对权力在高管声誉与高管薪酬水平之间发挥中介效应，即高管声誉导致绝对权力的增加，继而提高了高管薪酬水平；高管声誉能够明显抑制控股股东的侵占效应，有效解决第二类代理问题；在国有上市公司中高管声誉的治理作用更为显著。本章的结论拓展了现有公司治理研究的视域，并为上市公司运用高管声誉等隐性契约进行合理的权力配置从而提升治理水平提供了有益参考。

6.1 问题的提出

股东与管理层之间以及控股股东与中小股东之间存在的利益冲突与目标差异，导致了公司治理中的双重代理问题。在这两类代理问题中，管理层、控股股东、中小股东等治理主体之间的权力博弈是影响公司治理效率的关键因素。在多年来的实践中，不同主体对于控股权的争夺也愈演愈烈，在国美的控制权之争中，引发争斗的是想要“反客为主”的经营者，而在新浪及万科的控制权之争中，掀起风浪的则是“趁虚而入”的投资者。而不论在何种情况之下，由于信息不对称等原因，中小股东的利益是最容易受到侵害的。因此，探讨治理主体之间权力动态配置的影响因素从而构建合理的公司治理机制是避免恶性竞争、保护中小股东利益的重要途径。

回顾以往发生的股东与管理层争夺控制权的博弈过程，本章发现，股东通过董事会对管理层进行监督与控制，管理层往往也会采取相应的对策去尽量摆脱股东的控制，只是结果大相径庭。2014 年阿里巴巴上市之后，马云及其管理团队持有 13.1% 股份，但依据合伙人制度仍可以拥有董事会半数以上席位。而吴长江在多次与资本博弈的过程中处于下风，几次败走雷士照明，最后更是锒铛入狱。软银、雅虎等股东能够接受马云提出的“合伙人制度”，但软银却在面对吴长江时做出了完全不同的反应，股东为何会对马云等管理层如此信任？这种信任是否源自马云作为创始人高管拥有的良好声誉？或者说，拥有良好声誉的高管是否能够获得股东更多的信任？有学者指出，由于拥有良好声誉的高管可以让企业获得更多的社会资源，股东往往会对这些高管产生积极的正面评价。[①] 相较于声誉较低的高管管理的企业，由具有高声誉的高管所管理的企业更容易受到股票市场中的投资者的青睐。[②] 同时，卡普兰等（Kaplan et al.，2015）[③] 的研究指出，相对于较低声誉的 CEO，拥有较好声誉的 CEO 更容易得到非专业投资者的支持。因此，由良好声誉带来的股东信任与支持势必会影响到治理主体之间的博弈行为。值得进一步探讨的理论问题是：在公司控制权的争夺过程中，高管声誉又扮演着怎样的角色？良好的声誉会为高管在权力博弈中赢得相应的回报吗？也就是说，高管声誉是否能够影响上市公司权力的动态配置？截至目前，鲜有文献对该问题从理论与实证两个方面去系统阐释。

传统委托代理理论认为高管声誉作为一种隐性激励，可以有效降低代理成本。以此为基础产生的有效契约假说认为高管声誉可以有效解决劳动力市场的逆向选择（adverse selection）等问题，其与企业价值之间存在显著的正

---

① 孙俊华，陈传明．企业家社会资本与公司绩效关系研究——基于中国制造业上市公司的实证研究［J］．南开管理评论，2009（2）：28－36.

② Jian M，Lee W. Does CEO Reputation Matter for Capital Investments?［J］. Journal of Corporate Finance，2011，17（4）：929－946.

③ Kaplan S E，Samuels J A，Cohen J. An Examination of the Effect of CEO Social Ties and CEO Reputation on Nonprofessional Investors' Say-on-Pay Judgments［J］. Journal of Business Ethics，2015，126（1）：103－117.

向关系。[①] 然而，理论界还存在另外一种观点，即寻租效应假说。这种假说更多的是基于行为委托代理理论，即考虑高管的损失规避（loss aversion）特征，强调了高管可能为了维护既有声誉而做出与公司股东长期利益和公司整体利益相悖的行为。现有学者多基于上述两种假说，对高管声誉与企业绩效、高管薪酬、盈余管理等因变量的关系进行实证研究[②③④]。但已有研究多聚焦于高管声誉与治理绩效的直接关联关系，甚至得出了截然相反的结论。由前文所知，高管声誉在上市公司权力配置的过程中扮演了重要角色。因此，忽视高管声誉发挥治理效应的路径与机制，尤其是权力配置在两者之间的中介效应，是上述研究的共有局限性，这也导致了理论与实践的脱节。

鉴于此，本章运用中国上市公司面板数据，对高管声誉、权力配置与双重代理问题之间的关系进行了理论与实证研究。本章的主要贡献在于：第一，突破已有研究的局限性，构建了高管声誉对上市公司权力配置影响的理论模型，从崭新视角深入阐释了高管声誉对于上市公司治理的作用路径与内在机理。第二，目前有关高管权力的文献多将其作为一个整体，忽视了不同权力的来源及由其引致的差异。本章将高管权力按照其来源进行了维度细分，包括基于高管身份的绝对权力与基于股权特征的相对权力，并对其属性与作用进行了比较分析。第三，本章基于双重代理关系框架，揭示了高管声誉—权力—薪酬之间的逻辑关系，并发现了高管声誉对控股股东侵占效应的治理作用，证实了高管声誉对双重代理关系的显著影响以及在不同产权性质公司中的作用差异，拓展了传统委托代理理论的研究视域。

6.2 理论分析与研究假设

根据双重委托代理理论的相关观点，本章构建了高管声誉对上市公司权

① Fama E F. Agency Problems and the Theory of the Firm ［J］. Journal of Political Economy, 1980,（88）：288－307.

② Koh K. Value or Glamour? An Empirical Investigation of the Effect of Celebrity CEOs on Financial Reporting Practices and Firm Performance ［J］. Accounting & Finance, 2011, 51（2）：517－547.

③ Wade J B, Graffin S D. The Burden of Celebrity：The Impact of CEO Certification Contests on CEO Pay and Performance ［J］. Academy of Management Journal, 2006, 49（4）：643－660.

④ Francis J, Huang A H, Rajgopal S. CEO Reputation and Earnings Quality ［J］. Contemporary Accounting Research, 2008, 25（1）：109－147.

力配置以及双重代理关系的影响路径。基于高管权力的来源，将高管权力划分为基于高管身份的绝对权力和基于股权特征的相对权力。绝对权力是由高管本身的职位、地位以及持股情况等内在因素决定的，而相对权力是由上市公司的金字塔层级、股权分散程度等外在因素决定的。两者具有不同的来源与属性，因此对高管声誉与代理成本之间产生的中介效应与作用路径也有所不同。如图6-1所示，高管声誉通过作用于高管的两类权力，间接影响了控股股东侵占效应和高管薪酬水平，也就是说，高管声誉通过作用于上市公司权力的动态配置，继而影响了上市公司的双重代理关系。

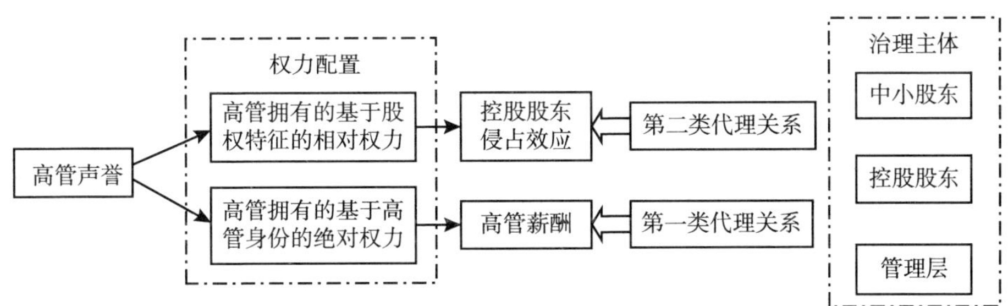

图6-1　高管声誉对权力配置及双重代理关系的影响路径

6.2.1　高管声誉与权力配置

张维迎（2005）指出，市场对高管个人能力的综合感知构成了高管声誉。[①] 根据委托代理理论，高管声誉作为一种隐性激励契约，可以减少道德风险，也可以适当解决来自劳动力市场的逆向选择问题，从而降低代理成本。声誉可以降低企业中存在的信息不对称程度以及经营过程中的不确定性。[②] 同时，作为一种社会资本，良好的高管声誉会对企业绩效及企业声誉有一定的提升作用。[③] 有研究表明，公司声誉和高管声誉都有利于公司的财务绩效，但高管声誉的影响更持久、更全面。[④] 因此，高管声誉的正向效应

① 张维迎．产权、激励与公司治理［M］．北京：经济科学出版社，2005：53.

② Wong S S, Boh W F. Leveraging the Ties of Others to Build a Reputation for Trustworthiness Among Peers［J］. Academy of Management Journal, 2010, 53 (1): 129-148.

③ Winfrey F K, Logan J E. Are Reputation and Power Compensating Differentials in CEO Compensation?［J］. Corporate Reputation Review, 1998, 2 (1): 61-76.

④ Weng P S, Chen W Y. Doing Good or Choosing Well? Corporate Reputation, CEO Reputation, and Corporate Financial Performance［J］. North American Journal of Economics & Finance, 2016 (39): 223-240.

已被多数学者认可。高管声誉能否对高管拥有的权力产生影响？对于高管声誉与高管权力之间的关系，理论界有两类主要观点：一是声誉是权力的一部分；二是声誉是权力的来源。

在高管权力研究的早期阶段，芬克尔斯坦（Finkelstein，1992）依据权力来源的不同，将高管权力分为结构权力、专家权力、声望权力和所有权权力四个维度。① 其中，高管的专家权力和声望权力能够对董事会施加影响，使其做出倾向于高管的股权或薪酬决策，进而进一步增强高管的所有权权力，而所有权权力的增加又会同时增强高管的声望权力等其他权力基础。②

近年来，扎根于权力多样化观点，有学者指出，CEO 声誉是 CEO 获得权力的一种重要来源。③ 考虑到管理层和股东间的信息不对称，很有可能股东对 CEO 的积极情绪来源于 CEO 声誉。④ 名人 CEO 可以提供更多更好的资源与机会，由此股东会对其行为有积极的评价倾向。因此，CEO 声誉可以成为 CEO 认同、影响力、权力的来源。⑤ 帕克（Park，2014）指出，CEO 声誉是 CEO 获得权力的一种外部来源，名人 CEO 获取权力经过四个阶段：CEO 社会认同；社会认同演变为公众支持；公众支持转变为（利益相关者）内在自信；内在自信转为权力。⑥ 鉴于声誉的内在属性，本章认同第二种观点，高管声誉是高管获取权力的来源之一，也是影响上市公司权力配置的重要因素。高管声誉会传递给公众一种企业被有效运营的信号，高声誉高管可以获得股东及社会公众更多的支持，从而能够获得更多的权力。据此提出以下假设：

假设 6－1：高管声誉能够对高管拥有的基于高管身份的绝对权力具有显著的正向影响，高管声誉越好，高管拥有的绝对权力越大。

---

① Finkelstein S. Power in Top Management Teams：Dimensions，Measurement and Validation ［J］. The Academy of Management Journal，1992，35（3）：505－538.

② 李胜楠，牛建波．高管权力研究的述评与基本框架构建［J］．外国经济与管理，2014，36（7）：3－13.

③ Treadway D C，Adams G L，Ranft A L，Ferris G R. A Meso-level Conceptualization of CEO Celebrity Effectiveness ［J］. The Leadership Quarterly，2009，20（4）：554－570.

④ Hayward M L A，Rindova V P，Pollock T G. Believing One's Own Press：The Causes and Consequences of CEO Celebrity ［J］. Strategic Management Journal，2004，25（7）：637－653.

⑤ Rindova V P，Pollock T G，Hayward M L A. Celebrity Firms：The Social Construction of Market Popularity ［J］. Academy of Management Review，2006，31（1）：50－71.

⑥ Park J H，Kim C，Sung Y D. Whom to Dismiss? CEO Celebrity and Management Dismissal ［J］. Journal of Business Research，2014，67（11）：2346－2355.

假设6-2： 高管声誉能够对高管拥有的基于股权特征的相对权力具有显著的正向影响，高管声誉越好，高管拥有的相对权力越大。

6.2.2 高管声誉、权力配置与高管薪酬水平

扎维亚洛娃（Zavyalova，2016）认为，高管声誉可以带来社会资本和商誉方面的增量，对企业而言是有利的。① 高管的良好声誉对其他高管、商业团体以及公众而言是公司被有效运营的一种标志，这使得股东认为值得支付给高管更高的薪酬。通过提供高薪酬吸引和留住高声誉高管，可以增强董事会和股东对公司未来成功的信心。② 高管权力理论认为，企业内存在着导致高管薪酬水平超出公允价值、薪酬绩效敏感度降低的高管权力滥用现象。③

现代产权理论把剩余控制权看作产权的本质，剩余控制权越多，管理层所具有的可操纵企业的自主行为空间就越大。④ 由前文可知，基于高管身份的绝对权力，是高管以自身职位与所持股权为基础的绝对权力，能够对董事会结构及行为产生直接影响。一方面，高管同时担任董事长与CEO，增加了对董事会决策及公司经营的控制权力；另一方面，高管拥有股份也使其在与股东、董事会博弈时拥有更多的话语权。范·埃森（Van Essen，2012）实证检验了高管权力对CEO薪酬的影响，结果表明，高管权力理论能够解释现金收入等核心薪酬，但是无法解释业绩薪酬敏感性。⑤ 王克敏和王志超（2007）验证了高管控制权与高管薪酬水平之间的正相关关系。⑥ CEO权力会显著提升CEO薪酬。当CEO工资有上限时，CEO权力会提升CEO的股

① Zavyalova A, Pfarrer M, Reger R K. Reputation as a Benefit and a Burden? How Stakeholders' Organizational Identification Affects the Role of Reputation Following a Negative Event [J]. Academy of Management Journal, 2016, 59 (1): 253-276.

② Podolny J M. Status Signals [M]. Princeton: Princeton University Press, 2005: 15-16.

③ Bebchuk L A, Fried J M. Executive Compensation as an Agency Problem [J]. Journal of Economic Perspectives, 2003, 17 (3): 71-92.

④ 赵晶，郭海. 公司实际控制权、社会资本控制链与制度环境 [J]. 管理世界，2014 (9): 160-171.

⑤ Van Essen M. Assessing Managerial Power Theory: A Meta-analytic Approach to Understanding the Determinants of CEO Compensation [J]. Journal of Management, 2015, 41 (1): 164-202.

⑥ 王克敏，王志超. 高管控制权、报酬与盈余管理——基于中国上市公司的实证研究 [J]. 管理世界，2007 (7): 111-119.

权报酬，并且具有工资上限的CEO权力越大，CEO总薪酬增加越多。① 依据前文假设，高管声誉会提升基于高管身份的绝对权力，从而提升高管对董事会行为及决策的影响，使董事会做出对高管更有利的薪酬决策行为。因此，高管声誉会显著影响基于高管身份的绝对权力，从而显著提升高管的薪酬水平。由此提出以下假设：

假设6－3：高管声誉对高管薪酬水平具有显著的正向影响。高管拥有的基于高管身份的绝对权力在高管声誉与高管薪酬水平之间存在中介效应，即高管声誉导致高管绝对权力的增加，继而提高了高管薪酬水平。

6.2.3 高管声誉、权力配置与控股股东侵占效应

在股权相对集中的情况下，大股东可以通过董事会对企业管理层施加影响，这可以有效解决股权分散情况下的第一类代理问题，但随之引起的是大股东与其他投资者之间的第二类代理问题。② 大股东通过对企业的控制实现自我私利、罔顾企业长远利益。拉波塔（La Porta，2000）指出，当控制权与现金流权分离时，控股股东侵占效应会更为显著。③ 陈文强（2017）实证研究发现，在控股股东涉入程度较高的民营企业中，股权激励的实施会加剧控股股东侵占行为。④ 也就是说，管理层与控股股东之间通过股权激励产生了合谋行为。如何约束这种行为？本章认为，这种合谋行为应该会受到高管声誉的约束，也就是拥有良好声誉的高管不仅不会与控股股东合谋，而且还会在一定程度上抑制控股股东的侵占效应。

在长期动态博弈过程中，高管会选择建立良好的声誉，以获得未来收益，从而实现长期利益最大化。高管拥有的基于股权特征的相对权力是由于股权分散和控制链层级较长所带来的高管权力的增加。研究表明，名人CEO可以被视为公司的无形资产，可以为公司带来更多的机会。⑤ 高声誉

---

① Choe C，Tian G Y，Yin X. CEO Power and the Structure of CEO Pay［J］. International Review of Financial Analysis，2014，(35)：237－248.

② 俞红海，徐龙炳．股权集中下的控股股东侵占与公司治理综述［J］．经济管理，2011，33(10)：127－134.

③ La Porta R，Lopez-de－Silanes F，Shleifer，Vishny A. Investor Protection and Corporate Governance［J］. Journal of Financial Economics，2000，58（1－2）：3－27.

④ 陈文强．控股股东涉入与高管股权激励："监督"还是"合谋"？［J］．经济管理，2017，39(1)：114－133.

⑤ Ketchen D J，Adams G L，Shook C L. Understanding and Managing CEO Celebrity［J］. Business Horizons，2008，51（51）：529－534.

CEO会更关注企业外部环境的变化，注重企业外部信息的获取。[①] 他们也倾向于拓展自己的社会关系网络，以有利于公司获取更多的外部信息资源。此外，由于高声誉高管在能力与行为方面长期积累起来的良好评价，不论是高管本身能力的出众及行为的尽职，还是出于对既有声誉的维护，对于控股股东的侵占行为，具有良好声誉的高管有一定的抵制与影响。因此，高管拥有的良好声誉可能会增加其权力，继而影响控股股东行为，而这种权力更多地是基于股权结构的相对权力。由此提出以下假设。

假设6-4：高管声誉对控股股东侵占效应具有显著的负向影响。高管拥有的基于股权特征的相对权力在高管声誉与控股股东侵占效应之间存在中介效应，也就是高管声誉导致高管相对权力的增加，从而抑制了控股股东侵占效应。

6.3　样本选取与研究设计

6.3.1　样本选择与数据来源

本章选取了2011~2015年中国上市公司样本，剔除金融类上市公司样本、相关信息缺失的样本、当年上市以及期间退市的上市公司、ST及*ST公司、存在极端值的公司，最终获得每年度492家上市公司样本、共有2460个观测值的平衡面板数据。所使用的公司治理与财务数据来自CSMAR数据库，高管权力中金字塔层级数为手动查询获得。

6.3.2　变量设计与计算方式

1. 高管声誉（TM-Reputation）

已有文献多采用媒体报道次数（media counts）与高知名度奖项（high-profile awards）来测量高管声誉。首先，由于新闻媒体倾向性的存在与专业性的缺

① 姚冰湜，马琳，王雪莉，李秉祥．高管团队职能异质性对企业绩效的影响：CEO权力的调节作用［J］．中国软科学，2015（2）：117-126.

失，媒体报道次数难以准确测量高管声誉；其次，尽管高知名度奖项是由商业领域的专家公开评选出的，具有一定的权威性，但也难以避免信息不对称的偏差，也忽视了利益相关者评价这一重要维度。因此，在中国情境之下进一步修正与完善高管声誉的测量方式，是实证研究深化与拓展的前提。鉴于此，本章对海信电器、东阿阿胶等上市公司的部分高管进行访谈，高管依据经验认为，担任人大代表、政协委员等，获得由专业机构颁发的荣誉奖励（如劳动奖章、优秀企业家等）以及在专业的行业协会中担任要职，都会给高管带来一定的声誉。[①] 本章通过对样本公司披露的高管履历进行分析，将高管声誉划分为三个维度：奖励型声誉、专家型声誉及政治型声誉。奖励型声誉采用公司中具有地市级以上（包括地市级）获得社会荣誉等的高管人数比例进行测量，政治型声誉采用公司中兼任地市级以上（包括地市级）人大代表、政协委员等的高管人数比例进行测量，专家型声誉采用担任行业协会主要负责人的高管人数比例进行测量。通过主成分分析将上述三个维度整合为一个主变量。

2. 高管权力（TM - Power）

芬克尔斯坦（Finkelstein，1992）按照权力来源的不同，将高管权力分为结构权力、专家权力、声望权力和所有权权力四个维度。[②] 王茂林等（2014）在度量高管权力时将其划分为三个维度：股权分散程度、董事长CEO 两职合一情况和金字塔层级控制链深度。[③] 本章根据高管权力的来源将高管权力分为基于高管身份特征所有的绝对权力和基于股权特征所拥有的相对权力。基于高管身份特征所有的绝对权力包括高管是否同时担任 CEO 与董事会主席、高管是否具有股权。基于股权特征所拥有的相对权力包括由于企业股权分散带来的高管权力和由于企业控制链层级较长带来的高管权力。

3. 高管薪酬水平（TM - Compensation）

选择公司中的前三位高管，对其薪酬之和取对数进行测量。

---

① 王帅，徐宁，姜楠楠. 高管声誉激励契约的强度、效用及作用途径——一个中国情境下的实证检验［J］. 财经理论与实践，2016（3）：69 - 76.

② Finkelstein S. Power in Top Management Teams：Dimensions，Measurement and Validation［J］. The Academy of Management Journal，1992，35（3）：505 - 538.

③ 王茂林，何玉润，林慧婷. 管理层权力、现金股利与企业投资效率［J］. 南开管理评论. 2014，17（2）：13 - 22.

4. 控股股东侵占效应（CS－Expropriation）

由于控股股东侵占效应主要表现为控股股东对企业资金的占用，财务报表中的其他应收款可以体现控股股东对企业资金的直接占用，因此选择用“其他应收款/主营业务收入”这一变量来衡量控股股东侵占效应。变量定义与计算方式如表6－1所示。

表6－1　变量定义与计算方式

变量名称	符号	变量定义与计算方式
高管报酬水平	TM－Compensation	公司前三位高管薪酬之和的自然对数
控股股东侵占效应	CS－Expropriation	公司年末披露的其他应收款与主营业务收入之比
高管权力	Power1	股份分散程度哑变量：是否为股权分散公司。股权分散企业中，股东对管理层的权力制约较弱，管理层对公司的控制权更大。当第一大股东持股比例除以第二至第十大股东持股比例之和小于1时，此指标取值为1，否则取值为0
	Power2	两职合一哑变量：是否董事长总经理两职合一。两职合一时取1，否则取0
	Power3	高管持股哑变量：高管是否持股。高管持股时取1，否则取0
	Power4	金字塔层级哑变量：终极控股股东到本公司控制链层级数。最长层级大于中位数4，取值1，小于等于中位数4，取值为0
	Identity－Power	基于高管身份的权力维度，Power2＋Power3
	Ownership－Power	基于股权特征的权力维度，Power1＋Power4
高管声誉	P－Reputation	政治型声誉，采用公司中兼任地市级以上（包括地市级）人大代表、政协委员等的高管人数比例进行测量
	E－Reputation	专家型声誉，采用担任行业协会主要负责人的高管人数比例进行测量
	A－Reputation	奖励型声誉，采用公司中具有地市级以上（包括地市级）获得社会荣誉等的高管人数比例进行测量
	TM－Reputation	通过主成分分析将上述三个维度整合为一个主变量

续表

变量名称	符号	变量定义与计算方式
股权属性	OW	虚拟变量。实际控制人属性为国有，设为1，为非国有，设为0
两权分离度	SQ	控制权与现金流权之差，即CR－OR。控制权（CR）等于控制链上所持有股份的最小值，现金流权（OR）等于最终控制人控制链上各个控制环节持股比例的乘积
公司规模	Size	公司总资产的自然对数
公司成长性	Growth	公司期末总资产增长率，等于期末总资产与期初总资产之差除以期初总资产
财务杠杆	LEV	负债总额与资产总额的比值
行业特性	Ind	虚拟变量。处于高科技行业赋值为1，其他行业赋值为0

6.3.3 模型构建与研究方法

本章采用2011～2015年的平衡面板数据，运用豪斯曼（Hausman）检验与多元回归分析对参数进行估计。首先运用中介效应检验步骤，对高管声誉、基于高管身份的绝对权力以及高管薪酬水平三者之间的路径关系进行验证：第一步，检验高管声誉（TM－Reputation）与因变量高管薪酬水平（TM－Compensation）之间的关系是否显著。如果显著的话，第二步，做中介变量基于高管身份的绝对权力（Identity－Power）对自变量高管声誉（TM－Reputation）的回归，检验回归系数是否显著。第三步，把中介变量基于高管身份的绝对权力（Identity－Power）与自变量高管声誉（TM－Reputation）一起放入第一步的回归方程中，如果自变量与因变量的显著性消失，这说明存在完全中介效应，如果自变量与因变量关系依然显著只是数值有所下降，则说明存在部分中介效应。之后再将因变量改为控股股东侵占效应（CS－Expropriation），中介变量替换为基于股权特征的相对权力（Ownership－Power），重复以上步骤。所采用的六个模型依次如下所示：

$$TM-Compensation_{i,t}=\alpha+u_i+b_1TM-Reputation_{i,t}+b_2OW_{i,t}+b_3SQ_{i,t}+b_4Size_{i,t}+b_5Growth_{i,t}+b_6LEV+b_7Ind+e_{i,t} \quad (M6-1)$$

$$Identity-Power_{i,t}=\alpha+u_i+b_1TM-Reputation_{i,t}+b_2OW_{i,t}+b_3SQ_{i,t}+b_4Size_{i,t}+b_5Growth_{i,t}+b_6LEV+b_7Ind+e_{i,t} \quad (M6-2)$$

$$TM-Compensation_{i,t}=\alpha+u_i+b_1TM-Reputation_{i,t}+b_2Identity-Power_{i,t}+b_3OW_{i,t}+b_4SQ_{i,t}+b_5Size_{i,t}+b_6Growth_{i,t}+b_7LEV+b_8Ind+e_{i,t} \quad (M6-3)$$

$$CS-Expropriation_{i,t}=\alpha+u_i+b_1TM-Reputation_{i,t}+b_2OW_{i,t}+b_3SQ_{i,t}+b_4Size_{i,t}+b_5Growth_{i,t}+b_6LEV+b_7Ind+e_{i,t} \quad (M6-4)$$

$$Ownership-Power_{i,t}=\alpha+u_i+b_1TM-Reputation_{i,t}+b_2OW_{i,t}+b_3SQ_{i,t}+b_4Size_{i,t}+b_5Growth_{i,t}+b_6LEV+b_7Ind+e_{i,t} \quad (M6-5)$$

$$CS-Expropriation_{i,t}=\alpha+u_i+b_1TM-Reputation_{i,t}+b_2Ownership-Power_{i,t}+b_3OW_{i,t}+b_4SQ_{i,t}+b_5Size_{i,t}+b_6Growth_{i,t}+b_7LEV+b_8Ind+e_{i,t} \quad (M6-6)$$

在模型中，i表示横截面的个体，t表示时间，α表示截距项，$b_i(i=1, 2, \cdots)$为模型回归系数，$e_{i,t}$表示随机干扰项。数据分析采用的是Stata 12.0。

6.4 实证检验结果分析

6.4.1 描述性统计与相关性分析

表6-2是对主要变量进行的分年度描述性统计。由其可知，2011～2015年上市公司的高管声誉水平（TM-Reputation）均值分别为0.0149、0.0148、0.0145、0.0130与0.0133，最小值为0，最大值在0.20左右，这表明不同公司之间的高管声誉水平差距较大。基于高管身份的绝对权力

（Identity－Power）和基于股权特征的相对权力（Ownership－Power）总体呈上升趋势，基于高管身份的绝对权力均值要高出基于股权特征的相对权力，前者均值在0.68左右，后者均值在0.38左右。与此同时，高管薪酬水平（TM－Compensation）的均值与最大值上升趋势较为明显。控股股东侵占效应（CS－Expropriation）也逐年上升。值得关注的是，2011～2015年控股股东侵占效应的最大值均大于1，甚至在2015年达到了6.9906。这表明，部分公司的其他应收款竟然是主营业务收入的几倍之多，控股股东对上市公司的侵占效应非常明显。因此，寻找抑制这类侵占行为的解决方案在现阶段是非常重要的。

表6－2　主要变量分年度描述性统计

变量		2011年	2012年	2013年	2014年	2015年
高管声誉（TM－Reputation）	平均值	0.0149	0.0148	0.0145	0.0130	0.0133
	最大值	0.3041	0.2480	0.2616	0.2162	0.1964
	最小值	0.0000	0.0000	0.0000	0.0000	0.0000
	标准差	0.0309	0.0288	0.0296	0.0262	0.0268
基于高管身份的绝对权力（Identity－Power）	平均值	0.6545	0.6829	0.6789	0.6951	0.7093
	最大值	2.0000	2.0000	2.0000	2.0000	2.0000
	最小值	0.0000	0.0000	0.0000	0.0000	0.0000
	标准差	0.6497	0.6610	0.6497	0.6481	0.6437
基于股权特征的相对权力（Ownership－Power）	平均值	0.3435	0.3496	0.3435	0.3801	0.4289
	最大值	2.0000	2.0000	2.0000	2.0000	2.0000
	最小值	0.0000	0.0000	0.0000	0.0000	0.0000
	标准差	0.5508	0.5488	0.5433	0.5707	0.5858
高管薪酬水平（TM－Compensation）	平均值	14.0872	14.1607	14.2264	14.3036	14.3283
	最大值	16.2747	16.9637	17.1668	17.1164	17.3525
	最小值	10.3080	12.2061	12.5532	12.58451	11.8241
	标准差	0.7302	0.6681	0.6609	0.6581	0.7076
控股股东侵占效应（CS－Expropriation）	平均值	0.0372	0.0446	0.0483	0.0625	0.0862
	最大值	1.5361	2.1707	2.5323	5.1531	6.9906
	最小值	0.0000	0.0000	0.0000	0.0000	0.0000
	标准差	0.1087	0.1386	0.1457	0.2849	0.4379

6.4.2 回归分析结果

表 6－3 列示了回归分析的结果，三个模型依次以高管薪酬水平、基于高管身份的绝对权力、高管薪酬水平为被解释变量，每一个模型均报告了固定效应模型与随机效应模型的分析结果。如其所示，在进行 Hausman 检验之后，所有模型均选择了随机效应（random effects，RE）模型。其中，模型（M6－1）中 Wald 值为 3.2×10^5，且 $p=0.000$，说明模型总体有效，R^2 等于 0.1560，自变量高管声誉水平的系数在 10% 水平上显著为正（$r=1.2291$，$p<0.1$），说明高管声誉与高管薪酬水平之间具有显著的正相关关系，即高管声誉越好，高管薪酬水平越高。模型（M6－2）以基于高管身份的绝对权力为解释变量，Wald 值为 949.96 且 $P=0.000$，说明模型整体有效，自变量高管声誉水平的系数在 5% 水平上显著为正（$r=1.5408$，$p<0.05$），这表明高管声誉与绝对权力之间也存在显著的正相关关系。模型（M6－3）检验了基于高管身份的绝对权力在高管声誉对高管薪酬水平影响中的中介作用。首先，Wald 值为 3.3×10^5 且 $p=0.000$，模型整体显著，高管声誉水平系数在 10% 水平上显著为正（$r=1.1665$，$p<0.1$），基于高管身份的绝对权力在 1% 水平上显著为正（$r=0.0445$，$p<0.01$），证明了基于高管身份的绝对权力在高管声誉和高管薪酬水平中存在部分中介效应，假设 6－3 得到验证。

表 6－3　　高管声誉、基于高管身份的绝对权力与高管薪酬水平

变量	M6－1		M6－2		M6－3	
	高管薪酬水平（TM－Compensation）		基于高管身份的绝对权力（Identity－Power）		高管薪酬水平（TM－Compensation）	
	FE	RE	FE	RE	FE	RE
高管声誉（TM－Reputation）	1.2580 （1.45）	1.2291* （1.85）	1.1150 （1.18）	1.5408** （2.24）	1.2274 （1.43）	1.1665* （1.79）
基于高管身份的绝对权力（Identity－Power）					0.0274 （1.56）	0.0445*** （2.82）
股权性质（OW）	－0.0104 （－0.22）	－0.0279 （－0.70）	0.0173 （0.26）	－0.1633*** （－3.88）	－0.0109 （－0.23）	－0.0242 （0.545）

续表

变量	M6 - 1		M6 - 2		M6 - 3	
	高管薪酬水平 (TM - Compensation)		基于高管身份的绝对权力 (Identity - Power)		高管薪酬水平 (TM - Compensation)	
	FE	RE	FE	RE	FE	RE
两权分离度 (SQ)	0. 1492 (0. 83)	0. 1283 (0. 84)	0. 0650 (0. 24)	-0. 3144 * (-1. 67)	0. 1474 (0. 81)	0. 1319 (0. 86)
公司规模 (SIZE)	0. 3269 *** (11. 73)	0. 3039 *** (15. 29)	0. 0472 (1. 46)	0. 0429 ** (2. 43)	0. 3257 *** (11. 69)	0. 3016 *** (15. 30)
成长性 (Growth)	-0. 0311 *** (-5. 74)	-0. 0283 *** (-5. 51)	-0. 0060 (-1. 16)	-0. 0034 (-0. 64)	-0. 0309 *** (-5. 69)	-0. 0280 *** (-5. 46)
财务杠杆 (LEV)	-0. 0712 (-1. 03)	-0. 0977 (1. 30)	0. 0799 * (1. 79)	0. 0313 (0. 69)	-0. 0734 (-1. 07)	-0. 1012 (-1. 35)
行业特性 (IND)	0. 0595 * (1. 76)	0. 0898 *** (2. 76)	0. 0105 (0. 20)	0. 1016 ** (2. 45)	0. 0592 * (1. 75)	0. 0878 *** (2. 71)
R^2	0. 1569	0. 1560	0. 0038	0. 0928	0. 1584	0. 1568
F/Wald 检验	F = 20. 21 P = 0. 0000	Wald = 3. 2 × 10^5 P = 0. 0000	F = 0. 94 P = 0. 4729	Wald = 949. 96 P = 0. 000	F = 18. 47 P = 0. 000	Wald = 3. 3 × 10^5 P = 0. 0000
Hausman 检验	chi2 = 13. 47 Prob = 0. 0614		chi2 = 5. 10 Prob = 0. 6477		chi2 = 6. 96 Prob = 0. 5407	

注：***、**、*分别表示 1%、5%、10% 的显著性水平，括号内为 T 值或 Z 值。Hausman 检验：P 大于 0. 05 则接受原假设，意味着模型为随机效应模型（RE）；否则拒绝原假设，采用固定效应模型（FE）；对 Hausman 设定检验无法判别的模型，采用随机效应模型（RE）。本表未报告常数项。

表 6 - 4 列示了对面板数据模型进行回归分析的结果，三个模型依次以控股股东侵占效应、基于股权特征的相对权力、控股股东侵占效应为被解释变量，每一个模型均报告了固定效应模型与随机效应模型的分析结果。由 Hausman 检验结果可知，所有模型均选择了随机效应结果。在模型（M6 - 4）中，高管声誉水平的系数在 5% 水平上显著为负（r = - 0. 9445，p < 0. 05），这表明高管声誉对于控股股东侵占效应有显著的负向作用。在模型（M6 - 5）

中，高管声誉对基于股权特征的相对权力作用不显著，假设 6－2 没有得到验证。模型（M6－6）同时加入了高管声誉与基于股权特征的相对权力，高管声誉水平的系数仍然在 5% 水平下负向显著（r = －0.8976，p＜0.05），但是基于股权特征的相对权力并不显著，说明中介效应并不存在。因此，假设 6－4 部分得到验证，即高管声誉对控股股东侵占效应产生了显著的负向影响，但这种影响并不是通过高管相对权力的中介效应实现的。

表 6－4　高管声誉、基于股权特征的相对权力与控股股东侵占效应

变量	M6－4		M6－5		M6－6	
	控股股东侵占效应（CS－Expropriation）		基于股权特征的相对权力（Ownership－Power）		控股股东侵占效应（CS－Expropriation）	
	FE	RE	FE	RE	FE	RE
高管声誉（TM－Reputation）	－0.9132 （－1.18）	－0.9445** （－2.03）	－0.2252 （－0.04）	－1.4081 （－0.33）	－0.9071 （－1.16）	－0.8976** （－2.09）
基于股权特征的相对权力（Ownership－Power）					0.2732 （1.05）	0.1237 （1.14）
股权性质（OW）	－0.4192 （－1.03）	－0.1261* （－1.82）	0.0250 （0.39）	－0.0392 （－0.95）	－0.4260 （－1.05）	－0.1202* （－1.88）
两权分离度（SQ）	－0.6952 （－1.42）	－0.4199* （1.72）	－0.0561 （－0.28）	0.1910 （1.24）	－0.6799 （－1.43）	－0.5263 （－1.57）
公司规模（SIZE）	－0.0673 （－0.70）	－0.0285 （－1.08）	0.1122*** （3.79）	0.0703*** （3.99）	－0.0980 （－0.80）	－0.0328 （－1.09）
成长性（Growth）	0.0085 （0.60）	0.0126 （0.81）	－0.0032 （－0.34）	0.0017 （0.17）	0.0094 （0.65）	0.0112 （0.83）
财务杠杆（LEV）	0.0240 （0.43）	0.1309 （1.06）	－0.1330** （－1.96）	－0.1399** （－2.27）	0.0604 （0.93）	0.1468 （1.06）
行业特性（IND）	0.0696 （1.60）	－0.0534 （－1.43）	－0.003 （－0.07）	0.0586 （1.64）	0.0705 （1.52）	－0.0678 （－1.37）
R^2	0.0071	0.0225	0.0224	0.0163	0.0165	0.0111

续表

变量	M6－4		M6－5		M6－6	
	控股股东侵占效应（CS－Expropriation）		基于股权特征的相对权力（Ownership－Power）		控股股东侵占效应（CS－Expropriation）	
	FE	RE	FE	RE	FE	RE
F/Wald 检验	F＝0.74 P＝0.6386	Wald＝ 220.08 P＝0.0000	F＝2.84 P＝0.006	Wald＝ 319.90 P＝0.000	F＝0.64 P＝0.7456	Wald＝ 183.12 P＝0.0000
Hausman 检验	chi2＝4.45 Prob＝0.7264		chi2＝11.59 Prob＝0.1149		chi2＝4.97 Prob＝0.7613	

注：***、**、*分别表示1%、5%、10%的显著性水平，括号内为T值或Z值。Hausman 检验：P大于0.05则接受原假设，意味着模型为随机效应模型（RE）；否则拒绝原假设，采用固定效应模型（FE）；对 Hausman 设定检验无法判别的模型，采用随机效应模型（RE）。本表未报告常数项。

6.4.3 进一步的分析：基于股权性质的比较

本章进一步对国有上市公司与民营上市公司样本进行了对比分析。表6－5列示了高管声誉、绝对权力与高管薪酬水平之间的关系在不同股权性质样本下的差异，也就是模型（M6－1）、模型（M6－2）、模型（M6－3）的不同样本检验结果。由其可知，经过 Hausman 检验之后，均选择了随机效应模型（RE）。通过对国有上市公司的样本进行分析，可以看出，高管声誉与高管薪酬水平之间存在显著的正相关关系，P值小于0.01，Z值达到了3.04，同样，高管声誉与基于高管身份的绝对权力之间也在0.01的水平上具有显著的正相关关系。高管绝对权力在高管声誉与高管薪酬水平之间的中介效应也非常显著，显著性水平也得到了提升。相对于全样本分析的结果，高管声誉在国有上市公司中的作用更为强烈。而通过对民营上市公司样本的分析可知，高管声誉对绝对权力与高管薪酬水平均不具有显著的影响。在民营上市公司中，高管薪酬水平主要受到公司规模、成长性、财务杠杆、行业特性等控制变量的影响，而基于高管身份的绝对权力仅受到行业特性的影响，也就是说，在高科技民营上市公司中，高管拥有更多的绝对权力。本章认为，在该类公司中，有些高管具有创始人身份，再加上多数高管拥有企业发展所必需的技术专长，所以，上市公司治理主体之间权力博弈的天平可能会偏向于他们。

表 6－5　高管声誉、绝对权力与高管薪酬水平：基于股权性质的比较

变量	国有上市公司样本			民营上市公司样本		
	M6－1 (RE)	M6－2 (RE)	M6－3 (RE)	M6－1 (RE)	M6－2 (RE)	M6－3 (RE)
高管声誉 (TM－Reputation)	2.1138*** (3.04)	2.7906*** (2.90)	1.9741*** (2.87)	0.2680 (0.26)	0.2197 (0.25)	0.2632 (0.25)
基于高管身份的绝对权力 (Identity－Power)			0.0612*** (3.31)			0.0169 (0.60)
两权分离度 (SQ)	0.2872 (1.48)	－0.4524** (－2.08)	0.0650 (0.24)	－0.0571 (－0.22)	－0.3744 (－1.10)	－0.0569 (－0.22)
公司规模 (SIZE)	0.2683*** (10.59)	0.0565*** (2.71)	0.0472 (1.46)	0.3843*** (10.74)	0.0327 (0.96)	0.3842*** (10.70)
成长性 (Growth)	－0.0212*** (－6.38)	－0.0022 (－0.61)	－0.0060 (－1.16)	－0.0717** (－1.99)	－0.0104 (－0.42)	－0.0716** (－1.98)
财务杠杆 (LEV)	－0.0763 (－1.22)	0.0596* (1.78)	0.0799* (1.79)	0.1270** (2.41)	－0.1990 (－1.10)	－0.2346 (1.46)
行业特性 (IND)	0.0317 (0.86)	0.0025 (0.05)	0.0105 (0.20)	5.7941*** (7.45)	0.1983*** (2.91)	0.1247** (2.36)
R^2	0.1448	0.0364	0.1469	0.1698	0.0723	0.1698
F/Wald 检验	Wald = 128.70 P = 0.0000	Wald = 22.57 P = 0.0010	Wald = 138.45 P = 0.000	Wald = 126.73 P = 0.0000	Wald = 12.39 P = 0.0538	Wald = 137.46 P = 0.0000
Hausman 检验	chi2 < 0	chi2 < 0	chi2 < 0	chi2 = 3.62 P = 0.7274	chi2 = 10.52 P = 0.1045	chi2 = 3.62 P = 0.7274

注：***、**、*分别表示 1%、5%、10% 的显著性水平，括号内为 T 值或 Z 值。Hausman 检验：P 大于 0.05 则接受原假设，意味着模型为随机效应模型（RE）；否则拒绝原假设，采用固定效应模型（FE）；对 Hausman 设定检验无法判别的模型，采用随机效应模型（RE）。本表未报告常数项。

表 6－6 列示了高管声誉、相对权力与控股股东侵占效应之间的关系在不同股权性质样本下的差异，也就是模型（M6－4）、模型（M6－5）、模型（M6－6）的不同样本检验结果。由其可知，经过 Hausman 检验之后，

除对国有上市公司样本的 M6 - 5 选择了固定效应模型（FE），其他均选择了随机效应模型（RE）。通过相关数据分析发现，在国有上市公司中，高管声誉与控股股东侵占效应之间具有显著的负相关关系，P 值小于 0.01，这种负相关关系明显强于全样本数据。而在民营上市公司中，高管声誉对控股股东侵占效应的影响并不显著。进一步分析发现，高管拥有的基于股权结构的相对权力受到公司规模、成长性、财务杠杆等因素的影响。公司规模越大，成长性越大，资产负债率越低，上市公司的股权结构越分散，金字塔层级越多，所以高管的相对权力也就越大。

综上所述，高管声誉在国有上市公司中的治理作用更为显著，而在民营上市公司中的作用却不明显。这与国有公司的属性与制度特征有较大的关系。在国有上市公司中，高管薪酬水平、持股水平与期权授予等都有一些限制，这些显性激励契约难以发挥预期效果，而高管声誉作为一种隐性契约却可以为国企高管带来显性激励无法提供的激励与约束作用，可以产生一定的“金手铐”效应。因此，合理利用高管声誉在国有上市公司治理中的作用，是解决国企高管激励难题的有效途径。

表 6 - 6　高管声誉、相对权力与控股股东侵占效应：基于股权性质的比较

变量	国有上市公司样本			民营上市公司样本		
	M6 - 4 (RE)	M6 - 5 (FE)	M6 - 6 (RE)	M6 - 4 (RE)	M6 - 5 (RE)	M6 - 6 (RE)
高管声誉 (TM - Reputation)	-0.1992*** (-3.16)	0.0587 (0.07)	-0.1990*** (-3.15)	-1.7992 (-1.54)	-0.4213 (-0.71)	0.3713 (1.04)
基于股权特征的相对权力 (Ownership - Power)			0.0009 (0.13)			-16.3042 (-1.58)
两权分离度 (SQ)	-0.0421 (-1.63)	0.2437 (1.09)	-0.0426 (-1.63)	-1.1007 (-1.38)	-0.2998 (-1.06)	-1.1295 (-1.38)
公司规模 (SIZE)	0.0039 (1.11)	0.1060*** (3.04)	0.0039 (1.07)	-0.1469 (-0.91)	0.0958*** (2.94)	-0.1758 (-0.94)

续表

变量	国有上市公司样本			民营上市公司样本		
	M6-4 (RE)	M6-5 (FE)	M6-6 (RE)	M6-4 (RE)	M6-5 (RE)	M6-6 (RE)
成长性 (Growth)	0.0001 (0.10)	-0.0102** (-2.14)	0.0001 (0.11)	0.0870 (0.78)	0.0585*** (4.68)	0.0647 (0.73)
财务杠杆 (LEV)	0.0062 (0.61)	-0.1216* (-1.80)	0.0063 (0.62)	0.8765 (1.00)	-0.3884*** (-2.66)	1.0462 (1.02)
行业特性 (IND)	-0.0121** (-2.47)	-0.0582 (-1.05)	-0.0121** (-2.49)	-0.0424 (-0.53)	0.0648 (1.17)	-0.0566 (-0.62)
R^2	0.0112	0.1560	0.0110	0.0153	0.0544	0.0109
F/Wald 检验	Wald = 22.23 P = 0.0011	F = 2.62 P = 0.0158	Wald = 23.05 P = 0.0017	Wald = 6.74 P = 0.3456	Wald = 57.21 P = 0.0000	Wald = 137.46 P = 0.0000
Hausman 检验	chi2 < 0	chi2 = 24.28 P = 0.0005	chi2 < 0	chi2 = 0.82 P = 0.9916	chi2 = 2.82 P = 0.8313	chi2 < 0

注：***、**、*分别表示 1%、5%、10% 的显著性水平，括号内为 T 值或 Z 值。Hausman 检验：P 大于 0.05 则接受原假设，意味着模型为随机效应模型（RE）；否则拒绝原假设，采用固定效应模型（FE）；对 Hausman 设定检验无法判别的模型，采用随机效应模型（RE）。本表未报告常数项。

6.4.4 稳健性检验

为保证结论的可靠性，本章在规避内生性的基础上进行了稳健性检验。具体方法为：（1）改变变量测量方式，用“全部高管薪酬总额的自然对数”代替“前三位高管薪酬总额的自然对数”来测量高管薪酬水平，用“其他应收款/总资产”来测量控股股东侵占效应；（2）时滞效应检验，采用滞后一期因变量（高管薪酬或控股股东侵占效应）进行检验；（3）替换回归方法，采用系统 GMM 模型重新对模型进行检验。上述检验的结果与本章的研究结论无实质性差异，表明本章的研究结论是较为稳健的。

6.5 研究结论与启示

6.5.1 研究结论

本章基于双重代理关系分析框架，构建了高管声誉对上市公司权力配置及双重代理关系影响的路径模型，并以中国上市公司2011～2015年的面板数据为样本进行实证检验，发现高管声誉对上市公司权力配置具有显著影响，即在公司控制权的争夺过程中，高管声誉扮演着重要角色，良好的声誉会为高管在权力博弈中赢得相应的回报，继而验证了高管声誉对第一类代理问题及第二类代理问题的影响路径。具体包括以下结论。

第一，根据来源不同，高管权力可分为基于高管身份的绝对权力和基于股权特征的相对权力。绝对权力是由高管本身的职位、地位以及持股情况等内在因素决定的，而相对权力是由上市公司的金字塔层级、股权分散程度等外在因素所决定的。高管声誉对于绝对权力具有显著的正向影响，对于相对权力的影响并不显著。进一步研究发现，相对权力受到公司规模、成长性、财务杠杆等因素的影响。

第二，高管声誉与高管薪酬之间具有显著的正相关关系。基于高管身份的绝对权力在高管声誉和高管薪酬水平间起中介作用，即高管声誉增加了高管拥有的绝对权力，继而提升了高管的薪酬水平。该结论揭示了高管声誉—权力—薪酬之间的逻辑关系，为高管激励或行为等方面的研究提供了新的经验证据。

第三，高管声誉与控股股东侵占效应之间存在显著的负相关关系。也就是说，拥有良好声誉的高管不仅不会与控股股东合谋，而且还会在一定程度上抑制控股股东的侵占效应。本章突破了传统委托代理关系框架，证实了高管声誉对第二类代理问题的治理效应。

第四，高管声誉在国有上市公司中的治理作用更为显著，而在民营上市公司中的作用却不明显。因此，在国企高管薪酬管制的背景下，高管声誉作为一种隐性契约却可以对国企高管产生激励与约束作用，以弥补显性激励的不足。

6.5.2 研究启示

依据以上结论，本章对优化上市公司治理机制设计提出以下建议：

第一，合理利用高管声誉这一隐性契约进行有效的权力配置，并防止高管绝对权力激增带来的负面效应。由于高管绝对权力的增加会进一步导致高管薪酬的增加，因此，高管绝对权力应该受到公司治理机制的有效制衡，包括独立董事监督等构成的内部监督机制，以及信息披露机制等外部监督机制，从而防止高管通过权力获取超出公允的薪酬水平，继而损害公司价值。

第二，聘用拥有良好声誉的高管或者通过构建内外部声誉培育机制提升现有高管的声誉水平，可以对控股股东形成有效的制衡，从而抑制控股股东侵占效应，保护中小股东利益，解决第二类代理问题。并且，获得特殊奖项或者拥有特别的认同标识通常可以提升高管的声誉，也可以提升股东对企业的正面评价，[①] 因此，可以借助高管拥有的良好声誉而避免上市公司陷入恶意的控制权争夺局面。

第三，根据股权属性的不同对上市公司高管激励约束机制进行有针对性的配置与完善。对于拥有剩余控制权的国企高管来说，被限制的显性激励难以发挥其作用。可以通过高管声誉评价机制、高管声誉传播机制、高管声誉激励机制等的构建与运行，合理设计高管声誉的形成路径，进一步提升高管声誉资本价值，促使高管产生追求良好声誉的动机，从而有效地引导高管行为，是解决国企高管激励难题的关键。

---

① Sanchezmarin G, Baixaulisoler J S. CEO Reputation and Top Management Team Compensation [J]. Management Decision, 2014, 87 (3): 540 – 558.

第7章

高管声誉对盈余管理的治理效应

在中国特殊的制度与文化情境之下，CEO 声誉究竟是提高盈余质量的有效治理工具，还是强化真实盈余管理行为的驱动因素？通过何种路径影响真实盈余管理？针对上述问题，本章基于 CEO 声誉的双重治理效应观点，运用 2012 ~2017 年中国上市公司数据，实证检验了 CEO 声誉对真实盈余管理行为的“双刃”效应及作用机制。研究表明：CEO 声誉与真实盈余管理行为之间具有显著的倒 U 形关系；CEO 风险承担水平在 CEO 声誉与真实盈余管理行为之间起到了中介传导作用。在拓展性分析中，本章进一步探讨了股权性质、CEO 股权激励与 CEO 职业背景对 CEO 声誉“双刃”效应的影响，结果发现，国有股权属性、较高水平的 CEO 股权激励、CEO 复合型职业背景均可以弱化 CEO 声誉与真实盈余管理行为的倒 U 形关系。研究结论揭示了 CEO 声誉在中国情境下的双重治理效应及作用路径，为真实盈余管理行为动因的研究提供了新的经验证据。

7.1 问题的提出

上市公司披露的盈余信息是度量其会计信息质量的重要指标之一。当管理层为了获取私有收益或者迫于资本市场的压力，运用会计方法、真实交易等手段来控制或者调整财务报表信息时，盈余管理便由此产生。尽管盈余管理与财务舞弊行为尚不能等量齐观，但毕竟同样隐瞒了仅有管理层知晓的真实利润。过度的盈余管理不仅会损害上市公司的财务信息质量，影响中小投资者、债权人等利益相关者的利益，也会扰乱资本市场的秩序。在实践中，獐子岛“扇贝多次逃跑”等闹剧不断上演，引起了理论界与政策制定者的普遍关注。近年来，随着资本市场的不断完善和监管力度的增强，应计盈余管理带来的收益降低，真实盈余管理成为管理层逃避外部监管以实现收益最大化的首要选择。[①] 与应计盈余管理不同，真实盈余管理改变了实际经营活动，会对公司的现金流、未来经营业绩、长期价值等产生显著影响。因此，有效监管与约束上市公司真实盈余管理行为是现阶段公司治理领域的重要论题。学者们针对影响真实盈余管理的治理因素进行了诸多研究，包括外部监管层面的媒体监督、分析师关注等，[②③] 以及内部治理层面的董事会特征、高管激励契约等。[④⑤] 但本章认为，进一步深度挖掘导致上市公司真实盈余管理行为发生的潜在动机，并积极探寻公司治理层面的治本之策是从根本上约束上述行为发生的前提。鉴于 CEO 在战略执行以及企业价值增值方面拥有最终的权力，深入探究 CEO 对名利等个人利益的态度及其选择真实盈余管理行为从而操纵盈余信息的内在动机是解决上述问题的关键途径。

上市公司管理层进行盈余管理的原因主要有以下两点：一方面，根据契约理论，各个契约主体之间存在“契约摩擦”（contracting frictions），[⑥] 掌握真实会计信息的管理者倾向于利用不完备契约，通过盈余管理行为实现核心利益相关者目标函数最大化；另一方面，根据委托代理理论，委托人和代理人之间存在信息不对称造成了“沟通摩擦”（communication frictions），管理者利用所掌握的信息和沟通障碍操纵会计信息获取私人收益，做出对自己有利或者对自己和委托人均有利的盈余管理行为。[⑦] 薪酬、股权、声誉等激励契约是解决上述两类摩擦的重要治理机制。其中，声誉作为一种隐性激励契

① 鲍学欣，曹国华，邢相春，王鹏．真实盈余管理的原因：一个前景理论的解释［J］．管理工程学报，2017，31（3）：45－51.

② 马壮，李延喜，王云，曾伟强．媒体监督、异常审计费用与企业盈余管理［J］．管理评论，2018，30（4）：219－223.

③ 张宗新，周嘉嘉．分析师关注能否提高上市公司信息透明度？——基于盈余管理的视角［J］．财经问题研究，2019（12）：49－57.

④ 王晓亮，蒋勇，刘振杰．董事会断裂带、会计稳健性与真实盈余管理［J］．审计研究，2019（5）：120－128.

⑤ 邵剑兵，陈永恒．高管股权激励、盈余管理与审计定价——基于盈余管理异质性的视角［J］．审计与经济研究，2018，33（1）：44－55.

⑥ 魏明海．盈余管理基本理论及其研究述评［J］．会计研究，2000（9）：37－42.

⑦ 沈烈，张西萍．新会计准则与盈余管理［J］．会计研究，2007（2）：52－58.

约，在中国情境之下能否发挥对盈余管理的治理效应？该问题尚未得到学者们的关注。但在实践中，声誉不仅会对各个契约主体的利益分配产生作用，还会影响 CEO 与委托人之间的信息不对称程度，与盈余管理的动因密切相关，将直接影响到 CEO 对真实盈余管理的认知及行为。

西方理论界对于 CEO 声誉的公司治理效应研究形成了截然不同的两类假说——有效契约假说（efficient contracting hypothesis）与寻租效应假说（rent extraction hypothesis）。① 前者认为高管声誉可以有效解决信息不对称与利益不一致问题，有助于企业长期价值的提升，② 并影响利益相关者对组织的看法，为企业成长带来积极影响。③ 后者则指出，高管有可能为了维护既有声誉，做出有损公司长期或整体利益的机会主义行为。④ 在中国情境之下，CEO 声誉嵌入了独特的历史发展脉络和社会文化环境，比如历史传承形成的社会规范、价值评价尺度、“面子”文化等。在西方管理理论中，需要层次理论提出了一种较为高级的“尊重需要”，如渴望名誉与声望以及受人赏识、注意或欣赏。这对应于中国传统文化中对“名”的追求。尽管人们普遍存在对“名利双收”这一对理想成就的期望，但往往事与愿违，在社会现实中名与利通常不能兼得，因而通常会迫使人们必须去面对名利博弈的两难抉择。⑤ 而在这种名利博弈中，上市公司 CEO 也许会为了维持或追求良好声誉而选择“舍利取义”，也可能由于“面子”带来的压力而导致“为名所累”。因此，CEO 声誉作为一种具有双重治理效应的隐性激励契约，究竟是提高中国上市公司盈余质量的有效治理工具，还是加剧真实盈余管理的驱动因素？CEO 声誉通过何种路径影响上市公司真实盈余管理行为？鲜有文献基于 CEO 声誉的双重治理效应观点，从非线性视角出发对上述问题进

---

① 徐宁，吴皞玉，王帅．动力抑或负担？——高管声誉双重治理效用研究述评与展望［J］．外国经济与管理，2017，39（10）：102－113.

② Fama E F. Agency problems and the theory of the firm［J］. Journal of Political Economy，1980，88（2）：288－307.

③ Weng P S，Chen W Y. Doing good or choosing well? Corporate reputation，CEO reputation，and corporate financial performance［J］. North American Journal of Economics & Finance，2017，39（1）：223－240.

④ Lovelace J B，Bundy J，Hambrick D C，Pollock T G. The shackles of CEO celebrity：Sociocognitive and behavioral role constraints on “star” leaders［J］. Academy of Management Review，2018，43（3）：419－444.

⑤ 谈晨皓，王逸博，崔诣晨，王沛．名利博弈中的舍利取义行为［J］．心理科学进展，2016，（12）：1907－1916.

行理论与实证研究。

鉴于此，本章对中国情境之下 CEO 声誉对真实盈余管理行为的影响及作用机制进行理论与实证研究。本章主要贡献在于：第一，以委托代理理论框架下的 CEO 声誉治理效应假说为基础，将西方理论与中国“面子文化”相结合，验证并诠释了中国上市公司 CEO 声誉与真实盈余管理行为之间的倒 U 形关系及其理论逻辑，对声誉效应的有效契约假说与寻租效应假说进行了中国情境下的修正与解读；第二，进一步探究了 CEO 声誉对真实盈余管理行为的作用机制，验证了 CEO 风险承担水平在两者之间的非线性中介效应，即 CEO 声誉通过倒 U 形关系影响 CEO 风险承担水平，从而促成了 CEO 声誉与真实盈余管理行为的倒 U 形关系，揭示了 CEO 声誉对真实盈余管理行为的影响路径及内在机理；第三，在拓展性分析中探讨了股权性质、CEO 股权激励、CEO 职业背景等因素的调节效应，发现了国有股权性质、较高水平的 CEO 股权激励、CEO 复合职业背景均可以弱化 CEO 声誉与真实盈余管理行为之间的倒 U 形关系，继而揭示了 CEO 个人及公司层面等多层次情境因素对 CEO 声誉与真实盈余管理关系的影响。综上所述，本章证实了中国情境下 CEO 声誉对真实盈余管理行为的非线性影响，拓展了高管隐性激励契约的研究视域，在深入挖掘不同声誉水平下 CEO 认知与动机的基础上，为治理上市公司真实盈余管理行为以及高管激励制度改革提供了新的思路与理论借鉴。

7.2　文献述评与假设提出

7.2.1　文献述评

截至目前，针对 CEO 声誉与上市公司盈余质量关系的实证研究得出了两种相悖的结论。有研究表明，知名 CEO 会提供准确的盈余报告，并选择正净现值项目来体现自己的能力，即知名的 CEO 提高了公司整体财务报表的质量，[①] CEO 声誉对于盈余质量具有显著的积极影响，验证了有效契约假

① Jian M, Lee K W. Does CEO reputation matter for capital investments? [J]. Journal of Corporate Finance, 2011, 17 (4): 929 – 946.

说的观点。但也有研究发现，声誉是一种典型的隐性激励契约，CEO 会着力于维护现有声誉以及短期职业生涯，从而忽略公司长期利益。隐性激励契约也会使管理层产生盈余管理的动机。[①] 隐性契约不是像管理者报酬合同那样的正式契约，而是建立在与利益相关者过去交易方式基础上的对未来行为的预期。[②] 为了达到市场参与者对公司的业绩期望，避免业绩不佳带来的声誉损失、终止任职等负面影响，声誉高的 CEO 会进行盈余操纵行为，[③] 导致较低的盈余质量。弗朗西斯等（Francis et al.，2008）用新闻媒体中的报道频次来衡量 CEO 声誉，通过实证检验揭示了 CEO 声誉对盈余质量的负向影响。[④] 马尔门迪尔和泰特（2009）的研究同样表明，获得高知名度奖项之后的 CEO 会更加倾向于选择盈余管理行为。杨俊杰、曹国华（2016）对国内上市公司的研究也发现，CEO 声誉越高，其进行真实盈余管理的概率也越高。[⑤] 这契合了寻租效应假说提出的观点，即声誉成为管理层的负担，非但不能有效解决委托代理问题，反而成为加剧代理问题的因素。

已有学者对 CEO 声誉与盈余管理的关系进行了初步研究，但仍存在如下问题：一是多数学者局限于应计盈余管理视角，较少关注 CEO 声誉对真实盈余管理行为的影响。尽管杨俊杰、曹国华（2016）等学者已经对中国上市公司 CEO 声誉与真实盈余管理的关系进行了研究，但文中对 CEO 声誉的测量仍然采用西方学者普遍采用的方式，包括运用谷歌新闻搜索频次测量媒体曝光度等，这对于中国情境下 CEO 声誉的度量可能存在偏差。二是以杨俊杰、曹国华（2016）为代表的研究集中于 CEO 声誉与盈余管理行为的线性关系，得出了两种截然不同的研究结论。鉴于 CEO 声誉的属性及其具有的双重治理效应，其是否会与真实盈余管理行为之间存在非线性关系？尤其在中国特殊的制度背景与文化情境下是否表现出新的规律？这些问题值得进一步探讨。三是尚未有研究对 CEO 声誉与真实盈余管理关系的内在逻辑、

---

① 李辽宁. 国外企业盈余管理动机研究：一个基于契约观的整合框架［J］. 宏观经济研究，2012，(10)：107－111.

② Brown M，Serra－Garcia M. The threat of exclusion and implicit contracting［J］. Management Science，2017，63（12）：4081－4100.

③ Malmendier U，Tate G. Superstar CEOs［J］. Quarterly Journal of Economics，2009，124（4）：1593－1638.

④ Francis J，Huang A H，Rajgopal S，Zang A Y. CEO reputation and earnings quality［J］. Contemporary Accounting Research，2008，25（1）：109－147.

⑤ 杨俊杰，曹国华. CEO 声誉、盈余管理与投资效率［J］. 软科学，2016，30（11）：71－75.

作用机制及情境因素进行系统分析。而深入探究上述问题，打开两者关系的“黑箱”，才是构建适用于中国情境的公司治理机制、解决中国特殊治理问题的前提。

7.2.2 CEO声誉对真实盈余管理的双重治理效应

真实盈余管理是管理者通过公司实际发生的交易活动或控制相关活动发生时间来操纵盈余，如增减研发费用、扩大或削减产量、放宽信用政策等。管理者为了满足利益相关者的期望和获取私利，倾向于隐藏公司的负面财务信息，通过真实盈余管理行为掩盖真实业绩。由于管理者仅仅关注真实经营活动改变所带来的当期收益，忽视了公司未来业绩，因此真实盈余管理会减损公司的长期价值。[①] 鉴于真实盈余管理的上述特征，CEO可以选择采取或放弃该行为来影响其任期内的短期收益从而塑造或维护其声誉，因此CEO声誉也将是影响真实盈余管理的关键因素之一。

如前文所述，西方理论界形成了针对CEO声誉治理效应的两类假说。有效契约假说认为CEO声誉对于公司长期价值具有正向影响。声誉是高管与资本市场中的利益相关者反复博弈而形成的，与高管的长期职业生涯相关。[②] 高管倾向于通过有利于公司长期价值的决策来维系自己的声誉，实现高管个人利益与公司长期价值的趋同。然而，寻租效应假说认为，高管出于对职业生涯的担忧和满足利益相关者期望的动机，可能会更加关注任期内的短期绩效表现，[③] 即高管倾向于追逐短期收益而做出不利于股东和公司整体利益的行为。根据上述两种假说的观点，CEO声誉对于盈余管理的影响作用取决于CEO个人收益（包括物质收益与名誉收益）与公司整体利益之间的博弈。这种博弈过程会受到中西方制度情境因素差异的影响。在西方制度环境下，一方面，通过真实盈余管理获得的短期绩效提升会使CEO获得更高的薪酬与股票增值收益，另一方面，也会使CEO获得更好的名誉与社会地位，从而提高其在经理人市场上的价值。因此，西方学者的多数研究得出

---

① Ferentinou A C, Anagnostopoulou S. Accrual – based and real earnings management before and after IFRS adoption: The case of Greece [J]. Journal of Applied Accounting Research, 2016, 17 (1): 2 –23.

② Fama E F. Agency problems and the theory of the firm [J]. Journal of Political Economy, 1980, 88 (2): 288 –307.

③ Jian M, Lee K W. Does CEO reputation matter for capital investments? [J]. Journal of Corporate Finance, 2011, 17 (4): 929 –946.

了CEO声誉促进盈余管理行为的结论。然而，在中国情境下，由于上市公司CEO缺少流动性以及经理人市场的不完善，盈余管理行为带来的名誉收益难以在经理人市场上体现出来，从而影响了CEO在个人物质收益、名誉收益和公司利益之间的取舍。陶厚永等（2019）指出，爱面子是中国人最典型的心理特征，并且社会层次越高，面子需求越强烈。他们继而运用实验研究发现，有高面子需要的高管在面对外部监督时会表现出更强的承诺升级倾向。[①] 声誉是群体给予个体的尊敬和信心，反映的是面子的一个侧面。[②] 因此，虽然中国缺少完善的经理人市场，声誉对于经理人的激励与约束效应同样会发挥作用。而且，面子理论可以用来揭示CEO声誉在中国情境下的独特作用。

根据面子的社会功能理论，面子除了能够带来压力等负面效应之外，也能够发挥积极的引导作用。[③] 或者说，面子是一把“双刃剑”，既有正向激励作用，又有过度追求面子导致形式主义的“面子功夫”。[④] 由此推断，作为“面子”的主要形式，声誉与真实盈余管理之间的关系并不是线性的，比较CEO在不同声誉水平下的认知与动机，可以更好地解释中国情境下CEO对名利博弈的态度以及真实盈余管理行为的权衡。在中国文化背景下，面子是一个可以计量的有大小、有损益的概念，是由成就、财富、权威、社会关系等非个人因素以及象征道德品质的个人因素等决定的函数。[⑤] 当CEO声誉较低时，CEO更加关注如何提高任期内业绩从而增加成就、财富或权威等非个人因素，以获得更多的“面子”，满足甚至超出利益相关者对财务业绩的期望是提升其声誉的重要途径。并且，此时“名”带来的收益小于“利”，由于信息不对称程度较高，真实盈余管理被发现的可能性较小，而操纵盈余带来的声誉和私有收益却比较可观，即CEO真实盈余管理的边际收益大于边际成本。为了获得持续收益，CEO会选择加大真实盈余管理行为的强度。

---

① 陶厚永，章娟，刘艺婷．外部监督、面子需要与企业高管的承诺升级［J］．南开管理评论，2019，22（4）：199－211.

② 何友晖．面子的动力：从概念化到测量［M］//翟学伟．中国社会心理学评论（第二辑）．北京：社会科学文献出版社，2006：65－78.

③ 赵卓嘉．面子理论研究述评［J］．重庆大学学报：社会科学版，2012，18（5）：128－137.

④ 陶厚永，章娟，刘艺婷．外部监督、面子需要与企业高管的承诺升级［J］．南开管理评论，2019，22（4）：199－211.

⑤ 黄光国．面子：中国人的权力游戏［M］．北京：中国人民大学出版社，2004：63－87.

当CEO声誉超过一定水平时，CEO声誉对真实盈余管理的影响会发生变化。首先，根据前景理论，此时CEO行为的参照点是其既有的“面子”，损失规避属性凸显，大多数人是对“失去”更为敏感，认为“失去”带来的痛苦远多于“得到”带来的快乐。[①②] 因此，真实盈余管理被发现从而引起的声誉损失，要远大于真实盈余管理带来的短期利益。其次，鉴于声誉的属性与形成过程，拥有较高声誉的CEO，在成就、财富、权威等非个人因素方面已经获得了一定程度的满足，通过真实盈余管理所获得的提升空间有限，反而面临真实盈余管理行为被发现后道德品质等个人因素所带来的“面子”的严重损失。比如，东芝总裁田中久雄，2015年被曝出在过去7年里虚报利润高达12亿美元，顷刻间名誉尽毁。最后，由于声誉具有信号效应，随着CEO声誉水平的提高，信息不对称程度逐渐降低，内外部监督主体更有可能发现CEO的真实盈余管理行为。CEO面临声誉损失的风险，边际成本大于边际收益，会倾向于减少真实盈余管理行为，即CEO声誉水平与真实盈余管理呈负向关系。综上所述，CEO声誉对真实盈余管理的影响呈先上升再下降的趋势，在中国“面子文化”情境下CEO声誉对真实盈余管理存在双重治理效应，由此提出以下假设：

假设7-1：CEO声誉与真实盈余管理行为之间存在显著的倒U形关系，即CEO声誉存在一个阈值，CEO声誉低于该阈值，其与真实盈余管理行为呈现正相关关系，CEO声誉超过该阈值，两者则演变为负相关关系。

7.2.3 CEO声誉对真实盈余管理的影响机制

CEO声誉与真实盈余管理呈倒U形关系，其中的作用路径值得进一步探讨。CEO声誉作为一种隐性契约，必然会对CEO个人的心理特征产生影响，继而作用于真实盈余管理行为，考虑到CEO风险承担水平会影响公司财务决策[③]，而有效契约假说与寻租效应假说都把CEO对待风险的态度作为CEO战略决策的主要动机，因此推测CEO声誉可能通过CEO风险承担水平

---

① Kahneman D, Tversky K A. Prospect theory: An analysis of decision under risk [J]. Econometrica, 1979, 47 (2): 263-291.

② Baillon A, Bleichrodt H, Spinu V. Searching for the reference point [J]. Management Science, 2020, 66 (1): 93-112.

③ Graham J R, Harvey C R, Puri M. Managerial attitudes and corporate actions [J]. Journal of Financial Economics, 2013, 109 (1): 103-121.

影响真实盈余管理。

CEO 风险承担水平是指 CEO 代表公司承担风险的程度。[①] 由传统委托代理理论可知，高管往往具有风险规避属性，股权、声誉等激励契约是影响高管风险偏好、促进股东与高管利益趋同的重要治理机制。也就是说，声誉会改变高管的风险倾向，提高其风险承担水平。另外，根据行为委托代理理论的观点，高管同样具有损失规避倾向，当声誉超过某一阈值的时候，这种倾向会影响高管的风险偏好，使其风险承担水平下降。因此，整合两类委托代理理论的观点可知，CEO 声誉与 CEO 风险承担水平之间亦存在倒 U 形的非线性关系。也有学者以公司绩效偏离与并购溢价为研究对象验证了上述观点。[②]

根据资源依赖理论，战略风险承担是资源消耗性活动，需要的资源包括投资项目、资金、产品销售渠道等。[③] 随着 CEO 风险承担水平的提高，他们进行战略投资决策所需要的公司资源逐渐增加，可能造成公司财务表现的损失和波动。[④] 而当 CEO 声誉水平较低时，他们会更加关注任期内的业绩表现以获得更多“面子”，因此 CEO 会通过真实盈余管理行为掩盖风险承担带来的财务波动。格兰特等（Grant et al.，2009）的研究也表明，管理者倾向于通过平滑收益行为来降低风险承担的后果。由此可知，随着 CEO 声誉水平的提高，CEO 风险承担水平逐渐提高，其粉饰财务数据的动机也会增强，进而从事更多的真实盈余管理行为。当 CEO 声誉超过一定水平，由于损失规避效应的作用，他们的风险承担水平下降。与此同时，CEO 凭借声誉累积了大量物质与非物质收益，如较高水平的薪酬、融洽的供应商关系以及董事会地位等[⑤]，进一步强化了其损失规避属性，使其更多地考虑到真实盈余

---

① Gomez – Mejia LR，Neacsu I，Martin. G. CEO risk-taking and socioemotional wealth：The behavioral agency model，family control，and CEO option wealth [J]. Journal of Management，2019，45（4）：1713 – 1738.

② Cho S Y，Arthurs J D，Townsend D M，Miller D R，Barden J Q. Performance deviations and acquisition premiums：The impact of CEO celebrity on managerial risk-taking [J]. Strategic Management Journal，2016，37（13），2677 – 2694.

③ 张敏，童丽静，许浩然．社会网络与企业风险承担——基于我国上市公司的经验证据 [J]．管理世界，2015，（11）：161 – 175.

④ Grant J，Markarian G，Parbonetti A. CEO risk-related incentives and income smoothing [J]. Contemporary Accounting Research，2009，26（4）：1029 – 1065.

⑤ 吕文栋，林琳，赵杨．名人 CEO 与企业战略风险承担 [J]．中国软科学，2020，（1）：112 – 127.

管理被发现所带来的损失，从而减少了进行真实盈余管理的动机。由此提出假设：

假设 7－2：CEO 声誉通过倒 U 形曲线效应影响了 CEO 风险承担水平，进而影响了真实盈余管理，促成了 CEO 声誉与真实盈余管理之间的倒 U 形关系，即 CEO 风险承担水平在 CEO 声誉与真实盈余管理的关系中间起到了中介传导作用。

7.3　样本选取与研究设计

7.3.1　样本选择与数据来源

本章选择 2012～2017 年期间深市和沪市的 A 股上市公司作为研究样本，剔除以下公司：（1）金融、保险行业公司；（2）ST 或 * ST 公司；（3）数据缺失的公司。最后得到 831 家公司，共计 4649 个样本。CEO 声誉数据来自中国重要报纸数据库，其余主要变量及控制变量数据均来自国泰安（CSMAR）数据库。采用 Stata 16.0 对样本数据进行实证分析，采用 SPSS 24 进行因子分析。为了排除极端值对统计结果的影响，本章对所有连续变量进行了前后 1% 数据的 Winsorize 处理。

7.3.2　变量定义与计算方式

1. 解释变量：CEO 声誉

现有文献大多用两种指标作为高管声誉的代理变量——新闻媒体报道次数（media counts）与高知名度奖项（high-profile awards）。高知名度奖项难以避免信息不对称问题，也缺少对利益相关者评价这一维度的考量。而新闻媒体覆盖面广，与媒体曝光率较低的 CEO 相比，媒体曝光率高的 CEO 往往被视为成功的领导者①，因此，本章使用新闻媒体曝光度来衡量 CEO 声誉。

① Hayward M L A，Rindova V P，Pollock T G. Believing one's own press：The causes and consequences of CEO celebrity［J］. Strategic Management Journal，2004，25（7）：637－653.

现有关于CEO声誉的文献，大多数采用CEO名字在百度新闻搜索、谷歌新闻搜索的频次作为CEO声誉的代理变量，但是网络媒体含有广告、公告等噪音，还有同一内容新闻重复等情况，不能真实反映CEO的曝光度。因此，本章采用纸媒报道频次来衡量CEO的曝光度，所用数据库为中国重要报纸数据库，该数据库包含《人民日报》《经济日报》《中国经济时报》《21世纪经济报道》等权威报刊，因而具有较强的可信度。在数据库中手动搜索CEO姓名，人工判别是否为目标CEO，并对新闻报道进行文本分析，筛选出CEO的积极性新闻报道，最终以每年度含有CEO姓名的积极性报道数量作为CEO声誉的代理变量。

2. 被解释变量：真实盈余管理

真实盈余管理的计量借鉴科恩和扎罗文（Cohen and Zarowin，2010）①、罗伊乔杜里（Roychowdhury，2006）② 的方法，计算出操控性经营现金流量、操控性酌量费用和操控性生产成本，以上三个指标分别衡量公司的销售操控、酌量性费用操控和生产操控三种常见的真实盈余管理行为。计算模型如下：

$$\frac{CFO_{i,t}}{A_{i,t-1}} = \alpha_0 \frac{1}{A_{i,t-1}} + \alpha_1 \frac{SALES_{i,t}}{A_{i,t-1}} + \alpha_2 \frac{\Delta SALES_{i,t}}{A_{i,t-1}} + \varepsilon_{i,t} \qquad (M7-1)$$

$$\frac{DISEXP_{i,t}}{A_{i,t-1}} = \alpha_0 \frac{1}{A_{i,t-1}} + \alpha_1 \frac{SALES_{i,t-1}}{A_{i,t-1}} + \varepsilon_{i,t} \qquad (M7-2)$$

$$\frac{PROD_{i,t}}{A_{i,t-1}} = \alpha_0 \frac{1}{A_{i,t-1}} + \alpha_1 \frac{SALES_{i,t}}{A_{i,t-1}} + \alpha_2 \frac{\Delta SALES_{i,t}}{A_{i,t-1}} + \alpha_3 \frac{\Delta SALES_{i,t-1}}{A_{i,t-1}} + \varepsilon_{i,t} \qquad (M7-3)$$

以上模型中，CFO为公司经营活动现金流量，A是公司年末总资产，SALES是营业收入，DISEXP为企业操纵性费用，PROD为企业生产成本。对模型（M7－1）~模型（M7－3）分行业分年度回归得到的残差分别定义为$ACFO_{i,t}$、$ADISEXP_{i,t}$和$APROD_{i,t}$，代表异常经营活动现金流、异常操纵性费用和异常生产成本。采用以下综合指标来衡量真实盈余管理：

---

① Cohen D A，Zarowin P. Accrual-based and real earnings management activities around seasoned equity offerings [J]. Journal of Accounting & Economics，2010，50（1）：2－19.

② Roychowdhury S.. Earnings Management through real activities manipulation [J]. Journal of Accounting & Economics，2006，42（3）：335－370.

$$REM_{i,t} = APROD_{i,t} - ACFO_{i,t} - ADISEXP_{i,t} \quad (M7-4)$$

为了衡量真实盈余管理的程度，本章对 REM 取绝对值，即 AbsREM。

3. 中介变量：CEO 风险承担水平

CEO 代表公司承担的风险行为可以反映 CEO 的风险承担水平。与戈梅斯—梅西亚等（Comcz - Mejia et al.，2019）①、本尼施克等（Benischke et al.，2019）② 的方法一致，本章选取与公司风险承担正相关的三个变量：R&D 支出、长期负债和资本支出，将三个变量进行因子分析降维为单一变量。因子分析结果表明，最后提取的单一变量解释了总方差的 67.8%，长期负债的因子载荷值为 0.903，资本支出为 0.862，R&D 支出为 0.689。本章采用提取的单一变量作为 CEO 风险承担水平的代理变量。③

4. 控制变量

借鉴以往有关 CEO 声誉、真实盈余管理的相关文献，控制了以下变量：在公司层面，公司规模（Size）可能会影响公司与利益相关者的信息不对称程度和操纵真实盈余管理行为的难易程度；资产收益率（ROA）、公司成长性（Growth）与真实盈余管理的动机及结果息息相关；股权集中度（CO）、股权制衡度（Z）、董事会人数（Board）、董事会独立性（Independent）关系到公司内部治理主体——大股东和董事会对真实盈余管理行为的监督；资产负债率（LEV）、董事长与 CEO 两职合一（Dual）也会对因变量产生影响。在个人层面，CEO 年龄（Age）、CEO 任期（Tenure）等 CEO 个人特征均会对 CEO 声誉和真实盈余管理产生影响。除此之外，本章还控制了年度（Year）和行业（Industry）的固定效应，采用虚拟变量形式加入回归模型，并在公司层面聚类，以增加回归的稳健性。具体变量定义与计算方式如表 7 - 1 所示。

---

① Gomez - Mejia LR, Neacsu I, Martin. G. CEO risk-taking and socioemotional wealth: The behavioral agency model, family control, and CEO option wealth [J]. Journal of Management, 2019, 45 (4): 1713 - 1738.

② Benischke M H, Martin G P, Glaser L. CEO equity risk bearing and strategic risk taking: The moderating effect of CEO personality [J]. Strategic Management Journal, 2019, 40 (1): 153 - 177.

③ Martin G P, Gomez - Mejia L R, Wiseman R M. Executive stock options as mixed gambles: Revisiting the behavioral agency model [J]. Academy of Management Journal, 2013, 56 (2): 451 - 472.

表7-1　　变量定义与计算方式

变量类型	变量名称	符号	变量定义与计算方式
被解释变量	真实盈余管理	AbsREM	真实盈余管理综合指标，通过模型（M7-4）计算得到，计算后取绝对值
解释变量	CEO声誉	Reputation	中国重要报纸报道的含有CEO姓名的积极性新闻报道数量，通过查询中国重要报纸数据库获得
中介变量	CEO风险承担水平	Risk	R&D支出、长期负债、资本支出经过因子分析降维后的单一变量
控制变量	公司规模	Size	公司总资产的自然对数
	资产回报率	ROA	公司年末披露的净利润与总资产之比
	资产负债率	LEV	负债总额与总资产的比值
	公司成长性	Growth	公司期末总资产增长率，等于期末总资产与期初总资产之差除以期初总资产
	股权集中度	CO	公司年末第一大股东所持股权数量占股权总数的比例
	股权制衡度	Z	公司第一大股东与第二大股东持股比例的比值
	董事会规模	Board	董事会人数
	董事会独立性	Independent	独立董事在董事会所占的比例
	董事长与CEO两职合一	Dual	虚拟变量，CEO与董事长为1人，记为1，否则为0
	CEO年龄	Age	CEO年龄
	CEO任期	Tenure	CEO任期年数

资料来源：作者整理。

7.3.3　研究方法与模型构建

本章运用2012~2017年中国上市公司的数据，采用多元回归进行实证分析，为了验证前文提出的假设，构建模型如下：

$$AbsREM = \alpha + b_1 Reputation^2 + b_2 Reputation + b_3 CVs + \sum Industry + \sum Year + \varepsilon \qquad (M7-5)$$

$$Risk = \alpha + b_1 Reputation^2 + b_2 Reputation + b_3 CVs + \sum Industry + \sum Year + \varepsilon \quad (M7-6)$$

$$AbsREM = \alpha + b_1 Reputation^2 + b_2 Reputation + b_3 Reputation \times Risk + b_4 Risk + b_5 CVs + \sum Industry + \sum Year + \varepsilon \quad (M7-7)$$

其中，模型（M7 -5）检验了 CEO 声誉（Reputation）对真实盈余管理（AbsREM）的影响，模型（M7 -5）、模型（M7 -6）、模型（M7 -7）检验了 CEO 风险承担水平（Risk）的中介作用。

7.4　实证结果分析

7.4.1　描述性统计

表 7 -2 为本章主要变量的描述性统计。如表中所示，CEO 声誉（Reputation）最小值为 0，最大值为 276，且标准差为 9.4375，说明不同 CEO 声誉水平差距较大。真实盈余管理（AbsREM）平均值为 0.1597，最小值为 0.0023，最大值为 0.9346，说明上市公司采用真实盈余管理行为操纵会计盈余的现象普遍存在，亟须深入研究其动机及影响因素缓解真实盈余管理行为。CEO 风险承担水平（Risk）最小值为 -0.2248，最大值为 3.2911，说明 CEO 风险承担水平差异较为明显。

表 7 -2　　主要变量的描述性统计

变量	样本量	平均值	标准差	最小值	25%分位数	中位数	75%分位数	最大值
Reputation	4649	1.4199	9.4375	0.0000	0.0000	0.0000	0.0000	276.0000
AbsREM	4649	0.1597	0.1725	0.0023	0.0471	0.1035	0.2051	0.9346
Risk	4649	-0.0284	0.4981	-0.2248	-0.2095	-0.1772	-0.0855	3.2911

资料来源：作者整理。

7.4.2 相关性分析

表7－3为本章主要变量的相关系数表。如表中所示，CEO声誉与真实盈余管理显著正相关，与CEO风险承担水平显著正相关。真实盈余管理与CEO风险承担水平显著负相关。各个变量之间的相关系数较小（均小于0.5），说明变量之间不存在多重共线性问题。但由于相关系数矩阵仅表明各变量两两之间的一次性相关关系，不能验证假设中的非线性关系，因此需要进一步对样本进行回归以验证各个变量关系与理论预期的符合程度。

表7－3　　主要变量相关系数表

	AbsREM	Reputation	Risk
AbsREM	1.0000		
Reputation	0.0773***	1.0000	
Risk	－0.0511***	0.1866***	1.0000

注：左下为Pearson相关系数；***、**、*分别表示1%、5%、10%的显著性水平。
资料来源：作者整理。

7.4.3 回归分析结果

表7－4列示了CEO声誉对真实盈余管理影响的回归分析结果。第（1）列加入CEO声誉的一次项（Reputation）进行回归，第（2）列加入了CEO声誉的二次项（$Reputation^2$）进行回归。此外，由于自变量CEO声誉（Reputation）标准差较大，可能存在少数极端值影响回归结果的情况，本章分别对自变量进行十分位排序后标准化以及标准化处理至［0，1］区间内，采用两种方法对数据处理后加入模型回归，回归结果如表7－4第（3）列、第（4）列所示。参考哈恩斯等（Haans et al.，2016）对倒U形关系检验的条件，自变量与因变量之间满足倒U形关系需要满足三个条件：①自变量二次项的系数显著为负；②当自变量取最小值时曲线斜率为正且显著，当自变量取最大值时曲线斜率为负且显著；③曲线拐点在自变量取值范围之内。根据表7－4第（2）～（4）列可以验证CEO声誉与真实盈余管理是否满足倒U形关系。

由第（1）列可知，自变量 Reputation 的系数在 5% 的水平上显著为正，说明 CEO 声誉的系数在统计学上具有显著性。CEO 声誉每增加 1 个单位，真实盈余管理平均上升 0.12%，CEO 声誉每提高 1 个标准差（9.4375），真实盈余管理平均提高 1.13%，约为真实盈余管理均值的 7.09%（$0.0012 \times 9.4375/0.1597$），因此 CEO 声誉对真实盈余管理的影响具有经济显著性。由第（2）列可知，CEO 声誉二次项的系数为 -0.00002，在 1% 的水平上显著为负，满足条件①。假设 CEO 声誉与真实盈余管理的回归方程为 $AbsREM = \beta_0 + \beta_1 \times Reputation^2 + \beta_2 \times Reputation$，$\beta_1 = -0.00002$，$\beta_2 = 0.0046$，则曲线斜率 $K = 2\beta_1 \times Reputation + \beta_2 = -0.00004 \times Reputation + 0.0046$。本研究中 CEO 声誉最小值为 0，最大值为 276，当 CEO 声誉取最小值时，K 值为正且显著，当 CEO 声誉取最大值时，K 值为负且显著，满足条件②。曲线拐点为 $-\beta_2/2\beta_1 = 115$，在自变量取值范围之内，满足条件③。因此，CEO 声誉与真实盈余管理之间呈倒 U 形关系，自变量的二次项与真实盈余管理的关系符合统计学上的显著性。在经济显著性方面，CEO 声誉的二次项（$Reputation^2$）每提高 1 个标准差（1830.174），真实盈余管理（AbsREM）平均降低 3.66%，约为真实盈余管理均值的 22.92%（$1830.174 \times 0.00002/0.1597$），CEO 声誉每提高 1 个标准差（9.4375），真实盈余管理平均提高 4.34%，约为真实盈余管理均值的 27.18%（$0.0046 \times 9.4375/0.1597$），因此 CEO 声誉的一次项和二次项对真实盈余管理的影响均具有经济显著性。同理可知，第（3）列、第（4）列的回归结果具有统计学显著性与经济学显著性。综上所述，CEO 声誉与真实盈余管理呈倒 U 形关系，假设 7-1 成立。

表 7-4　　CEO 声誉与真实盈余管理

变量	(1) AbsREM	(2) AbsREM	(3) AbsREM	(4) AbsREM
$Reputation^2$		-0.00002*** (-2.8109)	-1.1331** (-2.4945)	-1.4023*** (-2.8109)
Reputation	0.0012** (2.3354)	0.0046*** (2.9129)	1.1531** (2.5324)	1.2772*** (2.9129)

续表

变量	(1) AbsREM	(2) AbsREM	(3) AbsREM	(4) AbsREM
Size	-0.0152 *** (-4.2124)	-0.0177 *** (-4.7401)	-0.0173 *** (-4.7030)	-0.0177 *** (-4.7401)
ROA	0.8529 *** (7.6860)	0.8426 *** (7.7229)	0.8420 *** (7.6954)	0.8426 *** (7.7229)
LEV	0.0878 *** (3.5219)	0.0898 *** (3.6086)	0.0883 *** (3.5502)	0.0898 *** (3.6086)
Growth	0.0597 *** (6.6882)	0.0598 *** (6.7027)	0.0600 *** (6.7133)	0.0598 *** (6.7027)
CO	0.0591 ** (2.0881)	0.0602 ** (2.1578)	0.0628 ** (2.2497)	0.0602 ** (2.1578)
Z	-0.0001 (-0.8135)	-0.0001 (-0.7587)	-0.0001 (-0.8333)	-0.0001 (-0.7587)
Board	0.0006 (0.3282)	0.0003 (0.1610)	0.0004 (0.1897)	0.0003 (0.1610)
Independent	0.0519 (0.7274)	0.0399 (0.5714)	0.0406 (0.5783)	0.0399 (0.5714)
Dual	0.0241 ** (2.3058)	0.0179 * (1.7479)	0.0192 * (1.8514)	0.0179 * (1.7479)
Age	0.00004 (0.0731)	0.00005 (0.0825)	0.00005 (0.0856)	0.00005 (0.0825)
Tenure	-0.0010 (-1.0198)	-0.0011 (-1.1252)	-0.0011 (-1.0872)	-0.0011 (-1.1252)
Year	控制	控制	控制	控制
Industry	控制	控制	控制	控制
Constant	0.3543 *** (4.9268)	0.4118 *** (5.4830)	0.4035 *** (5.4474)	0.4118 *** (5.4830)
$Adj-R^2$	0.2096	0.2154	0.2146	0.2154
N	4649	4649	4649	4649

注：***、**、*分别表示1%、5%、10%的显著性水平，括号内为T值。以下各表同。
资料来源：作者整理。

由回归结果可知，CEO声誉与真实盈余管理之间呈现非线性关系，即CEO声誉存在一个阈值，当CEO声誉低于阈值时，随着CEO声誉水平的提高，真实盈余管理程度会随之升高，超过这个阈值，随着CEO声誉水平提高，真实盈余管理程度反而下降。回归结果证明了CEO声誉的双重治理效应和中国情境下的“面子文化”。CEO为了“想挣面子”而进行盈余操纵，在声誉积累到一定程度时，又会为了“怕丢面子”减少真实盈余管理行为。此结论揭示了中国情境下CEO进行真实盈余管理的动机，为缓解上市公司真实盈余管理行为提供了参考。

7.4.4 内生性与稳健性检验

1. 滞后变量法

考虑到CEO声誉对真实盈余管理的作用可能存在反向因果问题，本章采用滞后一期的CEO声誉（L_Reputation）作为自变量进行回归，结果如表7-5第（1）列所示。滞后一期CEO声誉平方项（$L\_Reputation^2$）的系数在1%的水平上显著为负，滞后一期的CEO声誉系数（L_Reputation）在1%的水平上显著为正，且二者系数满足上文所述倒U形检验的条件，证明了结论的稳健性。

2. Heckman两阶段法

为了防止存在样本自选择问题，本章采用Heckman两阶段法进行检验。第一阶段检验中，选用CEO学历作为外生工具变量。CEO学历采用等级变量衡量，具体而言，如果CEO学历为中专及中专以下，赋值为1，大专、本科、硕士、博士分别赋值为2、3、4、5。利用第一阶段回归结果计算出逆米尔斯比（IMR）并加入第二阶段回归。回归结果如表7-5第（2）列所示。逆米尔斯比的系数不显著，说明本章的研究样本不存在明显的自选择问题。自变量平方项的系数在5%的水平上显著为负，自变量的系数在5%的水平上显著为正，且二者系数满足倒U形检验条件，证实了结论的稳健性。

3. 倾向得分匹配法（PSM）

本章进一步采用倾向得分匹配法消除可能存在的内生性问题。以CEO

声誉分年度分行业的均值为标准，分为高声誉组（处理组）和低声誉组（控制组），采用一对一匹配法进行匹配。平衡性检验如表 7－6 所示，匹配后所有协变量的标准化偏差均小于 10%，且大部分协变量在配对之后不存在显著差异。回归结果如表 7－5 第（3）列所示。自变量 CEO 声誉平方项的系数在 10% 的水平上显著为负，CEO 声誉的系数在 5% 的水平上显著为正，二者系数满足倒 U 形检验条件，结论仍然成立。

4. 替代变量法

本章进一步采用替换自变量和因变量的方法进行稳健性检验。对于自变量 CEO 声誉，本章采用中国研究数据服务平台（CNRDS）上市公司高管报刊新闻数据库中公布的 CEO 新闻报道数量作为自变量的替代变量，考虑到数值过大，对报道数量除以 1000 进行回归，回归结果如表 7－5 第（4）列所示。自变量 CEO 声誉平方项（$Reputation^2$）的系数在 5% 的水平上显著为负，CEO 声誉（Reputation）的系数在 5% 的水平上显著为正，二者系数满足倒 U 形检验条件，原结论成立。对于因变量真实盈余管理，参考科恩和扎罗文（Cohen and Zarowin，2010）构建另外两个真实盈余管理的指标 AbsREM1 和 AbsREM2（AbsREM1 = |APROD－ADISEXP|；AbsREM2 = |－ACFO－DISEXP|），回归结果如表 7－5 第（5）列、第（6）列所示，结论依旧成立。

5. 改变计量方法

因变量真实盈余管理取值在 0～1 之间，因此适用 Tobit 回归，对模型采用 Tobit 回归，回归结果如表 7－5 第（7）列所示。由表可知，改变计量方法之后原结论依旧成立，证明了结论的稳健性。

表 7－5　　内生性与稳健性检验

变量	(1) AbsREM	(2) AbsREM	(3) AbsREM	(4) AbsREM	(5) AbsREM	(6) AbsREM	(7) AbsREM
$Reputation^2$		－0.00002 ** (－2.0491)	－0.00002 * (－1.8264)	－0.0136 ** (－2.4949)	－0.00002 *** (－3.0633)	－0.00001 *** (－3.0368)	－0.00002 *** (－2.8274)

续表

变量	(1) AbsREM	(2) AbsREM	(3) AbsREM	(4) AbsREM	(5) AbsREM	(6) AbsREM	(7) AbsREM
Reputation		0. 0039 ** (1. 9956)	0. 0037 ** (2. 0722)	0. 1209 ** (2. 3038)	0. 0040 *** (3. 2251)	0. 0020 *** (2. 9856)	0. 0046 *** (2. 9299)
$L\_Reputation^2$	-0. 00001 *** (-2. 7589)						
L_Reputation	0. 0036 *** (2. 8014)						
Size	-0. 0161 *** (-4. 0370)	-0. 0021 (-0. 1482)	-0. 0137 ** (-2. 1650)	-0. 0146 *** (-4. 0199)	-0. 0133 *** (-4. 3476)	-0. 0071 *** (-4. 0175)	-0. 0177 *** (-4. 7679)
ROA	0. 8119 *** (6. 9500)	1. 0398 *** (7. 1085)	1. 1087 *** (5. 1695)	0. 8531 *** (7. 7093)	0. 6832 *** (7. 9029)	0. 3520 *** (7. 5659)	0. 8426 *** (7. 7682)
LEV	0. 0901 *** (3. 4087)	0. 0875 *** (2. 8213)	0. 1082 ** (2. 3213)	0. 0878 *** (3. 5183)	0. 0643 *** (3. 1721)	0. 0432 *** (3. 8601)	0. 0898 *** (3. 6297)
Growth	0. 0612 *** (6. 4194)	0. 0618 *** (5. 1873)	0. 0655 *** (3. 5065)	0. 0596 *** (6. 6737)	0. 0384 *** (6. 7773)	0. 0175 *** (5. 2398)	0. 0598 *** (6. 7420)
CO	0. 0511 * (1. 6877)	0. 0374 (1. 1343)	0. 0652 (1. 2925)	0. 0561 ** (1. 9805)	0. 0723 *** (3. 1041)	0. 0095 (0. 7384)	0. 0602 ** (2. 1705)
Z	-0. 0002 (-1. 0444)	-0. 0004 * (-1. 8664)	-0. 0002 (-0. 6924)	-0. 0001 (-0. 7600)	-0. 0001 (-0. 8790)	-0. 00001 (-0. 0977)	-0. 0001 (-0. 7632)
Board	-0. 0006 (-0. 2968)	-0. 0018 (-0. 8296)	-0. 0006 (-0. 2217)	0. 0006 (0. 3064)	-0. 00002 (-0. 0095)	-0. 0002 (-0. 2527)	0. 0003 (0. 1619)
Independent	0. 0612 (0. 8346)	-0. 0022 (-0. 0287)	0. 0046 (0. 0404)	0. 0478 (0. 6645)	0. 0335 (0. 5561)	0. 0377 (1. 1479)	0. 0399 (0. 5747)
Dual	0. 0206 * (1. 9116)	0. 0394 (1. 4047)	0. 0269 * (1. 8612)	0. 0269 ** (2. 5618)	0. 0141 * (1. 6749)	0. 0099 * (1. 9484)	0. 0179 * (1. 7582)
Age	0. 0002 (0. 3680)	-0. 0005 (-0. 4885)	0. 0002 (0. 1558)	0. 0001 (0. 1087)	-0. 0001 (-0. 1294)	-0. 00004 (-0. 1663)	0. 00005 (0. 0830)
Tenure	-0. 0012 (-1. 2067)	-0. 0008 (-0. 6050)	-0. 0024 (-1. 3883)	-0. 0010 (-1. 0185)	-0. 0004 (-0. 5239)	-0. 0006 (-1. 2635)	-0. 0011 (-1. 1317)

续表

变量	(1) AbsREM	(2) AbsREM	(3) AbsREM	(4) AbsREM	(5) AbsREM	(6) AbsREM	(7) AbsREM
IMR		0.0429 (0.9674)					
Year	控制	控制	控制	控制	控制	控制	控制
Industry	控制	控制	控制	控制	控制	控制	控制
Constant	0.3807 *** (4.8601)	0.0472 (0.1289)	0.3441 *** (2.6697)	0.3414 *** (4.7271)	0.3125 *** (5.0177)	0.1774 *** (4.7207)	0.4118 *** (5.5152)
Adj - R^2	0.2104	0.2257	0.3043	0.2086	0.2549	0.1764	
N	3802	3127	1400	4649	4649	4649	4649

表 7-6　平衡性检验

变量	样本	实验组	控制组	偏差	T-检验
Size	Unmatched matched	23.607 23.568	22.565 23.551	75.8 1.3	21.36 *** 0.24
ROA	Unmatched matched	0.0387 0.0386	0.0292 0.0395	20.1 -1.9	5.38 *** -0.39
LEV	Unmatched matched	0.5375 0.5351	0.5036 0.5391	17.5 -2.1	4.51 *** -0.41
Growth	Unmatched matched	0.1651 0.1647	0.1559 0.1697	1.7 -0.9	0.45 -0.19
CO	Unmatched matched	0.3555 0.3562	0.3470 0.3468	5.5 6.1	1.44 1.20
Z	Unmatched matched	11.503 11.629	15.317 11.442	-16.8 0.8	-4.19 *** 0.19
Board	Unmatched matched	9.3637 9.314	8.9488 9.4388	20.5 -6.2	5.71 *** -1.12
Independent	Unmatched matched	0.3786 0.3785	0.3700 0.3812	15.1 -4.7	4.16 *** -0.88

续表

变量	样本	实验组	控制组	偏差	T-检验
Dual	Unmatched matched	0.3090 0.2979	0.1239 0.2930	46.1 1.2	13.51*** 0.22
Age	Unmatched matched	50.76 50.68	49.464 50.852	21.7 -2.9	5.56*** -0.57
Tenure	Unmatched matched	4.9619 4.9105	4.2167 4.9664	19.1 -1.4	5.20*** -0.28

7.4.5　影响机制的回归分析结果

为了验证 CEO 风险承担水平（Risk）在倒 U 形关系中的中介作用，本章参考爱德华兹和兰伯特（Edwards & Lambert，2007）①、董保宝（2014）②等文献，采用调节路径分析的方法来验证本章的假设。第一步，验证自变量与因变量的非线性关系，即 CEO 声誉（Reputation）与真实盈余管理（AbsREM）的非线性关系。第二步，验证自变量与中介变量之间的非线性关系，即 CEO 声誉（Reputation）与 CEO 风险承担水平（Risk）的非线性关系。第三步，在自变量与因变量的模型中加入中介变量及自变量与中介变量的交互项，即在 CEO 声誉（Reputation）与真实盈余管理（AbsREM）的回归模型中，分别加入 CEO 风险承担水平（Risk）、CEO 声誉与 CEO 风险承担水平的交互项（Reputation × Risk）。此方法是一种全效应调节模型，因而能够更加全面地分析 CEO 声誉对真实盈余管理行为的影响机制。

以 CEO 声誉为自变量，真实盈余管理为因变量，CEO 风险承担水平为中介变量，回归结果如表 7-7 所示。模型（M7-5）与前文一致，验证了 CEO 声誉与真实盈余管理的倒 U 形关系；模型（M7-6）验证了 CEO 声誉与 CEO 风险承担水平的倒 U 形关系；模型（M7-7）中，CEO 声誉平方项的系数在 1% 的水平上显著为负，CEO 声誉的系数在 1% 的水平上显著为

---

① Edwards J R，Lambert L S. Methods for integrating moderation and mediation：A general analytical framework using moderated path analysis [J]. Psychological Methods，2007，12（1）：1-22.

② 董保宝．风险需要平衡吗：新企业风险承担与绩效倒 U 型关系及创业能力的中介作用 [J]．管理世界，2014，（1）：120-131.

正，二者系数满足倒U形检验条件。因此，CEO声誉对真实盈余管理的倒U形关系依旧成立。CEO风险承担的系数在10%的水平上显著为正，CEO声誉与CEO风险承担的系数在1%的水平上显著为负，证明了CEO风险承担的中介作用。与此同时，经过计算，该结论具有经济显著性。综上所述，CEO声誉通过倒U形关系影响了CEO风险承担水平，进而促成了CEO声誉与真实盈余管理的倒U形关系，假设7-2成立。

表7-7　　CEO风险承担水平的中介作用检验

变量	(1) AbsREM	(2) Risk	(3) AbsREM
$Reputation^2$	-0.00002*** (-2.8109)	-0.0001*** (-2.7878)	-0.00002*** (-3.2349)
Reputation	0.0046*** (2.9129)	0.0168*** (2.8152)	0.0057*** (3.8489)
Risk			0.0134* (1.7798)
Reputation × Risk			-0.0013*** (-2.8054)
Size	-0.0177*** (-4.7401)	0.2347*** (10.5395)	-0.0205*** (-4.6557)
ROA	0.8426*** (7.7229)	-0.7697*** (-4.3743)	0.8401*** (7.6872)
LEV	0.0898*** (3.6086)	-0.1500** (-2.1335)	0.0906*** (3.6423)
Growth	0.0598*** (6.7027)	-0.0193* (-1.8357)	0.0604*** (6.7279)
CO	0.0602** (2.1578)	0.1141 (1.1243)	0.0606** (2.1730)
Z	-0.0001 (-0.7587)	-0.0009** (-2.2153)	-0.0001 (-0.6998)

续表

变量	(1) AbsREM	(2) Risk	(3) AbsREM
Board	0. 0003 (0. 1610)	0. 0072 (0. 8032)	0. 0004 (0. 2276)
Independent	0. 0399 (0. 5714)	0. 4372 * (1. 7334)	0. 0382 (0. 5488)
Dual	0. 0179 * (1. 7479)	-0. 0148 (-0. 5946)	0. 0162 (1. 6131)
Age	0. 00005 (0. 0825)	-0. 00001 (-0. 0057)	0. 00003 (0. 0550)
Tenure	-0. 0011 (-1. 1252)	-0. 0016 (-0. 6616)	-0. 0010 (-1. 0443)
Year	控制	控制	控制
Industry	控制	控制	控制
Constant	0. 4118 *** (5. 4830)	-5. 3979 *** (-11. 0729)	0. 4750 *** (5. 1046)
Adj - R^2	0. 2154	0. 4597	0. 2187
N	4649	4649	4649

7.4.6　拓展性分析

为了进一步探究 CEO 声誉对真实盈余管理行为的影响因素，本章从企业特征、公司治理因素及 CEO 个人特征三个角度，分别探讨了公司股权性质、CEO 股权激励与 CEO 职业背景三个因素对 CEO 声誉与真实盈余管理关系的影响。根据哈恩斯等（Haans et al. , 2016）① 提出的倒 U 形关系调节作用检验方法，U 形关系的调节可分为两种：第一，曲线拐点向左或向右偏移；第二，曲线变平缓或者陡峭。假设回归方程为 $Y = \beta_0 + \beta_1 X_2 + \beta_2 X + \beta_3 X_2 Z + \beta_4 XZ + \beta_5 Z$，其中 X 为自变量，Y 为因变量，Z 为调节变量。对于

① Haans R F J, Pieter C, He Z L. Thinking about U: Theorizing and testing U - and inverted U - shaped relationships in strategy research [J]. Strategic Management Journal, 2016, 37 (1): 1177 - 1195.

第一种调节效应，只需判断 $\beta_2\beta_3-\beta_1\beta_4$ 的符号，若为正，则拐点向右移动，否则为向左移动；对于第二种调节效应，需验证 β_3 是否显著，如果显著为正，则倒 U 形曲线变缓，否则变陡。

1. 股权性质、CEO 声誉与真实盈余管理

国有企业在我国资本市场上占据了重要地位，与非国有企业相比，国有企业 CEO 的职业发展大多不以薪酬为主要目的，而更多的是追求个人政治晋升（张婷婷等，2018），个人仕途升迁与声誉、业绩等多种因素息息相关。那么在中国的情境下，公司股权性质是否会影响 CEO 声誉与真实盈余管理之间的关系？本章构造虚拟变量股权性质（OW）加入回归，如果上市公司为民营企业，则虚拟变量赋值为 0，否则为 1，以此来探究股权性质对主效应的影响，回归结果如表 7-8 第（1）列所示。由表中系数可知，CEO 声誉对真实盈余管理的倒 U 形关系依旧成立，按照上文提到的倒 U 形调节效应检验方法计算各个变量的系数可以得出，与民营企业相比，国有股权性质使倒 U 形曲线拐点右移，曲线整体变缓，即国有股权性质弱化了 CEO 声誉与真实盈余管理之间的倒 U 形关系。

表 7-8　股权性质、CEO 股权激励、CEO 职业背景的调节作用检验

变量	(1) AbsREM	(2) AbsREM	(3) AbsREM
$Reputation^2$	-0.00005*** (-2.9873)	-0.00003*** (-2.8109)	-0.0001*** (-4.1368)
Reputation	0.0085*** (3.1272)	0.0050*** (2.8451)	0.0094*** (3.8950)
$Reputation^2 \times OW$	0.00004** (2.5057)		
Reputation × OW	-0.0055** (-2.1885)		
OW	-0.0113 (-1.2637)		
$Reputation^2 \times Share$		0.0011*** (3.2481)	

续表

变量	(1) AbsREM	(2) AbsREM	(3) AbsREM
Reputation × Share		-0.0356 (-0.8251)	
Share		-0.0192 (-0.0759)	
$Reputation^2$ × Back			0.0001*** (3.3049)
Reputation × Back			-0.0056** (-2.2076)
Back			0.0095 (1.3617)
Size	-0.0175*** (-4.7382)	-0.0178*** (-4.7418)	-0.0181*** (-4.8938)
ROA	0.8218*** (7.8126)	0.8377*** (7.6815)	0.8359*** (7.7322)
LEV	0.0884*** (3.5531)	0.0892*** (3.5756)	0.0898*** (3.6087)
Growth	0.0589*** (6.5820)	0.0600*** (6.7380)	0.0594*** (6.6279)
CO	0.0678** (2.4510)	0.0603** (2.1526)	0.0580** (2.0706)
Z	-0.0001 (-0.6938)	-0.0001 (-0.7810)	-0.0001 (-0.6393)
Board	0.0007 (0.3698)	0.0003 (0.1656)	0.0001 (0.0762)
Independent	0.0373 (0.5336)	0.0394 (0.5669)	0.0370 (0.5364)
Dual	0.0107 (1.0809)	0.0179* (1.7277)	0.0152 (1.5130)

续表

变量	(1) AbsREM	(2) AbsREM	(3) AbsREM
Age	0.0002 (0.3740)	0.00003 (0.0491)	0.0001 (0.1527)
Tenure	-0.0013 (-1.3444)	-0.0010 (-1.0515)	-0.0010 (-1.0714)
Year	控制	控制	控制
Industry	控制	控制	控制
Constant	0.4058*** (5.4297)	0.4169*** (5.5078)	0.4180*** (5.6691)
Adj-R^2	0.2206	0.2160	0.2180
N	4649	4649	4649

国有企业中CEO声誉对真实盈余管理的影响之所以会被弱化，主要原因如下：第一，国有企业承担了多重目标，因此国有企业CEO的评价标准与民营企业不同。从评价维度来看，国有企业作为政府的代表，承担着宏观调控、社会责任等任务。在对国有企业CEO进行考核时，不仅要考虑财务绩效，还要综合考察其他因素。从评价的时间跨度来看，国有企业的CEO的政治晋升与其长期业绩表现挂钩，而采取真实盈余管理行为会对公司长期价值产生负面效应，进而影响国有企业CEO的长期声誉与职业生涯。第二，国有企业除了公司治理机制外，还有一套平行的党务考核与检查机制①，这种严格的监管机制会对管理层有较强的约束，降低其从事真实盈余管理行为的可能性。综上所述，国有企业CEO为了追求声誉而进行真实盈余管理所获得收益的不确定性更大，故而国有股权对CEO声誉与真实盈余管理的倒U形关系有削弱作用。

2. CEO股权激励、CEO声誉与真实盈余管理

作为一种重要的中长期显性激励机制，授予CEO股权的初衷是通过

① 陈宋生，童晓晓．双重监管、XBRL实施与公司治理效应［J］．南开管理评论，2017，20(6)：50-63.

CEO 拥有股权及其所赋予的经济权利，使其与公司共享利益、共担风险，促进 CEO 利益与公司整体利益相结合，减少高管谋取私利的行为。[①] 这种中长期激励周期，使得高声誉 CEO 更在意公司的长期价值，而不是较短时间内的财务表现，因此推测授予 CEO 股权可能会削弱 CEO 声誉与真实盈余管理之间的倒 U 形关系。构建 CEO 股权激励变量（Share），以 CEO 持股比例衡量，探讨 CEO 股权激励对主效应的影响，回归结果如表 7 - 8 第（2）列所示。CEO 声誉与真实盈余管理的倒 U 形关系成立，计算各变量系数后可知，随着 CEO 股权激励强度增加，倒 U 形曲线的拐点会向右移动，且曲线整体变缓，即授予 CEO 股权激励弱化了 CEO 声誉与真实盈余管理之间的倒 U 形关系。

股权激励作为一种将 CEO 个人利益与公司中长期价值相结合的治理机制，可以有效抑制 CEO 短视行为，降低委托代理成本。CEO 拥有较多的股权，在战略决策中会更加考虑公司的长远发展，CEO 操纵盈余的成本不仅仅是声誉损失的风险，还有股票价值降低所带来的损失。因此 CEO 股权激励会使倒 U 形曲线变缓。授予股权强化了 CEO 的风险规避动机，弱化了 CEO 声誉与真实盈余管理的倒 U 形关系。

3. CEO 职业背景、CEO 声誉与真实盈余管理

除了公司特征与内部治理因素外，CEO 个人特征是否会影响 CEO 声誉与真实盈余管理的关系？根据烙印理论，CEO 的职业背景会影响他的认知结构、决策模式和行为方式。[②] 因此，本章从 CEO 职业背景丰富度出发，探究 CEO 声誉与真实盈余管理行为的影响因素。构建虚拟变量 CEO 职业背景（Back），如果 CEO 为单一职业背景，赋值为 0，否则为 1，回归结果如表 7 - 8 第（3）列所示。根据前文中提到的倒 U 形检验方法可知，与单一职业背景相比，拥有复杂职业背景的 CEO 使得倒 U 形曲线拐点向右移动，且曲线整体变缓，即 CEO 职业背景弱化了 CEO 声誉与真实盈余管理行为之间的倒 U 形关系。

丰富的职业经历使得 CEO 拥有更多专业知识，提升了 CEO 的资源配置

---

① 邵剑兵，陈永恒．高管股权激励、盈余管理与审计定价——基于盈余管理异质性的视角［J］．审计与经济研究，2018，33（1）：44 - 55.

② Schoar A，Zuo L. Shaped by booms and busts：How the economy impacts CEO careers and management styles［J］. The Review of Financial Studies，2017，30（5）：1425 - 1456.

能力与效率，最终提升了公司的价值创造能力和业绩表现（何瑛等，2019）[①]，拥有复杂职业背景的 CEO 会面临较小的业绩压力和较多的收益。随着 CEO 声誉水平提高，真实盈余管理带来的边际收益降低，继而使倒 U 形曲线变缓，即 CEO 复合职业背景弱化了 CEO 声誉与真实盈余管理行为之间的倒 U 形关系。

通过拓展性分析，本章验证了股权性质、CEO 股权激励与 CEO 职业背景等因素对 CEO 声誉与真实盈余管理关系的调节作用，即在国有股权属性、授予 CEO 较高水平的股权激励以及 CEO 拥有丰富职业背景的公司中，CEO 声誉与真实盈余管理的倒 U 形关系将会得到削弱。上述结论为完善上市公司内部治理机制、缓解真实盈余管理行为提供了更有针对性的建议。

7.5 研究结论与启示

7.5.1 研究结论

本章基于中国情境下 CEO 声誉双重治理效应的视角，探究了 CEO 声誉对真实盈余管理行为的影响及作用机制，并以 2012～2017 年中国上市公司数据为样本进行实证检验，得出以下结论：

第一，CEO 声誉与真实盈余管理行为之间具有显著的倒 U 形关系，即 CEO 声誉存在阈值，未达到该值时 CEO 声誉对真实盈余管理行为呈正向影响，超过该值则会演变为负向影响，该结论证明了中国情境下 CEO 声誉存在双重治理效应，为缓解上市公司真实盈余管理行为提供了新的思路。

第二，CEO 风险承担水平在 CEO 声誉与真实盈余管理行为之间具有显著的中介效应，即 CEO 声誉通过倒 U 形曲线效应影响了 CEO 风险承担水平，进而影响了真实盈余管理，揭示了 CEO 声誉对真实盈余管理行为影响的内在机制。

第三，在拓展性分析中研究了股权性质、CEO 股权激励及 CEO 职业背

① 何瑛，于文蕾，杨棉之. CEO 复合型职业经历、企业风险承担与企业价值［J］. 中国工业经济，2019（9）：155－173.

景的调节作用。国有股权性质、较高水平的 CEO 股权激励、CEO 复合职业背景均可以弱化 CEO 声誉与真实盈余管理行为之间的倒 U 形关系，揭示了 CEO 声誉对真实盈余管理行为的影响因素。综上所述，本章不仅拓展了中国情境下 CEO 声誉在公司治理领域的研究，还进一步揭示了 CEO 声誉对真实盈余管理行为的作用机制及影响因素，为 CEO 声誉双重治理效应的研究提供了经验和参考。

7.5.2 启示

依据以上结论，本章对优化上市公司治理机制设计提出以下建议。

第一，在抑制管理者机会主义行为的内部公司治理系统中充分运用“面子机制”，同时通过构建外部经理人市场等平台充分发挥 CEO 声誉的有效契约效应。研究表明，CEO 声誉达到一定水平之后，才能发挥积极的治理效应。因此，在内部应充分利用 CEO“想挣面子”与“怕丢面子”两种倾向的积极作用，避免其消极效应，激励契约设计要将声誉纳入考虑因素。对于较低声誉的 CEO，应尽量避免“唯业绩论”，在评价时应注重长期价值指标及非财务指标，减少 CEO 为追求良好声誉而进行短期盈余管理行为的动机。在外部应进一步完善经理人市场，由权威第三方机构对 CEO 声誉进行客观评价并构建多渠道声誉传播机制，为 CEO 声誉积极效用的实现提供机制与平台。

第二，构建完善的 CEO 选聘制度，同时运用股权激励等契约进一步优化 CEO 声誉对真实盈余管理的作用。鉴于 CEO 声誉在较低水平时“寻租效应”起主导作用，在选聘 CEO 时应充分考虑声誉因素，并将其赋予更多的权重，同时也应该适当注重 CEO 的职业背景丰富程度。在高管激励契约配置方面，应充分发挥股权激励等中长期激励契约的激励作用，使 CEO 个人利益与公司的长期价值挂钩，从而凸显 CEO 声誉的积极效用。

第三，在国有企业高管薪酬制度改革中充分重视声誉机制的激励效应，并通过机制设计强化声誉的有效契约效应。现阶段以国企高管限薪制度为始点的国企高管薪酬制度改革引起了理论界与实践界的共同关注，在现金薪酬有效性受到质疑的情况下，充分发挥声誉机制在国企高管激励契约系统中的作用，构建国企高管声誉评价机制、传播机制、激励机制等，是凸显声誉积极效应的重要途径。

第 8 章

高管声誉对技术创新的治理效应

作为具有双重效应的公司治理契约，良好的高管声誉究竟是推进企业技术创新的动力还是抑制创新的桎梏？本章运用 2007 ~ 2016 年中国上市公司的平衡面板数据，采用爱德华兹（Edwards）和兰伯特（Lambert）提出的调节路径分析方法，对高管声誉与 R&D 投资之间的非线性关系及高管薪酬的中介效应进行实证检验。研究表明：高管声誉与 R&D 投资之间具有显著的倒 U 形关系，在高管声誉水平达到最优值之前，高管声誉对 R&D 投资会产生正向影响，但超过该最优值，则会演变为负向影响；高管声誉通过倒 U 形曲线效应影响高管薪酬，进而影响了 R&D 投资，促成了高管声誉与 R&D 投资之间的倒 U 形关系，即高管薪酬在高管声誉与 R&D 投资的关系中间起到了中介传导作用。研究结论突破了以往的线性视阈，可以为技术创新导向的公司治理机制设计提供参考。

8.1 问题的提出

公司治理研究是基于委托代理关系产生并发展的，由于信息不对称的存在，委托人通常只能观测到经营结果，对高管团队的决策能力及具体行为知之甚少。高管激励契约的合理设计是缓解委托代理问题的有效途径，尤其是能够改善高管的短期行为，从而促进企业的技术创新，这体现了高管激励契约的价值创造效应。① 然而，货币、股权等显性激励机制存在局限性，随着

① 徐宁，徐向艺．技术创新导向的高管激励整合效应——基于高科技上市公司的实证研究[J]．科研管理，2013，34（9）：46－53.

激励力度的增加，效用会逐渐弱化。作为一种兼具激励性与约束性的隐性契约，高管声誉是改善显性激励不足的治理机制之一，对于企业、股东与高管自身均具有重要意义。对于企业而言，高管声誉是一项关键的无形资产，是外界对高管过往表现的评价以及对高管能力的认可。对于股东而言，声誉可以成为评估高管团队能力与行为的有效工具。对于高管自身而言，较高知名度已经证明了他们在能力、诚信、可靠性、个人魅力等方面的能力，这对于影响市场对高管能力的看法至关重要。① 而理论界与企业界均亟待解决的问题是：高管声誉是否也具有促进技术创新的价值创造效应呢？也就是说，拥有较好声誉的高管更有动力去进行创新？还是出于对既有声誉的患得患失而使其成为创新的桎梏？

关于高管声誉的研究可以分为形成机制和作用结果两个方面。高管声誉的形成受到公司披露的财务绩效的影响②，当公司具有较高财务绩效时，高管会获得良好的评价③，当公司财务绩效不佳时，高管会收到较低的评价④。声誉是市场对高管能力评价的综合表现，因此必然会受到利益相关者对其评价的影响。⑤ 高管个人特质也是影响高管声誉的因素，比如高管的任期、学历等造就了不同高管的不同经历，因此也会影响高管声誉。⑥ 其次，学术界关注了高管声誉的作用结果，主要包括高管声誉对于公司财务绩效及利益相关者行为的影响。⑦⑧ 由此可知，大多数文献对于高管声誉效应的研究重点

---

① Park D J, Berger B K. The presentation of CEOs in the press, 1990 - 2000: Increasing salience, positive valence, and a focus on competency and personal dimensions of image [J]. Journal of Public Relations Research, 2004, 16 (1), 93 - 125.

② Kaplan S E, Samuels J A, Cohen J. An Examination of the Effect of CEO Social Ties and CEO Reputation on Nonprofessional Investors' Say-on - Pay Judgments [J]. Journal of Business Ethics, 2015, 126 (1): 103 - 117.

③ Wade J B, Graffin S D. The burden of celebrity: the impact of CEO certification contests on CEO pay and performance [J]. Academy of Management Journal, 2006, 49 (4): 643 - 660.

④ Graham J R, Harvey C R, Rajgopal S. The economic implications of corporate financial reporting [J]. Journal of Accounting & Economics, 2004, 40 (1 - 3): 3 - 73.

⑤ Walker K. A systematic review of the corporate reputation literature: Definition, measurement, and theory [J]. Corporate Reputation Review, 2010, 2 (4): 357 - 387.

⑥ Fetscherin M. The CEO branding mix [J]. Journal of Business Strategy, 2015, 36 (6): 22 - 28.

⑦ Weng P S, Chen W Y. Doing good or choosing well? Corporate reputation, CEO reputation, and corporate financial performance [J]. North American Journal of Economics & Finance, 2017, 39 (1): 223 - 240.

⑧ Cho S Y, Arthurs J D, Townsend D M, et al. Performance deviations and acquisition premiums: The impact of CEO celebrity on managerial risk-taking [J]. Strategic Management Journal, 2016, 37 (13): 2677 - 2694.

在财务绩效等企业产出指标上面，而对声誉如何影响企业 R&D 投资则鲜有涉及。企业声誉是与高管声誉属性相似的构念，学术界对企业声誉促进还是抑制企业价值的提升结论不一，有研究表明，企业声誉能够为企业带来商誉和社会资本的增量，提升企业价值①，但企业声誉的普遍适应性维度也可能会成为危机来临时企业价值的负担②。那么，同样的情况是否会发生在高管声誉层面？大量文献表明，高管会努力提高自己的声誉来证明自己的能力以及在未来的经理人市场中获得更高的地位。③④ 这可能产生两种不同的结果：一方面，技术创新的成功可以成为高管获得高声誉的途径；另一方面，技术创新的高风险可能会对高管已有的声誉与社会地位产生负面影响。针对该问题，本章运用理论演绎与实证研究方法，以 2007 ~ 2016 年的中国上市公司平衡面板数据作为研究样本，对高管声誉与 R&D 投资之间的倒 U 形关系进行探讨，并发现了公司规模在两者之间的非线性中介效应。

本章的研究贡献在于：第一，根据有效契约假说与寻租效应假说，构建了高管声誉对 R&D 投资水平的双重效应分析理论框架。第二，对高管声誉的测量进行了中国情境下的改进。国外多数关于个人层面声誉的研究局限于 CEO 一人，且多采用媒体报道次数与荣誉奖励来测量 CEO 声誉，但这具有单一情境下的局限性，而本章根据对部分公司高管的深度访谈内容对中国情境下高管声誉的测量进行了修正。第三，采用考爱德华兹和兰伯特（Edwards and Lambert，2007）的调节路径分析方法，验证了高管薪酬在高管声誉与 R&D 投资水平倒 U 形关系的中介效用，揭示并阐述了高管声誉对 R&D 投资的影响路径，打破了以往单一线性视角的思维方式，对技术创新导向的公司治理机制研究领域进行了深化与拓展。

---

① Zavyalova A，Pfarrer M，Reger R K，et al. Reputation as a benefit and a burden? how stakeholders' organizational identification affects the role of reputation following a negative event ［J］. Academy of Management Journal，2016，59 (1)：253 - 276.

② Wei J，Ouyang Z，Chen H. Well Known or Well Liked? The Effects of Corporate Reputation on Firm Value at the Onset of a Corporate Crisis ［J］. Strategic Management Journal，2017，38 (10)：2103 - 2120.

③ Fama E F. Agency Problems and the Theory of the Firm ［J］. Journal of Political Economy，1980 (88)：288 - 307.

④ Gibbons R，Murphy K J. Does Executive Compensation Affect Investment? ［J］. Journal of Applied Corporate Finance，1992，5 (2)：99 - 109.

8.2 理论分析与研究假设

8.2.1 高管声誉对R&D投资的双重效应

基于传统的委托代理理论产生的有效契约假说表明，委托人使用全部相关信息来评价或者激励代理人可以减少代理成本，降低道德风险，从而提高契约的有效性。声誉是通过长期重复博弈的代理关系建立起来的有关高管能力的信号，是以高管的表现为基础而形成的外界对其贡献、能力的累积性认知。①② 声誉是与高管的长期职业生涯相联系的，声誉高的CEO会主动为公司寻求长期利益最大化，而不太可能进行次优决策，这会使他们失去信誉和报酬。同时，高管声誉是其长期以来能力的载体和外在表现，将影响其在未来经理人市场的地位、报酬及相关利益。因此，在进行决策时高管会有维护自己良好形象的想法。③ 当高管出于自己的利益而做出不当决策时，其声誉很可能会受损，因此，注重声誉的高管则会受到相应约束，从而实现声誉的控制功能。④ 据此推断，高管声誉可以促进股东与高管利益的趋同，避免高管的短期行为，从而促进技术创新。

寻租效应假说认为，追求良好声誉的高管容易将维护声誉作为主要目标，此时声誉就变成了负担。高管声誉没有标准的评价体系，它的形成受到多种因素的影响，是难以清晰描述的，并且带有主观性。媒体通常会将公司的战略成败与公司绩效归因于高管，如果高管自身也这样认为，会导致他们的过度自信从而影响决策的理性。⑤ 此外，高管声誉的形成需要经历一个较长的过程，同时又极易因为负面信息而遭受损失。⑥ 当高管陷入法律或者道

① Bailey F G. Gifts and poison: The politics of reputation [M]. Oxford, U. K.: Blackwell, 1971.

② Graffin S D, Wade J B, Porac J F, et al. The Impact of CEO Status Diffusion on the Economic Outcomes of Other Senior Managers [J]. Organization Science, 2008, 19 (3): 457-474.

③ Cialdini R B, Petrova P K, Goldstein N J. The Hidden Costs of Organizational Dishonesty [J]. Mit Sloan Management Review, 2004, 45 (3): 67-73.

④ Bednar M K, Love E G, Kraatz M. Paying the price? The impact of controversial governance practices on managerial reputation [J]. Academy of Management Journal, 2015, 58 (6): 1740-1760.

⑤ Hayward M L A, Rindova V P, Timothy G. Pollock. Believing One's Own Press: The Causes and Consequences of CEO Celebrity [J]. Strategic Management Journal, 2004, 25 (7): 637-653.

⑥ Kreps D, Predation R J. Reputation and Entry Deterrence [J]. Journal of Economic Theory, 1982, 27 (2): 280-312.

德困境时，媒体报道通常会夸大高管不好的际遇，引来更多的关注和质疑。① 这会强化高管维护自己声誉的动机，进行损失规避，避免采取风险较高的行为。预期理论认为，影响风险决策的不是最终结果的具体内容，而是其相对于一个参照点的位置，并且损失对决策者产生的心理效用大于等额收益。如果预期结果的损失大于收益，就会出现损失规避现象。但是由于实践中与契约有关的信息的复杂性，会存在一些不可控因素影响代理人的业绩评价，高管会承担更多的风险，但并不一定获得对等的收益。② 这导致代理人承担额外收益风险的意愿降低，从而采取一些风险规避的行为。R&D 投资是风险性较高的活动，但是高风险就意味着有可能会影响当期对代理人的评价，自然会影响高管的报酬以及在经理人市场的前景，损害代理人自身的利益。因此，高管为了维护已有声誉，不愿意进行过多的 R&D 投资，会做出一个次优决策。根据两类假说，本章构建了高管声誉对 R&D 投资的双重效应理论模型，如图 8 -1 所示。

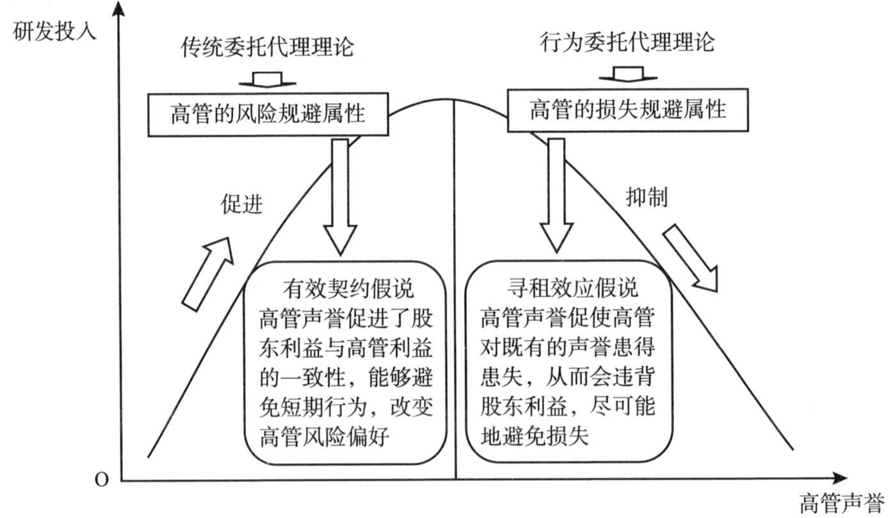

图 8 -1　高管声誉对 R&D 投资双重效应的理论模型

① Cho S Y, Arthurs J D, Townsend D M, et al. Performance deviations and acquisition premiums: The impact of CEO celebrity on managerial risk-taking [J]. Strategic Management Journal, 2016, 37 (13): 2677 -2694.

② Gormley T A, Matsa D A, Milbourn T. CEO compensation and corporate risk: Evidence from a natural experiment [J]. Journal of Accounting & Economics, 2013, 56 (2 -3): 79 -101.

高管声誉是市场对高管能力的评价，在高管声誉处于较低层次的时候，高管对声誉的敏感性较高，随着声誉的增加，为了应对社会压力，高管会做出最优决策，不会做有损企业利益的事情，以保持自身行为与外界认知的一致性。并且，周围环境对高管的评价越来越高，高管会有更高的抱负，对自己的决策制定能力更自信，愿意也觉得自己有能力做一些风险性较大的 R&D 投资。此时声誉是管理者进行风险承担的动力源泉。但当高管声誉达到一个较高水平后，高管会对社会认知产生僵化。高管获得更多好的评价是高管个人行为累积的结果，是一个较长时间的持续过程，因此他们对声誉的敏感性减弱。当声誉提升到一定层次，再想进一步通过 R&D 投资获得较好的业绩表现进而提高自己的声誉将变得更加困难，而维持现有声誉也绝非易事，不求有功但求无过的心理过程会导致高管人员不愿意进行 R&D 投资，而且，高声誉的高管与企业所有者的讨价还价能力增强，在制定和公司有关的重要决策时有更强的话语权，所有者对高管的监督力度降低，会使得高管有机会追求更高的私利。

假设 8 -1： 高管声誉与 R&D 投资之间具有显著的倒 U 形关系，即高管声誉存在最优值，在高管声誉水平达到该最优值之前，高管声誉对 R&D 投资会产生正向影响，但超过该最优值，高管声誉对 R&D 投资会产生负向作用。

8. 2. 2　基于高管薪酬中介作用的路径分析

高管拥有的良好声誉是其能力与行为在一段时期内的反映，而正是其拥有的这些被公众等利益相关者认可的能力，以及在战略决策与执行等方面的适当行为，构成了公司发展的主要驱动因素。因此，高管声誉对高管获得的报酬有必然的影响。多数研究证实了高管声誉对高管薪酬的正向影响，比如米尔伯恩（Milbourn，2003）认为高管声誉是其管理能力的信号，高管声誉水平对以股权为基础的报酬—业绩敏感性具有正向影响。[①] 韦德等（Wade et al.，2006）通过研究证实了高管声誉对高管薪酬的正向影响甚至超过了不同绩效带来的薪酬差距。但他们同时也发现，财务绩效对高管声誉与

① Milbourn T T. CEO Reputation and Stock-based Compensation［J］. Journal of Financial Economics, 2003, 68 (2): 233 -262.

高管薪酬之间的关系具有显著的调节效应，当 ROE 为正值时，高管声誉与薪酬之间呈正相关关系，而当 ROE 为负值时，财务绩效等同的条件下，高管声誉却对高管薪酬产生了负向影响。① 由此可知，高管声誉对高管薪酬的影响并不是简单的线性关系，而可能存在倒 U 形的非线性关系。徐宁（2016）提出，高管薪酬、声誉等激励契约方式之间存在互补效应。由激励相容性原理可知，一种有效的激励契约，要求经营者在追求个人利益的同时，其行为所取得的客观效果应该同时实现机制设计者的目标，即实现委托人所要达到的目的。而这些契约方式满足了不同的高管个人利益，同时也将这些不同的个人利益与公司整体利益的不同方面相结合。② 因此，在高管声誉水平达到最优值之前，高管声誉越好，给他带来的物质报酬越多，而当超过该最优值时，具有较高声誉的高管对于薪酬的要求可能会相应下降，两者之间反而演变成了负相关关系。王建华等（2015）研究发现，前三位高级管理人员的报酬总额与专利申请量之间存在倒 U 形关系，具有较为显著的边际递减效应，呈现过度激励。③ 也就是说，高管报酬与技术创新水平之间也呈现出倒 U 形的非线性关系。由此可知，高管声誉与高管薪酬之间也是倒 U 形的非线性关系。而且，高管声誉通过非线性的倒 U 形关系影响高管薪酬，并通过高管薪酬的中介效应影响了 R&D 投资。因此得出以下假设：

假设 8 -2：高管声誉与高管薪酬之间具有显著的倒 U 形关系，即高管声誉存在最优值，在高管声誉水平达到该最优值之前，高管声誉对高管薪酬会产生正向影响，但超过该最优值，高管声誉对高管薪酬会产生负向作用。

假设 8 -3：高管声誉通过倒 U 形曲线效应影响了高管薪酬，进而影响了 R&D 投资，促成了高管声誉与 R&D 投资之间的倒 U 形关系，即高管薪酬在高管声誉与 R&D 投资的关系中间起到了中介传导作用。

---

① Wade J B, Graffin S D. The burden of celebrity: the impact of CEO certification contests on CEO pay and performance [J]. Academy of Management Journal, 2006, 49 (4): 643 -660.

② 徐宁．技术创新导向的高管激励契约整合效应［M］．经济科学出版社，2016：92 -94.

③ 王建华，李伟平，张克彪，李艳红．“创新型企业”高管薪酬对创新绩效存在过度激励吗［J］．华东经济管理，2015，29（01）：119 -125.

8.3　样本选取与研究设计

8.3.1　样本选择与数据来源

由于2007年是《会计准则》要求上市公司披露R&D投资情况的始点，因此，本章选择2007~2016年中国沪深A股的上市公司作为研究样本。在初始样本基础上剔除了以下公司：（1）金融类公司；（2）ST和＊ST公司；（3）R&D投资等数据缺失的公司。经过以上筛选，每年度得到498家上市公司，10年共计得到4980个有效观测样本的平衡面板数据。本章中相关数据均来自国泰安（CSMAR）数据库。采用SPSS 16.0与STATA 12.0对样本数据进行实证分析。

8.3.2　变量定义与计算方式

1. 高管声誉的测量

为对中国情境下高管声誉的测量方式进行修正，课题组对海信科龙、东阿阿胶等上市公司的部分高管进行了深度访谈，通过对访谈内容进行挖掘发现，高管们普遍认为，获得奖励或荣誉、人大代表等政治兼职、担任行业协会主要负责人等都是衡量他们声誉的指标。因此，笔者通过对样本公司披露的高管履历进行分析，将高管声誉划分为三个维度：奖励型声誉、政治型声誉及专家型声誉。奖励型声誉采用公司中获得地市级以上社会荣誉等的高管人数比例进行测量，政治型声誉采用公司中兼任地市级以上人大代表、政协委员等的高管人数比例及进行测量，专家型声誉采用担任行业协会主要负责人的高管人数比例进行测量。通过主成分分析将上述三个维度整合为一个主变量。

2. R&D投资的测量

根据已有文献，采用上市公司年度披露的研发支出与主营业务收入的比例来进行测量。

3. 其他变量

根据创新经济学等相关理论以及已有文献，选取股权集中度、股权制衡度、股权属性、公司成长性、公司规模等作为控制变量。

各变量的定义如表 8 - 1 所示。

表 8 - 1　　变量定义

变量名称	符号	变量定义与计算方式
R&D 投资	R&D Input	公司年度披露的研发支出与主营业务收入之比
高管声誉	P - Reputation	政治型声誉，采用公司中兼任地市级以上（包括地市级）人大代表、政协委员等的高管人数比例进行测量
	E - Reputation	专家型声誉，采用担任行业协会主要负责人的高管人数比例进行测量
	A - Reputation	奖励型声誉，采用公司中获得地市级以上（包括地市级）社会荣誉等的高管人数比例进行测量
	Reputation	通过主成分分析将上述三个维度整合为一个主变量
高管薪酬	Compensation	公司前三位高管薪酬之和的自然对数
股权集中度	CR	公司年末第一大股东所持股权数量占股权总数的比例
股权制衡度	Z	公司年末第一大股东与第二大股东持股数量之比
股权属性	OW	虚拟变量。实际控制人为国有，设为 1；实际控制人为非国有，设为 0
公司成长性	Growth	公司期末总资产增长率，等于期末总资产与期初总资产之差除以期初总资产
公司规模	Size	公司总资产的自然对数
财务杠杆	LEV	负债总额与资产总额的比值
两权分离度	SQ	控制权与现金流权之差，即 CR - OR。控制权（CR）等于控制链上所持有股份的最小值，现金流权（OR）等于最终控制人控制链上各个环节持股比例的乘积

资料来源：作者整理。

8.3.3 研究方法与模型构建

相对于巴伦和肯尼（Baron and Kenny，1986）的基本中介模型，爱德华兹和兰伯特（Edwards and Lambert，2007）的一般分析框架中的调节路径分析方法（moderated path analysis）是一种全效应调节模型①，能够更加全面地分析中介模型中所有可能路径上的调节效应②。因此，倘若要检验变量之间的非线性关系以及自变量与因变量之间中介效应的实现路径，爱德华兹和兰伯特（Edwards & Lambert，2007）的调节路径分析方法是更有效的方法。③ 本书选择该方法验证“高管声誉通过倒 U 形曲线效应影响高管薪酬，继而影响 R&D 投资，促成了高管声誉与 R&D 投资的倒 U 形关系”，进行如下两阶段分析：

第一阶段：$W_{i,t} = \beta_1 + \beta_2 X_{i,t} + \beta_3 Z_{i,t} + \beta_4 X_{i,t} Z_{i,t} + e'_{i,t}$ （M8 - 1）

第二阶段：$Y_{i,t} = \alpha_1 + \alpha_2 X_{i,t} + \alpha_3 W_{i.t} + \alpha_4 Z_{i,t} + \alpha_5 X_{i,t} Z_{i,t} + \alpha_6 W_{i,t} Z_{i,t} + e_{i,t}$ （M8 - 2）

其中，Y 为因变量 R&D 投资（R&D input），X 为自变量高管声誉（Reputation），W 为中介变量高管薪酬（Compensation），Z 为调节变量。由于文中 Z 与 X 为同一变量，所以，XZ 为高管声誉的二次项，也是模型中的交互项，WZ 为高管薪酬和高管声誉的交互项，i 表示横截面的个体，t 表示时间，e 表示残差。

首先，模型（M8 - 1）用来检验“调节变量”（高管声誉）在中介变量（高管薪酬）与自变量（高管声誉）之间的“调节效应”，也是用来检验高管声誉对高管薪酬的倒 U 形曲线关系。

其次，模型（M8 - 2）检验自变量（高管声誉）与因变量（R&D 投资）的关系，同时检验“调节变量”（高管声誉）与自变量（高管声誉）交互项（即高管声誉的平方项）、中介变量（高管薪酬）、“调节变量”（高管声誉）以及“调节变量”（高管声誉）与中介变量（高管薪酬）的交互

① Edwards J R，Lambert L S. Methods for Integrating Moderation and Mediation：A General Analytical Framework Using Moderated Path Analysis [J]. Psychological Methods，2007，12（1）：1 - 22.

② 杜运周，张玉利，任兵．展现还是隐藏竞争优势：新企业竞争者导向与绩效 U 型关系及组织合法性的中介作用 [J]. 管理世界，2012（7）：96 - 107.

③ 董保宝，葛宝山．新企业风险承担与绩效倒 U 型关系及机会能力的中介作用研究 [J]. 南开管理评论，2014，17（4）：56 - 65.

项之间的总效应，从而检验高管声誉与 R&D 投资之间的倒 U 形关系以及高管薪酬在他们之间的中介作用。为了进一步减少研究误差，提高实证研究结果的可靠性，本章在构建交互项时对变量进行了标准化处理。

8.4 实证结果分析

8.4.1 描述性统计

主要变量的描述性统计如表 8－2 和图 8－2 所示。高管声誉水平的均值在 0.013 左右，2009～2013 年并未发生明显的变化，2014～2015 年有明显下降，2016 年又有了显著的提升。从每年的数据来看，高管声誉水平的最大值为 0.3050，最小值为 0，这说明高管声誉水平在不同上市公司之间的差异性较大。R&D 投资的均值在样本期间呈现出明显的增长趋势，从 2007 年的 0.0007，增长到 2013 年的 0.0032，虽然之后有些回落，但 2014 年与 2015 年仍保持在 0.0030 与 0.0029，增长了数倍，2016 年增长到了 0.0047，增长幅度较大。然而，需要注意的是，多年来我国上市公司 R&D 投资均值距离创新型较强的西方企业仍具有一定差距，同时，个体之间的差距较大，仍有部分公司的 R&D 投资 10 年来一直为 0。

表 8－2　　主要变量分年度描述性统计

变量		2007 年	2008 年	2009 年	2010 年	2011 年	2012 年	2013 年	2014 年	2015 年	2016 年
高管声誉	平均值	0.0128	0.0130	0.0140	0.0142	0.0143	0.0141	0.0139	0.0126	0.0130	0.0142
	最大值	0.2994	0.2614	0.3050	0.3050	0.3050	0.2528	0.2706	0.2092	0.2108	0.2311
	最小值	0.0000	0.0000	0.0000	0.0000	0.0000	0.0000	0.0000	0.0000	0.0000	0.0000
	标准差	0.0306	0.0280	0.0311	0.0295	0.0302	0.0280	0.0293	0.0262	0.0273	0.0311
高管薪酬	平均值	13.5030	13.6500	13.7442	13.9503	14.0852	14.1581	14.2173	14.3032	14.3182	14.4337
	最大值	15.6529	16.0092	15.9209	15.9245	16.2747	16.9637	17.1668	17.1164	17.3525	16.6717
	最小值	11.0186	11.7906	10.3609	10.3797	10.3080	12.2061	11.2118	12.5845	9.0384	12.6761
	标准差	0.7644	0.7094	0.7290	0.7278	0.7287	0.6673	0.6726	0.6578	0.7456	0.6754

续表

变量		2007 年	2008 年	2009 年	2010 年	2011 年	2012 年	2013 年	2014 年	2015 年	2016 年
R&D 投资	平均值	0.0007	0.0017	0.0019	0.0019	0.0025	0.0028	0.0032	0.0030	0.0029	0.0047
	最大值	0.0548	0.1611	0.1806	0.1169	0.1946	0.1475	0.1653	0.1121	0.1085	0.4164
	最小值	0.0000	0.0000	0.0000	0.0000	0.0000	0.0000	0.0000	0.0000	0.0000	0.0000
	标准值	0.0037	0.0098	0.0111	0.0093	0.0129	0.0125	0.0146	0.0119	0.0109	0.0255

资料来源：作者整理。

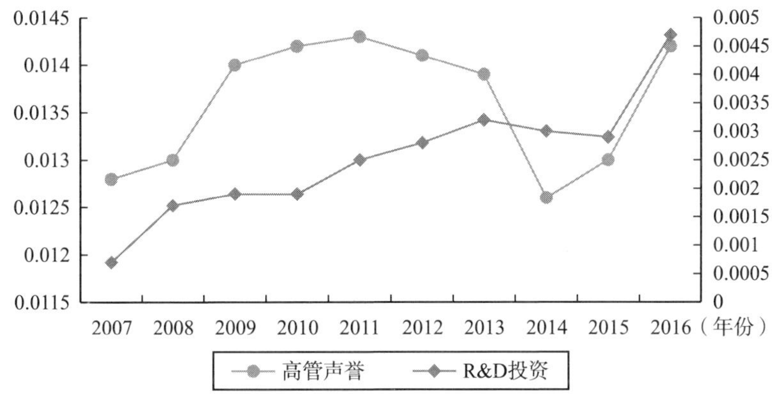

图 8－2　2007～2016 年高管声誉与 R&D 投资均值变化趋势

资料来源：作者整理。

8.4.2　变量之间曲线型关系的回归分析

在表 8－3 中，模型（M8－1）中在控制变量的基础上加入了高管声誉以及高管声誉的平方项，通过 Hausman 检验选择了随机效应模型（RE），而且模型具有整体有效性。实证分析的结果表明高管声誉的平方项与高管薪酬之间显著负相关（$r=-9.5915$，$p<0.01$），高管声誉一次项与高管薪酬之间显著正相关（$r=2.9834$，$p<0.01$）。该结果可以证明，高管声誉与中介变量高管薪酬之间存在倒 U 形曲线关系，即相对于声誉过高和过低的高管，具有适度水平高管声誉的高管薪酬更多。根据高管声誉的一次项和二次项系数可以看出，高管声誉水平的最优值为 0.1552，在高管声誉水平介于 0 到 0.1552 区间内时，高管声誉对高管薪酬有正向影响，但高管声誉水平超

过了该最优值，两者之间就呈现出显著的负相关关系。假设 8－2 得到证实。

类似地，模型（M8－2）仅加入高管声誉一次项以及高管声誉的平方项，实证结果表明高管声誉的平方项与 R&D 投资之间显著负相关（r＝－0.1020，p<0.1），高管声誉一次项与 R&D 投资之间显著正相关（r＝0.0201，p<0.1），该结果说明高管声誉与 R&D 投资之间呈现出倒 U 形的曲线关系。也就是说，相对于高管声誉过高和过低的公司，具有适中水平高管声誉的公司会进行更高的 R&D 投资，假设 8－1 得到证实。根据系数计算出，高管声誉的最优值为 0.099，低于此值，高管声誉对 R&D 投资会产生正向影响，而高于此值，高管声誉对 R&D 投资却产生了显著的抑制效应。模型（M8－2）加入了中介变量高管薪酬，以及高管声誉与高管薪酬的交互项，研究结果表明，高管薪酬与 R&D 投资具有显著正相关关系（r＝0.0010，p<0.1），高管声誉的平方项的系数显著为负（r＝－0.0923，p<0.1），再次证明了高管声誉与 R&D 投资的倒 U 形关系。但模型中高管声誉与高管薪酬的交互项对 R&D 投资的作用不显著，这表明高管声誉与 R&D 投资的关系不受高管薪酬的权变影响。综上所述并结合各个模型的分析结果，高管声誉与 R&D 投资的倒 U 形关系会经由高管薪酬的中介作用影响上市公司 R&D 投资，因而假设 8－3 也得到了证实。

综上所述，U 形关系结论说明，在高管声誉水平较低的时候，基于传统代理理论的有效契约假说起主要作用，当高管声誉水平提高时，声誉作为契约的一种表现，能够约束高管的行为，降低代理成本，高管愿意为了企业的长远发展承担风险从而进行 R&D 投资。高管声誉水平逐渐升高，R&D 投资会达到峰值。但是，此时高管声誉水平继续升高，以行为代理理论为基础的寻租效应假说会替代有效契约假说的地位。过高的声誉对于高管是一种负担，使得高管为了保护自己高声誉带来的既有利益，降低进行 R&D 投资的意愿。

表 8－3　高管声誉与 R&D 投资的非线性关系与高管薪酬的中介效应

变量	M8－1：高管薪酬（EC）		M8－2：研发投入（R&D）			
	FE	RE	FE	RE	FE	RE
股权集中度（CO）	－0.0035*** （－3.06）	－0.0045*** （－4.55）	－0.0001*** （－2.79）	－0.0001*** （－3.47）	－0.0001*** （－3.47）	－0.0001*** （－3.42）

续表

变量	M8-1：高管薪酬（EC）		M8-2：研发投入（R&D）			
	FE	RE	FE	RE	FE	RE
股权制衡度 (Z)	0.0004* (1.93)	0.0003* (1.82)	8.89e-06* (1.68)	8.82e-06 (1.32)	8.50e-06 (1.61)	8.56e-06 (1.29)
股权性质 (OW)	-0.1011* (-1.81)	-0.0949** (-2.32)	0.0006 (0.52)	-0.0005 (-0.66)	0.0008 (0.59)	-0.0004 (-0.52)
公司成长性 (Growth)	-0.0385*** (-5.78)	-0.0358*** (-5.97)	-0.00013* (-1.89)	-0.0001** (-1.98)	-0.0009 (-1.27)	-0.00005 (-1.16)
公司规模 (Size)	0.4892*** (31.80)	0.4648*** (33.99)	0.0015*** (4.23)	0.0011*** (4.91)	0.0009** (2.19)	0.0006** (2.11)
财务杠杆 (Lev)	-0.2759* (-1.73)	-0.3066* (-1.89)	-0.0009 (-0.85)	-0.0013 (-1.11)	-0.0006 (-0.74)	-0.0010 (-1.02)
两权分离度 (SQ)	-0.2831** (-1.99)	-0.2213* (-1.75)	0.0019 (0.30)	0.0008 (0.15)	0.0023 (0.36)	0.0010 (0.19)
高管声誉 (Reputation)	2.8797*** (3.84)	2.9834*** (4.35)	0.0135 (1.25)	0.0201* (1.87)	0.0484 (0.33)	0.0296 (0.32)
高管声誉的平方 ($Reputation^2$)	-7.5773** (-2.23)	-9.5915*** (-2.61)	-0.1048 (1.56)	-0.1020* (-1.91)	-0.1006 (-1.54)	-0.0923* (-1.80)
高管薪酬 (Compensation)					0.0012 (1.33)	0.0010* (1.69)
高管声誉×高管薪酬 (Rep×Comp)					-0.0027 (-0.26)	-0.0009 (-0.13)
R^2	0.3729	0.3724	0.0098	0.0089	0.0118	0.0110
F/Wald 检验	F=129.63 P=0.0000	Wald=1473 P=0.0000	F=3.33 P=0.0005	Wald=60.73 P=0.0000	F=2.90 P=0.0000	Wald=43.12 P=0.0000
Hausman 检验	chi2=13.12 Prob>chi2=0.1077（选择 RE）		chi2<0（选择 RE）		chi2<0（选择 RE）	

注：***、**、*分别表示1%、5%、10%的显著性水平，括号内为T值或Z值。Hausman检验：P大于0.05则接受原假设，意味着模型为随机效应模型（RE）；否则拒绝原假设，采用固定效应模型（FE）；对Hausman设定检验无法判别的模型，采用随机效应模型（RE）。本表未报告常数项。

为了进一步解释较低高管声誉水平与较高高管声誉水平对 R&D 投资作用的差别，本章利用高管声誉的均值将企业样本分为高管声誉水平较低的样本（简称“低度组”）和高管声誉水平较高的样本（简称“高度组”）。据此样本被分为高度组 1298 个和低度组 3639 个。本章先对高度组进行检验，结果如表 8－4 所示。研究表明，高管声誉与高管薪酬及 R&D 投资均呈现出倒 U 形的非线性关系，高管薪酬在高管声誉与 R&D 投资之间的中介传导机制明显，与整个样本所得出的研究结论一致。这也进一步证实了结论的稳健性。

表 8－4　高管声誉与 R&D 投资的非线性关系与高管薪酬的中介效应（高度组 n＝1298）

变量	M8－1：高管薪酬（EC）		M8－2：研发投入（R&D）			
	FE	RE	FE	RE	FE	RE
股权集中度（CO）	0.0004 (0.16)	－0.0041** (－2.39)	－0.0001* (－1.83)	－0.0001*** (－3.23)	－0.0001* (－1.87)	－0.0001*** (－3.23)
股权制衡度（Z）	0.0004 (0.87)	0.0003 (0.62)	4.70e－06 (0.91)	4.56e－06 (1.04)	4.39E－06 (0.84)	4.42E－06 (0.99)
股权性质（OW）	－0.1105* (－1.69)	－0.0571 (－1.02)	－0.0012** (－2.04)	－0.0021** (－2.21)	－0.0013** (－1.97)	－0.0021** (－2.18)
公司成长性（Growth）	－0.1217*** (－5.22)	－0.0761** (－2.06)	－0.0003 (－0.78)	－0.0000 (－0.07)	－0.0004 (－1.01)	0.00004 (0.12)
公司规模（Size）	0.6292*** (21.29)	0.5303*** (21.04)	0.0034*** (4.04)	0.0021*** (4.33)	0.0039*** (4.02)	0.0019*** (3.65)
财务杠杆（Lev）	－0.4216*** (－2.93)	－0.5046*** (－3.91)	－0.0002 (－0.06)	－0.0007 (－0.33)	－0.0001 (－0.03)	－0.0002 (－0.11)
两权分离度（SQ）	－0.5990** (－2.25)	－0.3854* (－1.70)	－0.0067 (－1.55)	－0.0056 (－1.42)	－0.0072 (－1.65)	－0.0055 (－1.41)
高管声誉（Reputation）	3.2624*** (3.11)	3.5274*** (3.64)	0.0216 (1.50)	0.0262* (1.82)	0.2988** (2.00)	0.2122** (1.97)

续表

变量	M8－1：高管薪酬（EC）		M8－2：研发投入（R&D）			
	FE	RE	FE	RE	FE	RE
高管声誉的平方（$Reputation^2$）	－10.5334** （－2.47）	－12.3923*** （－2.92）	－0.1168 （－1.56）	－0.1307** （－2.13）	－0.1695** （－2.23）	－0.1544** （－2.52）
高管薪酬（Compensation）					0.0002 （0.19）	0.0010* （1.81）
高管声誉×高管薪酬（Rep×Comp）					－0.0191* （－1.88）	－0.0130* （－1.79）
R^2	0.4645	0.4585	0.0623	0.0584	0.0657	0.0592
F/Wald 检验	F＝53.62 P＝0.0000	Wald＝473.54 P＝0.0000	F＝2.37 P＝0.0119	Wald＝27.12 P＝0.0013	F＝2.21 P＝0.0122	Wald＝28.85 P＝0.0024
Hausman 检验	chi2＝86.76 Prob＞chi2＝0.0000 （选择 FE）		chi2＜0 （选择 RE）		chi2＝3.91 Prob＞chi2＝0.9513 （选择 RE）	

注：***、**、*分别表示 1%、5%、10% 的显著性水平，括号内为 T 值或 Z 值。Hausman 检验：P 大于 0.05 则接受原假设，意味着模型为随机效应模型（RE）；否则拒绝原假设，采用固定效应模型（FE）；对 Hausman 设定检验无法判别的模型，采用随机效应模型（RE）。本表未报告常数项。

表 8－5 是低度组的分析结果。研究表明，高管声誉与 R&D 投资的倒 U 形关系并不显著，这与该类样本高管声誉水平较低有较大关系。高管薪酬与 R&D 投资之间呈现出正相关关系，系数为 0.0011（$p<0.1$）。高管声誉与高管薪酬的交互项显著为负，系数为 －0.0771（$p<0.1$）。这表明，高管声誉对于高管薪酬与 R&D 投资之间的关系具有负向的调节效应，即高管声誉越好，高管薪酬与 R&D 投资的正向影响越弱。这也是高管激励契约互补性原理的体现。

表 8 - 5　　高管声誉与 R&D 投资的非线性关系与高管薪酬的中介效应（低度组 n = 3639）

变量	M8 - 1：高管薪酬（EC）		M8 - 2：研发投入（R&D）			
	FE	RE	FE	RE	FE	RE
股权集中度（CO）	-0.0037*** (-2.72)	-0.0047*** (-4.09)	-0.00004 (-1.45)	-0.00004** (-2.07)	-0.00003 (-1.28)	-0.00004** (-1.97)
股权制衡度（Z）	0.0004** (1.96)	0.0004* (1.94)	9.25E-06 (1.43)	8.93E-06 (1.08)	8.43E-06 (1.32)	8.43E-06 (1.03)
股权性质（OW）	-0.1327** (-2.03)	-0.1197** (-2.49)	0.0010 (0.53)	-0.0006 (-0.72)	0.0012 (0.61)	-0.0005 (-0.60)
公司成长性（Growth）	-0.0368*** (-5.61)	-0.0341*** (-5.85)	-0.0001 (-1.43)	-0.0001* (-1.71)	-0.0001 (-0.77)	-0.00003 (-0.88)
公司规模（Size）	0.4781*** (30.00)	0.4494*** (31.72)	0.0011** (2.56)	0.0006*** (3.04)	0.00035 (0.69)	0.00023 (0.69)
财务杠杆（Lev）	-0.2494 (-1.48)	-0.2797* (-1.65)	-0.0012 (-0.88)	-0.0016 (-1.17)	-0.0008 (-0.82)	-0.0013 (-1.12)
两权分离度（SQ）	-0.1994 (-1.30)	-0.1224 (-0.90)	0.0026 (0.33)	0.0015 (0.27)	0.0033 (0.42)	0.0017 (0.30)
高管声誉（Reputation）	5.3170 (0.40)	8.2293 (0.64)	0.0910 (0.40)	0.0181 (0.10)	1.8568* (1.82)	1.1152 (1.63)
高管声誉的平方（$Reputation^2$）	-742.5316 (-0.63)	-830.4184 (-0.73)	-7.5058 (-0.40)	-2.6175 (-0.20)	-10.4489 (-0.56)	-3.9803 (-0.31)
高管薪酬（Compensation）					0.0017 (1.40)	0.0011* (1.67)
高管声誉 × 高管薪酬（Rep × Comp）					-0.1231* (-1.78)	-0.0771* (-1.67)
R^2	0.3559	0.3551	0.0045	0.0035	0.0082	0.0071
F/Wald 检验	F = 117.27 P = 0.0000	Wald = 1343 P = 0.0000	F = 1.23 P = 0.2687	Wald = 17.16 P = 0.0462	F = 1.05 P = 0.3960	Wald = 20.64 P = 0.0373
Hausman 检验	chi2 = 8.15 Prob > chi2 = 0.0862（选择 RE）		chi2 = 0.99 Prob > chi2 = 0.9116（选择 RE）		chi2 = 0.99 Prob > chi2 = 0.9116（选择 RE）	

注：***、**、* 分别表示 1%、5%、10% 的显著性水平，括号内为 T 值或 Z 值。Hausman 检验：P 大于 0.05 则接受原假设，意味着模型为随机效应模型（RE）；否则拒绝原假设，采用固定效应模型（FE）；对 Hausman 设定检验无法判别的模型，采用随机效应模型（RE）。本表未报告常数项。

8.5 研究结论与启示

8.5.1 研究结论

外部环境的变化加速了产品更新换代，要求企业具有更强的研发能力，从而获得更为长久的发展。经理人由于受到任期的限制，很少会主动承担 R&D 投资的风险，通常会把任期内公司财务绩效放在首位。良好的声誉能否成为高管推进技术创新的动力呢？本章从高管声誉的双重治理效应出发，基于 2007 ~2016 年中国上市公司的平衡面板数据，采用爱德华兹和兰伯特（Edwards and Lambert，2007）的调节路径分析方法，深入考察了高管声誉与 R&D 投资之间的非线性关系以及高管薪酬的中介效应。主要结论如下：第一，高管声誉与 R&D 投资之间存在显著的倒 U 形关系，也就是说，具有“有效契约效应”与“寻租效应”的双重影响。在高管声誉水平达到最优值之前，高管声誉对 R&D 投资会产生正向影响，但超过该最优值，高管声誉对 R&D 投资会产生负向作用。这与徐宁（2013）①、拜绍利—索莱尔等（Baixauli – Soler et al. ，2015）② 对于高管股权激励与 R&D 投资之间非线性关系的研究结论具有内在逻辑上的一致性。第二，高管声誉与高管薪酬之间具有显著的倒 U 形关系，即高管声誉存在最优值，在高管声誉水平达到该最优值之前，高管声誉对高管薪酬会产生正向影响，但超过该最优值，高管声誉对高管薪酬会产生负向作用。第三，高管声誉通过倒 U 形曲线效应影响了高管薪酬，进而影响了 R&D 投资，促成了高管声誉与 R&D 投资之间的倒 U 形关系，即高管薪酬在高管声誉与 R&D 投资的关系中间起到了中介传导作用。本章通过构建上述三个变量之间的传导路径，突破了以往线性视角的思维方式，进一步丰富与拓展了公司治理与创新管理的研究领域。

---

① 徐宁．高科技公司高管股权激励对 R&D 投入的促进效应——一个非线性视角的实证研究［J］．科学学与科学技术管理，2013，34（2）：12 – 19.

② Baixauli – Soler J S，Belda – Ruiz M，Sanchez – Marin G. Executive stock options，gender diversity in the top management team，and firm risk taking［J］. Journal of Business Research，2015，28（2）：451 – 463.

8.5.2 研究启示

本研究的实践价值主要体现在以下几个方面：第一，为提高 R&D 投资水平，对于高管要进行适度的声誉激励。针对高管团队声誉水平较低的情况，一方面可以聘请较高声誉的高管来提高团队声誉水平，正如翁和陈（Weng and Chen，2017）得出的结论那样，“做得好”不如“选得好”，聘请高声誉高管会给企业带来更好的财务绩效，① 另一方面可以通过公司影像志、公司大事记、公司年鉴等形式来提高现有高管对声誉的认知及其在企业内部的声誉水平，逐步引导或者影响媒体及第三方对其声誉的评价。第二，针对过高声誉可能带来的负面效应，可以通过适当的约束机制来进行规避。当高管拥有过高的声誉之后，高管声誉的约束性会大大减弱，因此相应的外部约束机制（如信息披露制度、独立的审计制度等）则亟须发挥其应有的作用。第三，高管薪酬在高管声誉转化为 R&D 投资过程中的曲线传导机制表明了高管薪酬对企业技术创新的重要作用。在动态权衡高管声誉的同时，企业需要合理设计高管薪酬，使高管声誉与高管薪酬实现最优匹配，不断提升企业内部的创新活力。

① Weng P S，Chen W Y. Doing good or choosing well? Corporate Reputation，CEO Reputation，and Corporate Financial Performance [J]. The North American Journal of Economics and Finance，2017，39 (1)：223 -240.

第 3 篇
国有企业研究专题

第9章

国企高管声誉的影响因素与治理效应

随着国企改革的进一步推进，国有企业如何提高治理水平以实现持续成长，成为经济新常态下的重要命题。在契约不完备的情况下，对于拥有剩余控制权的国企高管来说，如何将其决策的外部性内部化从而使其对自身行为负责？薪酬等显性激励被广泛采用但其弊端却日益凸显。2015年《中央管理企业负责人薪酬制度改革方案》开始实施，旨在对国有企业尤其是央企负责人及高管的薪酬及福利进行限定。此项政策及其在企业界引起的高管降薪风波，在学术界引发了更为激烈的争论。在薪酬管制背景之下，实践界竭尽心力找寻解决方案，同时理论界也开始将关注点放在能够对高管产生激励与约束双重效用的声誉契约上面。

9.1 问题的提出

国有企业一直是我国重要的经济力量。国有企业与其他类型企业相比，有着显著不同的资源禀赋、追求目标与约束条件，并形成了特殊的管理模式，面临着特殊的管理问题。[①] 国有企业在高管薪酬管制背景之下，声誉契约凭借其独特的激励与约束机制，引起了理论界与实践界的共同关注。在中国情境下，高管声誉拥有特殊的属性，国企高管声誉与其职业生涯发展息息相关，合理利用声誉契约激励与约束高管行为，是薪酬管制背景下实现委托

---

① 武常岐，钱婷，张竹，轩宇欣：中国国有企业管理研究的发展与演变［J］；南开管理评论，2019（4）：69－79.

人与代理人利益趋同的重要途径之一。在此基础之上，深入探究国企高管声誉的形成路径及治理效应是充分发挥高管声誉激励有效性、进一步完善国企内部治理机制的重要前提。

在理论层面，现有研究存在理论假说上的分歧与实证检验的局限性，为解决上述问题，本章将运用质性研究与量化分析的整合框架，对在山东省特殊的文化与制度情境之下高管声誉呈现出的独特属性与形成路径、治理效用与实现机制等问题进行深入分析，以期对公司治理演进趋势与国有企业制度创新研究进行深化与拓展。在实践中，声誉对于国企高管究竟是动力还是负担？如何充分发挥其动力作用？这些问题的理论阐释是指导国企进行声誉激励的前提。课题组通过对山东省几个典型国企多位高管的访谈发现，他们平日里对声誉的作用有感觉，但难以表述，也没有形成运用声誉激励完善公司治理和制度化的管理方法。本章的结论将为政策制定者构建以声誉为核心的治理机制提供借鉴。

本章运用2007～2018年山东国有上市公司数据作为样本，采用多元回归分析方法，一方面从公司特征与个人特征两个层面，探究了山东国企高管声誉的形成路径，另一方面从高管声誉的双重治理效应视角出发，基于有效契约假说和寻租效应假说对山东国企高管声誉的治理效应进行实证研究。本章研究揭示了山东国企高管声誉的成因和结果，为高管声誉的理论研究提供了有益参考，并对高管限薪背景下高管声誉的培育和治理效应的发挥提供可行性建议。

9.2 理论分析与研究假设

9.2.1 高管声誉的影响因素

何种因素影响高管声誉水平？尤其是在国有企业中，高管的声誉水平与其长期职业生涯息息相关，其形成路径又会有何不同？基于此，本章分别从公司层面与个人层面因素出发，探究公司特征与个人特征如何影响高管声誉。

1. 公司规模与高管声誉

公司规模作为公司最为显著的特征之一，能否对高管声誉产生影响？已有研究表明，公司规模显著影响高管显性激励，如加贝克斯和兰迪尔（Gabaix and Landier, 2008）通过实证研究发现，公司规模对CEO薪酬具有重要影响。[①] 王帅等（2016）通过对高管访谈资料的整理，发现高管声誉会受到公司规模的影响，二者呈正相关关系。[②] 一方面，根据信号理论[③]，较大的公司规模会向利益相关者传递一种积极的信号，提升利益相关者对公司的信任度，利益相关者通常把较大的公司规模归功于高管个人，进而提升了高管的声誉水平。另一方面，规模较大的公司可以为高管声誉的培育提供良好的机会和资源，高管可以凭借公司规模利用多种媒体渠道建立个人形象，进一步提升利益相关者的信任度。[④] 由此提出以下假设：

假设9－1a：公司规模与高管声誉呈正相关关系，即公司规模越大，高管声誉水平越高。

2. 财务绩效与高管声誉

高管声誉是高管能力向外输出的重要信号，而公司的财务绩效在一定程度上代表了高管的能力和品质。[⑤] 因此，财务绩效可能会影响高管声誉的形成。学者们已经进行了相关研究，如约翰逊等（1993）采用证券分析师对经理人表现的年度评价来衡量高管声誉，通过实证研究得出，财务指标与高管声誉呈正相关关系。[⑥]；卡普兰等（Kaplan et al. 2015）也认为，CEO声誉水平高低取决于财务绩效，当公司财务绩效较好时，CEO的声誉水平也会

① Gabaix X, Landier A. Why has CEO pay increased so much? [J]. The Quarterly Journal of Economics, 2008, 123 (1): 49－100.

② 王帅，徐宁，姜楠楠．高管声誉激励契约的强度、效用及作用途径——一个中国情境下的实证检验［J］．财经理论与实践，2016，37（03）：69－76.

③ Spense M. Job market signaling [J]. The Quarterly Journal of Economics, 1973, 87 (3): 355－374.

④ Erdoğmuş N, Esen E. Constructing the CEO Personal Brand: The Case of Four Pioneering CEOs in Turkey [J]. Corporate Reputation Review, 2018, 21 (2): 37－49.

⑤ 徐宁，吴皞玉，王帅．动力抑或负担？——高管声誉双重治理效用研究述评与展望［J］．外国经济与管理，2017，39（10）：102－113.

⑥ Johnson W B, Young S M, Welker M. Managerial reputation and the informativeness of accounting and market measures of performance [J]. Contemporary Accounting Research, 1993, 10 (1): 305－332.

相应提高。①

根据归因理论，人们在认知过程中，会根据他人某种特定的人格特征或某种行为特点推论出其他未知的特点，以寻求各种特点之间的因果关系。②因此，当公司财务绩效较好时，利益相关者会将较好的财务绩效表现归因为高管的个人才能，高管的声誉水平由此提高。根据以上分析，提出以下假设：

假设9-2：财务绩效与高管声誉呈正相关关系，即财务绩效越好，高管声誉水平越高。

3. 公司声誉与高管声誉

公司声誉是一个重要的信号，影响着利益相关者对公司的评价。③ 公司声誉与高管声誉有着不同的载体，根据晕轮效应的相关理论，利益相关者可能因为公司具有较高的声誉水平，转而对高管具有较好的评价。由此推测，公司声誉可能对高管声誉产生正向影响。

高声誉水平的公司通常是大型知名企业，其公众形象、业绩和价值都很高。公司的声誉和品牌为高管提供了构建声誉的机会和资源。④ 根据归因理论，利益相关者会将公司的成功归因于高管，高管声誉由此得到提高。与此同时，高管利用多种媒体渠道增强公司的信任和形象，并启动社会责任项目，向利益相关者传递正确的信息。对公司和高管的奖励以及在大众媒体和学术界发表的成功故事有助于提高高管的声誉。根据以上分析，提出以下假设：

假设9-3：公司声誉与高管声誉呈正相关关系，即公司声誉水平提高，高管声誉也会随之提高。

4. 高管个人特征与高管声誉

除公司层面的特征之外，高管个人层面的特征也会影响高管声誉。已有

---

① Kaplan S E, Samuels J A, Cohen J. An examination of the effect of CEO social ties and CEO reputation on nonprofessional investors' say-on-pay judgments [J]. Journal of Business Ethics, 2015, 126 (1): 103-117.

② Weiner B. Social motivation, justice, and the moral emotions: An attributional approach [M]. Psychology Press, 2006.

③ Frooman J. Stakeholder influence strategies [J]. Academy of Management Review, 1999, 24 (2): 191-205.

④ Erdoğmuş N, Esen E. Constructing the CEO Personal Brand: The Case of Four Pioneering CEOs in Turkey [J]. Corporate Reputation Review, 2018, 21 (2): 37-49.

研究证明了这一点，如费斯凯林（Fetscherin，2015）通过研究发现，CEO的任期、学历、体格特征等会影响CEO的声誉。[①] 由于高管心理特征难以准确衡量，在此仅探究高管的任期、学历是否会对高管声誉产生影响。

一方面，高管拥有较长的任期和较高学历均会对公司价值创造产生正向影响。高管任期会对公司的战略选择产生重要影响[②]，相比任期短的高管，任期较长的高管更倾向于中长期的财务回报，会更多地考虑公司的中长期绩效，为公司带来良好的绩效表现；学历较高的高管通常具有较强的能力，可以利用自身的知识水平为公司创造更多的价值，从而获得利益相关者较高的评价，高管声誉水平由此得到提升。另一方面，高管拥有较长任期和较高学历，会积累较多的社会资本。社会资本可以为高管吸引更多的媒体报道和利益相关者关注，进而提高高管的声誉水平。根据以上分析，提出以下假设：

假设9-4：高管任期与高管声誉呈正相关关系，即高管任期越长，高管声誉水平越高。

假设9-5：高管学历与高管声誉呈正相关关系，即高管学历水平越高，高管声誉越高。

9.2.2 高管声誉的治理效应

1. 高管声誉与内部控制质量

内部控制是公司重要的内部治理机制之一，有效的内部控制可以保证公司在提高经营效率、遵循法律法规的基础之上创造更大的价值（刘浩等，2015）。[③] 高管可以同时影响董事会成员和员工行为，是公司内部控制建立和实施的关键主体，由此推断，高管声誉可能会对内部控制质量产生影响。

首先，声誉水平较高的高管通常具有较强的能力。而能力较强的管理者会在环境不确定性较大的情况下，通过设计合理的规章制度，增强对制度环境的认知和提高预测制度需求的能力[④]，从而有助于内部控制质量的提升。

---

① Fetscherin M. The CEO branding mix [J]. Journal of Business Strategy，2015. 36 (6)：22-28.

② Vancil R F. Passing the baton：Managing the process of CEO succession [M]. Harvard Business School Press，1987.

③ 刘浩，许楠，时淑慧．内部控制的“双刃剑”作用——基于预算执行与预算松弛的研究[J]. 管理世界，2015（12）：130-145.

④ 徐宁，张阳，徐向艺．“能者居之”能够保护子公司中小股东利益吗——母子公司“双向治理”的视角[J]. 中国工业经济，2019（11）：155-173.

其次，声誉水平较高的管理者拥有较强的风险承担水平。索恩和拉里斯（Sohn and Lariscy，2012）通过研究发现，CEO 拥有较高的声誉水平，可以减轻危机发生后利益相关者对公司的负面认知，从而削弱危机带来的负面影响。因此，高声誉水平的高管可以缓冲公司战略风险承担行为带来的负面影响，提升公司自身的风险承担水平和风险控制水平，进而提高内部控制质量。[①] 最后，高声誉管理者拥有的社会资本，促进了企业信息在利益相关者之间的传递，增强了公司内外部的信息透明度，有助于内部控制质量框架中信息与沟通要素的完善。因此，高声誉水平的高管对内部控制的要素均有一定的促进作用，由此提出如下假设：

假设 9－6：高管声誉与内部控制质量呈正相关关系，即高管声誉水平越高，公司内部控制质量越好。

2. 高管声誉与创新绩效

技术创新能力对公司价值创造的促进作用越来越明显。根据创新经济学及其衍生理论进行演绎，高管的创新动机与创新战略决策将对企业的技术创新产生重大影响。[②] 声誉作为一种长期的隐性契约，与创新绩效的关系又会如何呢？

首先，外部利益相关者由于信息不对称，通常会以组织中管理者的声誉来评估该组织的未来绩效[③]，因此，较高声誉水平的高管会被期望获得更优的业绩表现。就高声誉高管自身而言，他们也愿意承担更高的风险，寻求更多的研发投资，从事更多创新行为。

其次，创新需要高管具有较高的战略执行能力以及在创新过程中的协调管理能力，并且需要不断获取外部的信息与资源。而高声誉水平的高管，往往能够利用广泛的外部联系获得丰富的资源和及时的信息，从而大大降低创新的不确定性，更有可能取得项目的成功。[④] 另外，研究表明，高声誉 CEO

---

① Sohn Y J, Lariscy R. Resource-based crisis management: The important role of the CEO's reputation [J]. Journal of Public Relations Research, 2012, 24 (4): 318－337.

② 徐宁，徐向艺．技术创新导向的高管激励整合效应——基于高科技上市公司的实证研究[J]．科研管理，2013，34 (9)：46－53.

③ Hembroff L A, Myers D E. Status characteristics: Degrees of task relevance and decision processes. [J]. Social Psychology Quarterly, 1984, 47 (4): 337－346.

④ Jian M, Lee K W. Does CEO reputation matter for capital investments? [J]. Journal of Corporate Finance, 2011, 17 (4): 929－946.

的创新决策更容易获得外部合法性①，使得企业在创新的过程中更容易获得外部支持与合作，如政府、金融机构提供的资源等，有利于企业更好地开展创新活动。

最后，当组织面临失误或者困境时，有声望的成员会因为其光环而减少可能受到的责备②，因此，如果创新战略失败，高声誉水平的高管能获得更多的包容与谅解，这为创新战略的实施提供了保障。由此得出以下假设：

假设9-7：高管声誉与创新绩效呈正相关关系，即高管声誉水平越高，公司创新绩效越好。

3. 高管声誉与代理成本

代理成本存在于经营者和所有者之间，其实质是由于二者之间信息不对称与契约不完备而产生的权益损失。③ 从有效契约假说的视角出发，根据传统委托代理理论，良好的高管声誉会对高管行为产生约束作用，从而降低股东与管理层之间的代理成本。如法玛（Fama，1980）指出，声誉可以缓解来自劳动力市场的逆向选择问题，也可以减少道德风险④；米尔伯恩（Milbourn，2003）也认为，随着高管声誉的增加，股东与高管之间的利益冲突会减弱，从而降低第一类代理成本⑤。

首先，长期性是高管声誉的重要属性，高管声誉是通过长期的重复博弈建立起来的，在此过程中形成的能力、经验等信号使经理人市场对其形成认同⑥，是高管绩效、信誉、魅力和价值观等方面的综合体现⑦。因此，高管声誉是与其长期职业生涯相关联的，为了自身长期职业发展，同时也为了维

① Petruzzelli A M. The impact of technological relatedness, prior ties, and geographical distance on university-industry collaborations: A joint-patent analysis [J]. Technovation, 2011, 31 (7): 309-319.

② Giordano P C. Sanctioning the high-status deviant: An attributional analysis. [J]. Social Psychology Quarterly, 1983, 46 (4): 329-342.

③ Jensen M C, Meckling W H. Theory of the firm: Managerial behavior, agency costs and ownership structure [J]. Journal of Financial Economics, 1976, 3 (4): 305-360.

④ Fama E F. Agency Problems and the Theory of the Firm [J]. Journal of Political Economy, 1980, (88): 288-307.

⑤ Milbourn T T. CEO reputation and stock-based compensation [J]. Journal of Financial Economics, 2003, 68 (2): 233-262.

⑥ Holmström B. Managerial Incentive Problems: A Dynamic Perspective [C]// National Bureau of Economic Research, Inc, 1999: 169-182.

⑦ Love E G, Lim J, Bednar M. The Face of the Firm: The Influence of CEOs on Corporate Reputation [J]. Academy of Management Journal, 2017, 60 (4).

护既有的声誉，高管会将自身利益趋同于股东利益，从而为公司长期发展做出贡献，并降低代理成本。

其次，高声誉水平的高管普遍具有较强的能力与较高的知名度。一方面，研究表明，名人CEO可以被视为公司的无形资产，为公司带来更多的机会。[①] 声誉高的CEO，更倾向于拓展自己的社会关系网络[②]，注重企业外部信息资源的获取[③]，从而有助于提升公司价值。因此，声誉好的高管更不容易做出机会主义行为。另一方面，信号理论认为，在经济决策中，名气和声誉可以充当重要的信号源以降低信息的不对称性[④]，高名气增强了信号发送的强度，也就越能引起人们的关注[⑤]，而信息不对称是代理问题产生的根源，正是由于股东不能完全观察到高管的经营行为和努力水平，才使得管理层有机会攫取控制权私利（罗进辉，2012）[⑥]。因此，高声誉高管可以降低股东与管理层的信息不对称程度，从而缓解代理问题。此外，较高的知名度往往伴随着较多的新闻媒体报道，进而起到舆论监督的作用，有利于迫使管理层减少机会主义行为，降低公司的代理成本。基于以上分析，提出如下假设：

假设9-8：高管声誉与代理成本呈负相关关系，即高管声誉水平越高，公司代理成本越低。

4. 高管声誉与投资效率

投资行为关系到公司未来的发展，更具效率的投资行为是公司创造价值的重要保障。高管声誉作为一种隐性激励契约，是否会影响公司的投资效率？法玛（Fama，1980）指出，市场参与者会根据代理人之前的表现来推

① Ketchen Jr D J，Adams G L，Shook C L. Understanding and managing CEO celebrity [J]. Business Horizons，2008，51（6）：529-534.

② 孙俊华，陈传明．企业家社会资本与公司绩效关系研究——基于中国制造业上市公司的实证研究［J］．南开管理评论，2009，12（2）：28-36.

③ 姚冰湜，马琳，王雪莉，李秉祥．高管团队职能异质性对企业绩效的影响：CEO权力的调节作用［J］．中国软科学，2015（2）：117-126.

④ Connelly B L，Certo S T，Ireland R D，et al. Signaling theory：A review and assessment [J]. Journal of Management，2011，37（1）：39-67.

⑤ 纪炀，周二华，龙立荣，等．企业所有制调节作用下的名人CEO与组织吸引力研究［J］．管理学报，2016，13（1）：67.

⑥ 罗进辉．媒体报道的公司治理作用——双重代理成本视角［J］．金融研究，2012（10）：153-166.

断他的个人特征，如可信度等。[①] 将此观点应用于投资领域，如果高管拥有较高的声誉水平，会提高投资者对公司的可信程度。由此可以推断，高声誉水平的高管可能会提高公司的投资效率。

声誉是高管通过与资本市场参与者的反复交易，在职业生涯中积累而成的无形资产。一方面，在资本投资的背景之下，由于成功的投资行为可能会为高管带来更高的报酬和非物质激励，因此，拥有较高声誉水平的高管更有可能选择正净现值项目，以维持现有声誉和报酬。另一方面，高声誉的高管凭借其社会网络资源，以及利益相关者的信任程度，更有能力获得准确的投资机会信息，做出更好的投资决策，从而提高公司的投资效率。由此提出如下假设：

假设 9-9：高管声誉与投资效率呈正相关关系，即高管声誉水平越高，公司投资效率越高。

5. 高管声誉与盈余管理

盈余管理是指在现行会计准则允许的范围内，利用对会计政策和会计估计的选择来操纵盈余，[②] 如减少坏账准备的计提或者变更资产折旧方法等。考虑到盈余管理与公司披露的财务状况息息相关，而高管需要依靠公司披露的财务指标维持现有声誉，因此推测，高管声誉可能会对盈余管理产生影响。

有效契约假说认为，声誉可以解决信息不对称带来的代理问题，良好的高管声誉可以影响利益相关者对组织的看法，为企业带来积极影响（Weng and Chen，2016），[③] 如提升公司绩效、增加企业价值等。依据有效契约假说，知名 CEO 会提供准确的盈余报告，并选择正净现值项目来体现自己的能力，即知名的 CEO 提高了公司整体财务报表的质量；[④] 而寻租效应假说认为，具有较高声誉的高管会集中精力于职业生涯以及维护现有声誉，从而忽

---

① Fama E F. Agency problems and the theory of the firm [J]. Journal of Political Economy, 1980, 88 (2): 288-307.

② Dechow P M, Skinner D J. Earnings Management: Reconciling the Views of Accounting Academics, Practitioners, and Regulators [J]. Accounting Horizons, 2008, 14 (2): 235-250.

③ Weng P S, Chen W Y. Doing good or choosing well? Corporate reputation, CEO reputation, and corporate financial performance [J]. North American Journal of Economics & Finance, 2016, 39.

④ Jian M, Lee K W. Does CEO reputation matter for capital investments? [J]. Journal of Corporate Finance, 2011, 17 (4): 929-946.

略公司整体利益，为公司带来消极影响，如投资短视行为①、产生组织惰性甚至是必要时抵制组织变革等。② 依据寻租效应假说，为了达到市场参与者对公司的业绩期望，避免业绩不佳带来的声誉损失、终止任职等负面影响，声誉高的 CEO 会进行盈余操纵行为，③ 导致较低的盈余质量。

在中国的情境之下，CEO 声誉具有更为明显的内隐性和易损性特征。内隐性体现在：高管声誉的评价没有明确的标准且多具有主观性。而媒体倾向于将公司的战略行为与绩效过度归因于高管个人特质，因此高管行为要与人们的期望保持一致。④ 财务信息是外界评价公司绩效的主要途径，通过盈余管理粉饰财务信息，可以使高声誉 CEO 更好地维护现有声誉。而高管声誉的易损性特征，强化了 CEO 的损失规避心理，增加了其进行盈余管理的动机。因此，声誉水平高的 CEO 更有动机进行盈余管理来达到预期盈余，从而维持现有声誉水平。基于以上分析，提出如下假设：

假设 9－10：高管声誉与盈余管理呈正相关关系，即高管声誉水平越高，越倾向于从事盈余管理行为。

综上所述，高管声誉的形成路径与治理效应如图 9－1 所示。

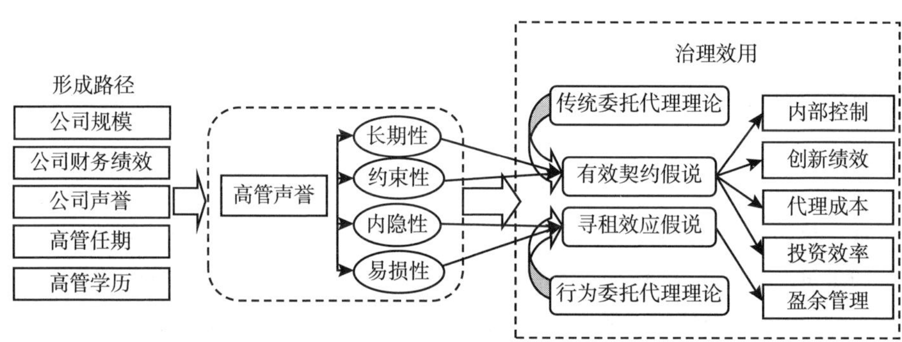

图 9－1　高管声誉形成路径与治理效用研究的理论框架

资料来源：根据相关文献整理。

① Cao G H, Yang J J, Lin C. CEO reputation and investment myopia behavior [J]. Journal of Industrial Engineering & Engineering Management, 2017, 31 (4): 45－51.

② Ranft A L. The costs and benefits of CEO reputation [J]. Human Resource Management International Digest, 2007, 15 (1): 279－290.

③ Malmendier U, Tate G. Superstar CEOs [J]. Quarterly Journal of Economics, 2009, 124 (4): 1593－1638.

④ Ranft A L, Zinko R, Ferris G R, et al. Marketing the Image of Management:: The Costs and Benefits of CEO Reputation [J]. Organizational Dynamics, 2006, 35 (3): 279－290.

9.3 样本选取与研究设计

9.3.1 样本选择与数据来源

本章选择2007~2018年山东省国有上市公司数据为研究样本，剔除以下公司：（1）金融、保险行业公司；（2）ST或*ST的公司；（3）数据缺失的公司。由于样本较小可能无法保证回归的准确性，因此仅删除自变量和控制变量数据缺失的样本。最终得到包含66家公司的726个样本。CEO声誉和公司声誉的数据来自中国研究数据服务平台（CNRDS），内部控制数据来自迪博（DIB）内部控制与风险管理数据库，其余主要变量及控制变量数据均来自国泰安（CS-MAR）数据库。本章采用Stata 16.0对样本数据进行实证分析，为了排除极端值对统计结果的影响，对所有连续变量进行了前后1%数据的Winsorize处理。

9.3.2 变量定义与计算方式

1. 高管声誉

考虑到声誉比较抽象，难以直接测量，现有文献大都选取高管声誉的代理变量来衡量。其中高管新闻媒体报道次数（media counts）与是否获得高知名度奖项（high-profile awards）是两种常用的代理变量。由于各高知名度奖项评价标准不一致，且难以避免信息不对称情况，而新闻媒体覆盖人群较广，充分考虑了投资者、媒体等利益相关者的评价，与媒体报道次数比较少的CEO相比，媒体报道次数比较多的CEO往往被认为是成功的领导者，因此本章采用CEO的新闻媒体报道次数来衡量高管声誉。具体而言，采用中国研究数据服务平台上市公司高管报刊新闻数据库中公布的数据，该数据库基于中国财经大数据研究系统（CFBD），包含500多家报纸新闻媒体的原始新闻数据，通过确定公司高管姓名、上市公司关键词和相关规则等，使用机器学习和人工检查分析新闻标题、新闻内容，与相关领域专家讨论，从而识别出的与上市公司高管相关的新闻报道，由此获得的数据全面准确。本章采用上市公司高管报刊新闻数据库中包含CEO姓名的新闻报道数量除以100以消除级差，作为高管声誉的代理变量。数值越大说明高管声誉水平越高。

2. 前因变量

公司规模（Lsize）采用公司年末总资产的自然对数衡量；财务绩效（LROA）采用公司年末披露的净利润与总资产之比衡量；公司声誉（Lfrep）采用中国研究数据服务平台中国上市公司财经新闻数据库中包含公司名称的新闻报道数量衡量，并除以 100 以消除级差；高管学历（Ldegree）采用虚拟变量衡量，如果 CEO 为本科以上学历赋值为 1，否则为 0；高管任期（Ltenure）采用 CEO 任期年数衡量。考虑到前因变量对高管声誉的影响具有滞后性，因此所有的前因变量均采用前一年数据衡量。

3. 结果变量

（1）内部控制质量（Control）。采用迪博内部控制与风险管理数据库中公布的上市公司内部控制指数除以 100 进行标准化衡量。

（2）创新绩效（Invent）。采用公司发明专利数量除以 100 进行标准化衡量。

（3）盈余管理（ARM）。参考德乔等（Dechow et al.，1995）采用修正的琼斯模型计算所得。具体而言，对模型（M9－1）进行分年度分行业回归，将所得回归系数代入模型（M9－2），估计所得结果即为盈余管理的值。

$$\frac{TA_{i,t}}{Asset_{i,t-1}}=\alpha_1\frac{1}{Asset_{i,t-1}}+\alpha_2\frac{\Delta REV_{i,t}}{Asset_{i,t-1}}+\alpha_3\frac{PPE_{i,t}}{Asset_{i,t-1}}+\varepsilon_{i,t} \tag{M9－1}$$

$$ARM_{i,t}=\frac{TA_{i,t}}{Asset_{i,t-1}}-\left(\hat{\alpha}_1\frac{1}{Asset_{i,t-1}}+\hat{\alpha}_2\frac{\Delta REV_{i,t}-\Delta REC_{i,t}}{Asset_{i,t-1}}+\hat{\alpha}_3\frac{PPE_{i,t}}{Asset_{i,t-1}}\right) \tag{M9－2}$$

其中，TA 为总应计项目，由营业利润减去经营活动产生的现金流量得到；Asset 为公司总资产；REV 为销售收入；PPE 为固定资产；REC 为应收账款。

（4）代理成本（Ag）。学界将高管自利行为为公司带来的成本称为第一类代理成本。目前关于第一类代理成本的衡量方式主要有管理费用率和总资产周转率两种。但是管理费用中包含董事会会费等公司经营必备的支出，用来衡量第一类代理成本可能会产生偏差。而总资产周转率反映了公司经营期间资产的周转速度，是考察公司资产运营效率的重要指标。因此参考方政等（2017）采用总资产周转率来衡量第一类代理成本，由于总资产周转率与第一类代理成本呈负向相关关系，因此把总资产周转率取相反数，以加强回归结果的直观性。

（5）投资效率（Invest）。参考理查森（Richardson，2006）的投资效率模型计算公司的投资效率。具体而言，对模型（M9－3）进行OLS回归，所得残差的绝对值即为投资效率的衡量指标。

$$In_{i,t} = \alpha_0 + \alpha_1 Grow_{i,t-1} + \alpha_2 Size_{i,t-1} + \alpha_3 Lev_{i,t-1} + \alpha_4 Cash_{i,t-1} + \partial_5 Age_{i,t-1} + \partial_6 AReturn_{i,t-1} + \partial_7 In_{i,t-1} + \sum Industry + \sum Year + \varepsilon_{it} \quad (M9-3)$$

其中，In为公司当年的新增投资，用“购建固定资产无形资产和其他长期资产支付的现金＋取得子公司及其他营业单位支付的现金净额－处置子公司及其他营业单位收到的现金净额”来衡量，并用总资产对其进行标准化；Grow为公司成长性，用主营业务收入增长率衡量；Size为公司规模，用公司总资产的自然对数衡量；Lev为财务杠杆，等于总负债除以总资产；Cash为公司持有的现金储备，用货币资金与短期投资净额之和除以总资产来衡量；Age表示公司年龄，用上市年限的自然对数来衡量；AReturn为公司股票的年度超额回报率，计算公式是“考虑现金红利再投资的年个股回报率－考虑现金红利再投资的综合年市场回报率”的流通市值加权平均法；Industry和Year为行业和年度的虚拟变量，ε为残差项，对其取绝对值，即为投资效率（Invest）的衡量指标，Invest的值越大，说明投资效率越低。

4. 控制变量

本章从以下几个层面选取控制变量：首先，在公司特征层面，选取公司规模（Size）、上市年限（List）、财务绩效（ROA）、财务杠杆（LEV）、公司成长性（Growth）五个变量作为控制变量，以控制不同公司间的差异。其次，在公司治理层面，控制了股权结构因素股权集中度（CO）和股权制衡度（Z），董事会的规模（Board）、董事会独立性（Independent）、董事长与CEO两职合一（Dual）关系到公司内部治理情况，可能对高管声誉和诸多结果变量产生影响。最后，本章从高管个人特征因素出发，控制了CEO年龄（Age）和CEO任期（Tenure）。除以上控制变量之外，本章还控制了年度（Year）和行业（Industry）的虚拟变量，以增强回归的稳健性。各个变量定义和具体衡量方式如表9－1所示。

表 9-1　变量定义与计算方式

变量类型	变量名称	符号	变量定义与计算方式
前因变量	公司规模	Lsize	公司年末总资产的自然对数，取上一年度数据
	财务绩效	LROA	公司年末披露的净利润与总资产之比，取上一年度数据
	公司声誉	Lfrep	中国上市公司财经新闻数据库中包含公司名称的新闻报道数量除以 100，取上一年度数据
	高管学历	Ldegree	虚拟变量，如果 CEO 为本科以上学历赋值为 1，否则为 0，取上一年度数据
	高管任期	Ltenure	CEO 任期年数，取上一年度数据
核心变量	高管声誉	Rep	上市公司高管报刊新闻数据库中包含 CEO 姓名的新闻报道数量除以 100
结果变量	内部控制质量	Control	内部控制指数除以 100
	创新绩效	Invent	公司发明专利数量除以 100
	盈余管理	ARM	参考德乔（Dechow，1995），采用修正的琼斯模型衡量，计算后取绝对值
	代理成本	Ag	公司总资产周转率的相反数
	投资效率	Invest	参考理查森（Richardson，2006）的投资效率模型计算
控制变量	公司规模	Size	公司总资产的自然对数
	上市年限	List	公司上市年数的自然对数
	资产回报率	ROA	公司年末披露的净利润与总资产之比
	财务杠杆	LEV	负债总额与总资产的比值
	公司成长性	Growth	公司期末总资产增长率，等于期末总资产与期初总资产之差除以期初总资产
	股权集中度	CO	公司年末第一大股东所持股权数量占股权总数的比例
	股权制衡度	Z	公司第一大股东与第二大股东持股比例的比值
	董事会规模	Board	董事会人数
	董事会独立性	Independent	独立董事在董事会中所占的比例
	董事长与 CEO 两职合一	Dual	虚拟变量，CEO 与董事长为 1 人，记为 1，否则为 0
	CEO 年龄	Age	CEO 年龄
	CEO 任期	Tenure	CEO 任期年数

9.3.3　研究方法与模型构建

1. 高管声誉的形成路径

为了验证前文提出的假设，本章采取多元回归进行实证分析，构建以下模型：

$$Rep = \alpha + \beta_1 Lsize + \beta_2 ControlVariables + \sum Industry + \sum Year + \varepsilon \quad (M9-4)$$

$$Rep = \alpha + \beta_1 LROA + \beta_2 ControlVariables + \sum Industry + \sum Year + \varepsilon \quad (M9-5)$$

$$Rep = \alpha + \beta_1 Lfrep + \beta_2 ControlVariables + \sum Industry + \sum Year + \varepsilon \quad (M9-6)$$

$$Rep = \alpha + \beta_1 Ldegree + \beta_2 ControlVariables + \sum Industry + \sum Year + \varepsilon \quad (M9-7)$$

$$Rep = \alpha + \beta_1 Ltenure + \beta_2 ControlVariables + \sum Industry + \sum Year + \varepsilon \quad (M9-8)$$

其中，模型（M9－4）~模型（M9－8）分别检验了公司规模、财务绩效、公司声誉、高管学历、高管任期对高管声誉的影响，ControlVariables 表示前文所述的控制变量，ε 表示残差。

2. 高管声誉的治理效应

同样，本章采用多元回归方法对高管声誉的治理效应相关假设进行检验，构建以下模型：

$$Control = \alpha + \beta_1 Rep + \beta_2 ControlVariables + \sum Industry + \sum Year + \varepsilon \quad (M9-9)$$

$$Invent = \alpha + \beta_1 Rep + \beta_2 ControlVariables + \sum Industry + \sum Year + \varepsilon \quad (M9-10)$$

$$ARM = \alpha + \beta_1 Rep + \beta_2 ControlVariables + \sum Industry + \sum Year + \varepsilon \quad (M9-11)$$

$$Ag = \alpha + \beta_1 Rep + \beta_2 ControlVariables + \sum Industry + \sum Year + \varepsilon \quad (M9-12)$$

$$Invest = \alpha + \beta_1 Rep + \beta_2 ControlVariables + \sum Industry + \sum Year + \varepsilon \quad (M9-13)$$

其中，模型（M9-9）~模型（M9-13）分别检验了高管声誉对内部控制质量、创新绩效、盈余管理、代理成本、投资效率的作用，ControlVariables 表示前文所述的控制变量，ε 表示残差。

9.4 实证结果分析与讨论

9.4.1 描述性统计

表9-2 展示了主要变量的描述性统计。从表中可以看出，高管声誉（Rep）最小值为0，最大值为8.740，中位数为0，平均值仅为0.076，说明山东国企高管声誉差距较大，且一半以上的高管声誉较低，需要厘清高管声誉的形成路径，以提升山东国企高管的整体声誉水平。公司规模（Lsize）标准差为1.282，说明山东国有企业公司规模差距比较大。财务绩效（LROA）中位数为0.033，说明大多数山东国有企业财务绩效为正，标准差为0.066，各企业间差距较小。公司声誉（Lfrep）最小值为0，最大值为14.500，标准差为1.660，说明不同公司之间声誉差别较大。高管学历（Ldegree）中位数为1.000，表明山东国有企业高管学历整体水平较高。高管任期（Ltenure）最小值为0，最大值为14.500，标准差为3.337，各公司高管任期差距较大，考虑到中位数仅为2.000，说明山东国企高管任期普遍较短。结果变量方面，内部控制质量（Control）最小为0，最大为9.844，平均值和中位数都在6.5左右，说明山东国企内部控制质量普遍较高，但是各公司之间仍然存在一定差距。创新绩效（Invent）最小值为0，最大值为9.660，中位数为0.010，说明山东国企整体创新水平较低，各公司间创新

水平差距较大。盈余管理（ARM）最小值为 0.001，中位数为 0.037，说明山东国企财务披露质量比较高。代理成本（Ag）最小值为 -3.290，最大值为 -0.024，标准差为 0.558，各公司效率差距较大。投资效率（Invest）平均值为 0.041，中位数为 0.028，说明山东国有企业整体投资效率较高，标准差为 0.044，说明各公司投资效率差距不大。

表 9-2　　主要变量的描述性统计

变量	样本量	平均值	标准差	最小值	中位数	最大值
Rep	726	0.076	0.460	0.000	0.000	8.740
Lsize	654	22.324	1.282	20.238	22.027	26.048
LROA	654	0.038	0.066	-0.228	0.033	0.212
Lfrep	654	0.953	1.660	0	0.335	14.540
Ldegree	654	0.554	0.498	0.000	1.000	1.000
Ltenure	654	3.265	3.337	0.000	2.000	14.500
Control	714	6.496	1.716	0.000	6.800	9.844
Invent	726	0.194	0.751	0.000	0.010	9.660
ARM	631	0.053	0.054	0.001	0.037	0.289
Ag	725	-0.760	0.558	-3.290	-0.627	-0.024
Invest	635	0.041	0.044	0.001	0.028	0.257

9.4.2　相关性分析

表 9-3 为主要变量的相关系数。从表中可以看出，对于高管声誉的前因变量，Pearson 相关系数和 Spearman 相关系数均显示，公司规模（Lsize）、财务绩效（LROA）、公司声誉（Lfrep）、高管学历（Ldegree）与高管声誉（Rep）呈正相关关系，高管任期（Ltenure）与高管声誉（Rep）仅 Pearson 相关系数呈正相关关系。对于高管声誉的结果变量，Pearson 相关系数和 Spearman 相关系数均显示，内部控制质量（Control）、创新绩效（Invent）与高管声誉（Rep）呈正相关关系，代理成本（Ag）与高管声誉（Rep）呈负相关关系。由各变量间的相关系数可以看出，在同一模型中参与回归的变量，相关系数最大为 0.343，小于 0.5，说明参与回归的变量间不存在多重共线性问题。但相关系数仅能反映各个变量之间的相关关系，还需要对变量进行回归，才能得出稳健的研究结论。

表 9-3 主要变量相关系数

变量	Rep	Lsize	LROA	Lfrep	Ltenure	Ldegree	Control	Invent	ARM	Ag	Invest
Rep	1.000	0.248 (0.000)	0.161 (0.000)	0.343 (0.000)	0.040 (0.342)	0.115 (0.006)	0.278 (0.000)	0.105 (0.013)	-0.044 (0.295)	-0.133 (0.002)	0.026 (0.537)
Lsize	0.114 (0.004)	1.000	0.088 (0.036)	0.648 (0.000)	0.142 (0.001)	0.195 (0.000)	0.346 (0.000)	0.106 (0.011)	-0.142 (0.001)	-0.049 (0.247)	-0.085 (0.044)
LROA	0.188 (0.000)	0.111 (0.005)	1.000	0.102 (0.015)	0.100 (0.017)	-0.015 (0.721)	0.306 (0.000)	0.126 (0.003)	0.033 (0.431)	-0.033 (0.435)	0.085 (0.044)
Lfrep	0.217 (0.000)	0.406 (0.000)	0.165 (0.000)	1.000	0.195 (0.000)	0.156 (0.000)	0.259 (0.000)	0.138 (0.001)	-0.149 (0.000)	-0.201 (0.000)	-0.070 (0.095)
Ltenure	0.067 (0.088)	0.211 (0.000)	0.095 (0.015)	0.201 (0.000)	1.000	-0.086 (0.040)	-0.024 (0.567)	0.070 (0.097)	-0.025 (0.549)	0.096 (0.022)	-0.039 (0.359)
Ldegree	0.087 (0.027)	0.214 (0.000)	0.014 (0.717)	0.121 (0.002)	0.058 (0.139)	1.000	0.052 (0.215)	0.096 (0.023)	0.042 (0.324)	-0.065 (0.121)	-0.030 (0.473)
Control	0.158 (0.000)	0.265 (0.000)	0.386 (0.000)	0.171 (0.000)	0.002 (0.954)	0.020 (0.609)	1.000	0.072 (0.085)	-0.019 (0.649)	-0.257 (0.000)	0.004 (0.929)
Invent	0.099 (0.008)	0.150 (0.000)	0.048 (0.224)	0.039 (0.315)	0.070 (0.072)	0.096 (0.014)	0.082 (0.028)	1.000	-0.096 (0.022)	-0.172 (0.000)	-0.002 (0.954)
ARM	0.005 (0.898)	-0.150 (0.000)	-0.014 (0.740)	-0.106 (0.010)	-0.019 (0.650)	0.028 (0.504)	-0.155 (0.000)	0.013 (0.746)	1.000	0.029 (0.495)	0.027 (0.518)
Ag	-0.085 (0.022)	0.025 (0.527)	-0.073 (0.063)	-0.192 (0.000)	0.083 (0.035)	0.011 (0.789)	-0.220 (0.000)	-0.104 (0.005)	0.008 (0.849)	1.000	0.070 (0.095)
Invest	-0.052 (0.195)	-0.015 (0.714)	0.103 (0.012)	-0.051 (0.215)	-0.064 (0.120)	-0.013 (0.752)	0.035 (0.375)	0.003 (0.948)	0.051 (0.211)	-0.049 (0.216)	1.000

注：左下为 Pearson 相关系数，右上为 Spearman 相关系数；括号内为 P 值。

9.4.3 回归分析结果

表9-4展示了高管声誉形成路径的回归结果。模型（M9-4）~模型（M9-8）均以高管声誉（Rep）为因变量，探究了高管声誉的影响因素。第（1）列以公司规模（Lsize）为自变量，由表9-4可知，公司规模（Lsize）的系数在1%的水平上显著为正，说明公司规模与高管声誉呈正相关关系，公司规模越大，高管声誉水平越高，证实了假设9-1；第（2）列以财务绩效（LROA）为自变量，财务绩效（LROA）的系数在5%的水平上显著为正，说明财务绩效正向影响高管声誉水平，拥有较好财务绩效的公司，高管声誉水平会相应提高，证明了假设9-2；第（3）列以公司声誉（Lfrep）为自变量，公司声誉（Lfrep）的系数在1%的水平上显著为正，说明公司声誉越高，高管声誉水平越高，证明了假设9-3；第（4）列以高管学历（Ldegree）为自变量，高管学历（Ldegree）的系数在1%的水平上显著为正，说明高管学历与高管声誉呈正相关关系，高管学历水平越高，高管声誉水平越高，假设9-5得到证明；第（5）列以高管任期（Ltenure）为自变量，高管任期（Ltenure）的系数在10%的水平上显著为正，说明高管任期与高管声誉呈正相关关系，高管任期时间越长，高管声誉水平越高，假设9-4得到证明。

表9-4　　高管声誉的形成路径

变量	(1) Rep	(2) Rep	(3) Rep	(4) Rep	(5) Rep
Lsize	0.0793*** (3.1850)				
LROA		0.8053** (2.2696)			
Lfrep			0.0475*** (3.3258)		

续表

变量	(1) Rep	(2) Rep	(3) Rep	(4) Rep	(5) Rep
Ldegree				0.0931*** (2.7701)	
Ltenure					0.0123* (1.8398)
Tenure	0.0179** (2.3809)	0.0177** (2.4386)	0.0170** (2.2999)	0.0182** (2.4092)	
Size		0.0792*** (3.3934)	0.0516** (2.1825)	0.0763*** (3.2295)	0.0791*** (3.2201)
List	0.0982*** (3.0167)	0.1013*** (3.0034)	0.0751** (2.4862)	0.0821*** (2.7742)	0.0955*** (2.9694)
ROA	0.8628** (2.5757)		0.7995** (2.4796)	0.8304** (2.4645)	0.9078** (2.5384)
LEV	-0.3341*** (-3.7082)	-0.3637*** (-4.3627)	-0.2835*** (-3.3573)	-0.3446*** (-3.7358)	-0.3362*** (-3.7798)
Growth	0.0647 (0.9991)	-0.0067 (-0.1036)	0.0368 (0.6025)	0.0052 (0.0854)	0.0007 (0.0121)
CO	0.0007 (0.4825)	0.0007 (0.4933)	0.0002 (0.1676)	-0.0001 (-0.0545)	0.0003 (0.2068)
Z	-0.0015** (-2.0291)	-0.0017** (-2.2434)	-0.0014* (-1.8841)	-0.0013* (-1.8151)	-0.0014** (-1.9769)
Board	-0.0079 (-0.6567)	-0.0094 (-0.7667)	-0.0077 (-0.6592)	-0.0086 (-0.7177)	-0.0059 (-0.5009)
Independent	-0.0309 (-0.1312)	-0.0835 (-0.3532)	-0.0437 (-0.1971)	-0.0592 (-0.2567)	-0.0236 (-0.1059)
Dual	-0.0218 (-0.6586)	-0.0105 (-0.3388)	-0.0045 (-0.1496)	-0.0236 (-0.7297)	-0.0154 (-0.4850)

续表

变量	(1) Rep	(2) Rep	(3) Rep	(4) Rep	(5) Rep
Age	-0.0030 (-0.8773)	-0.0031 (-0.8991)	-0.0045 (-1.3564)	-0.0011 (-0.3610)	-0.0016 (-0.5652)
Year	控制	控制	控制	控制	控制
Industry	控制	控制	控制	控制	控制
Constant	-1.9489*** (-4.0717)	-1.6120*** (-4.1292)	-1.0902*** (-2.6842)	-1.8587*** (-4.1978)	-1.9118*** (-4.0883)
Adj-R^2	0.0706	0.0697	0.0886	0.0762	0.0624
N	654	654	654	654	654

注：***、**、*分别表示1%、5%、10%的显著性水平，括号内为T值。以下各表同。

表9-5展示了高管声誉治理效应的回归结果。如表9-5所示，第（1）列~第（5）列均以高管声誉（Rep）作为自变量，探究了高管声誉的治理效应。第（1）列以内部控制质量（Control）为因变量，自变量高管声誉（Rep）的系数在10%的水平上显著为正，说明高管声誉与内部控制质量呈正相关关系，高管声誉水平越高，内部控制质量越好，证明了假设9-6；第（2）列以创新绩效（Invent）为因变量，自变量高管声誉（Rep）的系数在1%的水平上显著为正，说明高管声誉正向影响公司的创新绩效，高管声誉水平越高，公司的创新绩效越好，证明了假设9-7；第（3）列以代理成本（Ag）为因变量，自变量高管声誉（Rep）的系数在5%的水平上显著为负，说明高管声誉与代理成本呈负相关关系，高管声誉对公司的代理成本具有抑制作用，证明了假设9-8；第（4）列以投资效率（Invest）为因变量，自变量高管声誉（Rep）的系数在10%的水平上显著为负，说明高管声誉正向影响公司的投资效率，高管声誉水平越高，公司投资效率会相应提高，证明了假设9-9；第（5）列以盈余管理（Earn）为因变量，自变量高管声誉（Rep）的系数在5%的水平上显著为正，说明高管声誉正向影响盈余管理，高管声誉水平较高时，会为了维持较好的绩效表现而从事盈余操纵行为，假设9-10得到证明。

表 9 -5 高管声誉的治理效应

变量	(1) Control	(2) Invent	(3) Ag	(4) Invest	(5) Earn
Rep	0. 1675 * (1. 9463)	0. 1047 *** (2. 9599)	-0. 0850 ** (-2. 3679)	-0. 0037 * (-1. 6766)	0. 0054 ** (2. 1027)
Size	0. 5159 *** (6. 3311)	0. 1654 *** (4. 7381)	0. 0028 (0. 1299)	0. 0009 (0. 5158)	-0. 0032 (-1. 1258)
List	-0. 2075 ** (-2. 1022)	-0. 0448 (-1. 5011)	-0. 0075 (-0. 2109)	-0. 0125 *** (-2. 8906)	-0. 0022 (-0. 5648)
ROA	7. 2394 *** (4. 3193)	0. 0934 (0. 2928)	-1. 3084 *** (-3. 4019)	-0. 0360 (-1. 0827)	-0. 1417 ** (-2. 2929)
LEV	-1. 2262 *** (-2. 7133)	-0. 0544 (-0. 3702)	-0. 4206 *** (-2. 9031)	0. 0013 (0. 1198)	-0. 0104 (-0. 6344)
Growth	0. 8682 *** (2. 8107)	0. 1624 (1. 0308)	0. 1725 ** (1. 9913)	0. 0774 *** (4. 6109)	0. 0428 *** (2. 7339)
CO	-0. 0005 (-0. 0831)	-0. 0014 (-0. 9117)	0. 00003 (0. 0154)	0. 00004 (0. 3016)	0. 0004 * (1. 6844)
Z	0. 0034 (0. 9767)	0. 0011 (0. 8751)	-0. 0012 (-1. 2545)	-0. 00002 (-0. 2217)	-0. 0001 (-0. 8839)
Board	0. 0469 (1. 2262)	-0. 0685 *** (-2. 9236)	0. 0022 (0. 2130)	-0. 0008 (-0. 9898)	-0. 0025 ** (-1. 9666)
Independent	1. 0392 (0. 9170)	-1. 4083 ** (-2. 1073)	0. 7175 ** (2. 3831)	0. 0775 * (1. 9316)	-0. 0526 (-1. 0766)
Dual	-0. 1048 (-0. 6178)	-0. 0190 (-0. 3465)	0. 1000 ** (2. 3739)	0. 0014 (0. 3052)	0. 0021 (0. 2770)
Age	0. 0087 (0. 8983)	0. 0056 (1. 3907)	-0. 0084 ** (-2. 5072)	-0. 0001 (-0. 1933)	-0. 0005 (-0. 9364)
Tenure	-0. 0130 (-0. 7281)	0. 0047 (0. 3562)	-0. 0032 (-0. 6695)	-0. 000004 (-0. 0084)	0. 0002 (0. 3176)
Year	控制	控制	控制	控制	控制

续表

变量	(1) Control	(2) Invent	(3) Ag	(4) Invest	(5) Earn
Industry	控制	控制	控制	控制	控制
Constant	-8.8356*** (-6.2218)	-2.3143*** (-3.4534)	0.1993 (0.4545)	0.0634 (1.4404)	0.2916*** (5.2861)
Adj - R^2	0.3820	0.0844	0.3463	0.1568	0.0920
N	714	726	725	635	631

9.5　研究结论与启示

本章运用 2007 ~ 2018 山东国企上市公司数据，实证检验了高管声誉的形成路径和治理效应。在高管声誉形成路径研究中发现，公司层面特征，如公司规模、公司绩效、公司声誉，以及高管个人层面特征，如高管任期、高管学历均会对高管声誉产生正向影响。在高管声誉治理效应研究中发现，高管声誉具有双重治理效应。一方面，基于有效契约假说，高管声誉可以提高公司的内部控制质量和创新绩效、有效降低公司代理成本，并减少公司的非效率投资行为；另一方面，基于寻租效应假说，较高水平的声誉反而会促使高管从事盈余管理行为，降低公司财务披露质量。通过本章的假设和实证研究，针对高管声誉的形成路径和治理效应，笔者对完善公司治理机制、充分发挥声誉激励的有效性提出政策建议如下：

第一，建立健全基于公司层面和高管个人层面的高管声誉培育体系。公司层面的特征，如公司规模、公司绩效、公司声誉等均可以影响高管声誉，高管个人层面的高管学历、高管任期等也与高管声誉呈正相关关系。公司在培育高管声誉时，应充分考虑公司层面因素和高管个人层面因素，根据公司实际情况和个人情况制定声誉培养方案，为高管声誉的提升提供良好的路径与环境。

第二，构建完善高管选聘制度。考虑到高管声誉在中国情境下具有双重治理效应，当高管可能会为了维护已有声誉进行盈余管理行为。因此在选聘高管时，应充分考虑高管声誉的双重治理效应，与其他公司治理机制相结合，尽量发挥高管声誉的正向治理效应。

第三，结合隐性激励与显性激励，完善山东国企高管激励体系。在高管限薪背景下，声誉激励作为一种隐性激励契约，可以有效弥补高管限薪政策带来的激励不足问题。考虑到高管声誉具有双重治理效应，因此在使用声誉激励时，应与其他激励契约（如股权激励、控制权激励）相结合，充分发挥高管激励契约的有效性。

高管声誉作为一种重要的隐性激励契约，在中国情境下拥有独特的属性。在国企高管限薪的背景之下，高管声誉的形成路径和治理效应是理论界和实践界共同关注的问题之一。首先，本章从公司特征和个人特征两个层面出发，探究了高管声誉的形成路径，研究发现，公司规模、绩效和声誉均可以正向影响高管声誉，高管的任期和学历也对高管声誉有显著的促进作用。其次，本章立足于有效契约假说与寻租效应假说，对高管声誉的治理效应进行了研究，实证结果发现，高管声誉可以提高公司内部控制质量、创新绩效，降低公司的代理成本、减少非效率投资行为，但却会促进盈余管理行为，降低财务信息披露质量。对高管声誉形成路径和治理效应的研究，为完善高管声誉相关研究、充分发挥声誉激励的有效性提供了建议和参考。

第10章

国企高管声誉治理的实现机制构建

构建国企高管声誉治理效应实现机制，旨在通过对高管声誉及其形成路径进行合理设计，促使国企高管形成追求良好声誉的动机，从而有效地对高管行为进行引导，以实现组织整体目标与价值增值。该实现机制包括国企管理目标体系、高管声誉评价机制，高管声誉传播机制、高管声誉激励机制等。通过对国企高管声誉评价体系进行优化与完善，使高管声誉的形成路径更为明晰，同时，有效利用不同层次情境因素的交互作用，强化有效契约效应，弱化寻租效应，制定出科学的高管声誉激励机制，从而提升企业的公司治理水平。

10.1 国企高管声誉治理作用实现的前提

为推进党中央有关全面深化改革的战略部署，有效实现国有企业长期健康发展、进一步完善现代企业制度、营造深化改革的良好环境的目标，高管声誉治理作为激励公司高管以最大限度为股东价值和利益相关者利益而努力的关键机制，也应纳入管理目标体系，以产生对代理人的隐性激励作用，从而有助于全面建立职业经理人制度，并在进一步完善长效激励约束机制，营造鼓励改革创新的良好氛围等方面发挥重要作用。在国企目标管理体系中，建立高管声誉治理机制是十分关键并且必要的一环。鉴于当前我国国企混合所有制改革的现实背景，国企高管声誉治理效应实现机制需建立在能够有效配置资源的完善市场体系之下。

10.1.1 推进管资本为主的改革实践

长期以来，国企改革一直是我国经济体制改革的关键性内容。国有资本的营运管理要服从我国战略和重大决策，进而优化投资监管方式，产生从管企业到管资本的职能转变，形成现代公司治理制度，以实现国企基业长青的目的，① 并包容接纳民营背景的战略投资者，产生竞争中性，减轻普通公众和社会对于国资垄断经营和不公平竞争的不满，促进经济发展，营造社会和谐。②

除部分亏损国企外，国资垄断经营以及政府高额补贴等不公平竞争引发了社会公众对于当前现状的不满，通过开展国企混改，使参与混改的民资背景战略投资者可以保持股东在公司当中的治理权威，达到控制权和索取权之间的局部均衡。之前的国企改革中，股份合作制和股份制改造均未能实现资本社会化的治理效果，内部持股员工和外部股东均没能成为真正的所有者。此次改革的关键是通过股权结构改革，推进阻碍国有资产经营效率提升的公司治理，推动国资营运监管及利益分配等体制的变革和重塑，③ 通过引入发展动机明确的战略投资者，形成制衡控股结构，有助于解决国企责任人不明晰的问题，降低错误决策的产生风险，阻止主要股东的短视行为，形成以管资本为主的改革方向，这是在新的改革实践中需要重点明确的问题。

此外，声誉激励效果的发挥会受到最终控制权的影响，国有控股的最终控制权限制了市场声誉的激励作用。④ 在国资管理体系中，从通过国资委管理的模式过渡到通过投资营运平台管理企业，可以有效避免国资委的监管者和经营者角色冲突的问题。故而，国有资本投资运营机构转变为国资委的监管焦点，同时国资委不再直接与投资运营机构参投的企业有直接产权关系，也无法参与其中进行干预，形成政企分开的局面。在控股结构层面，金字塔式的控股结构延长了代理链条，导致代理层级增多、代理关系更为复杂，对

① 沈昊，杨梅英．国有企业混合所有制改革模式和公司治理——基于招商局集团的案例分析［J］．管理世界，2019，35（4）：171－182.

② 郑志刚．国企混改的逻辑、路径与实现模式选择［J］．中国经济报告，2020（1）：54－67.

③ 綦好东，郭骏超，朱炜．国有企业混合所有制改革：动力、阻力与实现路径［J］．管理世界，2017（10）：8－19.

④ 马连福，刘丽颖．高管声誉激励对企业绩效的影响机制［J］．系统工程，2013，31（5）：22－32.

于金字塔链条的缩短可能也是减少政治经济问题、建立长期战略导向的有效措施。

10.1.2　明确政府和企业的职能边界

除完善的职业经理人市场制度以外，高管声誉机制发挥效用的另一个前提条件在于政府和企业之间形成明确的职能边界。股份制改造后的国企，中央和地方政府除直接持有国企控制性股份之外，还继续沿用此前由上级党委组织部门决定的人事任免和国企官员晋升考核体系，在管资本和管企业之间并未达到有效的均衡。鉴于国企一股独大的股权结构和国资管理体系的政治经济影响力，我国董事会提名和股东大会投票表决的高管遴选方式难以形成真正的影响力，对上级组织部门的相关任命构成挑战。在这样的国企官员产生制度下，董事长和 CEO 一方面要对股东们负有忠诚和勤勉的诚信责任，另一方面又要受到上级党委组织部门和国资管理部门的监管考核，导致国有企业具有“二重性特征”,[①] 这时股东的所有者权益将分配给无法承担对应全部责任的高管团队，模糊了国企董事的诚信责任，造成权力和责任的错位。

同时，国有企业面临所有者缺位问题的情况，使其更容易成为高管展开政治晋升“锦标赛”的场所，高管们为实现个人政治目标而采取诸如国企资源浪费等不顾企业长期发展的短视行为，损害股东利益，在我国政治背景下又加剧了代理成本的产生，看似多方监督和激励的实践反倒引致国企高管行为偏离航道的表现。

值得注意的一点是，当这种权责不匹配引致股东和高管之间的利益发生冲突时，董事将处于多头负责的多目标激励冲突状态。相比于民营企业，在管资本和管企业同步进行的治理模式之下，国有企业除创造经营利润的生产经营任务以外，还承担着稳定物价、促进就业、维护社会稳定等社会责任，甚至还将参与精准扶贫和慈善捐赠等公益活动，因此，国企高管将面临多项任务多种目标的工作状态。研究表明，当高管同时面临多项工作时，对其中一项工作任务的激励和重视将导致其投入过多精力和时间，从而忽视其他方

① 宋晶，孟德芳．国有企业高管薪酬制度改革路径研究［J］．管理世界，2012（2）：181－182.

面，结果造成资源的扭曲配置。[①] 在这种情形下，国企高管可能因追求私人收益而损害股东的长期利益，甚至产生严重的社会责任问题。

综上所述，鉴于传统的管资本和管企业双管齐下的治理模式和国企高管容易模糊诚信责任的问题，新一轮国有企业混改推行合理市场化选聘职业经理人的方式，以替换原有从上至下的政府官员式高管更替的模式；在企业内部，建立高管声誉考核评价的科学体系，对高管声誉进行规范化管理，以发挥其治理效应。

10.2 国企高管声誉评价机制构建

10.2.1 评价考核体系

在企业层面，对于高管声誉的评价要遵循对高管的评价规范化管理原则。一方面，与实际不符的错误性声誉信息将导致高管声誉机制失灵，使其不仅起不到应有的治理作用，反而会出现消极意义，为高管平添心理负担。另一方面，过度扭曲的声誉信息也会分散高管的注意力，引导其把时间和精力放在非生产性行为上，追求虚名，发生本末倒置的激励错位，而真正有能力的高管反而不受激励。

1. 遴选职业经理人

在国有企业中，董事会提名委员会应当提高工作的独立性和有效性。事实上，国企董事会提名委员会通常缺乏专业的人员选聘设计机制，除了由持有上市公司控制性股份的国资委全资的控股集团履行大股东职责外，国企选择的一种高管选聘办法普遍是由上级党委来任命董事长或 CEO。在“既管资本又管企业”的治理模式下，国企高管像政府官员一样，开展政治晋升的“锦标赛”成为趋势。高管对于声誉的过度关注容易侵害股东及其他利益相关者的利益，发生诸如过度公益性捐赠、笼络媒体资源、过度海外并购

① Holmstrom B, Milgrom P. Multitask principal-agent analyses: Incentive contracts, asset ownership, and job design [J]. Journal of Law, Economics and Organization, 1991, 7: 24.

等“面子工程”的行为,[①] 给高管考评选聘工作增添了难度。

因此，在程序上，对于高管人员的任命应由市场化的职业经理人选聘方式代替原有的“自上而下”的政府官员式高管更迭模式。在制度上，国有企业董事会提名委员会需要增强独立性和专业性，可以引入外部咨询顾问机构参加高管考核时的声誉测评机制设计，而且提名委员会成员的构成要有多元化的独立董事作为中间力量，促进整体系统评价制度科学化。实证研究表明，公司规模、ROA、公司声誉、高管兼任其他上市公司董事、高管学历、高管任期等因素均对高管声誉产生显著的正向影响，因此在衡量目标高管的声誉价值时，需要根据不同行业、不同地区对每个企业高管进行特别评估，以遴选出匹配度合适的胜任者。

2. 考评机制

在完善的现代公司制度下，企业通常使用年度或任期的综合业绩考核以衡量高管的努力表现。为实现对高管的持续性激励效果，国有企业在战略目标制定环节也需对应绩效考核建立企业高管声誉激励评价体系。目标管理是国企参与营运管理的关键措施，完善的目标考核制度能够如实反映高管的工作贡献，并将组织目标与高管个人目标更为紧密地结合，以发挥高管工作能动性，强调组织的战略引导作用。相应地，结合高管声誉治理效应实现的理论分析及高管激励探索实践，董事会应提出组织在不同时期的分阶段声誉评价目标，并通过规划组织战略目标与经营管理目标的实现路径将重点的管理活动评价机制系统地整合起来。在企业声誉方面，重视国务院国资委评选出的权威性奖项，诸如“国企好新闻”评选活动，以及其他像“全国企业文化示范基地”“中国企业 500 强”等荣誉称号，企业应对获得此类权威和具有影响力的奖项进行综合评价并给予高管相应奖励。

此外，高管声誉与公司声誉紧密关联，是交织在公司声誉中的关键性部分，企业有必要在战略目标分解程序中，设立与具体考核指标匹配的高管荣誉奖励。对于高管个人声誉的评价应当包括其创新能力、管理能力、领导力和工作努力程度等信息，企业的价值观和企业文化也应当融入其中，成为一

---

① 郑志刚，李东旭，许荣，林仁韬，赵锡军. 国企高管的政治晋升与形象工程——基于 N 省 A 公司的案例研究［J］. 管理世界，2012（10）：146－156＋188.

种战略导向性指引，高管通过更加明晰的工作价值观，在追求公司战略目标的同时努力实现公司远期价值的增长，用提升公司声誉的方式带动个人声誉增强。在这一过程中，需要注意两方面的内容。

首先是动态考核形式。基于期望和参与原则，对于声誉导向的目标制定要考虑企业运营的内部环境和外部环境等因素，经过多轮反复协商和探讨并做适当修改调整之后，对于企业及高管的声誉综合表现进行客观评价，通过强化高管的组织认同，发挥声誉的激励作用。① 同时，为避免声誉目标的激励效用递减，需不定期进行调整声誉激励的考核形式，保证目标未来的进展，有效利用现有资源从而获得更好的社会经济效益。

其次是分类考评形式。由于各国有企业的情况不尽相同，治理实践也需具体情况具体对待，不应设计统一的企业高管声誉激励体系，需要政府进行积极的实践探索。比如，针对公益导向和商业导向的国有企业需要按照不同的考评办法进行管理，完全竞争类的商业导向企业追求利润，应该在目标管理时进行更为严格的声誉管控，不仅加入结果导向的评定机制，在事前的工作中也必须控制声誉风险，签订声誉协议，对高管的表现做到奖罚分明，全面并公平地展开互动式管理，从而激发高管为完成组织目标而付出努力。对于承担公共责任的公交、地铁和电网等企业，应明确适配的不同声誉评价指标，对于声誉导向的程度进行明确划分，同时也有助于做好不同国有企业分层分类的改革，厘清治理效应的边界。

10.2.2 职业经理人市场

作为高管声誉评价最重要的环节，外部市场对于评估高管层的能力和业绩具有关键作用。声誉机制是在市场经济环境中依靠社会规范或行业组织所建立的一种有利于促进高管长期化行为、减少自利动机、遵守职业道德规范的一种制度与规则的设计安排。② 通过经理人市场对于高管质量的“信号”，企业可以将目标职位交给有能力和符合其文化与价值观的候选者，而高管的领导与管理才能、努力程度等信息就是通过其长期工作业绩建立的市场声誉

① 王帅，徐宁．公司高管声誉的三重激励效用及其实现途径［J］．经济与管理研究，2016，37（2）：124－131.

② 李培林．上市公司高管道德风险与声誉机制作用研究［J］．郑州大学学报（哲学社会科版），2015，48（5）：94－98.

而凸显出来的。因此，高管声誉是其长期成功经营的表现，也是对其拥有的开拓创新、经营管理等一系列重要能力的重要背书。

在进一步减轻国企负担的背景下，多种所有制资本将取长补短，推进现代企业制度建设，国有资本投资允许非国有资本参股，企业的自主权有所扩大，形成有效的国企高管声誉激励环境条件；同时，推进职业经理人市场建设，逐步形成以高管为主的管理人才市场的竞争选聘机制。此外，我国在各地方成立了经营管理人才中心，其主要任务是收集、评价优秀高管人员的综合信息并向企业推荐。这些中心应当成为明确的独立营运机构，不带任何政治色彩，对于进入经理人市场的每一位高管人员都要建立全面、真实、公开且连续的业绩档案和信用记录。由此，高管和国企之间实现重复博弈的基础是：企业充分利用独立市场评价机构提供的各企业高管资料以评估候选高管的能力和过往业绩信息，对其进行综合评价。

10.3　国企高管声誉传播机制构建

10.3.1　信息披露机制

高管声誉的质量十分关键，是决定高管声誉治理效应的重要因素。高管声誉作为衡量高管的领导和管理等能力及其努力、忠诚等态度的公共信息，其产生和传播都必须是准确无误的。只有根据准确披露的声誉信息对高管进行奖惩，才能体现高管声誉治理效应的实现路径及其对高管实践行为的激励约束作用。作为重要的外部治理机制，更为完善的信息披露制度能够缓解投资者决策中的信息不对称问题，进而减少公司治理相关成本。

首先，鉴于信息不对称引起委托人与高管之间的重复博弈，需要进一步增加国企高管薪酬透明度以发挥其治理效应。当前中国情境下的内部债权信息披露局限于银行业高管的递延薪酬安排，在各上市银行年报及银行网站可查询有关数据。在国企高管薪酬体系中，诸如高管递延薪酬等内部债权激励形式的薪酬应当及时披露，目前中国已有相关政策指引对中央管理企业的高管递延薪酬进行了明确规定，要求增加国企高管薪酬的延期支付也即任期激励收入部分等，以发挥薪酬机制对风险防控的约束作用，相应地，其信息披露也需更为充分和透明。随着我国国有企业改革的深入和资本市场的不断发展完善，对于高管内部债权薪酬的披露也应给予足够的重视，我国监管机构应出台详细的披露规定，包括内部债权激励所涉数额及公允价值、行使方式、结构期限等标准化信息，从而发挥外部治理的有效监督作用，并减少投资者获取信息所需的成本。

其次，对于货币薪酬之外的企业相关信息披露也可以帮助高管声誉机制治理效应的有效发挥。强有力的信息披露能够有效约束高管的隐性消费、消耗企业资源的问题，同时也可以促使高管形成重视企业价值的长期战略导向，增强经营动力。在相关监管机构出台适配法律法规、现代企业制度更为完善的背景下，高管在职消费、贪污受贿的现象将逐步减少，其经营管理行为变得更为规范化，这有助于高管努力追求良好声誉，扩大积极的影响力。多边声誉机制研究发现，由于政府和国有企业的合作是长期的，不仅高管需要注意并重视自己的声誉，政府也必须建立良好的声誉，[①] 做到政策连续并且信息公开透明，形成政府部门和国有企业双方的有效合作，进而提升高管、国有企业及政府的总效用。此外，国有企业职业经理人市场的选拔制度有利于弱化逆向选择问题，经理人市场的竞争将使信息披露更为充分，减少因信息不对称引发的“劣币驱逐良币”的情形，也减少了高管的道德风险问题。

10.3.2 社会网络与圈层传播机制

既有实证研究表明，国企高管声誉与企业创新产出能力、内控质量、投资效率之间有显著正相关关系，而与第一类代理成本显著负相关。在此基础上，企业可以引导优良的声誉导向氛围和价值理念，形成科学的评价标准，设立与战略目标和考核指标相匹配的荣誉性激励，并在年度和任期考核中兑现高管的薪酬等形式的奖励。比如在创新、投资、绩效和社会责任等方面做出突出贡献的高管，可以通过企业表彰大会、年会等形式对其进行奖励，在满足高管自我实现需求的同时增强高管的组织认同感，从而形成长效激励。

---

① Atakan A E, Ekmekci M. A two-sided reputation result with long-run players [J]. Journal of Economic Theory, 2013, 148 (1): 376 -392.

同时，企业应当建立多维度的社会网络。在企业外部网络中，高管需要在网络圈层之中的互惠合作与沟通，形成战略联盟和商业伙伴关系，增加高管自身的声誉资本。企业网络圈层可以起到规范高管社会行为的作用，形成正向价值导向，引导高管行为，促进商业互惠。例如，高校和社会教育机构的高管研修课程、各类企业家论坛均可为高管提供多维度的网络交流机会，交流过程中外界对高管既有成绩和长期化行为的认同，也会对高管声誉起到传播作用，加强高管的心理认同感，强化高管长期化行为，社会资本由此产生积极的认同作用。

此外，政府应该树立榜样，通过行业圈层、媒体等途径，使高管重视诚信理念并增强社会责任感。如通过各类正面新闻报道和政府荣誉奖励等价值引领的方式引导高管行为，对目标行业高管的杰出业绩和行为进行案例化的特别报道，使焦点高管受到社会认同并成为学习模仿对象，形成多层次社会化的声誉激励。

10.3.3 信任机制

声誉机制的核心便是赢得信任，而信任是社会交往的前提，是用来减少社会交往复杂性的简化机制。在公司治理当中，首先应当通过制度来建立信任，基于企业实践的制度实则是通过制度而达到对人的信任的工具，制度信任本身并非是对各项制度的信任，而是通过制度产生对高管层的信任。公司章程和各项规章制度因其公平性、确定性、普遍性和强制性的特征而使公司经营的风险降低，同时也为高管的长期化行为提供了条件。声誉就是一种通过制度信任而形成的人际信任，在各项制度环境中，高管通过长期的努力经营树立其个人认同，才能获得优质声誉，创造出社会和企业对其综合能力的信任。同时，高管声誉也会对其主观能动性方面的自我意识产生直接影响，进而激励其内生动机，[①] 有助于声誉机制发挥治理效应，使企业价值增值。

此外，良好的企业内部培训体系也可以帮助高管养成出色的职业技能、良好的职业态度和职业道德，这其实是对不完全契约的一种有效补充，高管在拥有优秀企业文化和良好职业发展道路的企业中能够形成态度鲜明的契约

---

① 廖飞，施丽芳，茅宁，丁德明．竞争优势感知、个人声誉激励与知识工作者的内生动机：以知识的隐性程度为调节变量［J］．南开管理评论，2010，13（1）：134－145.

精神，尽心尽力为企业做出卓越的业绩，同时也为自己获得市场口碑、增加声誉、降低信任成本建立基础。

另外，完善的声誉机制具有惩罚功能，高管因不当行为引起的负面事件将对其造成严重的信任危机，这种信任损失可能会大幅度减少高管的未来长期收益。声誉作为关键性的长期战略资产，其形成过程较长却又具备易损特征而十分脆弱，修复个人声誉同样是一个长期的过程，这就为规范国企高管行为提供了隐性约束，声誉机制发挥着社会控制功能，[①] 高管将制约自己的自利动机，避免打破社会信任，损害自己来之不易的声誉。

10.4 国企高管声誉激励机制构建

10.4.1 高管长期薪酬激励

保证高管具有长期化视野是高管声誉机制形成并发挥治理效应的基础（黄群慧和李春琦，2001）。[②] 首先，高管声誉只有在企业长期实践中才可以形成和建立，高管对未来具有长远预期，才会在工作中注意自己的声誉。一方面，基于预期企业可持续运营发展，未来远期收益丰厚，高管为长期保持其职位，获取长期化利益，就必须重视个人工作声誉，约束其自利动机，减少机会主义行为。另一方面，长期薪酬激励机制有助于高管树立良好声誉，采取内外部环境所认可及赞赏的行为，以获得长期收益。一般而言，现代国企高管的薪酬结构较为多元，既包括作为保健因素的固定工薪，也包括奖金和股票等风险型收入。除现期收入以外，股票、股票期权、退休金计划、递延薪酬等激励形式可以保证高管行为的长期化。其中，股票收入是主要具有长期激励性作用的报酬部分，其形式也较为多样，主要包括股票期权、虚拟股票、股票增值权、业绩股票和限制性股票等。[③] 未来企业经营绩效对股票

① Bednar M K, Love E G, Kraatz M. Paying the price? The impact of controversial governance practices on managerial reputation [J]. Academy of Management Journal, 2015, 58 (6): 1740 - 1760.

② 黄群慧，李春琦. 报酬、声誉与经营者长期化行为的激励 [J]. 中国工业经济，2001 (1): 58 - 63.

③ Nguyen T. 2018. CEO incentives and corporate innovation [J]. Financial Review, 53 (2): 255 - 300.

升值的促进作用决定了该部分高管收入，旨在激励高管以企业长期价值为导向而努力工作。

此外，为缓解公众对公司过度冒险和短视决策的担忧，债权类薪酬成为近年来理论界和实践探索关注的焦点。根据代理理论，高管内部债权激励相关研究以退休金计划与递延薪酬为基础，与股权激励对应，詹森和麦考林（Jensen and Meckling，1976）将此类债权性质的薪酬称为"内部债权"（inside debt），它可以发挥实现公司和高管之间的长期联系、降低高管的流动性以及减少其卸责或冒险行为的作用。[①] 内部债权的本质属于企业对高管的负债，以激励性的退休金计划和延期支付薪酬作为其主要形式。退休金计划（pension plans）即在高管退休后公司每年向其支付固定金额的福利性保障。这种激励契约减少了高管仅以股价为基础进行决策的动机，避免其短视行为，从而妥善地管理公司。[②] 而递延薪酬（deferred compensation）则是指一类限定拨款额计划，[③] 以延付高管薪酬的形式对高管退休计划进行专门拨款，高管个人账户上的资金积累代表着其未来的退休金数额。

实施递延薪酬作为中长期机制的补充激励方案，可以实现加强公司和高管以及核心员工之间的长期联系、降低公司骨干的流动性以及激励高管与核心员工产生积极工作行为动机的目的，有助于企业基业长青。递延薪酬主要从以下三个角度进行设计：（1）任期激励收入。任期激励收入根据任期考核评价结果，以不超过高管在职期间年薪总水平的一定百分比为标准确定，若高管在任职期间或年度考评不合格将不得领取这部分收入。（2）追索扣回条款。高管在任职期间若出现严重过失、给企业造成相应损失，根据其承担的责任，追索扣回部分或全部已下发绩效年薪和任期激励收入，这一办法亦应当适用于已离职或退休的高管。（3）收入分期递延。高管的任期激励收入在任期结束后若干年内，按一定比例逐年兑现。

---

① Jensen M C, Meckling W H. Theory of the firm: Managerial behavior, agency costs and ownership structure [J]. Journal of Financial Economics, 1976, 3 (4): 305 - 360.

② Kalyta P. Compensation transparency and managerial opportunism: A study of supplemental retirement plans [J]. Strategic Management Journal, 2009, 30 (4): 405 - 423.

③ Cassell C A, Huang S X, Sanchez J M, et al. Seeking safety: The relation between CEO inside debt holdings and the riskiness of firm investment and financial policies [J]. Journal of Financial Economics, 2012, 103 (3): 588 - 610.

10.4.2 声誉导向激励体系

1. 制度设计

首先，国有企业的高管任期应有一定的时间跨度，尽可能避免高管的频繁调动，激励高管进行长期经营的愿望，培育国有企业高管的企业家精神，同时也可以保证企业战略执行的连续性，以推动企业发展。有经验证据表明，企业绩效越好或者越差，高管离任的机会都会增高，在一家企业的任职期限就会缩短。只有企业绩效相对正常的情况下，高管才能形成较长的任职期限。① 因此，国企要通过制定明确的长期发展战略保持绩效稳定，延长高管的任期。过度频繁的调动会导致国企高管无法获取长期经营行为带来的远期收益，这强化了高管们选择短视行为的动机，置企业长远战略目标于不顾，过度扩张、降低投资效率、好大喜功，从而引发企业生存危机，甚至带来一系列社会责任问题。

其次，建立负面声誉管理机制。激励性高管报酬制度实质上可能面临着隐性收入显性化的问题。在推进国有企业高管收入多元化的同时，必须控制高管过度“在职消费”等隐性收入。一方面，在企业中继续规范法人治理结构、有效发挥董事会和监事会对高管的监督约束作用，构建科学的决策机制和监督机制，优化企业风险控制和管理，降低企业营运的不确定性，减少代理成本；另一方面，通过一定的措施，建立外部媒体、社区、企业工会、职工代表大会等对高管的制约监督机制，当高管采取违背股东及其他利益相关者利益的行为时，利用内外部监督评价机制对其进行负声誉反馈惩罚的制约。除事后的惩罚外，协议制约也是一种负面声誉管理机制，通过对高管行为进行事前的陈述和保证，建立高管的不确定性行为约束机制，可以有效减少高管因不良行为或丑闻给企业带来的损失。这种协议、规章制度的作用在于引导高管行为向善，通过对不良行为的惩处起到鼓励积极行动的意义。

同时，经理人市场竞争也是具备良好约束效用的制度。公司舞弊的一个重要原因就是代理人没有因其财务舞弊行为而受到经理人市场的长期惩罚。

① 杨亚达，徐虹．国有企业经理人声誉激励机制［J］．经济理论与经济管理，2004（4）：47－49.

我国国有性质的上市公司中，以行政任命为主且报酬相对固定的经理人并不真正享有盈利激励和承担企业经营风险的最终责任，从而降低了高管进行舞弊的机会成本。高管激励和惩罚不足的解决措施如下：积极完善社会保障制度，将保障机制与产权改革结合起来。同时，明确政企分开，使国有企业的高管不再把自己的声誉、地位和发展前途与行政提拔联系在一起，而是同企业绩效挂钩，推行市场化的经理人竞争选聘以及以企业长期绩效为基准的市场化报酬，[①] 由此，可促使国企高管更加关注自身的未来职业发展，努力为企业创造财富并保持良好的声誉。

2. 价值观与企业文化

各类条款制度或法规对高管行为的约束作用有限，且成本也相应增加，而高管的多数机会主义行为并非违法，很多自利行为也难以查处。相比之下，企业文化形成的职业道德和职业态度对高管的影响在于个体意识层面，使其能够自觉地约束机会主义行为，治理效应因此也更为广泛。声誉机制可以使高管逐渐在声誉导向的工作体系中建立追求长期价值的企业文化，这种影响是持久而深远的，通过企业所倡导的价值观、核心理念和制度等，对各层管理人员的行为起到潜移默化的指引作用。通过这种长期影响，企业可以实现价值增值，以激励高管追求长期利益达到自身发展的治理效果。

为让企业价值观体系切实发挥作用，加速文化落地的实践，企业可以通过让高管加入声誉治理的保证协议、用自身的奖金等薪酬做抵押或者提供股票期权等治理手段，使高管表现得更像企业的“合伙人”，用声誉导向的治理方式实现高管对企业文化和价值观的认同。此外，企业可以选择提炼出成文的价值观，并且在反复讨论时就围绕具体的业务和制度展开，促进企业声誉价值观传播，同时也可以深刻影响企业的经营策略和管理制度。此外，在高管考核中，价值观也要占较高权重，制定的标准需要有具体的行为进行描述，保证声誉文化成为企业实践。在企业各项形式的活动中，也可以把企业声誉的价值观展示出来，添加到各项仪式中，并建立企业传记体系、建立荣誉墙、树立榜样等，在保证加入企业价值观的制度长期运行的同时让企业价

① 袁春生，吴永明，韩洪灵．职业经理人会关注他们的市场声誉吗——来自中国资本市场舞弊行为的经验透视［J］．中国工业经济，2008（7）：151－160.

值观站稳脚跟，给予高管有效的心理反馈。

10.4.3 显性、隐性激励的协同配置

鉴于单一治理机制边际效用递减的规律，理论研究者认为，过度依赖任何单一契约都难以规避其负面影响，深入研究不同激励契约的配置与整合才能打破单一契约的“次优”状态。① 在高管激励实践中，以契约规定的工资和奖金等激励和以成就动机及声誉代表的隐性激励对于激励体系均是必不可少的，单个治理契约的边际效用递减将导致代理成本造成的效率损失（郑志刚，2004）。②

在我国混改的大背景下，若忽视高管显性激励的治理效应而过分使用隐性激励手段，将导致各种激励设计损失效率，无法实现均衡，只有将两者有机结合，才能有效克服国企高管激励实践中存在的缺陷。在实践中，两种激励的配置还需要考虑企业高管的职业生涯周期、企业客观的经营环境和企业发展阶段，构建动态的企业高管激励体系。一方面，将高管报酬与公司中长期价值相结合以实现激励相容。不论是股票期权、限制性股票，还是内部债权，契约规定的高管报酬并不是在当期就能实现的，需要经过一定的限制条件，而且要达到一定的激励条件才能获得相应的报酬。另一方面，声誉激励机制将对高管个人的认同与公司的持续成长相结合，使公众对于企业高管个人能力以及努力的正面评价得以积累，增加对于高管个人的认同，从而提升高管的声誉资产，达到对其进行激励的目的。

10.5 主要研究结论

综上所述，高管声誉治理效应实现机制能够发挥作用的基础条件是：在有效深化国企混改的基础上，实现竞争中性。在国企管理目标体系中，科学合理地建立市场主导机制，增强战略改革的有效性，明确从管企业过渡到管

① 徐向艺，徐宁．上市公司高管激励契约配置与协同研究［M］．北京：经济科学出版社，2018.

② 郑志刚．投资者之间的利益冲突和公司治理机制的整合［J］．经济研究，2004（2）：115－125.

资本的改革方向，同时注意划分政府和国有企业的职能边界，降低政治晋升在高管声誉机制中的负面影响，避免高管的短视行为。

此外，在高管声誉评价机制中，针对高管的选聘与考评建立系统化的激励评价体系，注意高管声誉考核的动态性和分类考核形式，同时，高管只有在职业经理人市场体系中进行选聘，才能更好地实现国企高层人员的进出流动合理化，让专业的人做专业的事，实现资源配置流动的市场化，激励国企高管真正为企业努力创造价值。在高管声誉传播机制中，应提升信息披露的质量，发挥社会网络与圈层传播机制的社会效应，利用声誉导向的长期战略文化形成信任机制，发挥声誉的社会资本与社会控制功能。

最后，以高管长期薪酬激励体系为基础，建立高管声誉导向激励体系，通过企业制度设计和企业文化与价值观保障高管声誉治理效应实现机制的长久运作，同时协同配置高管的显性和隐性激励，使其成为实现企业可持续发展的不竭驱动力。

第 4 篇
高管激励契约比较专题

第11章

现金、股权及期权对公司战略投资的影响比较

高管薪酬设计的初衷大多聚焦于减少代理风险，近年来高管薪酬对于公司战略投资决策的影响也受到了学术界的关注。然而不同高管薪酬契约在公司战略投资决策中扮演了不同角色，对已有文献中高管薪酬契约对战略投资行为的效用差异性进行评述是拓展该领域的关键路径。本章对高管薪酬结构对战略投资行为影响的研究文献进行了回顾，并对现金、股权及期权等薪酬契约的效用进行了比较研究。在对诠释高管薪酬契约效用差异的相关理论进行梳理的基础上，从风险偏好、感知成本、激励相容路径等维度对上述差异性的来源进行了分析，继而阐释了合理设计薪酬的必要性以及影响高管薪酬契约整合效应的内外部情境因素。针对已有研究的不足，本章提出了相关研究展望，包括进一步考察高管心理特征对高管激励与战略投资行为关系的影响、合理地将隐性激励安排纳入战略投资决策框架、系统性考虑公司内外部环境的不同情境因素可能产生的治理效应等。

11.1 问题的提出

在现代公司中，产权制度安排更多地体现在所有权与经营权的分离上，这也引致委托人与代理人之间的信息不对称和代理人机会主义行为，故而容

易产生道德风险和逆向选择问题，形成代理成本。[①] 但是，仅仅从公司绩效与公司治理机制之间的关系来讨论代理问题是有局限性的，[②] 有必要研究公司治理机制的变化与管理者采取的行动之间的关系，如战略投资决策。[③] 作为涉及高风险且结果难以量化的实质性投资行为，战略投资会对公司绩效产生重大长期影响。长久以来，代理人一直被敦促做出提高公司长期竞争力的投资决策，而许多经理人实际上却放弃了将长期优势作为竞争武器的战略责任。[④] 通常，战略决策也被普遍认为是竞争对手和资源状况的影响结果，但高管出于风险偏好和个人财富等因素的考虑，可能会造成公司战略选择发生改变。正如战略选择理论（strategic choice theory）的核心观点所述，“战略选择”是组织内权力拥有者（代理人）决定战略行动路线的过程。

鉴于战略投资决策可能会给代理人带来较大的人力资本风险和机会，代理人罔顾公司长期整体利益而进行的战略决策行为使委托人蒙受的损失也是代理成本的重要构成，因此对其进行激励与约束十分必要。高管薪酬结构的合理设计是对高管进行有效激励的关键，已有研究表明，高管薪酬契约设计不仅反映了公司和行业的特征，而且影响着高管的经营投资决策。[⑤]

高管薪酬契约对公司战略投资行为产生影响的维度分为两个方面：一是薪酬水平；二是薪酬结构。一方面，不同的激励水平可以激励高层管理者以不同的方式评估战略选择，当 CEO 持有高水平的激励方案时，他们通常会进行风险过高的战略投资，从而损害股东的利益；相反，激励水平低的管理者会倾向于更加保守的战略性投资，这也可能导致利益不相容。[⑥] 另一方面，探究薪酬结构对公司战略投资行为的影响是建立在对现金、股权、期权等进行比较研究的基础上的。在实践中，鉴于单一薪酬契约的作用局限，上

---

① Jensen M C, Meckling W H. Theory of the firm: Managerial behavior, agency costs and ownership structure [J]. Journal of Financial Economics, 1976, 3 (4): 305 –360.

② Aggarwal R K, Samwick A A. Empire-builders and shirkers: Investment, firm performance, and managerial incentives [J]. Journal of Corporate Finance, 2006, 12 (3): 489 –515.

③ Linn S C, Park D. Outside director compensation policy and the investment opportunity set [J]. Journal of Corporate Finance, 2005, 11 (4): 680 –715.

④ Hayes R H, Abernathy W J. Managing our way to economic decline [J]. Harvard Business Review, 2007, 61 (7): 67 –77.

⑤ Wu B H, Mazur M. Managerial incentives and investment policy in family firms: Evidence from a structural analysis [J]. Journal of Small Business Management, 2018, 56 (4): 618 –657.

⑥ Steinbach A L, Holcomb T R, Holmes R M, et al. Top management team incentive heterogeneity, strategic investment behavior, and performance: A contingency theory of incentive alignment [J]. Strategic Management Journal, 2017, 38 (8): 1701 –1720.

市公司逐渐开始追求更加完备的激励安排以实现薪酬设计的权变性和延展性，从使用固定薪酬过渡到设计绩效工资等激励性薪酬制度，并将股权和期权等长期性制度安排纳入激励体系，使用基于多元指标的复合薪酬结构设计等。因此，学者们也逐步从静态视角下研究单一高管薪酬契约的有效性，拓展到对现金、股权、期权等不同薪酬契约的作用效果及机理进行比较研究。然而，目前学术界对高管薪酬结构与公司战略投资行为的相关性研究依然不完善，有关结论存在一定程度的分歧。

鉴于此，本章对高管薪酬结构影响公司战略投资行为的研究文献进行梳理与评述，系统探究了现金、股权、期权等薪酬契约对战略投资行为的作用效果及机理，并对其差异性进行了深入比较与分析，阐释了合理设计薪酬结构的内外部情境因素，从而构建出战略投资框架下高管薪酬结构的合理设计机制。本章的主要贡献在于：第一，摒弃了单一静态视角下的研究思路，从对现金、期权与股权等薪酬契约的比较研究出发，深入探究不同薪酬契约对战略投资行为的作用效果差异，涵盖战略投资行为的兼并收购、研发投资、资本支出（capital expenditure）及多元化投资四个维度，为理论研究与实践发展提供了有益借鉴；第二，从作用效果这个现象深入到现金、期权及股权三种契约的本质性差异，包括对高管风险偏好的作用、高管感知成本（perceived cost）及实现激励相容的路径三个方面，揭示了三者差异的深层次原因；第三，以差异性为基础，探究了三者的整合机理，并对合理设计薪酬结构的内外部情境因素（包括高管个体特质及市场竞争环境等）进行了论述，拓展了高管激励理论研究领域的边界。

11.2　现金、股权及期权对战略投资行为影响的差异性

在实践中，企业的战略投资行为一般包括并购、研发投资、资本支出以及多元化投资等。本章从激励相容的视角出发对现金、股权、期权等高管薪酬结构组成部分如何影响上述战略投资行为的研究进行较为系统的梳理。

11.2.1 对并购投资影响的差异性

并购是公司主要的、可从外部观察到的并可自由支配的长期投资。这些交易对创造股东财富尤为重要，同时也为经理们提供了机会，这可能会加剧经理们和股东之间的利益冲突。因此，作为一种能够创造协同效应的重要公司战略,[①] 并购提供了一个探索高管激励和投资决策之间关系的理想环境。

根据不同薪酬契约迥异的激励和约束效果，高管会表现出不同的战略并购重组倾向以谋求个人利益的最大化。然而在高管薪酬契约较为完备的条件下，高管与股东之间的利益是相容的，他们会权衡决策企业规模和价值的发展，并以公司股东财富最大化为目标做出努力。根据并购投资中的效率理论以及交易费用理论，战略正确的合理并购重组活动会导致公司的绩效出现增长，高管也会因此实现个人收益最大化。已有研究证实并购公司的 CEO 在并购结束的当年和后一年会获得更高的薪酬。[②]此外，并购活动产生的未来租金也可以用来激励 CEO 从而降低股东成本，比如，激励 CEO 去找寻更为有利可图的并购对象。[③]

一般而言，相对完备的高管激励契约能够在企业并购中产生积极作用。李燕萍等（2008）发现，当高管激励契约较为完备时，高管年薪和股权激励均会显著地正向影响战略并购重组（更大的数量和规模）。[④] 而在激励契约有效性得以保证时，CEO 持股水平越高，与股东的利益更加相容，其抵抗收购的可能性也越低。[⑤] 此外，桑德斯（Sanders，2001）研究得出股票期权薪酬和高管持股对公司资源配置决策的影响并不一致。CEO 持股会对公司的收购和剥离活动产生显著的负向影响，值得注意的是，由于持有期权的

① Bonaime A，Gulen H，Ion M. Does policy uncertainty affect mergers and acquisitions?［J］. Journal of Financial Economics，2018，129（3）：531－558.

② Bugeja M，Rosa R S，Duong L，et al. CEO compensation from M&As in Australia［J］. Journal of Business Finance and Accounting，2012，39（9－10）：1298－1329.

③ Kräkel M，Müller D. Merger efficiency and managerial incentives［J］. International Journal of Industrial Organization，2015，41：51－63.

④ 李燕萍，孙红，张银．高管报酬激励、战略并购重组与公司绩效——来自中国 A 股上市公司的实证［J］. 管理世界，2008，（12）：177－179.

⑤ Buchholtz A K，Ribbens B A. Role of chief executive officers in takeover resistance：Effects of CEO incentives and individual characteristics［J］. Academy of Management Journal，1994，37（3）：554－579.

风险小于股权的风险，期权对收购和剥离活动均会产生积极影响。[①] 因此，不受下行风险影响的期权激励也可以提高管理者进行风险投资活动的积极性，为提升企业价值创造机会，在战略投资行为的决策过程中发挥重要作用。

11.2.2　对研发投资影响的差异性

企业对创新的投资往往是高风险和高成本的，因为它涉及探索新的可能失败的和未经测试的方法，所以风险厌恶的管理者通常选择常规式运营而不是创新。同时，代理风险的存在也会降低在创新活动中配置投资资源的效率。[②] 正因如此，企业对 R&D 活动的投入程度取决于如何激励高管，从而减少代理风险的影响，使其利益与企业的长期目标相一致。而当前关于企业 R&D 支出决定因素的研究也集中在管理者短视的代理问题上，即管理者用企业长期价值换取短期利益，因此使用公司治理工具使代理人的私人激励与企业价值相容的实践便尤为关键。这也影响到了企业在创新数量和质量间的权衡，当委托人采用依赖于量化创新成果的指标时，代理人的私人利益与企业价值更加一致的企业将产生更少的增量创新和更大比例的新颖性创新。[③]

长期以来，关于企业如何合理设计高管薪酬以促进研发投资的研究经历了不同激励衡量指标的演进过程。早期已有学者发现基于短期财务绩效的薪酬激励与企业 R&D 总强度呈负相关，而强调长期财务激励可能会缓解这些激励与 R&D 强度之间的负面关系。[④] 但也有学者对此提出质疑，认为与薪酬结构无关，CEO 短期与长期薪酬均对研发创新的行为动力没有积极的调节作用。[⑤] 另外，由于 R&D 活动较难监控，公司所有者倾向于使用基于股

---

① Sanders G. Behavioral responses of CEOs to stock ownership and stock option pay [J]. Academy of Management Journal, 2001, 44 (3): 477 -492.

② Zhou K Z, Gao G Y, Zhao H. State ownership and product innovation in China: An integrated view of institutional and efficiency logics [J]. Administrative Science Quarterly, 2017, 62 (2): 375 - 404.

③ Jia N, Huang K G, Zhang C M. Public governance, corporate governance, and firm innovation: An examination of state-owned enterprises [J]. Academy of Management Journal, 2019, 62 (1): 220 - 247.

④ Hoskisson R E, Hitt M A, Hill C W. Managerial incentives and investment in R&D in large multi-product firms [J]. Organization Science, 1993, 4 (2): 325 -341.

⑤ Tien C L, Chen C N. Myth or reality? Assessing the moderating role of CEO compensation on the momentum of innovation in R&D [J]. International Journal of Human Resource Management, 2012, 23 (13): 2763 -2784.

权的薪酬来激励管理者。在大量的研究关注管理层持股对投资行为的影响后，马佐兹和赵（Mazouz and Zhao，2019）揭示了股权薪酬和创新投资之间的显著正相关性。[①] 然而，邓（Deng，2016）认为更多的股票薪酬会阻碍管理者投资企业的高风险技术，但会鼓励他在股票市场的私人投资中承担更多风险，转而增加对股票市场的投资。相反，随着高管的固定工资增加，他会希望在高风险技术上加大投资。[②] 值得注意的是，限制性股票的使用也对研发有消极影响。[③] 除这种线性相关关系以外，研究者们发现管理层持股和研发之间还存在一种倒 U 形关系。[④]

此外，高管期权激励与创新投入之间存在显著的正向关系。尽管有研究发现，高管大量持有股票期权时会将资源从 R&D 等实际投资中转移到股票回购上，以防在股权相关的薪酬中稀释每股收益，[⑤] 但多数学者均证明了股票期权对研发有积极影响，CEO 持有不可行权的期权所带来的长期激励与之后的企业创新之间存在显著的正相关关系等。[⑥] 同样，Vega（即 CEO 财富对股票收益率波动性的敏感度）也与更高的研发水平有关。

11.2.3 对资本支出影响的差异性

资本支出（captial expenditure）作为监管机构要求上市公司在其会计报表中披露的项目，是公司长期战略投资的衡量。但是，人们通常对这类重要的决策缺乏足够的关注，相对而言更为重视企业并购重组和创新研发行为。并购作为最重要和最引人注目的企业投资，创造了容易观察到的外部影响，[⑦] 同样，R&D 也因其相关长期经营收入、通常会比资本支出具备更大的

① Mazouz K, Zhao Y. CEO incentives, takeover protection and corporate innovation [J]. British Journal of Management, 2019, 30 (2): 494 – 515.

② Deng B. A simple model of managerial incentives and portfolio-investment decision [J]. Journal of Business and Economics, 2016, 7 (7): 1059 – 1076.

③ Lim E. The role of reference point in CEO restricted stock and its impact on R&D intensity in high-technology firms [J]. Strategic Management Journal, 2015, 36 (6): 872 – 889.

④ Beyer M, Czarnitzki D, Kraft K. Managerial ownership, entrenchment and innovation [J]. Economics of Innovation and New Technology, 2012, 21 (7): 679 – 699.

⑤ Bens D A, Nagar V, Wong M H. Real investment implications of employee stock option exercises [J]. Journal of Accounting Research, 2002, 40 (2): 359 – 393.

⑥ Nguyen T. CEO incentives and corporate innovation [J]. Financial Review, 2018, 53 (2): 255 – 300.

⑦ Zhao J. Entrenchment or incentive? CEO employment contracts and acquisition decisions [J]. Journal of Corporate Finance, 2013 (22): 124 – 152.

易变性而备受关注。

起初有学者发现，企业在采用绩效计划的高管薪酬契约后，资本支出会出现显著增长，[①] 然而这仅仅涉及以会计计量特征为基础的高管激励计划为增加资本投资提供的激励，从而容易忽略高管堑壕效应（entrenchment effect）与激励相容机制。乌尔里奇和斯诺（Woolridge & Snow，1990）也曾指出，管理者可能只是为了增加出现在资产负债表上的资本支出，而不是为股东创造价值。[②] 由于战略投资是预期产生未来收益的当前资源的主要投入，这种决策涉及当前资源外流和回报不确定性，因此对于厌恶风险的高管而言，为其提供激励相容的薪酬计划将更为关键。那么债务类薪酬的作用便会凸显出来，已有学者发现，CEO 内债对公司的有形资产投资（以资本支出衡量）有积极影响。[③]

同样，涵盖股权和期权激励的薪酬设计也均与公司长期资本支出正相关。已有研究发现，以股权为基础的激励与公司长期资本支出正相关。马丁等（Martin et al.，2015）在探索了薪酬设计如何影响首席执行官对短期或长期战略项目的偏好后，发现当 CEO 积累期权财富时，他们也更有可能进行长期投资。[④] 进一步地，还有学者通过实证研究得出，在短期内管理层薪酬中期权的比重越大，则公司的资本支出额度越高。[⑤] 值得注意的是，虽然股票期权鼓励 CEO 在不确定性领域进行大量投资，但往往也会带来巨大收益或损失的极端公司业绩。[⑥]

11.2.4　对多元化投资影响的差异性

多元化是企业保持竞争力和提高盈利能力的一个重要方法，不同于一般

---

① Larcker D F. The association between performance plan adoption and corporate capital investment [J]. Journal of Accounting and Economics，1983 (5)：3－30.

② Woolridge J R，Snow C C. Stock market reaction to strategic investment decisions [J]. Strategic Management Journal，1990，11 (5)：353－363.

③ Lu R，Yu Y. CEO inside debt，asset tangibility，and investment [J]. International Journal of Managerial Finance，2015，11 (4)：451－479.

④ Martin G P，Wiseman R M，Gomez－Mejia L R. Going short-term or long-term? CEO stock options and temporal orientation in the presence of slack [J]. Strategic Management Journal，2015，37 (12)：2463－2480.

⑤ Chen Y R，Lee B S. A dynamic analysis of executive stock options：Determinants and consequences [J]. Journal of Corporate Finance，2010，16 (1)：88－103.

⑥ Sanders G，Hambrick D C. Swinging for the fences：The effects of CEO stock options on company risk taking and performance [J]. Academy of Management Journal，2007，50 (5)：1055－1078.

的投资决策，它是企业经营方式的显著变化。显然，多元化战略带来的双重效应也让经理人的工作变得更加困难，学者们发现，高管激励计划可能成为一种行之有效的调节方案。阿加沃尔和萨维克（Aggarwal and Samwick，2003）通过控制影响多元化的特定企业因素，发现了多元化与管理层激励正相关的证据，且在均衡状态下，经理们从多元化中获得更多私人利益的公司将会有更大的激励力度，从而将导致更大程度的多元化。① 然而在基于代理成本视角的研究中，多数学者将目光都投向了激励相容，旨在通过激励契约的使用来减少高管施行的多元化战略决策以保护股东利益。有学者将多元化细分为不同类型之后发现，相关多元化与非相关多元化均与 CEO 现金薪酬之间存在积极的关系，但与管理层持股的相关性并不显著。② 另外，公司治理的大多研究也从此角度来考察管理层持股和企业多元化之间的联系。研究和实践都表明，鼓励管理层持股是恰当的，因为高管股权激励减少了公司多元化，避免了股东价值被破坏。丹尼斯等（Denis et al.，1999）的发现也支持了这一观点，并提供了管理层持股和企业多元化之间负面关联的证据。③ 亚历山德里和赛斯（Alessandri and Seth，2014）在考虑风险承担的因素后，同样发现管理层持股比例较高的激励契约将与国际多元化水平较低相关联。④ 上述研究均证明了管理层持股导致激励相容增强，因此与多元化负相关，这也契合大多数战略和金融领域的研究。⑤ 而当公司的高管受到更多的股票期权等长期激励时，他们也从多元化中获益更多。⑥ 基于代理理论，有学者提供了股票期权薪酬与国际多元化正相关的实证证据。⑦

此外，也有文献证实了管理层持有股权与多元化战略投资之间的无关论

---

① Aggarwal R K，Samwick A A. Why do managers diversify their firms? Agency reconsidered［J］. Journal of Finance，2003，58（1）：71－118.

② Riahi－Belkaoui A，Pavlik E. Effects of Ownership Structure，Firm Performance，Size and Diversification Strategy on CEO Compensation：A Path Analysis［J］. Managerial Finance，1993，19（2）：33－54.

③ Denis D J，Denis D K，Sarin A. Agency theory and the influence of equity ownership on corporate diversification strategies［J］. Strategic Management Journal，1999，20（11）：1071－1076.

④ Alessandri T M，Seth A. The effects of managerial ownership on international and business diversification：Balancing incentives and risks［J］. Strategic Management Journal，2014，35（13）：2064－2075.

⑤ Goranova M，Alessandri T M，Brandes P，et al. Managerial ownership and corporate diversification：A longitudinal view［J］. Strategic Management Journal，2007，28（3）：81－89.

⑥ Choe C，Dey T，Mishra V. Corporate diversification，executive compensation and firm value：Evidence from Australia［J］. Australian Journal of Management，2014，39（3）：395－414.

⑦ Tihanyi L，Hoskisson R E，Johnson R A，et al. Technological competence and international diversification：The role of managerial incentives［J］. Management International Review，2009，49（4）：409－431.

与非线性相关论。已有研究表明，高管薪酬和多元化之间的关系并不是决定性的。[①] 戈拉诺娃等（Goranova et al.，2007）则发现非相关多元化与高管持股负相关，而相关多元化与高管持股无关。[②] 在考虑到内生性和序列相关性后，有研究指出高管股权激励对业务多元化也并没有显著的影响。[③] 也有学者发现了二者非线性相关的结论，强调发达市场的企业与新兴市场的企业有不同的多元化行为，并通过实证结果发现管理层股权与多元化水平之间存在一种 U 形关系，[④] 甚至德尔布里奥等（Del Brio et al.，2011）证明了在股东保护程度较低时多元化和管理层持股之间存在三次函数的非线性关系。

综上所述，本章梳理了高管薪酬激励对公司战略投资行为影响实证研究的相关文献。结果表明，基于不同理论视角，理论界对现金、股权、期权等对公司战略投资行为的影响并未达成一致性的结论，存在相关或不相关、线性相关或非线性相关、正向或负向相关等观点分歧。然而，根据既有研究推断，可以发现相对一致的结论。例如，期权激励对并购投资、研发投入、资本支出和多元化投资均有正向影响，现金、股权及期权三者对并购及资本支出均有正向影响等，这对合理设计高管薪酬提供了有益借鉴。不同高管薪酬结构对战略投资行为影响差异的比较如表 11－1 所示。

表 11－1　不同薪酬契约对战略投资行为影响的差异性比较

薪酬	投资决策	理论视角	作用机制	研究结论
现金	并购投资	最优契约理论	CEO 的薪酬反映了他们的技能和努力，达成经理和股东之间的利益相容	并购后 CEO 奖金和薪酬水平的提高更多是由 CEO 完成交易的努力和技能以及公司业绩推动的
		管理层权力理论	高管利用他们的权力从薪酬中提取租金	高管的权力推动了其收购后奖金的增加

① Del Brio E B，Maia－Ramires E L，De Miguel A. Ownership structure and diversification in a scenario of weak shareholder protection［J］. Applied Economics，2011，43（29）：4537－4547.

② Goranova M，Alessandri T M，Brandes P，et al. Managerial ownership and corporate diversification：a longitudinal view［J］. Strategic Management Journal，2007，28（3）：81－89.

③ Alessandri T M，Seth A. The effects of managerial ownership on international and business diversification：Balancing incentives and risks［J］. Strategic Management Journal，2014，35（13）：2064－2075.

④ Chen C J，Yu C M. Managerial ownership，diversification，and firm performance：Evidence from an emerging market［J］. International Business Review，2012，21（3）：518－534.

续表

薪酬	投资决策	理论视角	作用机制	研究结论
现金	研发投资	行为代理理论	高风险项目可能会有糟糕的结果，如果事前最优决策导致惩罚，高管将倾向避免高风险项目	激励薪酬将风险转移给高管，因此，他们通过减少R&D支出来降低这一风险
	资本支出	最优契约理论	高管长期薪酬有助于个人激励与公司价值相容，并缓解经理和债权人之间的代理冲突	CEO内债对公司的有形资产投资（以资本支出衡量）有积极影响
	多元化	最优契约理论	分权结构下高管机会主义行为得到更好的控制，且组织控制安排要求更高，高管将获得更高薪酬	相关与非相关多元化均与CEO现金薪酬之间将存在积极的关系
股权	并购投资	行为代理理论	与股票所有权相关的下行风险可能会导致高管更厌恶风险	股权会导致高管更大的风险厌恶，减少收购和剥离活动
		最优契约理论	股权激励可以抑制管理层机会主义，促进股东财富最大化行为，实现更高水平的企业绩效	在相对完备的激励契约下，高管股权激励会对公司战略并购重组行为产生显著的积极影响
	研发投资	最优契约理论	股权薪酬的价值在很大程度上取决于公司的长期表现	股权薪酬激励经理为股东利益而行动，并优先考虑具有潜在经济收益的创新投资，提升企业价值
		管理层权力理论	更高的工作保障使高管足够强大，可以用其自由裁量权来追求私利，而牺牲其他所有者的利益	壕沟效应使管理者追求自己的利益，并且倾向于出于增长原因过度投资于创新
	资本支出	最优契约理论	股权激励可以有效减少高管的卸责和投资规避行为，从而更加契合股东的利益	以股权为基础的激励与公司长期资本支出正相关，激励的均衡增长会带来更高的投资
	多元化	最优契约理论	增加管理层持股将激励经理追求波动性增加的投资，避免过度多元化以降低现金流的可变性	管理层持股减少了代理问题，与公司多元化之间存在负向联系
		管理层权力理论	壕沟效应下管理者采取多元化战略的主要动机是增加个人财富，而不是企业价值，并且让自己对股东更有价值，更换成本更高	管理者持股达到一定水平后可能以牺牲股东利益为代价谋求个人财富，提高多元化水平
		行为代理理论	管理层持股较高可能会导致高管寻求保护其人力资本和个人财富的规避风险行为；较低可能会引发风险投资，增加高管持股价值	鉴于高管对损失的厌恶，其持股比例的增加与风险性的多元化投资负相关

续表

薪酬	投资决策	理论视角	作用机制	研究结论
期权	并购投资	行为代理理论	期权与股权的风险特征是不对称的，与股票相比，期权提高了对规避风险的代理人的激励，其缺乏下行风险的特征可能会使 CEO 更愿意参与风险战略	导致高管更大的风险偏好，企业更有可能进行收购和剥离活动
	研发投资	行为代理理论		基于期权的激励鼓励经理们从事风险更高的研发项目，以实现长期经济利益
	资本支出	行为代理理论	CEO 对短期损失厌恶程度更高，长期投资对其期权财富威胁更小	CEO 期权财富将与他们在资本支出投资上的长期取向呈正相关
	多元化	最优契约理论	股票期权可以减少经理和股东之间的代理冲突，也有助于谨慎的管理层评估，对拥有更多自由裁量权的高管来说是一种有效激励	高管权变薪酬（股票期权）与公司多元化正相关

资料来源：根据相关文献整理。

11.3　从现象到本质：差异性的理论阐释与来源分析

现金、股权、期权等薪酬契约究竟如何影响战略投资行为？是促进了公司以股东长期利益为核心诉求的战略投资行为的合理性，还是由于高管权力的存在与滥用抑制了其理性思考从而使战略投资变成了高管获得私利的工具？两者是简单的线性关系，还是复杂的曲线关系？投资风险在高管对个人财富的追求中究竟扮演了什么角色？实证研究结论的差异通过不同的理论得到了印证。

11.3.1　实证研究结论的理论阐释

1. 最优契约理论：基于利益趋同的促进效应

最优契约理论认为委托人能够设计并使用一系列完备的激励机制，以激励和约束代理人的自肥行为，从而降低代理风险。高管薪酬设计可以有效地制定长期的公司投资政策，并鼓励经理们为了股东的利益做出决策。由于对代理人的监督和评价较为困难且成本高昂，激励相容研究的支持者提出了一种利益相容的替代方法——通过奖励机制将经理人的部分薪酬与可衡量的企业绩效相关联。[①] 此外，传统的激励相容观点认为，增加管理层持股将使经理的利益与股东的利益相一致，股权激励可以激励管理层去追求增加持股价值的风险投资，但也有对这种观点提出质疑的研究不断出现。[②]

2. 管理层权力理论：基于权力寻租的抑制效应

在传统的代理问题中，经理人与股东的利益相互冲突，一些管理者可能从事负净现值的公司活动。内在自利的高管能够利用自身职务的便利性，扭曲激励契约的正面效应，监管不力时高管激励设计便很可能沦为高管借以侵占股东权益的工具。这契合了管理层权力理论的假设，即高管激励契约并不能有效解决代理问题，而由于管理层权力的存在成为代理问题的一部分。[③] 虽然高管契约可以通过减轻管理层的风险厌恶以提高股东价值，但它同样可能保护高管免受公司控制权市场的约束和解雇压力。[④] 另外，高管也可能利用职位之便自肥，借助管理层权力构建“帝国”。因此，管理者可能只是为了增加个人财富而实施并购，而不是为股东创造价值。

3. 行为代理理论：基于损失规避的自利效应

随着战略和金融等领域行为理论的发展，越来越多的学者运用行为代理理论对有关企业战略投资的作用机理展开分析，扩充了以往进行的研究。该理论认为，代理人也具有损失规避属性，当经理人因为承担风险而蒙受损失时会变得更加回避风险，相反，当他们无所损失的时候，他们才敢于进行风险投资。经理们将厌恶损失，更喜欢旨在保护当前财富的行动，

---

① Bottom W P, Holloway J, Miller G J, et al. Building a pathway to cooperation: Negotiation and social exchange between principal and agent [J]. Administrative Science Quarterly, 2006, 51 (1): 29 - 58.

② Devers C E, McNamara G, Haleblian J, et al. Do they walk the talk? Gauging acquiring CEO and director confidence in the value creation potential of announced acquisitions [J]. Academy of Management Journal, 2013, 56 (6): 1679 - 1702.

③ Bebchuk L A, Fried J M. Executive compensation as an agency problem [J]. Journal of Economic Perspectives, 2003, 17 (3): 71 - 92.

④ Zhao J. Entrenchment or incentive? CEO employment contracts and acquisition decisions [J]. Journal of Corporate Finance, 2013, 22: 124 - 152.

而不是为了追求新的收益而拿这些财富冒险。[①] 因此，高管们会寻求保护个人财富免受潜在损失，承担较少风险，在进行风险投资时会考虑到失败的风险。

通常学术界在论述高管薪酬结构如何影响公司战略投资时会依据上述不同的理论基础分别对作用路径展开分析，而逻辑起点的差异可能产生不同的相关结论，高管薪酬结构对公司战略投资行为影响的实证结论及其理论基础见图 11 -1。在不同的理论基础上，现金、股权及期权等不同的薪酬结构体现出相异的激励效用，如在最优契约理论和管理层权力理论的不同视角下得出的结论可能截然相反。有效契约观认为完备的薪酬设计可以使高管与股东的利益更为一致，使高管施行增加公司价值的战略投资行为，而拥有管理权力的经理也可能是个人帝国的建设者而侵害股东权益。在考虑“风险承担”的特征后，高管同样存有采取违背有效契约期望的战略投资决策的动机。

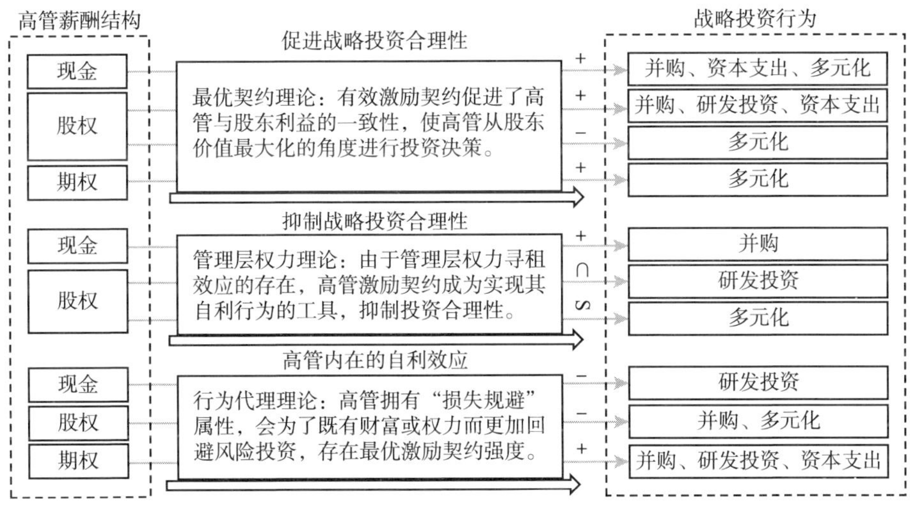

图 11 -1　高管薪酬结构对公司战略投资行为影响的实证结论及其理论基础

资料来源：根据相关文献整理。

① Hoskisson R E, Chirico F, Zyung D, et al. Managerial risk taking: A multitheoretical review and future research agenda [J]. Journal of Management, 2017, 43 (1): 137 -169.

11.3.2 现金、股权及期权差异性的来源分析

1. 现金、股权及期权对高管风险偏好的作用不同

很多情况下，高管激励的实施并不必然导致企业绩效的提升，而是通过改变管理者的行为对企业价值产生影响，而企业要获得更高的回报，必须承担适当水平的风险。[①] 代理理论的一个假设是，管理者往往比股东希望的更厌恶风险，企业利用高管薪酬契约设计能够在一定程度上解决高管风险规避属性所带来的阻碍。由此可见，在高管契约设计中引入风险承担的激励安排十分关键。

大量研究表明，不同激励契约都可以在一定程度上缓解高管风险厌恶的问题。邓（Deng，2016）发现，随着经理获得的固定工资增加，他会希望在高风险技术上加大投资。[②] 另外，股权激励也可以鼓励厌恶风险的CEO在他们的战略选择中承担更多风险，[③] 并期望这种选择有助于提高他们在公司中的股权价值。同样，股票期权的方式亦能促使风险厌恶的管理者承担风险，采取一定的风险性行为以提升企业的未来价值。多伊奇等（Deutsch et al.，2011）分析了标准普尔（S&P）1500家公司股票期权与CEO风险承担之间的关系，也发现两者之间存在显著的正相关关系，股票期权导致了未来的风险承担行为。[④] 这也符合学者们认为CEO薪酬契约中使用股票期权的主要理由就是它们抵消了管理层风险厌恶的观点。

然而，鉴于高管关心个人财富的保障，股权薪酬在激励承担风险中的期望效用可能得到事与愿违的结果。已有文献指出，虽然股票和股票期权这两种薪酬对重要的企业资源配置决策都有很强的影响，但期权会导致更大的风险寻求，而股权则引致更大的风险厌恶。另外，某些类型的股权薪酬，如限

---

① Deutsch T, Keil T, Laamanen T. A dual agency view of board compensation: the joint effects of outside director and CEO stock options on firm risk [J]. Strategic Management Journal, 2011, 32 (2): 212 - 227.

② Devers C E, McNamara G, Wiseman R M, et al. Moving closer to the action: Examining compensation design effects on firm risk [J]. Organization Science, 2008, 19 (4): 548 - 566.

③ Benson B W, Park J C, Davidson W N. Equity-based incentives, risk aversion, and merger-related risk-taking behavior [J]. Financial Review, 2014, 49 (1): 117 - 148.

④ Dittmann I, Yu K, Zhang D. How important are risk-taking incentives in executive compensation? [J]. Review of Finance, 2017, 21 (5): 1805 - 1846.

制性股票也会降低管理层的风险承担。[①] 近年来，一些研究中也并没有找到股票期权与风险承担间正相关的证据。班森等（Benson et al.，2014）发现，考虑管理者的效用函数，期权薪酬也并不一定促使高管的风险承担行为。[②] 甚至有学者指出了期权薪酬反而不利于管理层的风险承担。[③] 特别地，高管们会以不同的方式理解其股权财富的风险，这取决于他们不同的个性特征，[④] 也是导致激励效用差异的重要因素。

此外，聚焦于高管股票期权收益风险波动的 Delta 和 Vega 值也常用来研究给高管提供的风险承担激励。Delta 值和 Vega 值实际上分别是 CEO 薪酬—绩效关系敏感度和 CEO 财富对股票收益率波动性的敏感度。[⑤] 其中，评价 Delta 值的目的是激励相容，这为所有权和控制权分离导致的代理问题提供了解决措施；而评价 Vega 值则是为了应对 CEO 的风险厌恶而采取的冒险激励措施。现有文献表明，Vega 值会影响管理者行为和风险承担决策。越来越多的证据表明，Delta 值越大，管理层风险偏好越低，而 Vega 值与管理层风险偏好之间呈正向关系，[⑥] 进而也影响了高管的投资决策。例如科尔斯等（Coles et al.，2006）通过实证研究指出，较高的 Delta 值提供了减少 R&D 支出、增加资本支出和降低杠杆的较强激励；而 Vega 值却增加了 R&D 支出、多元化和杠杆作用，降低了相对风险更低的资本支出。[⑦] 这一证据支持了这样一种假设，即管理层薪酬方案对股票波动的更高敏感度，会激励高管投资风险更高的资产。尽管 Delta 值和管理层风险承担之间的关系在理论上和经验上都并不明确，但有关 Vega 的大多研究表明，Vega 值越高就越会引发寻求风险的管理层行为，从而导致风险更高的战略投资。

---

① Devers C E, McNamara G, Wiseman R M, et al. Moving closer to the action: Examining compensation design effects on firm risk [J]. Organization Science, 2008, 19 (4): 548 - 566.

② Benson B W, Park J C, Davidson W N. Equity-based incentives, risk aversion, and merger-related risk-taking behavior [J]. Financial Review, 2014, 49 (1): 117 - 148.

③ Dittmann I, Yu K, Zhang D. How important are risk-taking incentives in executive compensation? [J]. Review of Finance, 2017, 21 (5): 1805 - 1846.

④ Benischke M H, Martin G P, Glaser L. CEO equity risk bearing and strategic risk taking: The moderating effect of CEO personality [J]. Strategic Management Journal, 2019, 40 (1): 153 - 177.

⑤ Coles J L, Daniel N D, Naveen L. Managerial incentives and risk-taking [J]. Journal of Financial Economics, 2006, 79 (2): 431 - 468.

⑥ Hagendorff J, Vallascas F. CEO pay incentives and risk-taking: Evidence from bank acquisitions [J]. Journal of Corporate Finance, 2011, 17 (4): 1078 - 1095.

⑦ Coles J L, Daniel N D, Naveen L. Managerial incentives and risk-taking [J]. Journal of Financial Economics, 2006, 79 (2): 431 - 468

2. 高管对现金、股权及期权的感知成本不同

由于分别以最优契约理论和管理层权力理论为基础的研究出现了许多大相径庭的结果，理论学家们开始转而关注行为理论，以期探索矛盾出现的前因及相应的解决措施。鉴于高管股权类激励和现金薪酬激励的不同效用可能会导致高管产生心理变化，进而影响高管的战略投资行为，墨菲（Murphy，2002）提出了感知成本（perceived cost）的观点，该理论基于两个假设：（1）风险规避的高管认为股票期权薪酬风险很高，并且适当地低估期权的价值；（2）出于会计和现金流的考虑，公司通常将期权视为相对廉价的方式来支付薪酬。墨菲认为这种理论比最优契约和管理层权力观点更能解释高管薪酬模式和实践，并提供了对这一理论的支持性证据。① 而在关于高管薪酬的过往研究中，行为代理理论常被用来解释这种管理层个性特质的影响。学者们已经详细阐述了如何导致 CEO 规避风险的行为，这取决于 CEO 感知的得失情况，通常是由价内期权等特定形式的 CEO 薪酬计划触发的。② 从最优契约观和行为代理观迥异的实证结论我们也可以发现，考虑战略投资的风险性以及管理者对个人财富得失的敏感性特征，不同薪酬结构导致高管对于潜在损失的心理感知产生偏差，从而对其投资决策产生影响。

此外，墨菲（Murphy，2013）也指出，出于期权是“免费的”或者至少是“便宜的”这种认知，高管们经常含蓄地承认授予期权给公司带来了成本，同时又否认这些期权对公司有任何实际的现金成本。感知成本的方法解释了为什么高管被大量地授予期权激励，然而，高管可能只是误解了期权机会成本的性质。如果高管很难把握股权的机会成本，也就更难把握股权衍生产品的机会成本，尤其是考虑感知成本而不是会计成本的时候。有充分的证据表明，高管们通常忽略股权资本的机会成本，从而影响了企业的战略决策，导致产能过剩，库存、现金和营运资本水平低下。③

该理论的逻辑起点类似公司股利政策研究中的“在手之鸟”理论，在

① Murphy K J. Explaining executive compensation: Managerial power versus the perceived cost of stock options [J]. The University of Chicago Law Review, 2002, 69 (3): 847 -869.

② Martin G P, Gómez - Mejía L R, Wiseman R M. Executive stock options as mixed gambles: Revisiting the behavioral agency model [J]. Academy of Management Journal, 2013, 56 (2): 451 -472

③ Murphy K J. Executive compensation: Where we are, and how we got there [J]. Handbook of the Economics of Finance, 2013, 2 (6): 211 -356.

机会成本的视角下，现金薪酬与基于股权的激励会产生迥异的效用而体现出差异，高管对于不同激励契约的这种感知差异会给公司的战略投资决策带来极大的影响。

3. 现金、股权及期权实现激励相容的路径不同

根据激励机制设计理论的观点，高管薪酬契约获得预期效应的前提是达到激励相容。赫尔维茨和施梅德勒（Hurwicz and Schmeidler，1978）在其创立的机制设计理论中提出了“激励相容”的核心概念，即在理性经济人及其自利动机的假设之下，倘若能够设计一种制度安排，使高管在追求个人利益的同时，正好与公司实现整体价值最大化的目标相匹配，便实现了激励相容。① 这就意味着，高管行为的客观效果达到了机制设计者所预期实现的目标，从而取得委托人期望的结果，即实现委托人利益与代理人利益的趋同。不同薪酬契约实现激励相容的路径是有差异的。

现金实现激励相容的路径是将高管当期报酬与公司的当期绩效挂钩，提升薪酬—业绩敏感度（即 Delta）。一方面，当 CEO 从事高水平的公司战略投资时，董事们将对公司业绩做出更强有力的内部归因，对其理想的公司业绩给予丰厚的奖励，对糟糕的业绩给予惩罚。换言之，对于那些专注投资企业成长的 CEO 来说，绩效薪酬关系也最为牢固。② 另一方面，公司的年度短期财务绩效越好，根据契约条款，高管所获得的报酬强度也就越大。因此，由于年度财务指标是对历史的记录，并且多是短期性的，企业如果过度依赖薪酬激励，可能会导致高管对短期财务数据太过关注，从而导致其投资决策的短视。③

股权实现激励相容的路径除了“将高管中长期收益与公司中长期市场价值相结合”之外，还赋予了高管表决权等其他股东拥有的权力，让高管能够真正成为公司的拥有者，而不是局外人。这种心理上的作用会使拥有股票的高管更多地为了公司的长期利益考虑。但如前文所述，持有股权尤其是

① Hurwicz L，Schmeidler D. Construction of outcome functions guaranteeing existence and Pareto optimality of Nash Equilibria [J]. Econometrica，1978，(46) 6：1447 – 1474.

② Shi W，Connelly B L，Mackey J D，et al. Placing their bets：The influence of strategic investment on CEO pay-for-performance [J]. Strategic Management Journal，2019，40 (12)：2047 – 2077.

③ 徐宁. 技术创新导向的高管激励契约整合研究 [M]. 北京：经济科学出版社，2016：114 – 115.

限制性股票也让持有者更加患得患失，对风险产生更大的厌恶。这是由高管损失规避属性所决定的。

期权实现激励相容的路径是将高管中长期收益与公司的中长期市场价值相结合，提升 CEO 财富对股票收益率波动性的敏感度。虽然与股权一样都能使经理人获得股权的增值收益权，其中包括分红收益、股权本身的增值，但拥有的权力比实股少。然而，由于期权的“选择权”性质，高管承担的风险水平要比实股低。股票期权的持有人只有行权获益的权利，而无行权义务，当股票价值下降时，可以放弃期权，从而避免承担风险。已有研究证实了当CEO 积累期权财富时，更有可能进行长期投资。① 但该路径容易受到外部环境的影响与限制，在低迷的资本市场中，或者公司市值处于下跌趋势的时候，期权难以实现激励相容。

11.4 合理设计高管薪酬结构的必要性与情境因素分析

11.4.1 现金、股权、期权的整合效应

长期以来，大量的研究都关注某种高管薪酬契约的单一机制对战略资产投资行为的影响，认为薪酬安排可以实现激励相容，从而使得高管做出符合股东财富最大化的战略投资决策。例如，随着经理获得的固定工资增加，他会希望在高风险技术上加大投资，从而实现个人与组织的财富增长。② 然而也有学者提出，固定薪酬的激励方式并不能使股东与高管之间实现激励相容。③ 由此学者们开始寻找其他机制，以实现对有效契约的补充完善。作为完备高管薪酬契约、实现激励相容的关键措施，合理的组合激励机制产生的

① Martin G P, Wiseman R M, Gomez – Mejia L R. Going short-term or long-term? CEO stock options and temporal orientation in the presence of slack [J]. Strategic Management Journal, 2015, 37 (12): 2463 – 2480.

② Deng B. A simple model of managerial incentives and portfolio-investment decision [J]. Journal of Business and Economics, 2016, 7 (7): 1059 – 1076.

③ Lund A, Polsky G D. The diminishing returns of incentive pay in executive compensation contracts [J]. Notre Dame Law Review, 2011, 87 (2): 677 – 736.

协同效应引起了学者们的关注。随着时间的推移，不同治理机制可能形成相互加强的补充效应，这也体现在多样的治理机制中，不同组合方式的高管薪酬契约设计也因其更加符合现实需求而发挥出更好的协同效应。

鉴于现金薪酬和股票期权等不同的薪酬契约对战略投资决策具有差异性的激励效应，单一的薪酬设计并不是最优激励计划，更好的方案是将高管现金薪酬和股权等激励结合起来。一般地，这样的组合安排是更优的高管薪酬契约设计，其中股权激励使高管倾向选择具有长期价值的战略，现金激励能避免高管隐藏不良信息而损害企业的长期价值。徐宁和徐向艺（2013）也从技术创新的视角对高管激励效应展开探讨，通过实证检验发现股权激励、薪酬激励与控制权激励三者对于技术创新的影响具有交互效应。① 另外，将不同激励薪酬结合使用的激励契约也会有导向更加明确的效果。有学者对样本数据进行分析后发现，将基于短期与长期的激励相结合，可以鼓励更多的渐进式创新，而减少更多的突破式创新。② 从单一治理机制对公司战略投资决策影响的局限性出发，还有学者研究了不同高管薪酬契约的替代效应。例如伯恩斯等（Burns et al., 2015）提出管理层持股和额外津贴具备替代效应，而外部环境相对不利于企业时，股权激励也可以很好地替代薪酬激励。③

此外，关于管理层内部债务对战略决策结果影响的证据也逐渐受到学界广泛的关注。潘（Phan, 2014）在其一项研究中称，递延薪酬与固定收益退休金等薪酬同公司进行多元化收购的倾向正相关，这些债务类薪酬组成部分在文献中常常被称为CEO“内债”（inside debt）；④ 林等（Lin et al., 2018）也利用这种CEO相对内部杠杆（relative inside leverage）来代表对风险厌恶管理者的激励，研究发现，内部杠杆较高的CEO更有可能参与纵向并购。⑤ 与基于期权的股权激励相反，内债比例增加鼓励CEO更加谨慎地管理公司，表现得更像“债券持有人”，而不是“股东”。已有研究发现CEO持股和使

① 徐宁，徐向艺. 技术创新导向的高管激励整合效应——基于高科技上市公司的实证研究. 科研管理［J］，2013，34（9）：46－53.

② Cabrales A L, Medina C C, Lavado A C, et al. Managing functional diversity, risk taking and incentives for teams to achieve radical innovations［J］. R&D Management, 2008, 38（1）: 35－50.

③ Burns N, Mctier B C, Minnick K. Equity-incentive compensation and payout policy in Europe［J］. Journal of Corporate Finance, 2015, 30: 85－97.

④ Phan H V. Inside Debt and Mergers and Acquisitions［J］. Journal of Financial and Quantitative Analysis, 2014, 49（5－6）: 1365－1401.

⑤ Lin C, Officer M S, Shen B. Managerial risk-taking incentives and merger decisions［J］. Journal of Financial and Quantitative Analysis, 2018, 53（02）: 1－38.

用长期激励措施（long-term incentives）之间存在负相关关系。[①] 如此，在薪酬中占比日趋增大的高管内债由于其高风险敏感度以及类似债务性质的特征，与基于股权财富的薪酬产生相反的激励效用，可能在激励相容实现路径中同样具备良好的替代效应。

11.4.2 内部情境因素：高管个体特质

高层梯队理论表明，企业高层领导的个人特征和心理属性等特质形成了其战略决策倾向。首先，高管所具备的人口统计学特征反映了他们对相关信息的解释力，因此塑造着高管的认知能力和心理动机，从而对战略决策行为产生影响，本章称之为“显性特质”。其次，高管心理偏好或特征也会对高管的战略决策行为产生影响，本章称之为“隐性特质”。

1. 高管的显性特质

作为普遍受到关注的人口统计学特质，高管的年龄在其薪酬结构对企业战略投资行为的影响中传递着差异。例如，随着年龄的增大，CEO 们可能会更为担心自己未来的财务安全，因此可能试图降低个人财富损失的风险，希望以灵活的生活方式保持稳定的收入，当接近退休时，他们可能不愿意承担与战略投资相关的风险。相反，年轻的经理最有可能寻求财务独立和自我实现，实施 R&D 投资等风险更高的战略，这可能会导致更高的企业增长和绩效。[②] 这表明，高管的年龄增加可能会使薪酬激励效用有所降低，从而导致公司战略投资的减少。

类似地，也有研究表明高管任期会对风险偏好与决策框架产生影响，从而调节高管薪酬的激励效应。与长期任职的高管相比，短期任职的高管通常更愿意承担更多风险，并做出背离历史惯例的战略决策，任期会对高管股票期权薪酬与企业收购剥离活动的积极关系产生负向调节作用。[③]

---

① Zajac E J，Westphal J D. The costs and benefits of managerial incentives and monitoring in large U. S. corporations：When is more not better?［J］. Strategic Management Journal，1994，15（S1）：121 – 142.

② Belenzon S，Shamshur A，Zarutskie R. CEO's age and the performance of closely held firms［J］. Strategic Management Journal，2019，40（6）：917 – 944.

③ Sanders G. Behavioral responses of CEOs to stock ownership and stock option pay［J］. Academy of Management Journal，2001，44（3）：477 – 492.

此外，代理理论表明，两职合一为 CEO 提供了强大的权力，允许他们以较少的制衡来追求个人偏好，并削弱有效的董事会监督机制，这使得董事们更难对高风险项目的战略抉择做出回应，同时 CEO 也有更多机会从事与股东利益不相容的自利活动。鉴于风险厌恶的一般假设，随着其个人财富的增加，两职合一赋予厌恶风险但权力强大的 CEO 更大的权力和权威，让他们从事更厌恶风险的行为，通过减少董事会监督进一步减少 R&D 投资来保护他们的个人财务收益。如利姆（Lim，2015）的研究发现，当 CEO 的薪酬水平相对于参考点增加时，CEO 两职合一将会加强与前任 CEO 限制性股票价值的正向偏差与 R&D 强度之间的负相关关系。[①]

2. 高管的隐性特质

高管在进行战略投资决策的过程中，激励契约是否起作用以及如何发挥作用在一定程度上受到高管认知及心理特征的影响。已有学者注意到了代理人特质对激励契约的影响，认为公司所有权和控制权分离时，所有者在设计最佳薪酬方案时必须对经理人的管理风格或信念进行细致的考虑。同时，公司层面的特定因素和管理者特定因素会导致管理者接受高风险薪酬的意愿因公司而异，因此学者们在对薪酬激励契约进行实证研究时更多地关注代理人的偏好，取得了很好的效果。有学者考察了基于期权薪酬的风险承担型激励与收购投资的正相关关系后发现，相比高管过度自信的个性特征，非过度自信的 CEO 推动了这种积极关系，更有可能投资收购，以此提升股东财富。[②]

由此可见，高管薪酬契约的设计需要根据管理者的偏好做出相应调整，从而更加契合股东利益。有学者认为董事会在设计薪酬方案时还需考虑 CEO 的个性特征，目的是使 CEO 的激励措施与股东风险偏好相一致，且通过实证研究发现随着期权财富的增加，在战略选择上变得更加厌恶风险的趋势对于高度外向和更加开放的 CEO 来说更弱，但对于更有责任心的 CEO 来说更强。[③] 此外，鉴于在高管激励过程中引致的社会比较也会显著影响高管

① Lim E. The role of reference point in CEO restricted stock and its impact on R&D intensity in high-technology firms [J]. Strategic Management Journal, 2015, 36 (6): 872 - 889.

② Croci E, Petmezas D. Do risk-taking incentives induce CEOs to invest? Evidence from acquisitions [J]. Journal of Corporate Finance, 2015, 32: 1 - 23.

③ Benischke M H, Martin G P, Glaser L. CEO equity risk bearing and strategic risk taking: The moderating effect of CEO personality [J]. Strategic Management Journal, 2019, 40 (1): 153 - 177.

的行为倾向，企业应该相应地根据高管的心理特质设计更为合理的激励制度，特别是CEO影响力更大的企业。随着高管总体管理能力的提高，他们也会认为自身增加的个人资本成本需要匹配更高的预期收益，① 这类心理因素同样会降低高管薪酬结构的激励效率。通过梳理相关文献，可以看出高管薪酬契约的设计不仅会受到高管心理预期的影响，也反过来影响着高管的心理感知水平，而这都关乎企业最终的战略投资决策。

11.4.3 外部情境因素：市场竞争环境

身处激烈的竞争环境中，CEO们对新市场机会的关注会影响他们打破战略惯性的趋势。同时，竞争政策也可能有助于提高效率，减少价格扭曲，降低投资决策失误的风险，促进公司决策中的问责制和更大的透明度，并导致更好的公司治理。②

相对而言，多数经济学家认为市场竞争对管理层激励有积极的影响。无论是因为委托人更好地了解其代理人的行为，还是因为需要更大的努力来避免破产的威胁，更激烈的竞争可能会导致对代理人更强的激励。另外，产品可替代性的提高或市场的扩大，可能导致更高水平的企业产出，竞争越来越激烈，即使利润变得越来越不稳定，企业也会向经理提供更强的激励来降低成本。基于市场竞争会影响高管薪酬激励的逻辑，也有文献讨论了市场对高管薪酬与战略投资关系的影响。卡鲁纳（Karuna，2007）认为当市场规模增加时，公司面临着更高的生产需求并为管理者提供了更强的激励，导致企业在质量改进或成本降低方面的战略投资增加，从而降低边际成本。③ 而行业产品市场竞争也迫使公司采取资本支出激励措施。廖等（Liao et al.，2016）指出，当产品市场竞争更激烈时，出于保持自己薪酬水平的考虑，经理们更倾向于在下一阶段减少资本支出，以避免销售额下降和利润蒸发并保持自己的地位。④

---

① Mishra D. The dark side of CEO ability：CEO general managerial skills and cost of equity capital [J]. Journal of Corporate Finance，2014，29（10）：390－409.

② Beiner S，Schmid M M，Wanzenried G. Product market competition，managerial incentives and firm valuation [J]. European Financial Management，2011，17（2）：331－366.

③ Karuna C. Industry product market competition and managerial incentives [J]. Journal of Accounting and Economics，2007，43（2－3）：275－297.

④ Liao L K，Lin Y M，Lin T W. Non－financial performance in product market and capital expenditure [J]. Journal of Business Research，2016，69（6）：2151－2159.

此外，面对迥异的行业类别，经理人亦需要在不同管理方法间做出权衡。凯乐等（Kale et al.，2015）发现，对于 R&D 投资和资本支出高的企业以及制造业企业来说，CEO 基于期权的风险承担型激励对客户公司关系专用性投资的负面影响要大得多。同时，作为影响管理层激励的一个重要的行业层面治理机制，产品市场竞争可能在创新型行业中发挥着更强的作用。马佐兹和赵（Mazouz and Zhao，2019）的研究表明，处于产品市场竞争激烈与创新压力大的行业中的企业，股权薪酬更有可能刺激创新投资，这些公司更容易受到收购威胁，将会加大创新投资，以抵御竞争压力。①

通过梳理单一薪酬契约所形成的不同激励效果，本章从高管对风险偏好的作用、高管对薪酬的感知成本及实现激励相容的路径三个维度对激励效用的差异性进行分析，并详细探究高管个体特质的内部情境因素和市场竞争环境的外部情境因素对高管薪酬结构的影响，目的是为有效合理地安排薪酬结构提出见解，最终形成现金、股权和期权三者的整合效应，提供更加切合实际的有效措施。战略投资框架下高管薪酬结构的合理设计机制和情境因素分析如图 11－2 所示。

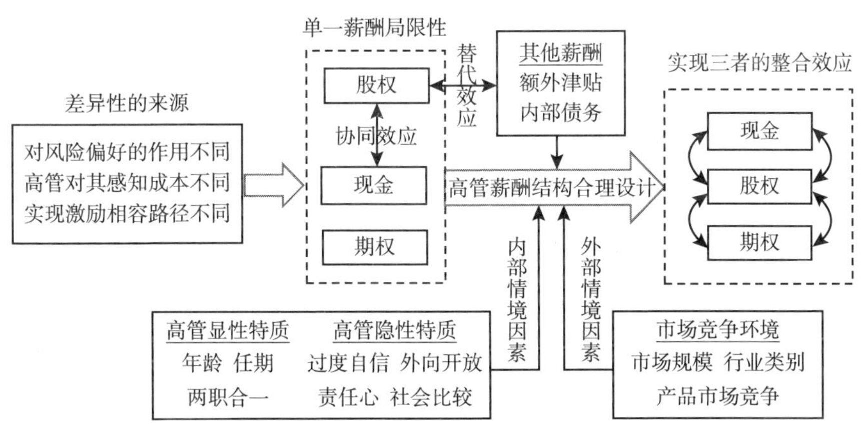

图 11－2 战略投资框架下高管薪酬结构合理设计机制分析

资料来源：根据相关文献整理。

① Mazouz K，Zhao Y. CEO incentives，takeover protection and corporate innovation [J]. British Journal of Management，2019，30 (2)：494－515.

11.5 研究结论与展望

11.5.1 研究结论

通过梳理学者们关于高管薪酬结构与战略投资行为关系的研究可以发现，在战略投资决策的一般治理效应分析中，学者们广泛关注高管显性激励契约设计与战略投资行为之间的关系，并从现金激励、股权激励、期权激励等不同薪酬结构的视角出发，对兼并收购、创新研发、资本支出及多元化投资四个维度的战略性投资安排的影响机理进行了探讨，但是得出的结论截然不同。一方面，薪酬结构对公司战略投资行为的影响因为现金、股权、期权的不同激励效用而有所差异；另一方面，不同的风险承担水平也可以促使高层管理者以不同的方式评估战略选择方案的价值。

为了更加有效地探析高管薪酬契约对战略投资行为的治理效用，学者们也从不同薪酬结构的作用效果出发，进一步考察了现金、股权和期权的内在区别，解释了它们对高管风险承担偏好的影响差异，提出了高管感知成本的行为理论观点，以更直接地对战略投资的决策逻辑进行解释。而在实践中，随着高管薪酬契约相应地不断完善，学者们也逐渐注意到不同激励安排的整合效应对战略投资的影响，以期完善薪酬制度设计，实现激励相容。此外，对于合理薪酬结构的情境因素的探索也使得目前的研究框架发生了一定的演进，这也对该领域的研究产生了促进作用。

然而，企业高管薪酬结构在战略投资视角下的研究还存在诸多不足，如缺乏行为代理理论中高管心理特征对高管薪酬与战略投资关系的深入研究、鲜有关注高管隐性激励对战略投资行为的整合激励效应以及忽视企业内外部环境中存在的情境因素可能存在的影响等，进而产生了一些亟待解决的问题：战略投资决策中高管对激励安排与风险承担的感知偏差对高管薪酬契约设计治理效率产生的影响如何解决；缺乏对高管隐性契约的关注是否会严重降低战略投资行为的效用；企业内外部环境的其他情境因素会对高管薪酬结构与战略投资行为之间的关系产生何种影响。这些问题需要在未来继续进行深入探究和分析。

11.5.2　研究展望

针对以上问题，本章认为可以从以下几个方面进行深化研究，以期能够从理论上提供合理的薪酬制度安排，并从实践的角度对企业战略投资提供有价值的借鉴。

首先，进一步确定高管心理特征的深层影响。探究高管内在特质如何及在何种程度上对高管薪酬结构与战略投资行为关系产生影响至关重要，然而目前管理层人员决策背后的行为机制在很大程度上仍然未知，如何捕捉其心理特征是一项很大的挑战。已有文献中存在模棱两可的结论，部分原因便是学者们在研究过程中缺乏对高管个性特质及心理感知的关注，未来的研究应尝试开发出有效测量 CEO 内在心理特征的替代方法，以便在高管薪酬契约的设计过程中，让高管尽量避免受到主观感知偏差的干扰，并找出更加现实的高管私人诉求，从而优化激励制度设计。此外，学者们也要充分考虑各类理论在实践中的局限性，将高管的投资决策行为的积极心理因素（如管家属性等）看作股东激励安排设计的权变机制。同时，不同高管的风险偏好大相径庭，一个经理认为是收益的情况可能被另一个经理视为损失，因此未来的研究也应该基于不同情境因素考虑高管的心理参照点设置对其风险承担及战略决策的影响，特别是对于非金融行业的企业。

其次，补充隐性激励契约对战略投资行为的整合激励效应。已有研究主要将焦点放到显性薪酬结构与战略投资行为的治理上，这可能忽略了隐性激励安排的作用，从而对研究结论的稳健性产生很大影响。未来应该将隐性激励契约的影响纳入高管战略投资的决策框架，深化高管薪酬安排在战略投资行为中的有效性研究。虽然高管的显性、隐性激励是高管激励制度设计中的不同形态，但在治理过程中具有类似效用。显性激励措施如股票期权具有长期性特征，可以弱化高管短期内的机会主义行为动因、提升高管增加长期战略投资行为的可能性；而高管隐性激励契约如声誉同样作为一种体现着约束性与长期性特征的治理设计，可能会减少高管对私人利益的追求，从而对公司长期投资战略产生积极影响。然而目前的研究鲜有对显性激励和隐性激励对战略投资行为的潜在协同效应进行细致的考察，更多地是将显性激励的治理效应区别于隐性激励，而忽视了两者协同使用的激励效用。因此，合理地将显性薪酬结构与隐形激励安排的协同治理设计体现在对战略投资行为的治理效用上也许是解决现有研究分歧的可行路径。

最后，高管薪酬安排对于战略投资行为的影响还需要系统考虑公司内外部环境的不同情境因素。例如，目前的研究仅仅关注了市场竞争的总体水平对管理层激励与战略投资关系的影响。当公司身处不同的行业或市场中时，其战略决策需要根据竞争形势进行相应调整，因此细分不同行业及市场下的竞争环境与高管薪酬契约对其战略投资行为的交互治理效果至关重要，未来的研究有待进一步深入探讨。同样，已有供应链管理文献缺乏考虑客户信息质量对供应商行为的溢出效应，那么旨在影响企业内部管理者行为的薪酬结构如何具有强大的外部性并影响企业在经济中与之互动的其他实体的经营决策？因此，深入比较不同激励契约对其与合作方进行运营战略投资决策的影响，如关系专用性投资（relation-specific investments）等，是未来可以探讨的方向。

此外，基于企业内部情境行为因素的考虑，董事会监控可能对高管薪酬结构对战略投资行为的治理作用产生影响，而高管人格特质也干预了激励措施，这同样需要额外的监控。① 但目前行为代理模型在公司治理文献中的使用主要集中在激励相容系统对代理人风险承担的影响上，而没有太多考虑委托代理关系的监控方面。② 未来可以继续研究董事会分别对高管薪酬结构和战略投资行为的控制作用以及对两者之间关系的影响。另外，企业支付政策关系到其长期发展、股东投资回报率和资本结构合理性，在企业经营管理中举足轻重。目前鲜有研究指出，从自由现金流量视角出发，高管薪酬与企业长期支付政策的交互关系对战略投资决策的影响，未来的研究也可以对其加以系统分析。

① Benischke M H, Martin G P, Glaser L. CEO equity risk bearing and strategic risk taking: The moderating effect of CEO personality [J]. Strategic Management Journal, 2019, 40 (1): 153 – 177.

② Gomez – Mejia L R, Neacsu I, Martin G. CEO risk-taking and socioemotional wealth: The behavioral agency model, family control, and CEO option wealth [J]. Journal of Management, 2019, 45 (4): 1713 – 1738.

第12章

高管股权激励的治理效应

建立有效的激励约束机制是解决现代公司委托代理问题的重要一环。作为一种重要的长期激励机制，股权激励亦成为完善上市公司治理的重要内容。本章从理论基础、研究思路与研究方法等角度出发，把股权激励效应的相关研究归纳为外生视角、内生视角、超外生视角与超内生视角四种研究视角，并以研究视角的演进路径为主线系统阐释了股权激励效应的研究脉络与趋势，然后通过比较这四种研究视角，深入剖析了研究视角演进的合理性和发展的内在逻辑，最后对未来研究进行了简要展望，以期为后续研究奠定扎实的基础。

12.1 问题的提出

国外的股权激励机制探索始于20世纪50年代，时至今日仍备受关注。特别是2002年爆发“安然丑闻事件”以后，上市公司经营者过高的薪酬尤其是股票期权的滥用引发了广泛的质疑和争议，人们对于股权激励的崇拜逐渐趋于理性。2003年美国微软公司和花旗集团宣布放弃股票期权将人们对股权激励效应的质疑推向高潮，理论研究者、实践者与政策制定者等开始反思和重新审视股权激励效应及其相关配套制度。别布邱克和弗里德（Bebchuk and Fried，2003）在实务界质疑股权激励的浪潮中提出管理层权力理论，认为由于公司经营者寻租的存在，股权激励并不能有效解决委托代理问题，降低委托代理成本，反而成为委托代理问题的一部分。[①] 究竟股权激励是解决委托代理问题的手段还是导致委托代理问题的来源，学者们各执己见，尚未达成共识。

过去的几十年里，学者们对股权激励效应进行了大量的研究。纵观股权激励效应研究历史，我们发现相关研究经历了四种研究视角的演进变化。最初的主流观点基于外生视角把股权激励作为一个独立的外生变量来检验其对公司价值的影响，但是忽视了股权激励本身受各种宏观、微观因素影响的事实。继而产生的内生视角则认为股权激励及其与公司价值的关系是各种因素共同作用的均衡结果，引入影响因素调节变量，对外生视角进行修正。但是外生视角和内生视角均把股权激励作为一个整体来研究，从而得出诸多不同甚至截然相反的结论。而基于契约结构的超外生视角（ultra-exogenous perspective）与超内生视角（ultra-endogenous perspective）则引入微观层面的契约要素变量，从而打破了传统研究将股权激励作为整体的桎梏。超外生视角和超内生视角都认为，在既定的规则约束下，契约的合理设计是实现股权激励预期效果的关键。具体来讲，超外生视角主要研究股权激励各种契约要素与公司价值之间的关系，而超内生视角既从微观层面深入剖析股权激励契约结构的动态内生性问题，又引入中间调节变量构建起股权激励契约要素与公司价值之间的桥梁。该视角研究的终极目标是制定合理的股权激励契约，并完善与之相匹配的公司内、外部因素。由此可见，超内生视角具有前瞻性与综合性，从而把股权激励效应研究推向一个新阶段。

12.2 股权激励效应研究脉络梳理

12.2.1 基于外生视角的股权激励效应研究的理论假说与实证证据

基于外生视角的股权激励效应研究存在两种对立的理论假说，即利益趋

---

① Bebchuk L, Fried J. Executive Compensation as an Agency Problem [J]. Journal of Economic Perspectives, 2003 (17): 71-92.

同假说（convergence of interests hypothesis）和壕沟效应假说（entrenchment hypothesis）。利益趋同假说认为经营者持股比例的增加会降低股东与经营者之间的代理成本，因此设计科学的激励机制尤其是股权激励机制是解决委托代理问题的有效手段。[①] 而壕沟效应假说则认为，经营者持有公司大量股份会扩大其投票权与影响力，有可能出现即使经营者的行为背离公司目标其职位或报酬也不会受到任何负面影响的情形，股权激励会增强经营者抵制外部压力的能力。[②]

基于上述理论假说，学者们纷纷展开研究，从而涌现出丰富的实证研究成果，形成了多派观点各持已见的局面。其中，开展最早、成果也最丰富的是有关股权激励对公司价值直接影响（直接效应）的研究，而另一类有关股权激励对公司投资决策等行为影响（间接效应）的研究也取得了丰硕的成果。关于股权激励的直接效应主要有三种主流观点：一是基于利益趋同假说的正向相关论。考尔和瓜伊（Core and Guay，1999）的研究表明经营者股权激励与公司的资本市场价值存在正相关性。[③] 二是基于壕沟效应假说的无关论或负相关论。德姆塞茨和莱恩（Demsetz and Lehn，1985）认为经营者持股与公司价值之间不存在显著的相关性，[④] 而别布邱克和弗里德（Bebchuk and Fried，2003）提出的管理层权力理论认为，由于经营者寻租的存在，股权激励并不能有效解决委托代理问题，反而成为委托代理问题的一部分。[⑤] 三是建立在利益趋同假说和壕沟效应假说相结合的基础上的非线性相关论。该论点认为经营者持股对公司价值存在区间效应。其中默克（Morck，1988）的研究最具代表性。他采用托宾 Q 值来衡量公司价值，结果表明，董事持股比例在 0% ~5% 的区间内，托宾 Q 值与董事持股比例正相关；董事持股比例在 5% ~25% 的区间内，托宾 Q 值与董事持股比例负相关；董事持股比例大于 25%，两者又呈正相关性，但托宾 Q 值与董事持股

① Jensen M C，Meckling W H. Theory of the firm：Managerial behavior，agency costs and ownership structure [J]. Journal of Financial Economics，1976，3 (4)：305 –360.

② Fama E F，Jensen M C. Agency problems and residual claims [J]. Journal of Law & Economics，1983，26 (2)：327 –349.

③ Core J E，Guay W R，Larcker D F. The Power of the Pen and Executive Compensation [J]. Journal of Financial Economics，2008 (88)：1 –25.

④ Demsetz H and Lehn K. The Structure of Ownership [J]. Journal of Political Economy，1985，93 (6)：1155 –77.

⑤ Bebchuk L，Fried J. Executive Compensation as an Agency Problem [J]. Journal of Economic Perspectives，2003 (17)：71 –92.

比例的关联程度有所减弱。[1] 不同学者也相继发现公司价值与经营者持股水平之间存在非线性关系。徐宁等（2019）采用中国中小上市公司的平衡面板数据，运用均值 T 检验与多元回归分析等方法实证检验了高管股权激励对中小企业双元性创新战略选择的影响。结果表明：授予高管股权激励的中小企业，自主研发投入水平、突破性创新与渐进性创新水平等均明显高于其他中小企业；在技术创新路径方面，股权激励强度越大，中小企业越倾向于选择内部自主研发，而非外部技术引进；在技术创新模式方面，股权激励强度与突破性创新模式之间存在显著的倒 U 形关系，这是传统委托代理理论与行为代理模型共同作用的结果。[2]

在激烈争论股权激励直接效应的同时，学者们又开始关注股权激励间接效应，即股权激励如何通过影响公司的其他行为（主要集中在投资决策、股利政策、创新行为等方面）来影响公司价值。德福斯科等（Defusco et al.，1990）以 1978～1982 年美国的 26 个采用股票期权计划的公司为样本，运用事件研究法验证了公司在执行股权激励计划之后，经营者更倾向于投资高风险、高收益的项目。[3] 科尔斯等（Coles et al.，2006）对 1992～2002 年标准普尔（S&P）500 家公司、中型股（S&P Midcap）400 家公司以及小型股（S&P Smallcap）600 家公司的共计 10687 个经理人薪酬数据进行检验发现，当经理人的薪酬结构对股票期权报酬的变化程度高度敏感时，公司具有较高的 R&D 支出与财务杠杆。[4] 玛丽安娜等（Marianna et al.，2006）采用美国 12 个技术密集型产业的 206 家公司 1992～1995 年的面板数据，运用多元回归方法验证了经营者股权激励与可预期的创新行为之间具有显著相关性。[5]

---

① Morck R，Shlefier A，Vishney R W. Management ownership and market valuation：An empirical analysis [J]. Journal of Financial Economics，1988，20（1-2）：293-315.

② 徐宁，姜楠楠，张晋．股权激励对中小企业双元创新战略的影响研究 [J]．科研管理，2019，40（7）：163-172.

③ DeFusco R A，Johnson R R，Zorn T S. The Effect of Executive Stock Option Plans on Stockholders and Bondholders [J]. Journal of Finance，1990（45）：617-627.

④ Coles J L，Daniel N D，Naveen L. Managerial incentives and risk-taking [J]. Journal of Financial Economics，2006，79（2）：431-468.

⑤ Makri M，Lane R J，Gomez-Mejia L R. CEO incentives，innovation，and performance in technology-intensive firms：A reconciliation outcome and behavior-based incentive schemes [J]. Strategic Management Journal，2006，27（11）：1057-1080.

12.2.2 基于内生视角的股权激励效应研究的理论假说与实证证据

有别于外生视角，内生视角认为经营者股权激励本身是一个非独立存在的内生变量，公司规模、公司战略、治理结构及所处环境等诸多因素影响股权激励解决委托代理问题的作用，股权激励效应是各种因素共同作用的均衡结果。内生视角下的股权激励效应研究主要存在两种理论假说：一是单向关系假说，主要是逆向因果关系（reverse-causation），即公司价值决定经营者的持股水平；二是双向关系假说，即经营者持股水平与公司价值相互影响。

基于上述理论假说，内生视角下的股权激励效应研究思路是以委托代理理论为基础研究经营者股权激励效应的影响因素，研究重点集中在上市公司基本特征、股权结构与治理机制等方面。

上市公司基本特征一般包括公司规模、公司风险、成长性、公司所处生命周期阶段等因素。汉密尔伯格等（Himmelberg et al.，1999）随机选取 Compustat 数据库中 1982 ~ 1984 年 600 家公司的面板数据，以委托代理模型为基础，采用 OLS 分析方法考察了经营者持股水平的决定因素，结果表明，经营者持股水平与公司规模、固定资产投资、研发投入以及公司特质性风险负相关，而与营业收入正相关。① 米勒等（Miller et al.，2002）以 1994 ~ 1998 年标准普尔 500 家公司的 423 例经理人薪酬资料为样本，经实证检验发现，经理人股权激励在薪酬契约中的比例随着公司面临风险的程度不同而变化。② 吴与涂（Wu and Tu，2007）从行为代理角度研究并发现了影响股权激励效应的两个重要因素——富余资源与企业绩效，即当公司存在较多的富余资源或者公司绩效较好时，股票期权对研发支出具有积极的正面效应。③

股权结构是指公司总股本中，不同性质的股份所占的比例及其相互关系，是公司组织形式的核心。马克和李（Mak and Li，2001）采用新加坡上

① Himmelberg C，Hubbard G，Palia D. Understanding the Determinants of Managerial Ownership and the Link between Ownership and Performance [J]. Journal of Financial Economics，1999，(53)：353 -384.

② Marler J H. Organization-wide Broad-based Incentives：Rational Theory and Evidence [M]. Ithaca，N. Y.：Center for Advanced Human Resource Studies，Cornell University，2002.

③ Wu J F，Tu R T. CEO stock option pay and R&D spending：A behavioral agency explanation [J]. Journal of Business Research，2007，60 (5)：482 -492.

市公司1995年的截面数据，引入大股东持股比例和股东性质变量，构建联立方程模型，通过运用2SLS方法检验表明，经营者股权激励与大股东持股比例和国有性质负相关。[①] 徐宁等（2014）的研究发现，经营层与终极控制人的权力博弈对股权激励强度及其双重效应均具有显著影响。具体而言，经营层权力对股权激励强度具有显著的正向影响，终极控制人权力则对其产生负向影响，两者在对股权激励强度作用的过程中存在冲突，终极控制人权力对股权激励强度的负向作用更为强烈；股权激励对第一类代理成本具有抑制效应，而在经营层权力与终极控制权力的双重调节效应下，这种抑制效应更为凸显；股权激励对第二类代理成本的作用并不显著，但这种作用过程同样受到来自两类权力双重调节效应的显著影响。[②]

治理结构是指公司利益相关者之间的制度安排，治理机制是为减少委托代理成本而设计的一套激励和约束机制。伯特兰和穆莱纳桑（Bertrand and Mullainathan，2000）以1990年标准普尔500家公司的截面数据为样本，通过构建联立方程，采用OLS和3SLS方法分析了董事会组成、经营者股权和企业价值之间的关系，结果表明经营者股权水平与外部董事比例、机构投资者股权相互影响且呈负向关系。考尔等（Core et al.，1999）运用1982～1984年205家美国不同产业上市公司的495例经理人薪酬数据，经实证检验发现当董事会规模较大、外部董事多数由公司管理层任命以及外部董事同时在三个以上董事会担任职务时，经营者持股水平较高。[③] 别布邱克和弗里德（Bebchuk and Fried，2004）认为在公司董事会权力弱化或无效以及公司缺少外部大股东与机构投资者的情形下，经营者大量持股会使其拥有更大的权力，可能导致其肆意运用权力而影响董事会决策，增强其寻租的动机与能力，从而增加代理成本，降低公司价值。[④]

---

① Mak Y T，and Li，Yuan. Determinants of corporate ownership and board structure：Evidence from Singapore [J]. Journal of Corporate Finance，2001，7（3）：235－255.

② 徐宁，任天龙，吴创．治理主体间的权力博弈影响了股权激励双重效应吗？——以民营中小上市公司为例［J］．经济评论，2014（3）：364－374.

③ Core J E，Holthausen R W，Lareker D F. Corporate governance，chief executive officer compensation and firm performance [J]. Journal of Financial Economics，1999，51（3）：371－406.

④ Bebchuk L，Fried J. Pay Without Performance：The Unfulfilled Promise of Executive Compensation [M]. Cambridge：Harvard University Press，2004.

12.2.3　基于超外生视角的股权激励效应研究的理论假说与实证证据

詹森和墨菲（Jensen and Murphy，1990）提出，经营者激励的真正核心问题不在于给予多少，而在于如何给予，从而产生了经营者激励契约观。[①]在此研究基础上，学者们从微观层面延伸出对股权激励契约要素的相关研究，继承和超越了传统的外生视角与内生视角，即摒弃将股权激励作为一个整体来研究的思路，而选择股权激励契约要素（包括激励方式、激励力度、激励对象、行权价格或授予价格、行权时间、股票来源、资金来源等）作为研究对象。在既定规则的约束下，如何选择这些契约要素，从而使股权激励达到原始初衷，是上市公司股权激励方案设计的核心。超外生视角下的股权激励效应研究将这些契约要素作为外生变量来考察股权激励对公司价值的影响。

在超外生视角的实证研究中，有关激励方式的研究成果最为丰富。费尔森和吴（Feltham and Wu，2001）基于期望效用函数为经理人努力程度构造了一个最优模型，对股票期权与限制性股票进行对比分析，方法是直接对努力程度求导，以寻求最优努力程度，结果表明，当经营者行为只对产出均值有影响时，限制性股票对经理人努力程度的作用优于股票期权；当经营者行为不仅影响产出的均值，而且会影响产出的方差时，股票期权的作用则优于限制性股票。[②] 理查德和大卫（Richard and David，2004）对该模型进行了修订，假设模型中不仅分别含有限制性股票和股票期权，还加入两者的组合，结果表明，以不同的激励形式作用于同一既定的努力程度时，激励成本是执行价格的减函数，而限制性股票方式是执行价格为零的股票期权的特殊形式，因此股票方式是成本最高的激励方式，从而得出股票期权优于限制性股票的结论。徐宁（2010）分析了股票期权与限制性股票在基本权利义务、激励主导作用、价值估值方式、限制环节、会计处理方式等方面的差异性，并运用 Spearman 相关性分析与 Logistic 回归分析方法对上市公司股权激励方

① Jensen M C, Murphy K J. CEO Incentives - It's not How Much You Pay, but How [J]. Harvard Business Review, 1990, 68 (3): 138-153.

② Feltham G A, Wu M. Incentive Efficiency of Stock versus Options [M]. Review of Accounting Studies, 2001, 6 (1): 7-28.

式的倾向性选择进行了实证研究，结果表明，企业成长性、企业规模与控股股东性质是影响其股权激励方式选择的显著性因素。[①]

股票期权行权价格的制定与操纵问题也是超外生视角下的股权激励效应研究焦点。别布邱克等（Bebchuk et al.，2002）发现在剔除市场增长因素之后，上市公司普遍采用平价期权。因此，在授予日降低股票市价可以最大化激励对象的期权收益，从而导致经营者普遍采用信息操作或者盈余管理来操纵行权价格使自己的期权收益最大化。[②] 张等（Zhang et al.，2008）选取1996～2001年Compustat数据库中2532家公司的经营者薪酬数据，利用Logit回归模型进行检验，结果表明，当经营者被赋予程度较高的股票期权时，更容易通过盈余管理来操纵行权价格。

此外，激励对象及其分布特征对股权激励效应产生的影响也受到有些学者的关注。扎托尼和米尼基利（Zattoni and Minichilli，2009）以1999～2005年意大利上市公司为样本，运用Logit模型分析方法考察了激励对象对股权激励实施效果的影响，研究结果表明，激励对象（如高层经营者、技术人员或其他人员）的不同并没有使股权激励效应研究发生本质变化，但股权激励效应会随激励人数的不同而迥异：激励对象少于10人的公司，股权激励对公司价值的作用更为显著。[③]

12.2.4 基于超内生视角的股权激励效应研究的理论假说与实证证据

制度经济学认为，契约结构对经济交易结果会产生一定的影响，而契约结构所在的制度环境又会对契约结构产生制约作用，影响契约的设计与执行。公司处在不同的内、外部环境中，拥有不同的资源禀赋与能力条件，因此，股权激励的契约结构也应因其环境与自身条件的变化而不同。有学者通过理论模型的构建证明了经营者最优激励契约的设计与公司的现金流聚合风

① 徐宁．上市公司股权激励方式及其倾向性选择——基于中国上市公司的实证研究［J］．山西财经大学学报，2010（3）：81－87.

② Bebchuk L，Fried J. Power Rent Extraction，and Executive Compensation［J］. CESifo Forum，2002，（3）：3－5.

③ Alessandro Z，Alessandro M. The diffusion of equity incentive plans in Italian listed companies：What is the trigger?［J］. Corporate Governance：An International Review，2009，17（2）：224－237.

险和公司价值等因素呈现相关性,[①] 阐释了契约结构的适应性原理，检验了股权激励契约结构的内生性。在此基础上，超内生视角既从微观层面深入分析股权激励契约结构，又构建起股权激励契约要素与公司价值之间的桥梁，充分考虑股权激励契约的环境适用性。

如前文所述，超外生性视角下的股权激励效应研究单纯就股票期权激励和限制性股票激励的优劣进行的对比分析并无定论，主要原因在于忽略了选择时机与环境差异。而超内生视角下的股权激励效应研究则从公司特征出发，体现出股权激励方式的适用性。布莱恩等（Bryan et al.，2000）以 1992 ~1997 年标准普尔 500 家公司、中型股 400 家公司以及小型股 600 家公司为样本，利用 T 检验与 Tobit 回归等方法进行检验，结果表明，股票期权在促使风险规避型 CEO 投资于高风险、高收益项目方面比限制性股票更加有效，具有较高边际所得税率的公司大多倾向于选择除股票期权之外的其他股权激励方式。[②] 墨菲（Murphy，2002）以 1992 ~2000 年标准普尔 500 家公司为样本，通过分组对比发现，股票期权能够发挥最大激励作用的前提是相对于现有的薪酬组合股权激励是一个额外支付。[③] 随后，通过进一步研究发现，在成长性较高的行业，采用股票期权作为股权激励方式的比例较高。卡特等（Carter et al.，2006）的研究表明，为了实现预期盈利并获得外部融资，公司会更多地采用股票期权而不是限制性股票来激励经营者。会计处理方式同样会影响股权激励契约方式的选择，在强制性期权费用化（option expensing）政策实施之前，股票期权因其费用未被确认而具有美化报表优势，如松永（Matsunaga，1995）通过实证研究证明当公司盈利能力较差时，更倾向于使用股票期权，以期减少费用。但当 2002 年《萨班斯—奥克斯利法案》（The Sarbanes Oxley Act）颁布之后，尤其是强制性期权费用化政策实施之后，股票期权的优势逐渐消失，丰和田（Feng and Tian，2009）运用 1993 ~2005 年美国上市公司数据进行实证检验，发现期权费用化导致了股

---

① Acharya V V, Bisin A. Managerial hedging, equity ownership, and firm value [J]. Journal of Economics, 2009, 40 (1): 47 -77.

② Bryan S H, Hwang L S, Lilien S B. CEO stock-based compensation: An empirical analysis of incentive-intensity, relative mix, and economic determinants [J]. The Journal of Business, 2000, 73 (4): 134 -146.

③ Murphy K J. Explaining executive compensation: Managerial power vs. the perceived cost of stock options [J]. University of Chicago Law Review, 2002, 69 (3): 847 -869.

票期权在2002年的巨大转折，2002年之前股票期权均值以25%的速度上升，但在2002年之后却以17%的速度下降。①

除激励方式选择之外，行权价格的内生性问题与行权时间决定权的配置问题也逐渐成为超内生视角研究的重点。邓福德等（Dunford et al.，2010）对2000年美国11968位高级经理人进行问卷调查，共有1586位进行了反馈，他们运用OLS方法对调查结果进行分析发现，经营者对其影响股票价格的能力预期受到公司规模、是否受聘于公司总部以及权力层级的影响，从而影响其价格操纵行为。② 多数研究关注经营者掌握行权时间决定权的负面影响，认为经营者通常利用内部信息来安排行权时间，因此，对经营者来说，掌握较好的时机窗口，是收益最大化的最为便捷、成本最低的方式。而沃尔克（Volker，2010）通过最优契约模型的构建，证明了给予经营者行权时间酌处权在一定情况下能够提高经营者决策行为的正确性，从而对公司价值产生正向影响，这种正向影响的存在与否是由公司特征决定的，如采用风险型竞争战略的公司对于行权时间的限制较少。③ 徐宁、徐向艺（2010）通过实证研究表明，较长的激励期限与严格的绩效条件是体现股票期权契约合理性的关键特征，而债务融资、独立董事与大股东治理等内生性因素对两者具有显著的约束作用，进一步证实了公司内部治理机制的互补效应假说。④

12.3 不同研究视角比较及其演进路径

12.3.1 四种研究视角的本质比较

如前文所述，外生视角、内生视角以及基于契约结构发展起来的超外生

① Yi F，Tian Y S. Option expensing and managerial equity incentives [J]. Financial Markets，Institutions & Instruments，2009，18（3）：195－241.

② Dunford B B，Boswell W R，Boudreau J W. When do high-level managers believe they can influence the stock price? Antecedents of stock price expectancy cognitions [J]. Human Resource Management，2010，49（1）：23－43.

③ Laux V. On the benefits of allowing CEOs to time their stock option exercises [J]. Journal of Economics，2010，41（1）：118－138.

④ 徐宁，徐向艺．股票期权激励契约合理性及其约束性因素——基于中国上市公司的实证分析 [J]. 中国工业经济，2010（2）：100－109.

与超内生视角具有不同的理论假说，并有众多的实证研究成果对其提供支持。本章认为，上述理论假说与实证证据的不同，来源于在理论基础、研究思路与研究方法上具有的显著差异（见表 12－1）。

表 12－1　　股权激励效应不同研究视角的本质比较

	外生视角	内生视角	超外生视角	超内生视角
理论基础	委托代理理论	委托代理理论 治理束理论	委托代理理论 不完全契约理论	委托代理理论 不完全契约理论 治理束理论 制度变迁理论
研究思路	视股权激励为外生变量，检验其对公司价值的影响	视股权激励为内生变量，检验其与股权激励影响因素之间的交互作用及其对公司价值的影响	视股权激励契约要素为外生变量，检验其对公司价值的影响	视股权激励契约要素为内生变量，检验其与股权激励影响因素之间的交互作用及其对公司价值的影响
研究方法	将股权激励作为整体，并大多采用持股水平作为操作变量	将股权激励作为整体，并大多采用持股水平作为操作变量	分解股权激励契约要素，分别选择相应的操作变量	分解股权激励契约要素，分别选择相应的操作变量

资料来源：根据相关文献整理。

1. 理论基础

委托代理理论是股权激励缘起的基本理论，也就是说，股权激励的产生源自股东与代理人的目标函数不同导致的委托代理问题。委托人通过适当激励代理人，使其利益与公司利益趋于一致。[①] 治理束理论（theory of governance bundles）可以说是内生视角得以产生的重要理论基础。该理论认为，单个治理机制边际效用递减，甚至会产生因过度使用而导致的负面作用，其实际达到的经济效率总是次优的，不同治理机制的组合才是最优机制。[②] 因此，作为一种治理机制，股权激励并非是独立存在的，需要与其他治理机制

① Jensen M C，Meckling W H. Theory of the firm：Managerial behavior，agency costs and ownership structure［J］. Journal of Financial Economics，1976，3（4）：305－360.

② Ward A J，Brown J A，Rodriguez D. Governance bundles，firm performance，and the substitutability and complementarity of governance mechanisms［J］. Corporate Governance：An International Review，2009，17（5）：646－660.

相配合，从而实现最优的治理结构。超外生视角在外生视角的基础上，引入不完全契约理论作为其理论基础。不完全契约理论认为，由于存在努力水平这种只能被一方观察到的变量，加之有限理性、信息不完全性及交易不确定性等因素，不完全契约是必然存在的，而经济交易结果在很大程度上会受契约结构的影响，因此，不断完善契约结构是超外生视角下的股权激励效应研究的永恒主题。而超内生视角的理论基础在前三种视角整合的基础上引入制度变迁理论。制度变迁是指制度的替代、转换与交易过程。制度均衡是暂时的，而非均衡是制度创新的必要条件，制度总是在互相博弈中变动。股权激励契约结构同样受到其所在制度环境的制约，忽视其内生性与动态变迁的思路具有局限性，超内生视角克服了上述弊端，并且有深厚的理论基础支撑，因此必将是未来股权激励效应研究的新阶段。

2. 研究思路

基于外生视角的研究主要是以股权激励的直接效应与间接效应为研究对象，即研究股权激励对公司财务绩效的效应或者股权激励与投资决策、股利决策、创新投入等公司行为之间的关系。而从内生视角出发的研究思路则是将股权激励作为内生变量，研究股权激励与其影响因素（包括上市公司基本特征、股权结构、治理结构与机制等微观因素以及法律、社会、文化等宏观因素）之间的交互作用及其对公司价值的影响。超外生视角主要关注股权激励契约要素与公司价值的关系，而超内生视角则将股权激励契约要素作为内生变量，将研究重点聚焦在契约要素与其影响因素之间的交互作用及其对公司价值的影响（见图 12－1）。

3. 研究方法

外生视角与内生视角将股权激励作为一个整体来研究，并一般采用经营者持股作为操作变量。在应用的研究模型方面，外生视角主要采用线性与非线性回归模型等数理模型，而内生视角则大多采用联立方程模型等更为复杂的模型。而基于超外生视角与超内生视角的研究则分解股权激励契约要素，分别选择相应的操作变量，因此，能够处理多变量间关系的结构方程模型成为这两种视角下的股权激励效应研究的重要工具。

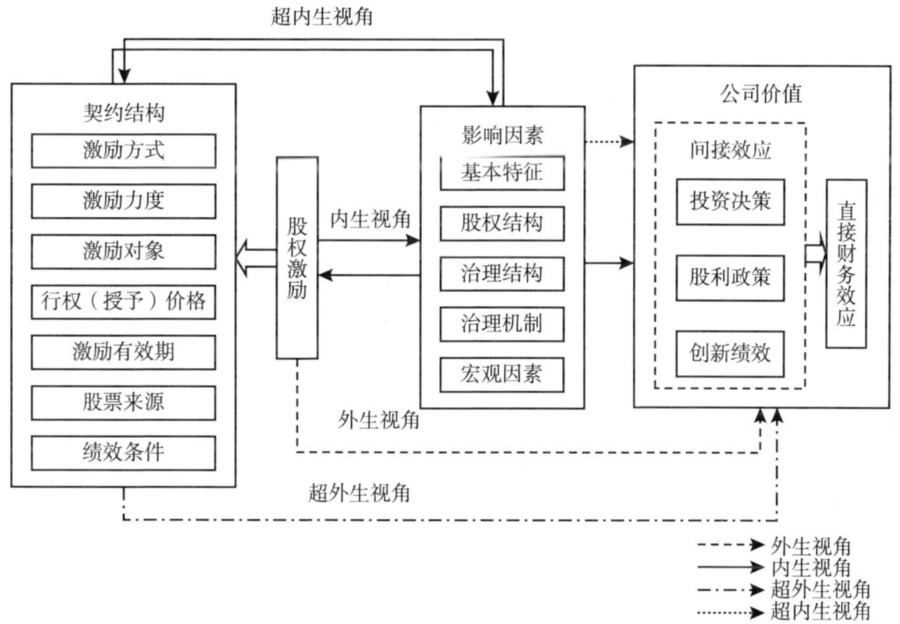

图 12－1　基于不同研究视角的股权激励效应研究思路

12.3.2　从外生视角到内生视角的演进及其共同局限

1. 外生视角的本质缺陷：理论假说的同一性与情境变量的缺失

从外生视角出发，股权激励效应研究存在两种理论假说（利益趋同假说和壕沟效应假说）的争论，两种理论假说都有各自的实证论据。本章认为，这两种假说并不是真正的对立关系，而是同一问题的两个方面，利益趋同假说体现了股权激励的原始初衷，而壕沟效应假说则从另一方面阐释了如果没有配套的约束机制（如完善的股权结构、有效的董事会、信息披露体系等因素），股权激励便会背离其初衷，甚至出现相反的结果。从某种意义上说，这两种假说具有同一性，因此，将两者相对立的思维方式与研究思路有待改变。此外，股权激励存在于复杂的公司系统中，并不是独立存在的变量，股权激励和公司价值的关系需要某些桥梁的联结，因此研究股权激励和公司价值关系时应加入适当的调节变量，探究股权激励效应的作用机理，从而完善股权激励方案制定与实施过程中的配套措施与制度，切实保证股权激励实现其解决委托代理问题的原始初衷。

2. 内生视角对外生视角缺陷的修正及其自身局限性

公司内、外部环境中的一些因素，尤其是公司治理机制，对经营者股权激励与公司价值之间的关系存在重要影响，而这些因素本身也会受到股权激励的作用，因而两者具有互动内生性。以良好的公司治理结构作为基础与前提，股权激励才能发挥其作用。基于治理束理论研究公司治理机制的相互关系及其对公司价值的影响也逐渐成为检验各种公司治理机制有效性的重要研究领域。① 外生视角下的股权激励效应研究认为经营者持股水平是个先验变量，本身不受其他因素的影响，只会影响公司价值。由此可见，外生视角忽略了诸多微观因素（如公司特征、治理结构）和宏观因素（如文化环境、法律环境）的影响。内生视角下的股权激励效应研究正式引入公司基本特征（如公司规模、成长性）、股权结构、董事会构成和其他公司治理因素等内部因素，深入探析股权激励与公司价值之间的联结方式，是对外生视角本质缺陷的修正，具有可信度高等优势。但目前内生视角下的股权激励效应研究还存在以下局限性：首先，研究大多倾向于列举影响因素，忽视了各种因素之间的相互关系，因此不足以对股权激励方案的设计与实施提供有力的理论支撑；其次，目前研究仅涉及微观层面，缺少对宏观因素的影响的系统深入研究。

3. 外生视角与内生视角的共同局限：股权激励整体性的禁锢

在研究股权激励效应时，由于数据可得性、简单易操作性等原因，基于外生视角和内生视角的相关实证研究大多采用经营者持股水平作为股权激励的操作变量。这种方法具有局限性，主要体现在以下几个方面：首先，经营者持股与股权激励并不能等同。虽然股权激励的最终结果包括经营者持股，但是并非全部，如有些股权激励方案中也包括向核心业务人员或技术人员授予股份，即对经营者以外的核心人力资本的激励与挽留。其次，经营者持股也并非都是由股权激励产生的，也包括经营者与原有股东的交易，即激励对

① Ward A J, Brown J A, Rodriguez D. Governance bundles, firm performance, and the substitutability and complementarity of governance mechanisms [J]. Corporate Governance: An International Review, 2009, 17 (5): 646-660.

象从股东手中以一定价格购买股权，而股权激励仅仅是激励对象与公司的交易——从公司获得股权、以一定价格购买股权的权力以及以股权价格衡量的现金等，两者虽有密切联系，但是不能等同。最后，经营者持股是一个独立变量，而股权激励却是一个复合变量，受到激励对象、激励方式、激励力度、行权价格、绩效条件等多种契约结构要素的影响。同时，看似规范的股权激励契约也可能在多个环节受到激励对象的操纵，将股权激励作为一个整体来研究势必忽视股权激励的细节因素及其对公司价值的作用过程。因此，采用经营者持股作为股权激励的操作性指标是一个简单易行但经不起深入推敲的方法。内生视角的相关研究克服了外生视角研究将股权激励作为一个独立的外生变量的缺点，但仍然具有将股权激励作为一个整体来研究的固有缺陷。

12.3.3　超外生视角与超内生视角产生的必然性与合理性

1. 股权激励的实践发展历程使基于契约结构的研究成为必然

在西方兴起与发展的几十年历程中，股权激励的作用有目共睹，但也并非处处应验的普济良方。股价和经营者报酬之间的关联性会使人的逐利心态膨胀，经营者在制定激励计划时损害股东及其他利益相关者的情况也屡有发生。在美国，一些公司的股票期权计划明显不合理：低得离谱的行权价格，高得惊人的行权比例，通过盈余管理以及并购等更为激进的手段以提高公司短期业绩。股权激励作为原本能够对经营者发挥激励与约束双重作用的“金手铐”，被赋予了“镀金手铐”“金手表”等多种称谓。因此，如何制定合理的股权激励方案并在其实施过程中进行有效规制，使其既能对经营者提供足够的激励，又能保证投资者及其他利益相关者的利益不受侵害，是西方学术界与实务界普遍关注的焦点。

2. 将股权激励作为复合变量克服了外生视角与内生视角的共同局限

外生视角与内生视角均从数据可得性角度，从大样本出发，以经营者持股等作为衡量研究股权激励的操作变量，得出了许多不同甚至相反的结论，不仅在理论上经不起深入推敲，也在某种程度上脱离了实践——单纯将股权激励作为一个整体来研究很难深入到其具体的实践运作过程。股权激励契约关键要素的合理设计是股权激励方案成功实施的重要保证，基于契约结构的研究是理论与实践相结合的典型示范，是真正用理论指导实践的重要尝试。

3. 股权激励效应研究的演进趋势：基于契约结构的超内生视角

随着股权激励理论研究和实践活动的发展，超内生视角成为股权激励效应研究的最新阶段。超内生视角的终极目标是在既定规则之下，根据不同的内、外部条件制定合理的股票期权契约，并匹配完善的公司治理机制等因素，因此，从某种意义上说超内生视角是对前三种视角的整合与超越。

12.4 研究结论与展望

自股权激励最初作为解决委托代理问题的重要工具出现之后，其激励效应一直充满争议，也是理论界与实践界关注的焦点。根据理论基础、研究思路与研究方法，股权激励效应研究可以归纳为外生视角、内生视角、超外生视角与超内生视角四种研究视角，这四种研究视角分别具有不同的理论假说与实证证据。基于契约结构的超外生视角与超内生视角认为设计与选择契约要素是股权激励实现预期效果的关键，从而引入契约要素变量。超外生视角将股权激励作为外生变量来研究其与公司价值之间的关系，而超内生视角既从微观层面深入分析股权激励契约结构的动态内生性，又构建起股权激励契约要素与公司价值之间的桥梁，具有前瞻性与综合性，成为股权激励效应研究的最新趋势。在超内生视角趋势的引领下，我们提出以下亟待深入研究的方向。

第一，进一步构建股权激励契约要素与公司价值之间联系的桥梁，即寻找两者之间的中介变量或调节变量。股权激励契约要素具有情境依赖性，即依赖关键的调节变量的作用，但目前研究大多集中在对激励方式的中介或调节变量的探究。除激励方式之外，其他契约要素同样受到诸多中间变量的影响，如激励对象分布受到行业特征的显著影响。因此，未来研究应该致力于对中介变量或调节变量的研究，进一步探析股权激励的作用机理，以丰富现有的研究结论。

第二，研究对象向股权激励契约要素的更深层次拓展，并加强对限制性股票契约要素的关注。在对某个契约要素的研究中，有时会涉及更为深入的层次。以契约方式为例，股票期权与限制性股票在基本权利义务、价值估值方式、限制环节等方面存在差异。股票期权的关键环节是赠予、授予、行权与出售，而相对于前三个环节而言，出售环节的控制较为宽松，其关键时点为授予日、可行权日与行权日。在授予日对行权价制定的控制、在可行权日对盈余管理的控制、行权日后到股票出售日之间对股价操纵的控制等都是保证其有效实施的关键。而限制性股票则侧重于在出售环节进行严格的限制，通过设定锁定期与绩效条件等对激励对象的最终收益进行控制。目前有研究涉及股票期权行权价格、行权时间等关键要素，对于限制性股票及其关键要素应给予更多的重视。

第三，研究层面由微观和中观层面向宏观层面延伸，即考虑社会层面因素的影响。各国之间股权结构、治理结构等存在差异的深层原因在于宏观层面因素的影响，这些宏观层面因素包括法律因素、政治因素、文化因素、历史因素、政治行为等。[①] 研究层面向宏观层面拓展是近几年来公司治理领域出现的新趋势之一。同样，作为公司治理重要机制之一的股权激励也需结合各国的制度环境和资本市场情况，针对各国公司的实际情况进行研究。尤其是考虑到源自西方的股权激励制度在我国的移植与应用，更需要对西方制度环境下所形成的契约结构进行适应我国环境的改善与创新。国内学者应在回顾和总结西方股权激励研究成果的基础上，借鉴西方公司股权激励实践，结合我国制度背景与公司实际，即在超内生视角趋势的引领下，对适合我国上市公司的股权激励契约结构与制度体系进行探索与研究。

---

① La Porta R. , Loperz-de-Silanes F, Shleifer A, Vishny R. Investor protection and corporate governance [J]. Journal of Financial Economics, 2000, 58 (1-2): 3-27.

第13章

高管内部债权激励的治理效应

本章运用文献回顾法，对高管内部债权激励的独特属性、测量方式、作用路径及治理效应等方面的文献进行梳理与分析。研究发现：相对于薪酬及股权激励，债权激励具有对未来支付的不确定性、对公司清算价值的高敏感性、对高管冒险倾向的抑制性等独特属性；基于最优契约理论与管理层权力理论，债权激励具有两条迥异的作用路径，一是实现激励相容降低代理成本，二是凸显权力寻租增加愤怒成本；在当前实践中，债权激励对公司风险承担水平、公司治理水平、战略决策、公司价值及利益相关者行为等均会产生积极的治理效应。在此基础上，本章阐述了债权激励治理效应实现的理论框架及主要不足，为后续研究及中国情境下高管激励契约设计优化提供有益借鉴。

13.1 问题的提出

高管激励契约设计通常被学者们认为是解决现代公司中委托代理问题的重要机制。已有研究往往聚焦于以工资和奖金为主的薪酬激励以及包含股票和期权在内的股权激励，强调它们在激励高管强化股东价值最大化行为中的积极作用。[①] 然而，在公司治理实践中，天价薪酬、棘轮效应与薪酬黏性等薪酬激励失效现象屡见不鲜，安然丑闻以及近年来高管为获取高额股票期权

① Lee J，Murphy K J，Oh P SH，et al. Inside debt and corporate investment [EB/OL].（2018 -01 -26）[2020 -03 -24]. https：//ssrn. com/abstract =2482857.

收益而侵害公司及其他利益相关者利益的事件也层出不穷，现金类及股权类薪酬的作用受到广泛质疑。特别是，以股权类薪酬为主的激励契约引致了高管的短视行为与过度风险偏好，这也是 2008 年金融危机发生的深层次根源之一。鉴于单一治理机制边际效用递减的规律，理论研究者提出，过度依赖任何单一契约都难以规避其负面影响，深入研究不同激励契约的配置与整合才能打破单一契约的“次优”状态。[①] 在这种视角下，为缓解公众对于上市公司过度冒险和短视决策的担忧，债权类薪酬成为近年来理论界关注的焦点。[②]

在理论界，高管内部债权激励相关研究以退休金计划与递延薪酬为基础，与股权激励对应，詹森和麦考林（Jensen and Meckling，1976）将此类债权性质的薪酬部分称为“内部债权”（inside debt），它发挥着实现公司和高管之间的长期联系、降低高管的流动性以及减少其卸责或冒险行为的作用，可以确保企业基业长青。[③] 同时，高管内部债权激励还可作为高管与债权人之间的利益相容的桥梁。风险转移假说表明，一旦公司举债经营，寻求股权收益最大化的高管可能在许多方面以债权人利益为代价使股东获益，增加公司的整体风险，进而产生债权代理成本。而遵循代理理论的观点，让高管持有与公司资本结构比例相同的内部债权和股权，可以消除与外部债权相关的风险转移问题，减少债权代理成本，从而保护企业价值。

尽管高管债权激励的研究开展较早，但数据可用性等研究桎梏阻碍了理论界关于高管退休金及递延薪酬的实证探索。事实上，大部分美国公司，尤其是历史悠久的大型公司，均承诺给予高管延期或未来才能兑现的内部债权，所涉金额也十分可观，而这种实践却被理论界长期忽视，直到孙达拉姆等（Sundaram et al.，2007）首先运用案例研究法和二手数据法对部分财富 500 强大型公司进行实证分析，发现高内部债权持有量降低了 CEO 的风险偏好，证实了内部债权激励可以使高管行事更为保守，减少其风险投资行为。[④] 那么，为何内部债权激励能够在有效薪酬设计中发挥作用，何时发挥

① 徐向艺，徐宁．上市公司高管激励契约配置与协同研究［M］．北京：经济科学出版社，2018.

② Milidonis A，Nishikawa T，Shim J. CEO inside debt and risk taking：Evidence from property-liability insurance firms［J］. Journal of Risk and Insurance，2019，86（2）：451 – 477.

③ Jensen M C，Meckling W H. Theory of the firm：Managerial behavior，agency costs and ownership structure［J］. Journal of Financial Economics，1976，3（4）：305 – 360.

④ Sundaram R K，Yermack D L. Pay me later：Inside debt and its role in managerial compensation［J］. Journal of Finance，2007，62（4）：1551 – 1588.

作用，以及应该使用多少内部债权？解答这类问题有助于提高当前关于高管薪酬结构及其激励效用的认知水平，对高管内部债权激励的治理效应及作用机理的深入探析与诠释也将为国内外公司的高管激励实践提供理论借鉴。

鉴于此，本章通过文献回顾法对高管内部债权激励的理论与实证研究进行了梳理，从内部债权激励的独特属性、治理效应及影响因素等方面对现有文献进行了系统述评，进一步总结了现有研究不足和未来研究展望，为后续研究提供了有益参考。本章的主要贡献在于：（1）以激励相容性理论为依据，对薪酬、股权和债权激励的形式、特征及作用机制等方面进行比较，探寻其不同激励效应差异的深层次原因；（2）从最优契约理论与管理层权力理论的不同视角出发，对高管内部债权激励的作用路径与双重效应进行了深入分析与比较，拓展了高管薪酬结构及其激励效应研究的边界；（3）基于债权代理成本的研究视阈，着眼于缓解公司股东与债权人之间的第三类代理问题，在阐释高管内部债权激励的治理效应及影响因素的基础上构建了债权激励治理效应实现的研究框架，并为中国情境下高管激励契约设计优化、改善债权人利益保护的公司治理实践提供了更为新颖的思路。

13.2 研究方法与样本数据

本章运用文献回顾法，基于 Springer Link、Elsevier ScienceDirect、Wiley、SAGE、EBSCO、Engineering Village、Emerald Insight、Web of Science 以及 CNKI 等数据库，对高管内部债权激励相关研究进行系统性梳理，进而筛选文献样本数据。借鉴赵艳萍等（2020）[①] 的研究，采用 2005 ~ 2020 年有关高管内部债权激励影响因子和发表频数较高的期刊作为检索源，主要聚焦于权威的 SCI、SSCI 和 EI 检索期刊，设置“内部债权”为主选词，在文献主题及摘要中筛选“executive inside debt”或“executive debt-based incentives”“executive pensions”“executive deferred compensations”等，从而增加

① 赵艳萍，潘蓉蓉，罗建强，等．制造企业服务化悖论研究述评［J］．管理学报，2020，17（3）：467 – 474.

了文献检索数据源的收敛性以提升效度。此外，借鉴张金隆等（2012）① 的做法，基于相关性、学术性及权威性等原则对不同数据库中的重复文献及与高管内部债权激励相关性较低的文献进行手工剔除，最终选取非结构化的49条样本检索数据，其中英文44条，中文5条。进一步绘制高管内部债权相关文献发表数量随年份变化的趋势图（见图13－1）。

通过上述文献筛选，本章梳理出高管内部债权研究现状及发展趋势，以其主要形式和独特属性为出发点，聚焦于高管内部债权的双重激励效应，深入探析高管内部债权激励的作用路径，并在总结当前主流的高管内部债权度量方式与其治理效应及影响因素的基础上，提出合理运用高管内部债权的管理实践方式，同时对未来研究可深入拓展的部分予以展望。

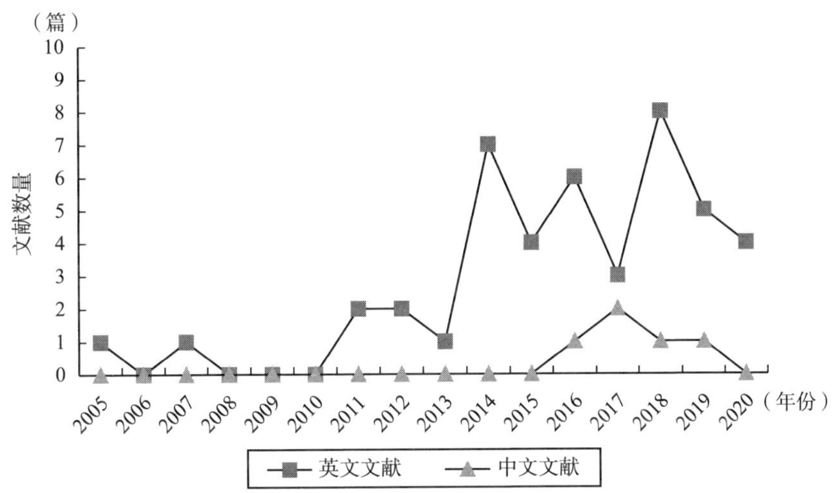

图 13－1 2005～2020 年高管内部债权激励相关文献发表数量趋势

13.3 内部债权激励的独特属性及测量方式

内部债权激励的本质属于公司对高管的负债，以激励性的退休金计划和

① 张金隆，杨妍．“中国实践管理”相关研究热点分析［J］．管理学报，2012，9（3）：322－328＋344.

延期支付的薪酬为主要形式。退休金计划（pension plans）即在高管退休后公司每年向其支付固定金额的福利性保障。这种激励契约减少了高管仅以股价为基础进行决策的动机，避免了其短视行为，从而能够妥善地管理公司。与普通员工额度受限的退休金计划不同，公司使用补充高管退休计划以提升高管薪酬。而递延薪酬（deferred compensation）则是指一类限定拨款额计划，以延付高管薪酬的形式对高管退休计划进行专门拨款，① 高管个人账户上的资金积累代表着其未来的退休金数额。薪酬委员会可以选择递延高管薪酬的特定金额或百分比，抑或高管可以选择递延某一年的部分收入。尽管两者都提供类似债权的回报，但它们在实践中的设计方式大相径庭，每种计划的制度特征都会影响其实际支付的性质在何种程度上类似债权。

13.3.1 高管内部债权激励的独特属性

在现代公司治理实践中，不仅要实现高管与股东的利益相容，还要兼顾对债权人等关键利益相关者的保护，以解决第三类代理问题。透过现有的研究可以看出，高管内部债权激励能够有效抑制高管的卸责行为和冒险动机，同时也降低了债权代理成本，契合债权人的利益。这一视角揭示了高管内部债权的激励效应，其产生根源在于债权激励的独特属性，具体可分为如下三个方面。

1. 对未来支付的不确定性

由于绝大多数高管内部债权激励契约并无资金准备，且无担保机构等经济主体提供保障，因而这些薪酬的潜在未来支付存在较高的不确定性，并使高管面临与外部债权人相似的违约风险。内部债权激励具有“未受保护”的特征，即一旦公司破产，高管拥有与其他无担保债权人同等的求偿权。② 鉴于这些内部债权类薪酬既不受担保又无资金准备，几乎在任何情况下均与破产清算中的其他债权人享有同等的优先权，往往使高管表现得更像债权人，因而具有“内部债权”的性质。

---

① Cassell C A, Huang S X, Sanchez J M, et al. Seeking safety: The relation between CEO inside debt holdings and the riskiness of firm investment and financial policies [J]. Journal of Financial Economics, 2012, 103 (3): 588 - 610.

② Phan H V. Inside debt and mergers and acquisitions [J]. Journal of Financial and Quantitative Analysis, 2014, 49 (5/6): 1365 - 1401.

2. 对公司清算价值的高敏感性

内部债权激励呈现出对公司清算价值的高敏感性特征，能够在一定程度上抑制高管的短视行为。高管内部债权激励的支付结构与外部债权人类似，其价值也取决于破产的可能性和公司资产的清算价值。这正是内部债权激励与现金薪酬激励的关键区别：内部债权类薪酬可在公司破产时产生正收益，与清算价值成正比。[①] 因此，它使高管亦对公司破产清算价值保持较高敏感度，而不是仅仅关注破产发生率。故而债权类薪酬不但产生了使高管避免破产的激励效用，同时也可保证公司濒临破产时实现清算价值的最大化。[②] 特别是在公司杠杆足够大的情况下，现金薪酬无法减轻债权代理成本，甚至加剧风险转移效应，那么债权类薪酬的作用便更为凸显。

3. 对高管冒险倾向的抑制性

对于债权人而言，股东偏好风险更高的投资，那么以股权为主导的激励契约促使高管承担更大的风险，这便有可能会加剧股东与债权人之间的冲突。事实上，高管内债薪酬的提高有助于减少股权激励带来的管理层过度冒险行为，持有大量内债薪酬的 CEO 更喜欢风险较低的投融资政策。[③] 因此，向高管提供内部债权激励将抵消股权激励的部分影响，抑制高管的冒险动机。然而，尽管退休金计划和递延薪酬可能会发挥很好的作用，但也可能导致过于保守的战略选择，损害股东利益，公司也应该注意到它们对高管风险态度的不利影响。[④] 一般而言，若债权类薪酬配比大于股权类薪酬，那么高管与外部债权人的利益也就更为一致。

综上所述，作为一种新兴的高管激励方式，内部债权激励消除了高管仅基于股价做出决策的动机。高管所获得的报酬在未来得以支付，因此可抑制其过度追求风险的态度，偿付能力和充足的流动性成为高管和其他债权人获

---

① Edmans A, Liu Q. Inside Debt [J]. Review of Finance, 2011, 15 (1): 75 – 102.

② Boubaker S, Nguyen B D, Nguyen D K. Corporate governance: Recent developments and new trends [M]. Berlin: Springer – Verlag, 2012.

③ Cassell C A, Huang S X, Sanchez J M, et al. Seeking safety: The relation between CEO inside debt holdings and the riskiness of firm investment and financial policies [J]. Journal of Financial Economics, 2012, 103 (3): 588 – 610.

④ Brisker E R, Wang W. CEO's inside debt and dynamics of capital structure [J]. Financial Management, 2017, 46 (3): 655 – 685.

得报酬的必要条件。不同高管激励契约方式的差异性对比分析如表 13－1 所示。鉴于单一形式治理机制边际效应递减等问题，实现不同契约方式的激励相容是达到总体均衡的关键路径。

表 13－1　　不同高管激励契约方式的差异性比较分析

具体形式	薪酬激励	股权激励	债权激励
	基础年薪、绩效奖金	期权、虚拟股票、实股	退休金计划、递延薪酬
激励周期	短期经营周期，以年度为主	3～10 年或任职期限	高管任职期限
决定因素	公司短期绩效	公司中长期价值	公司清算价值
作用机理	将高管当期报酬与公司的短期绩效相结合	将高管中长期报酬与公司的中长期价值相结合	将高管长期报酬与公司的清算价值相结合
作用效果	为高管提供基本薪酬保障，激励高管提升当期财务绩效	改变高管风险偏好，提升高管风险承担水平	抑制高管卸责行为和冒险动机，使其选择保守的投融资政策

资料来源：笔者整理。

13.3.2　高管内部债权激励的测量方式

现有高管内部债权激励的测量方式较为多样，可以分为以下三类：内部杠杆相关测量、相对杠杆相关测量、虚拟变量测量（以 CEO 为例，如表 13－2 所示）。

表 13－2　　高管（CEO）内部债权激励的测量方式比较

类型	变量名称	具体测量方法（公式）
内部杠杆相关测量	CEO 内部债权持有量	高管累计退休金福利的精算现值总额与公司高管递延薪酬计划中的总余额相加
	CEO 内部杠杆	CEO Inside Leverage $=\frac{D_{CEO}}{E_{CEO}}$
	CEO 内部债权持有水平	$\frac{D_{CEO}}{\text{Total Asset}}$

续表

类型	变量名称	具体测量方法（公式）
内部杠杆相关测量	CEO 内债比率	$\frac{D_{CEO}}{D_{CEO}+E_{CEO}}$
	CEO 内债/现金比率	$\frac{D_{CEO}}{CEO\ cash\ Comp.}$
相对杠杆相关测量	CEO 相对债权/股权比率	$K=\frac{D_{CEO}/D_{firm}}{E_{CEO}/E_{firm}}=\frac{D_{CEO}/E_{CEO}}{D_{firm}/E_{firm}}$
	CEO 相对激励比率	$K^*=\frac{\Delta D_{CEO}/\Delta D_{firm}}{\Delta E_{CEO}/\Delta E_{firm}}=\frac{\Delta D_{CEO}/\Delta E_{CEO}}{\Delta D_{firm}/\Delta E_{firm}}$
	CEO/公司相对债权比率	$\frac{D_{CEO}/(D_{CEO}+E_{CEO})}{D_{firm}/(D_{firm}+E_{firm})}$
虚拟变量测量	D_{CEO} dummy	CEO 内部债权为正则为 1，否则为 0
	K dummy	CEO 相对债权/股权比率大于 1 则为 1，否则为 0
	K^* dummy	CEO 相对激励比率大于 1 则为 1，否则为 0

注：D_{CEO}和E_{CEO}分别表示 CEO 内部债权与股权薪酬持有量，D_{firm}和E_{firm}分别表示公司负债与权益总额。

资料来源：笔者整理。

1. 内部杠杆相关测量

该方法以最为直观的内部债权持有量为基础。在内部债权持有量的基础上，卡塞尔等（Cassell et al.，2012）使用内部杠杆（inside leverage）作为对高管内部债权的度量标准。文献中常把高管自身债权类薪酬与股权类薪酬之间的比例称为内部杠杆，将内部杠杆相对于公司杠杆的比例称为相对杠杆（relative leverage）。① 此外，凯等（Chi et al.，2017）采用内部债权持有水平作为高管内部债权的度量，以排除内部杠杆中股权持有量的影响。② 进一步，布瑞斯克等（Brisker et al.，2017）将公司杠杆从内部债权的度量中移

① Cassell C A，Huang S X，Sanchez J M，et al. Seeking safety：The relation between CEO inside debt holdings and the riskiness of firm investment and financial policies ［J］. Journal of Financial Economics，2012，103（3）：588－610.

② Chi S，Huang S X，Sanchez J M. CEO inside debt incentives and corporate tax sheltering ［J］. Journal of Accounting Research，2017，55（4）：837－876.

除，检查内部债权和公司杠杆之间关系。① 为进行静态比较，孙等（Sun et al.，2014）也使用内债/现金比率作为内部债权持有量的额外衡量标准。②

2. 相对杠杆相关测量

基于对高管内部债权内涵的把握，设计度量方法的思路也日益清晰。理论表明，高管内部杠杆相对于企业杠杆越大，其降低企业风险的动机就越强。因此，埃德曼斯等（Edmans et al.，2011）采用高管相对债权/股权比率（K）来衡量高管的内部债权激励。③ 这也是近年研究中最为流行的度量工具，已得到许多学者的广泛使用。进一步，韦等（Wei et al.，2011）在高管相对债权/股权比率的基础上又开发了高管相对激励比率（K^*），旨在衡量高管内部债权相对于其股权价值的边际变化。④ 另外，布瑞斯克等（Brisker et al.，2017）认识到，考虑最优内部债权水平时，采用高管内债比率除以公司市场债务比率衡量更为合适，这一比率被称为高管/公司相对债权比率。

3. 虚拟变量测量

除上述测量方法外，已有研究中还经常用到三个虚拟变量，包括高管内部债权的虚拟变量（D_{CEO} dummy）以及相对债权/股权比率和相对激励比率对应的虚拟变量（K dummy 和 K^* dummy）。高管内部债权相关虚拟变量的使用不仅解决了潜在的异常值问题，并且能够有效衡量高管与债权人的激励相容效应。

内部债权相关信息披露的增加不仅使得这一问题近年来倍受关注，同时也为学者们进一步深入研究创造了条件。早期上市公司并不需要披露退休金计划的规定助长了高管薪酬的不透明性，进而严重影响到对高管薪酬的准确衡量。别布邱克和约翰逊（Bebchuk and Jackson，2005）指出退休金是 CEO

① Brisker E R，Wang W. CEO's inside debt and dynamics of capital structure［J］. Financial Management，2017，46（3）：655－685.

② Sun F，Wu F，Li S F. CEO Inside Debt and Audit Fees［J］. International Journal of Auditing，2014，18（1）：2－13.

③ Edmans A，Liu Q. Inside Debt［J］. Review of Finance，2011，15（1）：75－102.

④ Wei C，Yermack D. Investor reactions to CEO's inside debt incentives［J］. Review of Financial Studies，2011，24（11）：3813－3840.

薪酬的重要组成部分，忽略退休金尤其会损害对高管薪酬以及薪酬绩效敏感度估计的准确性，并建议美国证券交易委员会（SEC）要求公司披露高管年度退休金计划相关数额及精算价值，同时报告公司退休金披露价值的年度相对变化。[①] 2006 年，SEC 通过了扩大高管薪酬披露要求，规定公司须提供高管退休金福利额、递延薪酬及年终期权持有的详细信息，在年终报告退休金福利额和高管递延薪酬的现值。类似地，对高管退休金计划的披露也引起了英国政策制定者的关切，于 2014 年生效的高管薪酬披露规定中同样要求英国上市公司在计算高管薪酬总额时进行标准化的退休金披露。相关披露信息可以在公司股东委托书（proxy statements）以及 ExecuComp 等有关数据库中获得。

13.4　内部债权激励作用路径的理论分析

内部债权激励被纳入高管薪酬结构中能否发挥积极作用？对此理论界有两种截然不同的视角：一种是最优契约理论。该理论认为高管薪酬旨在通过绩效奖金、薪酬、股票期权和解聘决策等机制能够提供一套有效的激励措施，从而促使高管为公司做出最优决策。该观点支持高管内部债权激励的积极效应，当退休金等类似债权的薪酬机制被纳入薪酬契约中时，高管的利益将与外部债权人的利益保持一致。与之相左的是管理层权力理论。该理论认为高管具有寻租动机，退休金计划等是高管运用其权力寻租的一种机制，其不透明性使高管可以隐秘地获得额外薪酬，最大化高管自身的财富，因此导致高管内部债权激励的消极效应。

13.4.1　基于最优契约理论的积极作用：实现激励相容、降低代理成本

由委托代理理论可知，债权和外部股权的存在将引致剩余索取者和固定索取者之间的利益冲突，由此产生的成本称为“债权代理成本”（agency

---

① Bebchuk L A, Jackson R J. Executive pensions [J]. Journal of Corporation Law, 2005, 30 (4): 823－855.

cost of debt）。债权人倾向于公司以更加保守的方式运营从而降低违约风险，尽管高风险项目成功后将带来固定收益，但若公司破产会导致其暴露于巨大的风险之下。与之相反，寻求价值最大化的股东拥有投资高风险项目的动机，希望通过改变公司的支付政策、投融资政策或资本结构相关策略增加公司的整体风险，从债权人处剥夺利益。因此，两者不对称的投资回报便构成债权人所面临的“风险转移”或“资产替代”问题，这有损债权人的利益，形成了债权代理成本。例如，通过股利的形式从公司中剥离资产、将资产从低风险项目转移到高风险项目，或者扣留对正净现值项目的投资等。

越来越多的研究基于代理视角审视高管内债薪酬的激励效应及其与股权薪酬的关系，发现与股权激励相比，在最优薪酬契约中使用内部债权激励有助于减少债权代理成本，提升管理者的努力水平。退休金福利的支付结构类似于公司债务契约，退休金计划持有者有权在很长一段时间内获得一系列预先设定的现金流，如果公司违约，这些现金流也将面临风险。这一结论得到了孙达拉姆（Sundaram et al.，2007）的验证，鉴于债权代理成本以及减轻负债的需求在高杠杆率的公司中可能更高，他们以一些美国大公司为样本，检验了这些公司中 CEO 巨额退休金的激励作用，发现退休金福利额与股权薪酬比率较高的 CEO 对公司的管理更为保守，并证实了内债薪酬的激励相容效应。[①]

此外，内部债权不仅可以减少债权代理成本，同时还能被用来降低高管和股东之间的股权代理成本。博拉等（Borah et al.，2020）认为股利是 CEO 在债权类薪酬中降低债权代理成本和股权代理成本的一个渠道，CEO 内债额度较大的公司呈现出较低的债务成本和违约风险，这些收益也可以转化为更好的企业绩效和价值。[②] 由此可见，内部债权增加了公司的财务灵活性，这反过来又导致股利增加，缓解了与自由现金流相关的代理问题，并最终导致企业价值的提高。

---

① Sundaram R K, Yermack D L. Pay me later: Inside debt and its role in managerial compensation [J]. Journal of Finance, 2007, 62 (4): 1551 – 1588.

② Borah N, James H L, Park J C. Does CEO inside debt compensation benefit both shareholders and debtholders? [J]. Review of Quantitative Finance and Accounting, 2020, 54 (1): 159 – 203.

13.4.2　基于管理层权力理论的消极效应：凸显权力寻租、增加愤怒成本

公众对于高管薪酬方案的不满正从年薪转向退休薪酬，[①] 这增加了债权类薪酬制度的“愤怒成本”（outrage cost）。愤怒源自外界对于高管寻租效应的认知，可能会给公司董事和高管带来名誉伤害或使其陷入困窘境地，减少股东支持现任者的意愿。[②] 作为管理层权力理论的关键组成部分，愤怒成本会对薪酬安排的设计产生重要影响，这种外界对于高管薪酬的看法在一定程度上决定了高管和董事们面临的约束是否严格。在天价的退休金计划引发人们对于收入不平等关切的背景下，公司及董事会有必要对其高管与普通员工之间的薪酬差距做出合理解释。具体而言，内部债权激励究竟可以在多大程度上减轻公众对于上市公司过度冒险和短视决策的担忧？

在公司治理研究早期阶段，由于缺少对高管退休金信息透明化和高质量的信息披露要求凸显了其“隐蔽性”，并导致理论界对不同公司治理制度中各类型退休金的理解有限。管理层权力理论认为，高管薪酬受到其他因素的影响，如高管权力和自由裁量权。此种观点的含义是，退休金由于不透明性及其估值复杂性，为高管们提供了一种提取额外薪酬的机制，而这些薪酬基本上对绩效并不敏感。因此，退休金可能是高管的一种“隐性”薪酬，尤其容易受到管理层权力的影响。例如，吴等（Goh et al.，2015）利用手工收集的富时 100 指数公司高管数据，发现了关于退休金和奖金等绩效薪酬之间存在替代效应的证据。[③] 这一发现与高管薪酬设计中的管理层权力理论一致，也印证了退休金作为“隐性”薪酬元素的使用。

基于已有研究发现退休金福利的年度水平与经营绩效或股票回报无关，高管寻租的观点亦很有说服力。通过检验高管退休金计划的存在是否与高管权力和董事会监督不力的指标相关联，寻租假说得以验证。如克莱

① Reid C D. CEO retirement compensation: Is inside debt excess compensation or a risk management tool? [J]. Business Horizons, 2018, 61 (5): 721 -731.

② Bebchuk L A, Fried J M. Executive compensation as an agency problem [J]. Journal of Economic Perspectives, 2003, 17 (3): 71 -92.

③ Goh L, Li Y. Pensions as a form of executive compensation [J]. Journal of Business Finance & Accounting, 2015, 42 (9/10): 1154 -1187.

塔（Kalyta，2009）使用加拿大公司的样本进行实证研究，发现CEO对董事会权力的各种衡量标准（包括董事会规模、内部董事比例、外部大股东的存在、两职合一、外部董事持股比例、CEO任期等）与CEO退休金薪酬密切相关，但与更透明的薪酬组成部分（如现金和股票）无关。[①] 这项研究表明，拥有对董事会相关权力的CEO能够通过补充高管退休计划提高自身的薪酬。

13.4.3 两种理论观点的争论焦点

当前理论界关于上述两种观点的争议集中在标准化的内部债权激励政策制定、公司治理控制机制关于高管寻租效应的制约以及内部债权信息披露的质量等方面。一般而言，相对均衡的高管激励方案将促使高管为公司做出最优决策，包含全部薪酬要素的总体激励反映了均衡结构，而科学合理的董事会监控及标准透明的信息披露法规亦有助于形成激励相容。事实上，激励契约的制定过程可能受到高管强大的控制权、董事会利益冲突及相关监管不力的限制，薪酬方案制定受到影响，内部债权也将成为隐性的额外租金。

尽管不同学者对这两种观点均提供了支持，但随着相关政策指引的日渐完善及债权类薪酬相关信息披露的逐步增加，当前大多数实证研究的结论契合了最优契约观，形成了内部债权相关文献的主流观点，即内债薪酬是高管薪酬契约设计的重要组成部分，它可以减轻高管追求冒险策略的动机，使其与债权人的利益更为一致，有效减少债权代理成本。然而，债权激励积极效应的实现还存在一些不容忽视的挑战，它削弱了其内部债权性质，使得预期效果难以达成。

当前公司实践中普遍存在一种特殊安排（special arrangements），用以保护退休金计划和递延薪酬的收益免受破产损失风险，使得这些计划的债权性质减弱。例如高管对其内部债权激励采取的风险对冲措施，[②] 或者通过信托保护机制使内部债权消除部分损失风险，那么信托结构便决定了风险降低的

---

① Kalyta P. Compensation transparency and managerial opportunism: A study of supplemental retirement plans [J]. Strategic Management Journal, 2009, 30 (4): 405 -423.

② Dye R A, Sridhar S S. Hedging executive compensation risk through investment banks [J]. The Accounting Review, 2016, 91 (4): 1109 -1138.

程度。此类特殊安排将减少或消除内部债权形式薪酬的激励效应，相关监管机构应出台相应的法规对其进行限制。再者，递延薪酬盛行单次总付，而非当作年金支付，并可在退休前提取，这种安排削弱了递延薪酬的内部债权性质，减少了高管降低风险的动机。同时，这种选择也极易产生道德风险问题，管理者可能并不关心公司未来的绩效，以牺牲公司利益为代价取得递延薪酬。此外，高管递延薪酬实际执行时，其资金可以投资于多种投资组合，以将其增长与之挂钩，包括各种基金、指数投资以及本公司股票，[①] 故而递延薪酬可能将受到类似于股权类薪酬的波动性和风险特征的影响。由此，当高管递延薪酬的增长与股价挂钩时，其会激励高管形成类似于股权类薪酬的风险偏好，因此在减少与债权人的代理冲突方面是低效的。可见，债权激励是否可以发挥其预期作用必须以更为细致的薪酬契约设计及其他公司治理制度的支撑为前提，这也是未来研究的主要问题之一。

13.5　内部债权激励治理效应及其影响因素

13.5.1　高管内部债权激励的治理效应

尽管高管内部债权激励效应的理论含义十分明确，但此类高管薪酬是否起到其作为内部债权的作用，并有效解决股东与债权人之间的冲突，仍有待进一步展开实证研究。[②] 近年来，学者们开始更加关注高管内部债权激励及其在高管薪酬方案中的重要性。关于对高管内部债权治理效应的探讨，相关文献较为分散，学者们从不同层面和多种角度对高管内部债权的治理效应展开了积极有益的探索，具体可分为以下几个方面。

1. 对公司风险承担水平的影响

理论预测，持有大量内债的高管将表现出更低水平的风险寻求行为。

① Reid C D. CEO retirement compensation: Is inside debt excess compensation or a risk management tool? [J]. Business Horizons, 2018, 61 (5): 721 -731.

② Anantharaman D, Fang V W, Gong G. Inside debt and the design of corporate debt contracts [J]. Management Science, 2014, 60 (5): 1260 -1280.

自孙达拉姆（Sundaram et al.，2007）开拓性地提供内部债权影响风险承担水平的实证证据后，理论界逐渐形成一种共识，即拥有巨额退休金薪酬的高管们以保守的态度经营公司，并采取措施降低违约风险，从而将自身退休金价值的风险降至最低。① 此后，科隆内洛等（Colonnelo et al.，2017）指出，内债和信用违约互换利差之间存在负相关关系。② 可见，现有研究验证了内部债权相关理论的外部适用性和推广度，支持了内债和管理层风险承担之间存在负相关关系的观点。债权激励机制逐步得到理论界的重视。

对于杠杆率普遍更高的金融行业而言，控制风险水平尤为重要。学者们证实大量内债是高管薪酬契约设计的重要组成部分，可有效减少高管的过度冒险行为。贝克希尔等（Belkhir et al.，2013）使用150家美国上市银行控股公司的样本进行了分析，证明高管内部债权激励对银行使用利率衍生品进行风险对冲的程度有积极影响。③ 这意味着债权类薪酬减轻了银行业高管的冒险动机。米利多尼斯等（Milidonis et al.，2019）用2007~2013年美国上市财产责任保险公司CEO的样本，考察了内债对管理层风险承担的影响，证明了内债是保险行业CEO薪酬的重要组成部分，并且CEO内部债权持有量与冒险行为之间存在显著的负相关关系。④ 这再次显示出债权类薪酬制度是减少高管冒险动机的一种有效方法。斯里瓦斯塔夫等（Srivastav et al.，2018）认为高额内部债权可能会激励高管参与降低风险的行为，银行风险与其CEO相对债权/股权比率呈负相关关系，并主张在银行业高管薪酬契约中更广泛地使用内部债权。⑤

2. 对公司治理水平的影响

关于内部债权激励的使用对公司治理水平的影响，学者们也进行了丰富

---

① Sundaram R K, Yermack D L. Pay me later: Inside debt and its role in managerial compensation [J]. Journal of Finance, 2007, 62 (4): 1551-1588.

② Colonnello S, Curatola G, Hoang N G. Direct and indirect risk-taking incentives of inside debt [J]. Journal of Corporate Finance, 2017, 45: 428-466.

③ Belkhir M, Boubaker S. CEO inside debt and hedging decisions: Lessons from the U. S. banking industry [J]. Journal of International Financial Markets, Institutions & Money, 2013, 24: 223-246.

④ Milidonis A, Nishikawa T, Shim J. CEO inside debt and risk taking: Evidence from property-liability insurance firms [J]. Journal of Risk and Insurance, 2019, 86 (2): 451-477.

⑤ Srivastav A, Armitage S, Hagendorff J, et al. Better safe than sorry? CEO inside debt and risk-taking in bank acquisitions [J]. Journal of Financial Stability, 2018, 36: 208-224.

的探索。例如，何（He，2015）利用 CEO 内部债权信息的样本进行实证研究发现，CEO 相对杠杆率较高的公司表现出较高的应计质量，并且异常应计水平、盈利误报可能性以及盈利超过分析师预测的可能性较低。[①] 这与高管内部债权促进较高财务报告质量的观点是一致的。同样，学者用 2006 ~ 2010 年五年间 S&P 1500 指数非金融公司的样本进行研究，发现 CEO 内债与基于权责发生制的盈余管理活动均呈负相关。[②] 另外，也有学者发现 CEO 内部债权持有与公司进行避税的可能性负相关。[③] 这一研究印证了持有大量内部债权会对 CEO 的风险偏好产生负面影响的观点，可见内债的使用将减少公司避税行为，避免增加未来现金流的不确定性。

此外，内部债权也会导致公司资本结构发生动态演变。学者们通过对 2006 ~ 2012 年 1011 家公司的 4793 个年度观察样本进行研究，发现 CEO 内债和短期债务之间存在显著的正相关关系。[④] 这说明持有内债的高管可能更喜欢使用短期债务来节省融资成本，提高公司绩效，并最终增加其收益。进一步地，弗罗因德等（Freund et al.，2018）发现 CEO 内部债权持有量与公司发行债务的可能性以及债务占其外部融资总额的比例之间存在正向关系；[⑤] 布瑞斯克等（Brisker et al.，2017）则实证检验了 CEO 内债对资本结构动态的影响，指出 CEO 内部债权比率越高，公司杠杆率越低，向股东期望的水平调整的速度越慢。[⑥]

3. 对公司战略决策的影响

内部债权的理论意义在公司战略决策层面也得到了良好的复制和延伸。已有研究表明，高管持有内部债权后形成了主要依赖内部现金流进行投融资

---

① He G. The effect of CEO inside debt holdings on financial reporting quality [J]. Review of Accounting Studies, 2015, 20 (1): 501 - 536.

② Dhole S, Manchiraju H, Suk I. CEO inside debt and earnings management [J]. Journal of Accounting, Auditing & Finance, 2016, 31 (4): 515 - 550.

③ Chi S, Huang S X, Sanchez J M. CEO inside debt incentives and corporate tax sheltering [J]. Journal of Accounting Research, 2017, 55 (4): 837 - 876.

④ Dang V A, Phan H V. CEO inside debt and corporate debt maturity structure [J]. Journal of Banking and Finance, 2016, 70: 38 - 54.

⑤ Freund S, Latif S, Phan H V. Executive compensation and corporate financing policies: Evidence from CEO inside debt [J]. Journal of Corporate Finance, 2018, 50: 484 - 504.

⑥ Brisker E R, Wang W. CEO's inside debt and dynamics of capital structure [J]. Financial Management, 2017, 46 (3): 655 - 685.

的规避风险倾向。卡塞尔等（Cassell et al.，2012）发现 CEO 内债持有量与 R&D 支出之间存在负相关关系，而与多元化程度正相关，[①] 证实了持有大量内部债权的高管更喜欢风险较低的投融资战略。潘（Phan，2014）则指出，CEO 内部债权持有对公司并购倾向有负向影响。特别地，收购方和目标方作为供应商和客户形成供应链关系的纵向并购也是降低企业风险的有效方法。[②] 林等（Lin et al.，2018）认为内部杠杆较高的 CEO 更有可能参与纵向并购。[③] 此外，韩等（Han et al.，2016）以 2006 ~ 2012 年美国制造业公司为样本，考察了 CEO 内债对投资现金流敏感度的影响，发现内部债权可以引致公司产生较高的投资现金流敏感度。[④]

进一步地，此类治理效应还受到调节机制的影响。李等（Lee et al.，2018）发现内债和投资水平之间的关系既取决于企业获取外部资本的需要，也取决于外债和内债资本成本之间的差距。[⑤] 对于融资约束较低的企业，内部债权与 R&D 和资本支出之间存在负相关关系，但对于受约束的企业，这种关系则恰好相反。另外，市场竞争强度也通过影响企业失败和破产的概率改变了内部债权降低风险的效果。谢赫等（Sheikh，2019）认为，此前大量实证研究提供了 CEO 内债与公司风险战略负相关的证据，但这种负面关联受到了市场竞争的影响。具体来说，当市场竞争激烈时，CEO 内债会降低企业风险，减少 R&D 投资、降低财务杠杆，并增加企业现金持有量和营运资本；而当市场竞争程度较低时，内部债权对企业风险战略没有显著影响。[⑥]

---

① Cassell C A，Huang S X，Sanchez J M，et al. Seeking safety：The relation between CEO inside debt holdings and the riskiness of firm investment and financial policies［J］. Journal of Financial Economics，2012，103（3）：588 - 610.

② Phan H V. Inside debt and mergers and acquisitions［J］. Journal of Financial and Quantitative Analysis，2014，49（5/6）：1365 - 1401.

③ Lin C，Officer M S，Shen B. Managerial risk-taking incentives and merger decisions［J］. Journal of Financial and Quantitative Analysis，2018，53（2）：643 - 680.

④ Han J，Pan Z. CEO inside debt and investment-cash flow sensitivity［J］. Accounting and Finance，2016，56（2）：423 - 443.

⑤ Lee J，Murphy K J，Oh P SH，et al. Inside debt and corporate investment［EB/OL］.（2018 - 01 - 26）［2020 - 03 - 24］. https：//ssrn. com/abstract = 2482857.

⑥ Sheikh S. CEO inside debt，market competition and corporate risk taking［J］. International Journal of Managerial Finance，2019，15（4）：636 - 657.

4. 对公司市场价值及利益相关者行为的影响

已有研究发现，高管内部债权的使用将对公司市场价值产生影响。例如，魏等（Wei et al.，2017）认为，当 CEO 拥有可观的限定福利额退休金或递延薪酬时，公司债券价格上涨，股票价格下跌，两者的波动性均下降。[①] 卡塞尔等（Cassell et al.，2012）也发现 CEO 内债持有与未来股票回报波动性负相关的实证证据。[②]

此外，内部债权相关研究体现出一定的理论弹性，不仅可以影响内部管理层决策，亦能改变外部市场参与者的行为。班达里等（Bhandari et al.，2018）使用 2006～2014 年 6615 个公司年度观察样本进行研究，发现随着内债规模的增加，金融分析师的预测精度提高，而预测分歧度降低。可见，与理论预测一致，因高管持有内债而施行规避风险政策导致收益波动性降低，公司产生收益的可预测性相应增加。[③] 该研究通过将高管债权类薪酬与金融分析师的行为联系起来，更有助于理解内部债权对外部市场参与者的影响，为后续的研究提供了良好的基础。此外，内部债权的使用将高管与债权人的利益更好地结合起来，影响了债权人对于公司风险的看法。学者们以 2006～2008 年发放的 1462 笔私人贷款为样本，研究发现 CEO 债权类薪酬越高，公司的债务融资成本越低，私人贷款契约的限制性契约越少。[④] 可以看出，贷款人认为退休金计划和递延薪酬使高管的利益更为接近自己的利益。王等（Wang et al.，2018）也认为，内部债权通过将高管与债权人的激励更紧密地结合起来，减少了债权人的担忧，从而降低了其对会计稳健性的要求。[⑤]

① Wei J，Ouyang Z，Chen H. Well Known or Well Liked? The Effects of Corporate Reputation on Firm Value at the Onset of a Corporate Crisis ［J］. Strategic Management Journal，2017，38（10）：2103－2120.

② Cassell C A，Huang S X，Sanchez J M，et al. Seeking safety：The relation between CEO inside debt holdings and the riskiness of firm investment and financial policies ［J］. Journal of Financial Economics，2012，103（3）：588－610.

③ Bhandari A，Mammadov B，Thevenot M. The impact of executive inside debt on sell-side financial analyst forecast characteristics ［J］. Review of Quantitative Finance and Accounting，2018，51（2）：283－315.

④ Anantharaman D，Fang V W，Gong G. Inside debt and the design of corporate debt contracts ［J］. Management Science，2014，60（5）：1260－1280.

⑤ Wang C，Xie F，Xin X. CEO Inside Debt and Accounting Conservatism ［J］. Contemporary Accounting Research，2018，35（4）：2131－2159.

13.5.2 高管内部债权激励治理效应实现的影响因素

一般而言，股权和内部债权对高管激励的影响取决于公司本身的资本结构。代理理论推测，当高管持有与公司资本结构同等比例的内部债权和股权薪酬时，其转移债权人财富给股东的动机就消失了。因此，当高管的薪酬包括债权类薪酬与股权类薪酬时，其激励效应也会随着内部债权和股权薪酬的相对重要性而动态变化：相对杠杆越高，高管与债权人的利益就越相容，高管参与高风险项目而损害债权人利益的程度就越低。这种理论观点构成了现有内部债权激励相关理论与实证研究的初步见解。坎贝尔等（Campbell et al.，2016）利用之前的理论框架建立了一个回归模型，基于最优契约预测企业的最优 CEO 相对激励比率，发现企业倾向于将实际的 CEO 相对激励比率调整到预测的最佳水平，并且无论相对激励比率增加或减少，随着公司朝着预测的最佳水平调整，股票价值都会上升。[①] 这一结论支持了特定公司最优相对杠杆的合理性，该比率并不一定为 1。

此外，其他因素也影响着内部债权治理效应的实现。埃德曼等（Edmans et al.，2011）在风险转移问题中引入了管理层努力和清算价值，提出最佳内债薪酬因公司特征而异：在成长机会更大的公司，股权类薪酬应该超过债权类薪酬，而当破产可能发生时，债权类薪酬会更高。[②] 可见，在这些公司中，股东与债权人之间的冲突最为激烈，产生的债权代理成本更高。另外，高管的人口统计学特征以及其他公司特征也可能是影响债权激励的重要因素。孙达拉姆等（Sundaram et al.，2007）研究发现，CEO 薪酬在债权和股权激励之间保持平衡，随着 CEO 年龄的增长，平衡地从股权转向债权。[③] 瑞德（Reid，2018）认为，CEO 内部债权的支付将取决于 CEO 退休时公司的绩效以及新任 CEO 的未来表现，不仅如此，作者还指出拥有高财务杠杆的、设定社会责任目标的、机构大量持股的以及数据泄露风险高的公司可从

---

① Campbell T C，Galpin N，Johnson S A. Optimal inside debt compensation and the value of equity and debt [J]. Journal of Financial Economics，2016，119（2）：336 - 352.

② Edmans A，Liu Q. Inside Debt [J]. Review of Finance，2011，15（1）：75 - 102.

③ Sundaram R K，Yermack D L. Pay me later：Inside debt and its role in managerial compensation [J]. Journal of Finance，2007，62（4）：1551 - 1588.

包含内部债权的薪酬结构中获益最多。①

13.6　管理启示与研究展望

13.6.1　中国情境下的管理启示

已有关于高管薪酬结构的研究集中于现金类和股权类薪酬及其激励效应，对同样作为高管薪酬重要组成部分的内部债权激励缺乏关注。本章通过梳理和分析近年来不断涌现的高管内部债权激励文献，对当前内部债权合理性及其激励效用的相关研究进行述评，构建了高管内部债权激励治理效应实现的研究框架（见图 13－2），以期为高管激励乃至公司治理领域研究的深入与拓展提供思路，同时也为实践者制定有效的高管薪酬安排提供有益借鉴。

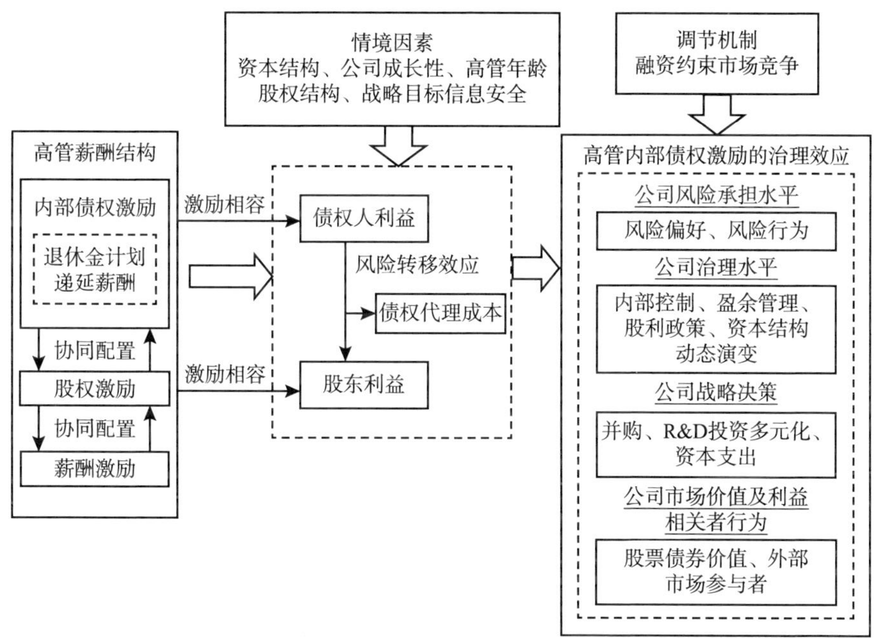

图 13－2　高管内部债权激励治理效应实现的研究框架

① Reid C D. CEO retirement compensation: Is inside debt excess compensation or a risk management tool? [J]. Business Horizons, 2018, 61 (5): 721－731.

鉴于对高管内部债权激励的忽视可能将引发扭曲高管薪酬激励效应以及高估薪酬业绩敏感性等一系列问题，中国应逐步完善高管内部债权类薪酬制度安排。

1. 完善高管内部债权激励制度设计

目前中国已有相关政策指引对金融行业企业和中央管理企业的高管递延薪酬进行了明确规定，如金融行业对高管必须延期支付的期限与比例做了规定，中央管理企业要求增加国企高管薪酬的延期支付即任期激励收入部分等，以此发挥薪酬机制对风险防控的约束作用。在此基础上，我国也可以根据不同企业相应的投融资实践施行完善的递延薪酬安排，尤其是财务杠杆较高的企业和成长性较好的中小企业，而非仅仅局限于金融行业。同时公司薪酬委员会可制定关于递延薪酬的激励方案准则，详细设计递延高管薪酬的特定金额或百分比，以及高管是否可自行选择递延某一年的部分收入等。对于递延薪酬可支配投资的方式及数额需加以限定，以免受到其他特征风险的影响，加剧风险转移效应。另外，鉴于我国新的历史发展进程，相应退休金制度也可在兼顾保障性特征的基础上，制定配套规章，明确执行主体，完善追索扣回等相关法律条款，加强激励性质的退休金制度设计。对应不同产权性质及不同行业产业的上市公司，高管退休金计划的适用范围、详细计算标准及实付形式也应予以明确规定并进行透明化披露，从而更有利于增强高管薪酬结构的激励与约束效果，[①] 更好地发挥其内外部治理效应并指导实践。

2. 加强对于高管内部债权激励的信息披露

作为重要的外部治理机制，更为充分且透明的信息披露制度能够缓解投资者决策中的信息不对称问题，进而减少公司治理相关成本。当前中国情境下的内部债权信息披露局限于银行业高管的递延薪酬安排，各上市银行年报及银行网站公布了有关数据。实际上，我国成熟大型公司中高管退休计划的采用已经比较普遍，但关键信息的披露有待加强。比如百度于 2019 年宣布正式推出高管退休计划后，数位公司高管相继加入其中，但关键的相关具体

---

① 何靖．延付高管薪酬对银行风险承担的政策效应——基于银行盈余管理动机视角的 PSM - DID 分析［J］．中国工业经济，2016，(11)：126 - 143.

信息却并无披露。随着我国资本市场的不断发展与完善，对于高管内部债权薪酬的披露也应给予足够的重视，我国监管机构应出台详细的披露规定，包括内部债权激励所涉数额及公允价值、行使方式、结构期限等标准化信息，从而发挥外部治理的有效监督作用，并减少投资者获取信息所需的成本。

3. 深化债权人保护机制的相关实践

鉴于当今反对股东至上的思潮背景，对债权人利益的保护也需进一步关注。2019 年 181 位美国顶级公司 CEO 签署联合声明，宣称放弃股东至上主义。而在中国情境下，加强股东治理是限制企业风险最有效的工具吗？考虑到外部监督机制对现代公司长期价值创造的保障性，高管内部债权激励对债权人的保护性特征可以跨越盈利能力的边界管理企业风险。此外，债权人如何发挥自身治理效应而其利益又如何得以保障成为亟待探析的重点问题之一，具体到实践中，可将高管内部债权激励与债权人参与治理相结合，既发挥高管内部债权的积极治理效应，同时兼顾外部债权人参与治理机制设计，充分保障公司治理结构中债权人的利益。

13.6.2　现有研究不足与未来研究展望

当前有关高管内部债权的研究取得了丰富而具有意义的成果，为后续研究奠定了坚实基础。然而，现有研究仍存在以下不足：（1）大多将高管退休金计划和递延薪酬安排的现值之和作为高管内部债权持有量，尽管两者都提供类似债权的回报，但每种计划的制度特征不尽相同，这都会影响其实际支付时发挥债权作用的程度。作为目前使用最为广泛也最契合内部债权相关理论的衡量标准之一，CEO 相对激励比率的测度中关于 CEO 内部债权与公司负债总额相对单位变化的测度依然无法准确地测量，需要进一步地进行探索。（2）对于高管内部债权在一般契约设计环境中的最优水平关注度不高，在相关外部控制机制和流动性研究的基础上，局限于单一静态视角，同时缺乏对使用内部债权涉及负面影响的讨论。（3）局限于外部及线性视角，缺少对高管内债激励对公司治理绩效的影响机制的研究，并未系统揭示内债激励与公司治理绩效之间联系的中介因素，也未探究两者之间的非线性关系及其内在逻辑。（4）现有中国情境下的相关研究仅从风险承担角度进行探讨，对在中国特殊的制度与文化情境之下内债激励作用及其实现途径的特殊性的相关议题考虑并不充分。

综上所述，考虑到现有研究中的一些不足之处，本章提出如下研究展望，以期为未来研究提供有益的启示。

1. 解构高管内部债权并完善与拓展其合理测度

未来的研究应更为详细地确定使用退休金计划和递延薪酬的目的及其规模变化的前因变量，并将两者加以区分，这有助于研究每种计划的经济后果。同时，将高管退休金激励措施与普通员工退休金激励进行进一步比较研究可能将为高管薪酬理论提供更多的见解。随着内部债权相关信息的披露程度日益增加，未来的研究可以相应地开发更为合理的内部债权变量，这将在很大程度上减少现有代理变量的使用对研究结论稳健性的影响。

2. 考虑多元因素在薪酬契约设计中的整合效应

未来内部债权研究可从以下几个角度对高管激励契约设计理论进行完善。首先，针对企业内部治理加强对薪酬敏感度的直接控制研究，区分内外部因素的差异，从而揭示不同契约之间的边际效应。既考虑内部债权的激励效果，也考虑它与其他薪酬组成部分的相互作用的研究，才更符合薪酬实践。[①] 其次，从内部债权治理效应的不利方面入手，厘清高管降低风险偏好后存在的潜在问题，从而有差别地对一般环境中契约设计所需的条件进行优化，合理调整内部债权在不同情境中的优先次序和设计比重，达到总体均衡。再次，考虑到监管控制机制与不同薪酬部分的联合效应，未来的研究应考虑从治理整体上理解薪酬方案在塑造高管风险承担方面的作用，从而完善高管薪酬结构的设计。最后，如果内部债权不受破产损失的影响，它是否起到了理论所倡导的内债作用，或在多大程度上发挥作用，这值得未来进一步的研究，具体可深入探索其实际支付形式、是否受到信托等机制保护、与股价挂钩的程度等方面对其治理效应的影响。

3. 深入考察内部债权激励的情境因素及其经济后果

以内部债权支付为例，既然债权激励价值与 CEO 退休时的公司绩效及

---

① Colonnello S, Curatola G, Hoang N G. Direct and indirect risk-taking incentives of inside debt [J]. Journal of Corporate Finance, 2017, 45: 428-466.

新任 CEO 的未来表现相关联，那么深入探讨 CEO 继任如何影响内债及其与公司风险承担之间的关系将很有价值。未来的研究还应该考虑不同市场竞争强度下 CEO 更替对内债和公司风险承担之间关系的影响。① 基于内部债权激励效应实现的情境因素视角，涵盖内部债权的薪酬结构设计将对何种特质的公司最为有益？除已有研究表明高管内债与公司债务融资比例②、企业社会责任绩效③的正相关关系之外，后续也可以进一步研究内部债权与股权结构、盈利能力及信息安全等其他因素之间的关系，抑或将债权人参与治理纳入债权激励的研究框架，对两者的协同治理效应进行实证检验，谋求债权人保护机制相关理论与实践探索的新拓展。

4. 扩展中国情境下的内部债权激励研究边界

基于我国总体社会制度及内部债权激励的实践安排，未来研究应加强对中国情境的关注。在年薪及股权激励作为主导的薪酬结构背景下，加强股东治理和使用内部债权在限制公司风险方面存在何种关联？鉴于中国政治制度及社会情境，企业政治关联情况及党委参与治理等政治因素会对高管内部债权的激励效应产生何种影响？如何确定债权激励在国企负责人“限薪令”及高管政治激励的一般契约设计环境中的比重？此外，我国独特的金融体制背景导致债权人参与治理成为降低债务风险与加强债权人保护的关键，鉴于债权激励的独特属性及可转债的双重性质，探索债权人保护视角下我国上市公司企业高管内部债权激励与可转换债券之间的关系，或以此检验风险转移假说及其对高管利益倾向的影响将是有意义的。

---

① Sheikh S. CEO inside debt, market competition and corporate risk taking [J]. International Journal of Managerial Finance, 2019, 15 (4): 636 – 657.

② Freund S, Latif S, Phan H V. Executive compensation and corporate financing policies: Evidence from CEO inside debt [J]. Journal of Corporate Finance, 2018, 50: 484 – 504.

③ Wu T, Lin M. Relationship of CEO inside debt and corporate social performance: A data envelopment analysis approach [J]. Finance Research Letters, 2019, 29: 308 – 314.

第14章

基于激励相容路径的高管激励契约整合机制

高管激励通常是通过订立各种不同契约来完成的，而对这些契约进行有效整合的前提是对其进行深入系统的比较。本章在对高管显性激励与隐性激励两大类型进行比较的基础上，从激励周期、报酬性质、报酬强度决定因素、过程明确性等多重维度对薪酬激励、股权激励等典型显性契约方式以及控制权激励、声誉激励等隐性契约方式的作用机理进行全面比较。继而运用激励相容性原理对不同高管激励契约实现激励相容的路径进行分析，以此为基础构建高管激励契约整合模型，系统阐释激励契约的整合原理，从而为后续研究及公司进行高管激励契约设计提供有益参考。

14.1 问题的提出

信息不对称、契约不完备以及委托人与代理人的目标冲突，导致了现代公司中的委托代理问题。詹森和麦考林（Jensen and Meckling，1976）提出，有效的激励契约设计能够促进经营层与股东利益趋同，从而降低代理成本。[①] 自此，高管激励契约成为公司治理研究中的重要主题，以薪酬激励、股权激励等单一激励契约为研究对象的成果不断涌现，然而却仍未取得一致性的结论。“年薪制”作为高管薪酬激励的主要形式，业绩的明显脱钩使其

① Jensen M C, Meckling W H. Theory of the Firm: Managerial Behavior, Agency Costs, and Ownership Structure [J]. Journal of Financial Economics, 1979, 3 (4): 305 - 360.

受到一定程度的诟病。2002 年安然公司的财务丑闻让世界震惊的同时，高管的天价薪酬以及股票期权的滥用也引发了广泛的争议。别布邱克和弗里德（Bebchuk and Fried，2003）提出，由于管理层权力的存在，股权激励等契约形式并不能有效解决代理问题，反而成为高管谋求私利的一种工具，使代理问题更加严重。[①] 自股权分置改革之后，我国的股权激励制度才开始逐步推行。随着高管套现、股权激励福利化等现象的出现，理论界与实践界对其作用产生了诸多质疑。

近年来，上述单一显性激励契约在实践中失效甚至产生负向效应的案例屡见不鲜，致使理论界对高管激励契约的研究开始从单维视角向整合视角演化。有学者指出，在公司治理实践中，高管激励通常是通过订立各种不同契约来完成的，并非是单一契约，而是多种契约共同发挥作用。[②③] 当高管的激励契约不止一种时，不同契约的选择与组合问题自然就摆在了公司面前。[④] 而单维视角下的研究由于忽视了不同契约之间的相互作用从而影响了结论的可靠性。因此，在整合视角下对激励契约的配置与整合进行探究成为现阶段公司治理理论与实践均需要解决的问题。在此背景之下，已经有学者对高管激励契约的整合机理进行了初步探讨。例如，杜尔等（Dur et al.，2010）构建并分析了一个有关提供显性激励的模型，随着显性激励的增多，对于代理人激励的边际效应是递减的。他们同时指出，隐性激励能够更好地克服这种双向的道德风险问题。[⑤] 埃德曼斯等（Edmans et al.，2012）在一个动态框架下对最优的高管激励契约结构进行了深入研究，获得了一个简单的封闭式契约，该契约能够清晰地预测高管的报酬水平以及报酬—业绩敏感度随着时间的推移与公司的不同而变化的状态。[⑥] 坎比尼等（Cambini et al.，

---

① Bebchuk L A，Fried J M. Executive Compensation as an Agency Problem ［J］. Journal of Economic Perspectives，2003，17（3）：71－92.

② Dale－Olsen H. Executive Pay Determination and Firm Performance：Empirical Evidence from A Compressed Wage Environment ［J］. The Manchester School，2012，80（3）：355－376.

③ 徐宁，徐向艺. 技术创新导向的高管激励整合效应——基于高科技上市公司的实证研究［J］. 科研管理，2013，34（9）：46－53.

④ 陈冬华，梁上坤，蒋德权. 不同市场化进程下高管激励契约的成本与选择：货币薪酬与在职消费［J］. 会计研究，2010（11）：56－64.

⑤ Dur R，Non A，Roelfsema H. Reciprocity and incentive pay in the workplace ［J］. Journal of Economic Psychology，2010，31（4）：676－686.

⑥ Edmans A，Gabaix X，Sadzik T，Sannikov Y. Dynamic CEO Compensation ［J］. Journal of Finance，2012，67（5）：1603－1647.

2015）的研究也表明，在声誉的有效约束之下，对高管薪酬进行管制的确会提高公司的效率。[①] 然而，这些探讨多是建立在数理模型基础上的，而建立在该类模型上的研究大多是基于一种理性假设条件，甚至是基于一种限定的环境，而这种理想状态下的结论难以对公司实践产生直接的指导作用。高管激励契约进行有效整合的基础是对它们进行深入全面的比较，而建立在比较分析方法基础上的研究结论才能够实现对理论研究与实践发展的双重贡献。

鉴于此，本章在对高管显性激励与隐性激励契约类型进行比较的基础上，进一步对薪酬激励、股权激励等典型显性契约方式以及控制权激励、声誉激励等典型隐形契约方式的作用机制从激励周期、高管报酬的性质、高管报酬强度的决定因素、激励过程的明确性等维度进行全面比较，然后运用激励相容性原理找出它们实现激励相容的路径，从而构建高管激励契约整合模型，全面阐释高管激励契约的整合原理，以期为后续研究及公司进行高管激励契约设计提供有益参考。

14.2 显性激励契约与隐性激励契约比较

高管激励是由诸多契约方式构成的，不同的学者对其有不同的梳理。詹森和墨菲（Jenson and Murphy，1990）指出，高管获得报酬与激励的方式通常包括以下三类：一是现金薪酬，如年薪、奖金等；二是股权或期权激励；三是非货币激励，如权力、威望、公众形象等带来的收益等。[②] 菲拉托切夫和阿考克（Filatotchev and Allcock，2010）将高管激励机制分为货币薪酬激励（如基本薪资与奖金）、长期激励机制（如股票期权、限制性股票）、特殊津贴（如退休金、在职消费）等。[③] 戴尔—奥尔森（Dale - Olsen，2012）指出，高管激励除包括奖金、股票期权或限制性股票之外，还包括养老金计

---

① Cambini C，Rondi L，De Masi S. Incentive Compensation in Energy Firms：Does Regulation Matter? [J]. Corporate Governance：An International Review，2015，23（4）：378 –395.

② Jensen M C，Murphy K J. CEO Incentives—It's Not How Much You Pay，But How [J]. Harvard Business Review，1990，68（3）：138 –153.

③ Filatotchev I，Allcock D. Corporate Governance and Executive Remuneration：A Contingency Framework [J]. Academy of Management Perspectives，2010，24：20 –32.

划、津贴、签约费等。[①] 本章认为，上述契约方式可以归纳为两大类型，即显性激励（explicit incentives）与隐性激励（implicit incentives）。其中，显性激励是指具有明确的契约条款及时限规定、激励标准能够被准确测量，并且激励作用在单次博弈过程中就能发挥出来的高管激励契约方式的总称，一般主要包括现金薪酬激励（简称薪酬激励）与股权激励等方式。隐性激励是相对于显性激励而言的，是指不具有明确的契约条款及时限规定、激励标准不能够被准确测量，并且激励作用需要在多次博弈过程中才能发挥出来的高管激励契约方式的总称，一般包括控制权激励与声誉激励等方式。显性激励与隐性激励可以从条款与实现的明确性、激励标准的可测量性、激励作用发生的博弈频率三个维度进行比较，如表 14－1 所示。

表 14－1　　　　高管显性激励契约与隐性激励契约的比较

高管激励契约类型	比较维度		
	条款与时限的明确性	激励标准的可测量性	激励作用发生的博弈频率
显性激励	具有明确的契约条款及时限规定	激励标准能够被准确地测量	单次博弈即能发挥激励作用
隐性激励	不具有明确的契约条款及时限规定	激励标准不能够被准确地测量	多次博弈才能发挥激励作用

显性激励建立在一个明示的业绩合同的基础上，即明确地把工资和效益挂钩，它得以实施的前提是当期的业绩必须能够被人们很准确地度量——虽然行为是难以观测的。[②] 对于典型的显性激励而言，无论是薪酬激励，还是股权激励，企业都有具体的制度规范，也有依据制度规范同时根据生命周期、战略定位等情境因素变化而调整后的具体方案，具体方案中也有明确的契约条款及时限规定，同时激励标准也能够被准确地测量。例如，股票期权作为股权激励的一种重要方式，其实施计划十分明确，包括激励范围、授予条件、行权条件、行权价格、行权期限等契约要素都有明确规定，而激励对

① Dale－Olsen H. Executive Pay Determination and Firm Performance: Empirical Evidence from A Compressed Wage Environment [J]. The Manchester School, 2012, 80 (3): 355－376.

② Harris M, Raviv A. Corporate Governance: Voting Rights and Majority Rules [J]. Journal of Financial Economics, 1988, 20.

象在被授予股票期权时以及行权时所需要达到的条件也多是以可以衡量的绩效指标来确定的，这是可以被准确测量的。此外，显性激励在单次博弈过程结束后便能发挥作用，比如年薪制在年度经营周期之内、股票期权或限制性股票在激励有效期之内均能够实现其激励作用。

隐性激励则与显性激励的特征明显不同。它们并不具有明确的契约条款及时限规定。对于控制权激励、晋升激励及声誉激励等契约而言，在任何一个企业中应该均不存在一种明确的或者说成文的规定。隐性是相对于显性而言的，显性是可文件化与编码化的，隐性则是蕴含在组织之中的、复杂的且难以清晰表达的。同时，隐性激励也没有规定明确的激励标准，其激励强度难以与某些客观条件建立起直接的关联关系。再者，隐性激励也没有特别明确的激励周期，需要经过多次博弈才能发挥激励作用。如声誉激励作用发挥的前提是经理人市场上声誉评价机制的有效性，但高管声誉的形成并不是一蹴而就的，而是一个多因素多阶段的过程。并且经过多次博弈形成的高管声誉也并不能在一次博弈中实现其预期功能，这个过程同样是复杂且难以控制的。

14.3 不同激励契约方式的机理比较

在国内外的企业实践中，薪酬激励与股权激励是主要的显性激励契约，控制权激励与声誉激励是主要的隐性激励契约。这些契约方式的激励作用能够发挥的重要前提是实现激励相容。因此，本章以激励相容性理论为基础，对上述契约方式的内涵、特征及作用机制进行比较，继而找出它们实现激励相容的不同路径。如表 14 -2 所示。

表 14 -2　不同激励契约方式的作用机制与实现路径比较

典型契约	作用机制				实现激励相容性的路径
	激励周期	报酬性质	决定因素	过程明确性	
薪酬激励	短期经营周期，以年度为主	绝大部分为物质报酬	公司短期绩效	非常明确	将高管当期报酬与公司的短期绩效相结合
股权激励	中长期经营周期	以物质报酬为主	公司中长期价值	比较明确	将高管中长期报酬与公司的中长期价值相结合

续表

典型契约	作用机制				实现激励相容性的路径
	激励周期	报酬性质	决定因素	过程明确性	
控制权激励	与高管在本公司内的任职期限相一致	物质报酬与非物质报酬兼顾	公司的长期存在	比较模糊	将高管的特定权力与公司的长期存在相结合
声誉激励	与高管的职业生涯相一致	以非物质报酬为主	公司的持续成长	非常模糊	将对高管个人的认同与公司的持续成长相结合

14.3.1　不同激励契约方式的特征比较

薪酬激励最为普遍的一种显性激励契约方式，是公司对高管的努力与贡献的基础性回报，主要用于回报高管现期或上年度对公司的贡献。年薪制是薪酬激励最为普遍的应用形式，多以年度为单位，也有些薪酬计划是每季度或每半年测量一次绩效并支付绩效薪酬。股权激励作为一种重要的长期激励机制，其初衷是通过授予管理层股权及其所赋予的经济权利，使其与公司共享利益、共担风险，促进管理层利益与公司利益相结合。相对于其他激励机制而言，股权激励具有的典型优势体现在多个方面，如避免代理人短期化行为、激励与约束效应共存等。控制权激励是一种重要的隐性激励。一般而言，企业的收益可以分解为控制权收益和货币收益。货币收益是货币形态的收益，容易量化，而控制权收益是控制者通过对控制权的行使而占有的难以量化的全部价值之和，这些收益一般为拥有控制权的企业家或高管人员所直接占有，如特殊权力带来的满足感、可享受到有形或无形的在职消费等。① 控制权激励是一种通过决定是否授予特定控制权以及选择对授权的制约程度来激励约束高管行为的制度安排，其本质是把特定控制权授予与否、授予后控制权的制约程度作为高管努力程度和贡献大小的相应回报。② 声誉激励也属于隐性激励的范畴。公司高管一般较为重视自身长期职业生涯的声誉或荣誉，一方面，这种声誉能够为高层管理者带来社会赞誉及地位，满足成就需

① Aghion P, Bolton P. An Incomplete Contracts Approach to Financial Contracting [J]. Review of Economic Studies, 1992, 59 (3).

② 徐宁，徐向艺. 控制权激励双重性与技术创新动态能力——基于高科技上市公司面板数据的实证分析 [J]. 中国工业经济，2012 (10): 109-121.

要；另一方面，良好的声誉意味着未来更加丰厚的货币收入。拜德纳尔等（Bednar et al.，2015）研究了管理者为自身利益而选择有争议的治理实践时所受到的声誉方面的惩罚。这些惩罚将减少受到质疑的行为从而发挥声誉的社会控制功能（social control function）。[①] 坎比尼等（Cambini et al.，2015）也指出，声誉激励之所以能发挥作用，是因为一旦代理人做出违背契约的行为，将遭受明显的损失。代理人为了避免这种损失会制约自己的行为。[②] 因此从某种意义上说，声誉激励更多的是一种约束机制，而这种约束机制将与薪酬、股权等显性激励之间形成良好的协同关系。

14.3.2 不同激励契约方式的作用机制比较

从不同激励契约方式的内涵与特征来看，激励周期、高管报酬的性质、高管报酬强度的决定因素、激励过程的明确性四个维度共同构成了对一种激励契约方式作用机制的描述。因此，本章将从上述维度出发，对不同激励契约方式的作用机制进行比较。

1. 激励周期的比较

薪酬激励以短期经营周期尤其是以年度为激励周期。股权激励是以中长期经营周期为激励周期的，一般是指事先设定一个较长时期（通常为3～10年）的绩效目标，高管实现了这些目标，就可以获得股权奖励。同时，股权激励契约也以激励对象的中长期阶段性工作业绩作为考核标准。而控制权激励发生作用的原理是通过授予高管特定的控制权使其获得收益，而这种控制权是与高管的职位密切相关的，高管在这个职位上就能够拥有或者行使这种权力，如果不在这个职位上就丧失了这种权力，这使得控制权激励的激励周期是与高管在本公司内的任期期限相一致的。相对于前三种激励契约方式，声誉激励的激励周期最长。薪酬激励是在年度考核与兑现之后结束，股权激励是在一个激励有效期内考核与兑现之后结束，控制权激励是在完成在本公司内的任期之后结束，但声誉激励发生作用的时间却是贯穿于高管的整

① Bednar M K，Love E G，Kraatz M. Paying the price? The impact of controversial governance practices on managerial reputation［J］. Academy of Management Journal，2015，58（6）：1740－1760.

② Cambini C，Rondi L，De Masi S. Incentive Compensation in Energy Firms：Does Regulation Matter?［J］. Corporate Governance：An International Review，2015，23（4）：378－395.

个职业生涯。经理人只有长期从事经营管理工作，在市场竞争中，通过长期重复博弈才能建立起个人声誉，包括能力、经验、忠诚度等在内的一系列信号才得以显示。

2. 报酬性质的比较

对于薪酬激励而言，高管获得的回报是现金薪酬，因此绝大部分为物质报酬。而股权奖励带给高管的收益是以物质报酬为主，但也有部分满足了他们通过获得公司股权所特有的经济权力以及满足尊重等心理需求而得到的非物质报酬。控制权激励是通过赋予高管控制权使其获得控制权收益，而这种收益是指控制者通过对控制权的行使而占有的难以量化的全部价值之和，如特殊权力带来的满足感、可享受到有形或无形的在职消费等。在职消费是控制权激励的主要表现形式，是高管处理公司事务所进行的合法支出，高管有权力在一定范围内支配这些费用。控制权激励的另一种表现形式难以货币化但却能够带来精神激励效应，并且隐性程度更高：一是在一定程度上满足了企业家施展其才能、体现其“企业家精神”的自我实现的需要；二是满足了控制他人或感觉优越于他人、感觉自己处于负责地位的权力需要。[①] 因此，高管通过控制权激励所获得的收益是物质报酬与非物质报酬兼顾。而声誉激励则更多的是给予高管尊重与自我实现等方面的精神报酬，当然也会通过带来社会资本等获得间接的物质报酬，但与其他契约方式相比，仍是以非物质报酬为主。

3. 报酬强度决定因素的比较

年度薪酬一般分为基本薪酬与风险薪酬，决定高管基本年薪的主要是公司规模与岗位等因素，而决定高管绩效年薪的主要因素大多是年度财务指标。因此，高管报酬在较大程度上取决于企业的短期财务绩效。股权激励契约以激励对象的中长期阶段性工作业绩作为考核标准。以股票期权为例，这些标准可以细化为授予条件与行权条件。如果达到了授予条件，那么就可以拥有被授予股票期权的资格，如果达到了行权条件，那么就可以对已经获得

① 周其仁．“控制权回报”和“企业家控制的企业”——“公有制经济”中企业家人力资本产权的案例研究［J］．经济研究，1997（5）：31－42.

的股票期权进行行权。这些标准多是对企业中长期绩效的评价。同时，公司股价也是重要的标准，当公司股价达到预定目标时，激励对象可以获得公司股价上升所带来的收益。在资本市场有效的情况下，股价反映的是市场对于公司价值的认同。因此，决定高管报酬的主要因素是公司的中长期价值。在控制权激励运作过程中，决定高管报酬的主因是高管所在公司的长期存在，尤其是长期的良好经营状态，这样才能保证带给高管控制权收益的职位能够存在，而这种控制权收益才能够维持且不会减损。声誉是个人或组织构建自身外部角色形象的行为结果。① 高管声誉体现了其以往的业绩，也是对高管们拥有的创新能力、开拓能力和敬业精神等的一种证明。高管只有通过长期重复博弈建立包括能力、经验、忠诚度等一系列信号显示，使经理人市场乃至整个社会对高管个人产生认同，才会形成声誉。而这种声誉的形成取决于高管所经营企业的持续成长状况。正如实践中那些经营基业长青公司的企业家们在创造了百年企业美誉的同时，也为自己树立了良好的声誉。

4. 过程明确性的比较

薪酬在计划与实施过程中有明确的规则与流程，不需要太多复杂的判断就可以依据有关标准确定业绩的高低及相对应的奖金数额。而财务指标可以较为直观、明确、具体地反映出管理层决策与工作勤勉的后果，可以让高管及时意识到他们的行为对年终利润率的影响。股权激励的计划与实施流程同样也是明确的，一般企业在实施之前对每一个要素都会明确规定，但由于还受到资本市场等外部因素的影响，相对于薪酬激励，其过程的明确性有所降低。与显性激励相比，控制权激励作用过程的模糊性程度大大提高，没有具体明确的条款与时限条件，也没有明确的标准，是一种默会的存在与组织中的非正式规则。与前三个契约方式相比，声誉激励的作用过程就更加不明确了。声誉嵌入社会网络中，特别是其利益相关者构成的网络关系之中。网络是具有参与活动能力的行为主体，在主动或被动的参与活动过程中，通过资源的流动，在彼此之间形成的各种正式或非正式关系。② 由此可知，声誉的

① Highhouse S, Brooks M E, Gregarus G. An organization Impression Management Perspective on the formation of corporate reputation [J]. Journal of Management, 2009, 35 (6), 1481 - 1493.

② Håkansson H. Industrial technological development: A network approach [M]. London: Croom Helm, 1987.

形成过程、声誉激励的作用过程与反馈过程等均受到多种因素的影响，其明确性非常低。因此，过程的明确性按薪酬激励、股权激励、控制权激励与声誉激励的顺序依次递减。

14.3.3　不同激励契约实现激励相容的路径比较

根据激励机制设计理论的观点，高管激励契约获得预期效应的前提是达到激励相容。赫尔维茨（Hurwiez，1978）在其创立的机制设计理论中提出了“激励相容”的核心概念，即在理性经济人及其自利动机的假设之下，倘若能够设计一种制度安排，使高管在追求个人利益的同时，正好与公司实现整体价值最大化的目标相匹配，便实现了激励相容。[①] 这便意味着，高管行为的客观效果达到了机制设计者所预期实现的目标，从而取得委托人期望的结果，即实现委托人利益与代理人利益的趋同。不同激励契约方式实现激励相容的路径是具有差异的，这也构成了高管激励契约整合的基础。

1. 薪酬激励实现激励相容的路径

薪酬激励实现激励相容的路径可以描述为：将高管当期报酬与公司的短期绩效相结合。通过对薪酬激励、股权激励、控制权激励以及声誉激励的作用机理进行系统分析与比较可知，薪酬激励可以通过将高管当期报酬与公司的短期绩效相结合来实现激励相容。公司的短期绩效越好，尤其是财务绩效指标越好，根据契约条款，高管所获得的报酬强度也就越大。因此，由于年度财务指标是对历史的记录，并且多是短期性的，企业如果过度依赖薪酬激励，可能会导致高管对短期财务数据太过关注，从而导致其投资决策的短视。所以说，薪酬激励只能作为短期激励的工具，需要股权激励等中长期激励的配置与补充。

2. 股权激励实现激励相容的路径

股权激励实现激励相容的路径可以描述为：将高管中长期报酬与公司的中长期价值相结合。尽管同为显性激励，股权激励的特性与薪酬激励不同，

① Hurwicz L，Schmeidler D. Construction of Outcome Functions Guaranteeing Existence and Pareto - Optimality of Nash Equilibria [J]. Econometrica，1978，(46)：1447 - 1474.

它主要是通过将高管中长期的报酬与公司的中长期价值相结合来实现激励相容。无论是股票期权、限制性股票，还是股权激励的其他模式，契约规定的高管报酬并不是在当期就能实现的，需要经过一定的限制期间，而且要达到一定的激励条件（主要是对公司中长期价值的测量）才能获得相应的报酬。

3. 控制权激励实现激励相容的路径

控制权激励实现激励相容的路径可以描述为：将高管的特定权力与公司的长期存在相结合。根据控制权激励的本质与特性，控制权激励与公司价值的提升可能并不具有紧密的关联性，但这种权力是与公司的持续存在相关联的。因此，控制权激励的激励相容性特征是通过授予高管某些特定的控制权，使其将公司的持续成长作为核心关注点。也就是说，高管拥有的这些特权是与他在该公司中的职位相联系的，公司能够长期存在，并且高管能够为公司的长期存在做出贡献，才能维持现有职位甚至晋升到更高的职位，因而高管为了获得这些特权，会对公司的长期存在做出一定的贡献，从而实现激励相容。

4. 声誉激励实现激励相容的路径

声誉激励实现激励相容的路径可以描述为：将对高管个人的认同与公司的持续成长相结合。一家公司如果能够健康良好地持续成长，那么人们对于该公司的高管个人能力以及努力的累计正面评价就会越来越多，也即对高管个人的认同会随之增加，从而提升高管的声誉资产，达到对其进行激励的目的。因此，声誉激励能够通过将高管个人利益与公司持续的成长相结合来实现激励相容，是一种作用最为持久的激励契约，是塑造长期主义者最为关键的机制。

14.4 高管激励整合模型构建与整合原理阐释

有学者指出，由于企业委托代理链条信息分布的非对称性，单个治理契约的边际效用呈递减趋势，甚至会产生因过度使用而导致的负面作用，其实际达到的经济效率总是次优的（sub-optimal），即存在代理成本造成的效率损失。①② 最优的治理契约是不同治理契约的组合。③ 然而，公司治理机制之间究竟是存在替代效应，还是互补效应？针对这个问题，学术界争论激烈。雷迪克和赛斯（Rediker and Seth，1995）提出了替代效应假说（substitute hypothesis），卢瑟福等（Rutherford et al. ，2007）、豪斯吉森等（Hoskisson et al. ，2009）却认为不同治理机制之间存在互相促进、互为补充的关系，继而提出了互补效应假说（complementarity hypothesis）。④⑤ 根据上述公司治理整合理论，本章提出了高管激励契约整合观点。通过对不同高管激励契约方式的作用机制与实现激励相容的路径进行理论与实证研究，笔者发现，这些激励契约方式之间存在互补效应，而非替代效应。由激励相容性原理可知，一种有效的激励契约，要求经营者在追求个人利益的同时，其行为所取得的客观效果应该同时实现机制设计者的目标，即实现委托人所要达到的目的。而这些契约方式满足了不同的高管个人利益，同时也将这些不同的个人利益与公司整体利益的不同方面相结合。因此，本章根据上述契约方式实现激励相容的路径，构建了高管激励契约整合模型。

14.4.1　高管激励契约整合模型构建

由以上分析可知，不同激励契约方式的作用机理与激励相容性特征也不同。而这些差异正是对它们进行整合的基础。因此，本章结合心理学中有关需要、动机、行为以及目标间关系的观点以及需要层次理论，构建高管激励契约整合模型，如图 14－1 所示。

---

① Rediker K J，Seth A. Boards of directors and substitution effects of alternative governance mechanisms ［J］. Strategic Management Journal，1995，16（2）：85－99.

② 郑志刚．投资者之间的利益冲突和公司治理机制的整合［J］．经济研究，2004（2）：115－125.

③ Ward A J，Brown J A，Rodriguez D. Governance bundles，firm performance，and the substitutability and complementarity of governance mechanisms ［J］. Corporate Governance：An International Review，2009，17（5）：646－660.

④ Rutherford M A，Buchholtz A B，Brown，J. Examining the relationships between monitoring and incentives in corporate governance ［J］. Journal of Management Studies，2007（44）：414－430.

⑤ Hoskisson R E，Castleton M W，Withers M C. Complementarity in monitoring and bonding：More intense monitoring leads to higher executive compensation ［J］. Academy of Management Perspectives，2009. 23（2）：57－74.

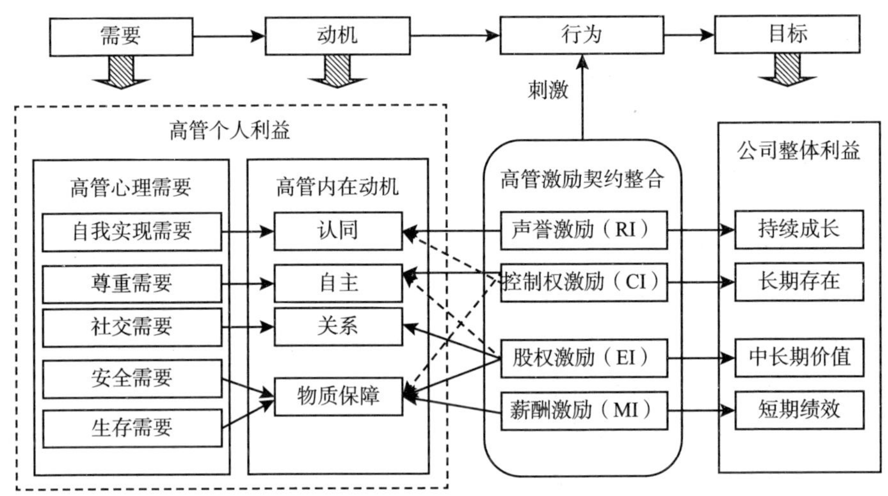

图 14－1　高管激励契约整合模型

注：实线代表主要效应，虚线代表次要效应。

根据马斯洛需要层次理论，内在动机与不同层次需要依次对应，[①] 安全需要与生存需要对应的是物质保障动机，社交需要对应的是关系动机，尊重需要对应的是自主动机，自我实现需要对应的是认同动机。由需要、动机、行为与目标的关系可知，高管的需要使其产生动机，而这些动机又使之产生了行为，从而实现目标。而通过前文的分析，我们可以得出薪酬激励、股权激励、控制权激励、声誉激励能够将高管的物质保障动机、关系动机、自主动机与认同动机与实现公司整体利益的目标联系起来，因此，这些激励契约的整合可以刺激高管行为，从而实现目标。

14.4.2　高管激励契约整合原理阐释

以整合模型（如图 14－1 所示）为基础，本章从公司整体利益与高管个人利益两个方面出发，对高管激励契约的整合原理进行系统阐释。一方面，为了保障公司更好地发展，公司整体利益的各个维度需要进行整合；另一方面，为了提高高管的工作积极性与组织忠诚度，并有效降低代理成本，高管个人利益的各个维度也需要进行整合。因此，连接两者的桥梁——高管激励

① Maslow A H, Frager R, Fadiman J. Motivation and personality [M]. New York: Harper & Row, 1970.

契约也同样需要整合。这在一定程度上也说明了高管激励契约整合的必要性。

从公司整体利益的角度来看，薪酬激励、股权激励、控制权激励以及声誉激励的作用效果分别为促进公司短期绩效、中长期价值、长期存在乃至持续成长，而这些均是公司整体利益的构成。如果仅采用薪酬激励契约，则会导致高管倾向于以公司的短期绩效为导向，从而忽视其中长期价值。而如果仅采用显性激励契约，则会导致高管对公司短期或者中长期的财务指标以及市场价值指标更为注重，又由于高管任职的短期性，也会导致对公司可持续成长、成为基业常青企业方面的关注相对弱化，从而可能会导致以财务指标为导向的成长路径。

从高管个人利益的角度来看，根据马斯洛需要层次理论，高管的心理需要分为生存需要、安全需要、社交需要、尊重需要、自我实现需要，其中前两种需要使高管产生对物质保障的内在动机，社交需要使高管产生对关系的内在动机，尊重需要使高管产生对自主的内在动机，而自我实现需要使高管产生对认同的内在动机。而根据薪酬激励、股权激励、控制权激励、声誉激励的特性及作用机理可知，它们分别能够满足高管的上述内在动机（物质保障、关系、自主与认同）。其中，薪酬激励主要满足的是高管的物质保障动机；股权激励不仅能够满足高管的物资保障动机，而且能够通过授予高管股权以及股权赋予的部分权力满足其关系及自主动机，但对于这两类动机满足的程度要弱于对物质保障的满足程度；控制权激励通过授予高管权力，而使高管满足对自主的动机，当然在一定程度上通过在职消费也满足了他们的物质保障动机；声誉激励则满足了高管的认同动机，通过高管声誉的提升能够促进高管人力资本价值的提升，满足高管的自我实现需要。由马斯洛需要层次理论的基本观点可知，这五种需要是同时存在的，但强度不同。高管激励契约分别满足的是高管不同层次的需要，因此，它们之间存在互补关系，其整合效应要远远大于单一契约的激励效应。

14.5　研究结论与展望

在现阶段的公司治理实践中，薪酬激励、股权激励等单一激励契约在实践中屡屡出现失效甚至出现负向效应，致使国内外理论界对于高管激励契约的研究开始从单维视角向整合视角进行演化。本章认为，对不同激励契约方式进行深入全面的比较研究才是对它们进行有效整合的前提。因此，在对高管显性激励与隐性激励契约类型进行比较的基础上，笔者进一步对薪酬激励、股权激励、控制权激励、声誉激励等典型契约方式的机理（包括作用机制与实现激励相容的路径）进行全面比较，并构建高管激励契约整合模型，得出以下结论：

第一，高管激励契约包括显性激励与隐性激励两大类型。显性激励具有明确的契约条款及时限规定，激励标准能够被准确测量，并且激励作用在单次博弈过程中就能发挥出来。隐性激励不具有明确的契约条款及时限规定，激励标准不能够被准确测量，并且激励作用需要在多次博弈过程中才能发挥出来。两者在条款与实现的明确性、激励标准的可测量性、激励作用发生的博弈频率三个维度上存在显著差异。

第二，薪酬激励、股权激励、控制权激励与声誉激励等典型契约方式在作用机制方面存在显著差异，具体而言，上述方式在激励周期、高管报酬的性质、高管报酬强度的决定因素、激励过程的明确性四个维度均有所不同。从深层次看，它们实现激励相容的路径也有较大差异，依次可以描述为是“将高管当期报酬与公司的短期绩效相结合”“将高管中长期报酬与公司的中长期价值相结合”“将高管的特定权力与公司的长期存在相结合”“将对高管个人的认同与公司的持续成长相结合”。

第三，由激励相容性原理与公司治理整合理论的观点可知，高管激励契约整合的关键在于将高管个人收益的各个层次与公司整体利益的各个层次相结合。根据马斯洛需要层次理论可知，薪酬激励、股权激励、控制权激励与声誉激励等分别满足了高管的不同需求，而这些需求的实现途径是促进公司短期绩效、中长期价值、长期存在乃至持续成长等公司整体利益。因此，高管激励契约方式之间存在互补关系，其整合效应要远远大于单一契约的激励效应。

综上所述，高管激励契约的研究应从单维视角向整合视角进行演进，深入研究在不同层次的情境因素下如何通过对高管激励契约的合理配置从而实现整合效应，这是对该研究领域进行深化与拓展的重要方向。而对于企业实践的启示是，应该根据不同高管激励契约方式的作用机理及其激励相容性特征，结合企业所处的情境条件，通过权衡利弊与平衡各方利益，合理选择并有效配置高管激励体系，而不能单单倚重于某种激励契约，否则会严重影响激励契约的作用效果。

主要参考文献

1. 鲍学欣，曹国华，邢相春，王鹏．真实盈余管理的原因：一个前景理论的解释［J］．管理工程学报，2017，31（3）．

2. 毕楠，银成钺．名人企业家——品牌延伸的新路径［J］．外国经济与管理，2015（5）．

3. 蔡宁，徐梦周．我国创投机构投资阶段选择及具绩效影响前实证研究［J］．中国工业经济，2009（10）．

4. 陈春花．唯有长期主义者方能跨越危机［J］．哈佛商业评论（中文版），2020（12）．

5. 陈冬华，梁上坤，蒋德权．不同市场化进程下高管激励契约的成本与选择：货币薪酬与在职消费［J］．会计研究，2010（11）．

6. 陈仕华，李维安．公司治理的社会嵌入性：理论框架及嵌入机制［J］．中国工业经济，2011（6）．

7. 陈宋生，童晓晓．双重监管、XBRL 实施与公司治理效应［J］．南开管理评论，2017，20（6）．

8. 陈文强．控股股东涉入与高管股权激励：“监督”还是“合谋”?［J］．经济管理，2017，39（1）．

9. 醋卫华，李培功．媒体追捧与明星 CEO 薪酬［J］．南开管理评论，2015（1）．

10. 董保宝，葛宝山．新企业风险承担与绩效倒 U 型关系及机会能力的中介作用研究［J］．南开管理评论，2014，17（4）．

11. 董保宝．风险需要平衡吗：新企业风险承担与绩效倒 U 型关系及创业能力的中介作用［J］．管理世界，2014（1）．

12. 杜运周，张玉利，任兵．展现还是隐藏竞争优势：新企业竞争者导向与绩效U型关系及组织合法性的中介作用［J］．管理世界，2012（7）．

13. 方军雄．我国上市公司高管的薪酬存在粘性吗？［J］．经济研究，2009（3）．

14. 傅颀，邓川．高管控制权、薪酬与盈余管理［J］．财经论丛，2013（4）．

15. 葛建华，冯云霞．企业家公众形象、媒体呈现与认知合法性——基于中国民营企业的探索性实证分析［J］经济管理，2011（3）．

16. 何靖．延付高管薪酬对银行风险承担的政策效应——基于银行盈余管理动机视角的PSM－DID分析［J］．中国工业经济，2016（11）．

17. 何瑛，于文蕾，杨棉之．CEO复合型职业经历、企业风险承担与企业价值［J］．中国工业经济，2019（9）．

18. 何友晖．面子的动力：从概念化到测量［M］//翟学伟．中国社会心理学评论（第二辑）．北京：社会科学文献出版社，2006.

19. 黄光国．面子：中国人的权力游戏［M］．北京：中国人民大学出版社，2004.

20. 黄群慧，李春琦．报酬、声誉与经营者长期化行为的激励［J］．中国工业经济，2001（1）．

21. 黄群慧．企业家的期望角色：经济学和管理学的阐释［J］．财经科学，2001（6）．

22. 黄再胜．西方企业激励理论的最新发展［J］．外国经济与管理，2004（1）．

23. 黄中伟，王宇露．关于经济行为的社会嵌入理论研究述评［J］．外国经济与管理，2007，29（12）．

24. 纪炀，周二华，龙立荣，等．企业所有制调节作用下的名人CEO与组织吸引力研究［J］．管理学报，2016，13（1）．

25. 蒋建武，赵曙明．心理资本与战略人力资源管理［J］．经济管理，2007（9）．

26. 巨荣良．企业组织转型与声誉机制的构建［J］．经济管理，2007（10）．

27. 雷宇．实际控制人性质与声誉机制的有效性——基于公司信息披露的经验证据［J］. 财经论丛，2011（3）.

28. 李辰颖，杨海燕. CEO声誉受哪些因素影响：理论与实证［J］. 当代经济管理，2012，34（3）.

29. 李军林. 声誉、控制权与博弈均衡——一个关于国有企业经营绩效的博弈分析［J］. 上海财经大学学报，2002（4）.

30. 李辽宁. 国外企业盈余管理动机研究：一个基于契约观的整合框架［J］. 宏观经济研究，2012（10）.

31. 李敏. 论企业社会资本的有机构成及功能［J］. 中国工业经济，2005（8）.

32. 李培林. 上市公司高管道德风险与声誉机制作用研究［J］. 郑州大学学报（哲学社会科版），2015，48（5）.

33. 李胜楠，牛建波. 高管权力研究的述评与基本框架构建［J］. 外国经济与管理，2014，36（7）.

34. 李仕明，唐小我. 企业权力配置与经理激励［M］. 北京：科学出版社，2003.

35. 李燕萍，孙红，张银. 高管报酬激励、战略并购重组与公司绩效——来自中国A股上市公司的实证［J］. 管理世界，2008（12）.

36. 廖飞，施丽芳，茅宁，丁德明. 竞争优势感知、个人声誉激励与知识工作者的内生动机：以知识的隐性程度为调节变量［J］. 南开管理评论，2010，13（1）.

37. 林南著，张磊译. 社会资本：关于结构与行动的理论［M］. 上海：上海人民出版社，2004.

38. 刘浩，许楠，时淑慧. 内部控制的“双刃剑”作用——基于预算执行与预算松弛的研究［J］. 管理世界，2015（12）.

39. 刘绍娓，万大艳. 高管薪酬与公司绩效：国有与非国有上市公司的实证比较研究［J］. 中国软科学，2013（2）.

40. 罗伯特·K. 殷. 案例研究设计与方法［M］. 周海涛等译. 重庆：重庆大学出版社，2004.

41. 罗进辉. 媒体报道的公司治理作用——双重代理成本视角［J］. 金融研究，2012（10）.

42. 吕文栋，林琳，赵杨. 名人CEO与企业战略风险承担［J］. 中国软科学，2020（1）.

43. 马连福，刘丽颖．高管声誉激励对企业绩效的影响机制［J］．系统工程，2013，31（05）.

44. 马壮，李延喜，王云，曾伟强．媒体监督、异常审计费用与企业盈余管理［J］．管理评论，2018，30（4）.

45. 皮天雷．国外声誉理论：文献综述、研究展望及对中国的启示［J］．首都经济贸易大学学报，2009，11（3）.

46. 綦好东，郭骏超，朱炜．国有企业混合所有制改革：动力、阻力与实现路径［J］．管理世界，2017（10）.

47. 邵剑兵，陈永恒．高管股权激励、盈余管理与审计定价——基于盈余管理异质性的视角［J］．审计与经济研究，2018，33（1）.

48. 沈昊，杨梅英．国有企业混合所有制改革模式和公司治理——基于招商局集团的案例分析［J］．管理世界，2019，35（4）.

49. 沈烈，张西萍．新会计准则与盈余管理［J］．会计研究，2007（2）.

50. 寿志钢，苏晨汀，周晨．商业圈子中的信任与机会主义行为［J］．经济管理，2007（11）.

51. 宋晶，孟德芳．国有企业高管薪酬制度改革路径研究［J］．管理世界，2012（2）.

52. 孙俊华，陈传明．企业家社会资本与公司绩效关系研究——基于中国制造业上市公司的实证研究［J］．南开管理评论，2009，12（2）.

53. 孙俊华，陈传明．企业家社会资本与公司绩效关系研究——基于中国制造业上市公司的实证研究［J］．南开管理评论，2009（2）.

54. 谈晨皓，王逸博，崔诣晨，王沛．名利博弈中的舍利取义行为［J］．心理科学进展，2016（12）.

55. 唐松，孙铮．政治关联、高管薪酬与企业未来经营绩效［J］．管理世界，2014（5）.

56. 陶厚永，章娟，刘艺婷．外部监督、面子需要与企业高管的承诺升级［J］．南开管理评论，2019，22（4）.

57. 王华，黄之骏．经营者股权激励、董事会组成与企业价值——基于内生性视角的经验分析［J］．管理世界，2006（9）.

58. 王克敏，王志超．高管控制权、报酬与盈余管理——基于中国上市公司的实证研究［J］．管理世界，2007（7）．

59. 王茂林，何玉润，林慧婷．管理层权力、现金股利与企业投资效率［J］．南开管理评论，2014，17（2）．

60. 王帅，徐宁，姜楠楠．高管声誉激励契约的强度、效用及作用途径——一个中国情境下的实证检验［J］．财经理论与实践，2016，37（3）．

61. 王帅，徐宁．公司高管声誉的三重激励效用及其实现途径［J］．经济与管理研究，2016，37（2）．

62. 王晓亮，蒋勇，刘振杰．董事会断裂带、会计稳健性与真实盈余管理［J］．审计研究，2019（5）．

63. 王新，毛慧贞，李彦霖．经理人权力、薪酬结构与企业业绩［J］．南开管理评论，2015，18（1）．

64. 王雁飞，朱瑜．心理资本理论与相关研究进展［J］．外国经济与管理，2007（5）．

65. 魏明海．盈余管理基本理论及其研究述评［J］．会计研究，2000（9）．

66. 武常岐，钱婷，张竹，轩宇欣：中国国有企业管理研究的发展与演变［J］．南开管理评论，2019（4）．

67. 徐向艺，徐宁．上市公司高管激励契约配置与协同研究［M］．北京：经济科学出版社，2018．

68. 徐宁，徐向艺．股票期权激励契约合理性及其约束性因素——基于中国上市公司的实证分析［J］．中国工业经济，2010（2）．

69. 徐宁，徐向艺．控制权激励双重性与技术创新动态能力——基于高科技上市公司面板数据的实证分析［J］．中国工业经济，2012（10）．

70. 徐宁，徐向艺．技术创新导向的高管激励整合效应——基于高科技上市公司的实证研究［J］．科研管理，2013，34（9）．

71. 徐宁，张阳，徐向艺．“能者居之”能够保护子公司中小股东利益吗——母子公司“双向治理”的视角［J］．中国工业经济，2019（11）：155－173．

72. 徐宁．技术创新导向的高管激励契约整合效应［M］．北京：经济科学出版社，2016．

73. 徐宁，王帅．高管激励与技术创新关系研究前沿探析与未来展望［J］．外国经济与管理，2013（6）．

74. 徐宁，徐鹏，吴创．技术创新动态能力建构及其价值创造效应——来自中小上市公司的经验证据［J］．科学学与科学技术管理，2014（8）．

75. 徐宁，任天龙，吴创．治理主体间的权力博弈影响了股权激励双重效应吗？——以民营中小上市公司为例［J］．经济评论，2014（3）．

76. 徐宁，吴皞玉，王帅．动力抑或负担？——高管声誉双重治理效用研究述评与展望［J］．外国经济与管理，2017，39（10）．

77. 徐宁，姜楠楠，张晋．股权激励对中小企业双元创新战略的影响研究［J］．科研管理，2019，40（7）．

78. 杨俊杰，曹国华．CEO 声誉、盈余管理与投资效率［J］．软科学，2016，30（11）．

79. 杨亚达，徐虹．国有企业经理人声誉激励机制［J］．经济理论与经济管理，2004（4）．

80. 姚冰湜，马琳，王雪莉，李秉祥．高管团队职能异质性对企业绩效的影响：CEO 权力的调节作用［J］．中国软科学，2015（2）．

81. 袁春生，吴永明，韩洪灵．职业经理人会关注他们的市场声誉吗——来自中国资本市场舞弊行为的经验透视［J］．中国工业经济，2008（7）．

82. 张敏，童丽静，许浩然．社会网络与企业风险承担——基于我国上市公司的经验证据［J］．管理世界，2015（11）．

83. 张其仔．社会学方法对于企业管理理论与实践的意义［J］．经济管理，2012（2）．

84. 张维迎．产权、激励与公司治理［M］．北京：经济科学出版社，2005.

85. 张宗新，周嘉嘉．分析师关注能否提高上市公司信息透明度？——基于盈余管理的视角［J］．财经问题研究，2019（12）．

86. 赵晶，郭海．公司实际控制权、社会资本控制链与制度环境［J］．管理世界，2014（9）．

87. 赵卓嘉．面子理论研究述评［J］．重庆大学学报（社会科学版），2012，18（5）．

88. 郑志刚，李东旭，许荣，林仁韬，赵锡军．国企高管的政治晋升与形象工程——基于N省A公司的案例研究 [J]. 管理世界, 2012 (10).

89. 郑志刚. 国企混改的逻辑、路径与实现模式选择 [J]. 中国经济报告, 2020 (1).

90. 郑志刚. 投资者之间的利益冲突和公司治理机制的整合 [J]. 经济研究, 2004 (2).

91. 周其仁. "控制权回报" 和 "企业家控制的企业" —— "公有制经济" 中企业家人力资本产权的案例研究 [J]. 经济研究, 1997 (5).

92. Aggarwal R K, Samwick A A. Empire - builders and shirkers: Investment, firm performance, and managerial incentives [J]. Journal of Corporate Finance, 2006, 12 (3): 489 - 515.

93. Aggarwal R K, Samwick A A. Why do managers diversify their firms? Agency reconsidered [J]. Journal of Finance, 2003, 58 (1): 71 - 118.

94. Alessandri T M, Seth A. The effects of managerial ownership on international and business diversification: Balancing incentives and risks [J]. Strategic Management Journal, 2014, 35 (13): 2064 - 2075.

95. Anantharaman D, Fang V W, Gong G. Inside debt and the design of corporate debt contracts [J]. Management Science, 2014, 60 (5): 1260 - 1280.

96. Baillon A, Bleichrodt H, Spinu V. Searching for the reference point [J]. Management Science, 2020, 66 (1): 93 - 112.

97. Baixauli - Soler J S, Belda - Ruiz M, Sanchez - Marin G. Executive stock options, gender diversity in the top management team, and firm risk taking [J]. Journal of Business Research, 2015, 28 (2): 451 - 463.

98. Bebchuk L A, Fried J M, Walker D I. Managerial power and rent extraction in the design of executive compensation [J]. The University of Chicago Law Review, 2002, 69 (3): 751 - 846.

99. Bebchuk L A, Fried J M. Executive Compensation as an Agency Problem [J]. Journal of Economic Perspectives, 2003, 17 (3): 71 - 92.

100. Bebchuk L A, Jackson R J. Executive pensions [J]. Journal of Corporation Law, 2005, 30 (4): 823 - 855.

101. Bednar M K, Love E G, Kraatz M. Paying the price? The impact of

controversial governance practices on managerial reputation [J]. Academy of Management Journal, 2015, 58 (6): 1740 - 1760.

102. Belenzon S, Shamshur A, Zarutskie R. CEO's age and the performance of closely held firms [J]. Strategic Management Journal, 2019, 40 (6): 917 - 944.

103. Benischke M H, Martin G P, Glaser L. CEO equity risk bearing and strategic risk taking: The moderating effect of CEO personality [J]. Strategic Management Journal, 2019, 40 (1): 153 - 177.

104. Bens D A, Nagar V, Wong M H. Real investment implications of employee stock option exercises [J]. Journal of Accounting Research, 2002, 40 (2): 359 - 393.

105. Bernile G, Bhagwat V, Rau P R. What doesn't kill you will only make you more risk - Loving: early - life disasters and CEO behavior [J]. Journal of Finance, 2017, 72 (1): 167 - 206.

106. Boivie S, Graffin S, Gentry R. Understanding the Direction, Magnitude, and Joint Effects of Reputation When Multiple Actors' Reputations Collide [J]. Academy of Management Journal, 2016, 59 (1): 188 - 206.

107. Bonaime A, Gulen H, Ion M. Does policy uncertainty affect mergers and acquisitions? [J]. Journal of Financial Economics, 2018, 129 (3): 531 - 558.

108. Bottom W P, Holloway J, Miller G J, et al. Building a pathway to cooperation: Negotiation and social exchange between principal and agent [J]. Administrative Science Quarterly, 2006, 51 (1): 29 - 58.

109. Brisker E R, Wang W. CEO's inside debt and dynamics of capital structure [J]. Financial Management, 2017, 46 (3): 655 - 685.

110. Brown M, Serra - Garcia M. The threat of exclusion and implicit contracting [J]. Management Science, 2017, 63 (12): 4081 - 4100.

111. Bryan S, Hwang L S, Lilien S. CEO stock - based compensation: An empirical analysis of incentive - intensity, relative mix, and economic determinants [J]. Journal of Business, 2000, 73 (4): 134 - 146.

112. Buchholtz A K, Ribbens B A. Role of chief executive officers in take-

over resistance: Effects of CEO incentives and individual characteristics [J]. Academy of Management Journal, 1994, 37 (3): 554 -579.

113. Burns N, Mctier B C, Minnick K. Equity - incentive compensation and payout policy in Europe [J]. Journal of Corporate Finance, 2015, 30: 85 -97.

114. Cambini C, Rondi L, De Masi S. Incentive Compensation in Energy Firms: Does Regulation Matter? [J]. Corporate Governance: An International Review, 2015, 23 (4): 378 -395.

115. Campbell T C, Galpin N, Johnson S A. Optimal inside debt compensation and the value of equity and debt [J]. Journal of Financial Economics, 2016, 119 (2): 336 -352.

116. Cassell C A, Huang S X, Sanchez J M, et al. Seeking safety: The relation between CEO inside debt holdings and the riskiness of firm investment and financial policies [J]. Journal of Financial Economics, 2012, 103 (3): 588 -610.

117. Chen Y R, Lee B S. A dynamic analysis of executive stock options: Determinants and consequences [J]. Journal of Corporate Finance, 2010, 16 (1): 88 -103.

118. Chi S, Huang S X, Sanchez J M. CEO inside debt incentives and corporate tax sheltering [J]. Journal of Accounting Research, 2017, 55 (4): 837 -876.

119. Cho S Y, Arthurs J D, Townsend D M, Miller D R, Barden J Q. Performance deviations and acquisition premiums: The impact of CEO celebrity on managerial risk-taking [J]. Strategic Management Journal, 2016, 37 (13): 2677 -2694.

120. Cohen D A, Zarowin P. Accrual - based and real earnings management activities around seasoned equity offerings [J]. Journal of Accounting & Economics, 2010, 50 (1): 2 -19.

121. Coles J L, Daniel N D, Naveen L. Managerial incentives and risk - taking [J]. Journal of Financial Economics, 2006, 79 (2): 431 -468.

122. Colonnello S, Curatola G, Hoang N G. Direct and indirect risk - taking incentives of inside debt [J]. Journal of Corporate Finance, 2017, 45: 428 -466.

123. Connelly B L, Certo S T, Ireland R D, et al. Signaling theory: A review and assessment [J]. Journal of Management, 2011, 37 (1): 39 -67.

124. Core J E, Guay W R, Larcker D F. The Power of the Pen and Executive Compensation [J]. Journal of Financial Economics, 2008, (88): 1 -25.

125. Croci E, Petmezas D. Do risk - taking incentives induce CEOs to invest? Evidence from acquisitions [J]. Journal of Corporate Finance, 2015, 32: 1 -23.

126. Dang V A, Phan H V. CEO inside debt and corporate debt maturity structure [J]. Journal of Banking and Finance, 2016, 70: 38 -54.

127. Denis D J, Denis D K, Sarin A. Agency theory and the influence of equity ownership on corporate diversification strategies [J]. Strategic Management Journal, 1999, 20 (11): 1071 -1076.

128. Deutsch T, Keil T, Laamanen T. A dual agency view of board compensation: the joint effects of outside director and CEO stock options on firm risk [J]. Strategic Management Journal, 2011, 32 (2): 212 -227.

129. Devers C E, McNamara G, Haleblian J, et al. Do they walk the talk? Gauging acquiring CEO and director confidence in the value creation potential of announced acquisitions [J]. Academy of Management Journal, 2013, 56 (6): 1679 -1702.

130. Devers C E, McNamara G, Wiseman R M, et al. Moving closer to the action: Examining compensation design effects on firm risk [J]. Organization Science, 2008, 19 (4): 548 -566.

131. Dittmann I, Yu K, Zhang D. How important are risk -taking incentives in executive compensation? [J]. Review of Finance, 2017, 21 (5): 1805 - 1846.

132. Dunford B B, Boswell W R, Boudreau J W. When do high - level managers believe they can influence the stock price? Antecedents of stock price expectancy cognitions [J]. Human Resource Management, 2010, 49 (1): 23 - 43.

133. Dye R A, Sridhar S S. Hedging executive compensation risk through investment banks [J]. The Accounting Review, 2016, 91 (4): 1109 -1138.

134. Edmans A, Gabaix X, Sadzik T, Sannikov Y. Dynamic CEO Compensation [J]. Journal of Finance, 2012, 67 (5): 1603 - 1647.

135. Edmans A, Liu Q. Inside Debt [J]. Review of Finance, 2011, 15 (1): 75 - 102.

136. Eisenhardt K M. Building Theories from Case Study Research [J]. Academy of Management Journal, 1989 (14): 532 - 550.

137. Emler N, Hopkins N. Reputation, social identity, and the self [A] // Abrams D, Hogg M A (Eds.). Social Identity Theory: Constructive and Critical Advances. New York, NY: Springer - Verlag, 1990: 113 - 130.

138. Fama E F, Jensen M C. Agency problems and residual claims [J]. Journal of Law & Economics, 1983, 26 (2): 327 - 349.

139. Fama E F, Jensen M C. Separation of ownership and control [J]. The Journal of Law & Economics, 1983, 26 (2): 301 - 325.

140. Fama E F. Agency problems and the theory of the firm [J]. Journal of Political Economy, 1980, 88 (2): 288 - 307.

141. Feltham G A, Wu M. Incentive Efficiency of Stock versus Options [J]. Review of Accounting Studies, 2001, 6 (1): 7 - 28.

142. Filatotchev I, Allcock D. Corporate Governance and Executive Remuneration: A Contingency Framework [J]. Academy of Management Perspectives, 2010, 24: 20 - 32.

143. Finkelstein S. Power in Top Management Teams: Dimensions, Measurement and Validation [J]. Academy of Management Journal, 1992, 35 (3): 505 - 538.

144. Francis J, Huang A H, Rajgopal S, et al. CEO Reputation and Earnings Quality [J]. Contemporary Accounting Research, 2008, 25 (1): 109 - 147.

145. Freund S, Latif S, Phan H V. Executive compensation and corporate financing policies: Evidence from CEO inside debt [J]. Journal of Corporate Finance, 2018, 50: 484 - 504.

146. Gabaix X, Landier A. Why Has CEO Pay Increased so Much? [J]. Quarterly Journal of Economics, 2008, 123 (1): 49 - 100.

147. Gioia D A, Sims H P. Perceptions of Managerial Power as a Consequence of Managerial Behavior and Reputation [J]. Journal of Management, 1983, 9 (1): 7 -26.

148. Gomez - Mejia L R, Neacsu I, Martin G. CEO risk - taking and socioemotional wealth: The behavioral agency model, family control, and CEO option wealth [J]. Journal of Management, 2019, 45 (4): 1713 -1738.

149. Goranova M, Alessandri T M, Brandes P, et al. Managerial ownership and corporate diversification: A longitudinal view [J]. Strategic Management Journal, 2007, 28 (3): 81 -89.

150. Gormley T A, Matsa D A, Milbourn T. CEO compensation and corporate risk: Evidence from a natural experiment [J]. Journal of Accounting & Economics, 2013, 56 (2 -3): 79 -101.

151. Graffin S D, Wade J B, Porac J F, et al. The Impact of CEO Status Diffusion on the Economic Outcomes of Other Senior Managers [J]. Organization Science, 2008, 19 (3): 457 -474.

152. Graham J R, Harvey C R, Puri M. Managerial attitudes and corporate actions [J]. Journal of Financial Economics, 2013, 109 (1): 103 -121.

153. Grant J, Markarian G, Parbonetti A. CEO risk - related incentives and income smoothing [J]. Contemporary Accounting Research, 2009, 26 (4): 1029 -1065.

154. Hagendorff J, Vallascas F. CEO pay incentives and risk - taking: Evidence from bank acquisitions [J]. Journal of Corporate Finance, 2011, 17 (4): 1078 -1095.

155. Harris D, Helfat C. Specificity of CEO human capital and compensation [J]. Strategic Management Journal, 1997, 18 (11): 895 -920.

156. Hayes R H, Abernathy W J. Managing our way to economic decline [J]. Harvard Business Review, 2007, 61 (7): 67 -77.

157. Hayward M L A, Rindova V P, Pollock T G. Believing One's Own Press: The Causes and Consequences of CEO Celebrity [J]. Strategic Management Journal, 2004, 25 (7): 637 -653.

158. He G. The effect of CEO inside debt holdings on financial reporting

quality [J]. Review of Accounting Studies, 2015, 20 (1): 501 -536.

159. Highhouse S, Brooks M E, Gregarus G. An organization Impression Management Perspective on the formation of corporate reputation [J]. Journal of Management, 2009, 35 (6), 1481 -1493.

160. Himmelberg C, Hubbard G, Palia D. Understanding the Determinants of Managerial Ownership and the Link between Ownership and Performance [J]. Journal of Financial Economics, 1999, (53): 353 -384.

161. Hochwarter W A, Ferris G R, Zinko R, et al. Reputation as a Moderator of Political Behavior - Work Outcomes Relationships: A Two - Study Investigation with Convergent Results [J]. Journal of Applied psychology, 2007, 92 (2): 567 -576.

162. Holmstrom B. Managerial Incentive Problem: A Dynamic Perspective [J]. Review of Economic Studies, 1999, 66 (1): 169 -182.

163. Hoskisson R E, Castleton M W, Withers M C. Complementarity in monitoring and bonding: more intense monitoring leads to higher executive compensation [J]. Academy of Management Perspectives, 2009. 23 (2): 57 -74.

164. Hoskisson R E, Chirico F, Zyung D, et al. Managerial risk taking: A multitheoretical review and future research agenda [J]. Journal of Management, 2017, 43 (1): 137 -169.

165. Hoskisson R E, Hitt M A, Hill C W. Managerial incentives and investment in R&D in large multiproduct firms [J]. Organization Science, 1993, 4 (2): 325 -341.

166. Hurwicz L, Schmeidler D. Construction of outcome functions guaranteeing existence and pareto optimality of Nash Equilibria [J]. Econometrica, 1978, (46) 6: 1447 -1474.

167. Jensen M C, Meckling W H. Theory of the Firm: Managerial Behavior, Agency Costs and Ownership Structure [J]. Journal of Financial Economics, 1976, 3 (4): 305 -360.

168. Jensen M C, Murphy K J. CEO Incentives—It's not How Much You Pay, but How [J]. Harvard Business Review, 1990, 68 (3): 138 -153.

169. Jia N, Huang K G, Zhang C M. Public governance, corporate govern-

ance, and firm innovation: An examination of state – owned enterprises [J]. Academy of Management Journal, 2019, 62 (1): 220 –247.

170. Jian M, Lee K W. Does CEO reputation matter for capital investments? [J]. Journal of Corporate Finance, 2011, 17 (4): 929 –946.

171. Johnson W B, Young S M, Welker M. Managerial Reputation and the Informativeness of Accounting and Market Measures of Performance [J]. Contemporary Accounting Research, 1993, 10 (1): 305 –332.

172. Kahneman D, Tversky K A. Prospect theory: An analysis of decision under risk [J]. Econometrica, 1979, 47 (2): 263 –291.

173. Kalyta P. Compensation transparency and managerial opportunism: A study of supplemental retirement plans [J]. Strategic Management Journal, 2009, 30 (4): 405 –423.

174. Kaplan S E, Samuels J A, Cohen J. An Examination of the Effect of CEO Social Ties and CEO Reputation on Nonprofessional Investors' Say – on – Pay Judgments [J]. Journal of Business Ethics, 2015, 126 (1): 103 –117.

175. Karuna C. Industry product market competition and managerial incentives [J]. Journal of Accounting and Economics, 2007, 43 (2 – 3): 275 – 297.

176. Ketchen D J, Adams G L, Shook C L. Understanding and managing CEO celebrity [J]. Business Horizons, 2008, 51 (51): 529 –534

177. Kirmani A, Rao A R. No Pain, No Gain: A Critical Review of the Literature on Signaling Unobservable Product Quality [J]. Journal of Marketing, 2000, 63 (2): 66 –79.

178. Kreps D. Corporate culture and economic theory [M] // Alt J, Shepsle K (eds). Perspectives on Positive Political Economy. Cambridge University Press, 1990.

179. La Porta R, Lopez – de – Silanes F, Shleifer A, Vishny R W. Investor Protection and Corporate Governance [J]. Journal of Financial Economics, 2000, 58 (1 –2): 3 –27.

180. Larcker D F. The association between performance plan adoption and corporate capital investment [J]. Journal of Accounting and Economics, 1983

(5): 3 -30.

181. Liao L K, Lin Y M, Lin T W. Non - financial performance in product market and capital expenditure [J]. Journal of Business Research, 2016, 69 (6): 2151 -2159.

182. Lim E. The role of reference point in CEO restricted stock and its impact on R&D intensity in high - technology firms [J]. Strategic Management Journal, 2015, 36 (6): 872 -889.

183. Lin C, Officer M S, Shen B. Managerial risk - taking incentives and merger decisions [J]. Journal of Financial and Quantitative Analysis, 2018, 53 (2): 1 -38.

184. Linn S C, Park D. Outside director compensation policy and the investment opportunity set [J]. Journal of Corporate Finance, 2005, 11 (4): 680 -715.

185. Love E G, Lim J, Bednar M. The Face of the Firm: The Influence of CEOs on Corporate Reputation [J]. Academy of Management Journal, 2017, 60 (4).

186. Lovelace J B, Bundy J, Hambrick D C, Pollock T G. The shackles of CEO celebrity: Sociocognitive and behavioral role constraints on "star" leaders [J]. Academy of Management Review, 2018, 43 (3): 419 -444.

187. Mak Y T, Yuan L. Determinants of corporate ownership and board structure: Evidence from Singapore [J]. Journal of Corporate Finance, 2001, 7 (3): 235 -255.

188. Makri M, Lane P J, Gomez - Mejia L R. CEO incentives, innovation, and performance in technology - intensive firms: A reconciliation outcome and behavior - based incentive schemes [J]. Strategic Management Journal, 2006, 27 (11): 1057 -1080.

189. Malmendier U, Tate G. Superstar CEOs [J]. The Quarterly Journal of Economics, 2009, 124 (4): 1593 -1638.

190. Martin G P, Gómez - Mejía L R, Wiseman R M. Executive stock options as mixed gambles: Revisiting the behavioral agency model [J]. Academy of Management Journal, 2013, 56 (2): 451 -472.

191. Martin G P, Wiseman R M, Gomez – Mejia L R. Going short – term or long – term? CEO stock options and temporal orientation in the presence of slack [J]. Strategic Management Journal, 2015, 37 (12): 2463 – 2480.

192. Mayer R C, Schoorman F D. An Integrative Model of Organizational Trust [J]. Academy of Management Review, 1995, 20 (3): 709 – 734.

193. Milbourn T T. CEO reputation and stock – based compensation [J]. Journal of Financial Economics, 2003, 68 (2): 233 – 262.

194. Milidonis A, Nishikawa T, Shim J. CEO inside debt and risk taking: Evidence from property-liability insurance firms [J]. Journal of Risk and Insurance, 2019, 86 (2): 451 – 477.

195. Miller G S. The Press as a Watchdog for Accounting Fraud [J]. Journal of Accounting Research, 2006, 44 (5): 1001 – 1033.

196. Mishra D. The dark side of CEO ability: CEO general managerial skills and cost of equity capital [J]. Journal of Corporate Finance, 2014, 29 (10): 390 – 409.

197. Morck R, Shlefier A, Vishney R W. Management ownership and market valuation: An empirical analysis [J]. Journal of Financial Economics, 1988, 20 (1 – 2): 293 – 315.

198. Murphy K J. Executive compensation: Where we are, and how we got there [J]. Handbook of the Economics of Finance, 2013, 2 (6): 211 – 356.

199. Myers S C, Majluf N. Corporate financing and investment decisions when firms have information that investors do not have [J]. Journal of Financial Economics, 1984, 13 (2): 187 – 221.

200. Nahapiet J, Ghoshal S. Social capital, intellectual capital, and the organizational advantage [J]. Academy of Management Review, 1998, 23: 242 – 266.

201. Nguyen T. CEO incentives and corporate innovation [J]. Financial Review, 2018, 53 (2): 255 – 300.

202. O'Reilly C A, Doerr B, Caldwell D F, Chatman J A. Narcissistic CEOs and executive compensation [J]. The Leadership Quarterly, 2014, 25 (2): 218 – 231.

203. Park J H, Kim C, Sung Y D. Whom to Dismiss? CEO Celebrity and Management Dismissal [J]. Journal of Business Research, 2014, 67 (11): 2346 - 2355.

204. Phan H V. Inside Debt and Mergers and Acquisitions [J]. Journal of Financial and Quantitative Analysis, 2014, 49 (5 - 6): 1365 - 1401.

205. Radner R. Monitoring cooperative agreements in a repeated principal - agent relationship [J]. Economitrica, 1981, 49 (5): 1127 - 1148.

206. Rediker K J, Seth A. Boards of directors and substitution effects of alternative governance mechanisms [J]. Strategic Management Journal, 1995, 16 (2): 85 - 99.

207. Reid C D. CEO retirement compensation: Is inside debt excess compensation or a risk management tool? [J]. Business Horizons, 2018, 61 (5): 721 - 731.

208. Rindova V P, Pollock T G, Hayward M L A. Celebrity Firms: The Social Construction of Market Popularity [J]. Academy of Management Review, 2006, 31 (1): 50 - 71.

209. Rowley T, Behrens D, Krackhardt D. Redundant governance structures: an analysis of structural and relational embeddedness in the steel and semiconductor industries [J]. Strategic Management Journal, 2000, 21: 369 - 386.

210. Roychowdhury S. Earnings Management through real activities manipulation [J]. Journal of Accounting & Economics, 2006, 42 (3): 335 - 370.

211. Rutherford M A, Buchholtz A B, Brown J. Examining the relationships between monitoring and incentives in corporate governance [J]. Journal of Management Studies, 2007 (44): 414 - 430.

212. Sanchezmarin G, Baixauli - Soler J S. CEO reputation and top management team compensation [J]. Management Decision, 2014, 87 (52): 540 - 558.

213. Sanders G, Hambrick D C. Swinging for the fences: The effects of CEO stock options on company risk taking and performance [J]. Academy of Management Journal, 2007, 50 (5): 1055 - 1078.

214. Sanders G. Behavioral responses of CEOs to stock ownership and stock

option pay [J]. Academy of Management Journal, 2001, 44 (3): 477 -492.

215. Schoar A, Zuo L. Shaped by booms and busts: How the economy impacts CEO careers and management styles [J]. The Review of Financial Studies, 2017, 30 (5): 1425 -1456.

216. Sheppard B H, Sherman D M. The grammars of trust: A model and general implications [J]. Academy of Management Review, 1998, 23 (3): 422 -437.

217. Shi W, Connelly B L, Mackey J D, et al. Placing their bets: The influence of strategic investment on CEO pay - for - performance [J]. Strategic Management Journal, 2019, 40 (12): 2047 -2077.

218. Shleifer A, Vishny R W. A Survey of Corporate Governance [J]. Journal of Finance, 1997, 52 (2): 737 -783.

219. Spence M. Job Market Signaling [J]. Quarterly Journal of Economics, 1973, 87 (3): 355 -374.

220. Steinbach A L, Holcomb T R, Holmes R M, et al. Top management team incentive heterogeneity, strategic investment behavior, and performance: A contingency theory of incentive alignment [J]. Strategic Management Journal, 2017, 38 (8): 1701 -1720.

221. Stern I, Dukerich J M, Zajac E. Unmixed signals: How reputation and status affect alliance formation [J]. Strategic Management Journal, 2014, 35 (4): 512 -531.

222. Sundaram R K, Yermack D L. Pay me later: Inside debt and its role in managerial compensation [J]. Journal of Finance, 2007, 62 (4): 1551 -1588.

223. Sunder J, Sunder S V, Zhang J. Pilot CEOs and corporate innovation [J]. Journal of Financial Economics, 2017, 123 (1): 209 -224.

224. Tadelis S. What's in a Name? Reputation as a Tradeable Asset [J]. American Economic Review, 1998, 89 (1): 68 -77.

225. Treadway D C, Adams G L, Ranft A L, Ferris G R. A Meso - level Conceptualization of CEO Celebrity Effectiveness [J]. The Leadership Quarterly, 2009, 20 (4): 554 -570.

226. Van Essen M. Assessing Managerial Power Theory: A Meta – analytic Approach to Understanding the Determinants of CEO Compensation [J]. Journal of Management, 2015, 41 (1): 164 – 202.

227. Volker L. On the benefits of allowing CEOs to time their stock option exercises [J]. Journal of Economics, 2010, 41 (1): 118 – 138.

228. Wade J B, Graffin S D. The burden of celebrity: the impact of CEO certification contests on CEO pay and performance [J]. Academy of Management Journal, 2006, 49 (4): 643 – 660

229. Wang C, Xie F, Xin X. CEO Inside Debt and Accounting Conservatism [J]. Contemporary Accounting Research, 2018, 35 (4): 2131 – 2159.

230. Ward A J, Brown J A, Rodriguez D. Governance bundles, firm performance, and the substitutability and complementarity of governance mechanisms [J]. Corporate Governance: An International Review, 2009, 17 (5): 646 – 660.

231. Ward A J, Brown J A, Rodriguez D. Governance bundles, firm performance, and the substitutability and complementarity of governance mechanisms [J]. Corporate Governance: An International Review, 2009, 17 (5): 646 – 660.

232. Wei C, Yermack D. Investor reactions to CEOs' inside debt incentives [J]. Review of Financial Studies, 2011, 24 (11): 3813 – 3840.

233. Wei J, Ouyang Z, Chen H. Well Known or Well Liked? The Effects of Corporate Reputation on Firm Value at the Onset of a Corporate Crisis [J]. Strategic Management Journal, 2017, 38 (10): 2103 – 2120.

234. Werner S, Tosi H, Gomez – Mejia L R. Organizational governance and employee pay: How ownership structure affects the firm's compensation strategy [J]. Strategic Management Journal, 2005, 26 (4): 377 – 384.

235. Wong S S, Boh W F. Leveraging the Ties of Others to Build a Reputation for Trustworthiness among Peers [J]. Academy of Management Journal, 2010, 53 (1): 129 – 148.

236. Woolridge J R, Snow C C. Stock market reaction to strategic investment decisions [J]. Strategic Management Journal, 1990, 11 (5): 353 – 363.

237. Wu B H, Mazur M. Managerial incentives and investment policy in family firms: Evidence from a structural analysis [J]. Journal of Small Business Management, 2018, 56 (4): 618 -657.

238. Wu J F, Tu R T. CEO stock option pay and R&D spending: A behavioral agency explanation [J]. Journal of Business Research, 2007, 60 (5): 482 -492.

239. Zajac E J, Westphal J D. The costs and benefits of managerial incentives and monitoring in large U. S. corporations: When is more not better? [J]. Strategic Management Journal, 1994, 15 (S1): 121 -142.

240. Zavyalova A, Pfarrer M, Reger R K and Hubbard T. Reputation as a Benefit and a Burden? How Stakeholders' Organizational Identification Affects the Role of Reputation following a Negative Event [J]. Academy of Management Journal, 2016, 59 (1): 253 -276.

241. Zhou K Z, Gao G Y, Zhao H. State ownership and product innovation in China: An integrated view of institutional and efficiency logics [J]. Administrative Science Quarterly, 2017, 62 (2): 375 -404.

242. Zott C, Quy N H. How Entrepreneurs Use Symbolic Management to Acquire Resources [J]. Administrative Science Quarterly, 2007, 52 (1): 70 -105.

后 记

光阴荏苒，距离2011年博士毕业已经10年了。作为山东大学管理学院的教师以及山东省人文社科研究基地公司治理研究中心的主要成员，我一直致力于公司治理方面的研究。本书是我撰写的第三部专著，是国家自然科学基金面上项目“‘舍利取义’还是‘为名所累’？中国情境下高管声誉双重治理效应及其优化路径研究”（项目号：71872103）的阶段性成果之一，也是我第三个研究阶段主要研究成果的汇总及主要学术观点的凝练。

在第一个研究阶段，我主要致力于探索构建适用于中国上市公司的股权激励理论与实践体系。专著《中国上市公司股权激励契约安排与制度设计》于2012年出版，该书有幸获得第29次山东省社科优秀成果奖著作一等奖，同时在《中国工业经济》《经济管理》《经济评论》等刊物上发表相关论文10余篇，多篇论文引用次数达200次以上，也有成果获得山东省社科优秀成果奖。

在第二个研究阶段，我提出“高管激励契约整合的价值创造效应”观点，探索构建了以技术创新导向的高管激励契约整合机制为核心的理论与实践体系，获得国家自科基金青年项目及多项省部级课题资助，出版专著《技术创新导向的高管激励契约整合研究》（2016年），并在《中国工业经济》《科研管理》《外国经济与管理》等刊物上发表论文10余篇，其中，两篇论文获得山东省社科优秀成果奖，并得到海信日立商用空调有限公司等企业采纳应用。

在第三个研究阶段，通过对中国情境下公司治理理论与实践的思考，以及对几十位公司高管的访谈，我将研究重点放在了“高管声誉治理效应”方面。课题“‘舍利取义’还是‘为名所累’？中国情境下高管声誉双重治理效应及其优化路径研究”获得国家自然科学基金面上项目资助。多位匿名函评专家建议优先资助，其中一位专家的函评意见是：“这一项目的最大特点是充分注意到了中国情境的特殊性，善于结合中国情境构建分析框架，凝练科学构念，这是许多同类项目申请做不到的地方，有可能创造出具有中国情境意义的公司治理理论。”这是对课题选题及本阶段研究工作的充分肯定，也增强了我对中国情境下高管声誉治理效应理论与实践体系进行深入探索的信心。之后，在国家自然科学基金项目资助之下，通过与课题组主要成员徐向艺教授、王帅博士、博士研究生张阳、袁琛和吴皞玉等通力合作，在《中国工业经济》《科研管理》《管理学报》《外国经济与管理》等CSSCI期刊发表论文多篇，获得山东省高等学校优秀科研成果一等奖以及第十四届世界管理大会优秀论文等奖励。

近年来，课题组对中国情境下高管声誉的治理效应及实现机制进行了系统的研究，提出了诸多创新性的学术观点，现将其汇集成专著出版。本书综合运用文献分析、理论演绎、案例研究、实证检验等质性分析与量化研究的整合框架，对中国特殊的制度与文化背景之下高管声誉的独特属性、构成维度、影响因素、作用机理、治理效应、优化途径等进行系统研究，希望能够为公司治理理论体系的完善及公司治理实践的发展贡献绵薄之力。

为了践行我的博士生导师徐向艺教授（国家级教学名师、山东省人文社科研究基地公司治理研究中心主任）“终生学习、爱岗敬业”的教诲，我不断鞭策自己在学术研究的道路上潜心前行。通过多年的研究工作，我真正体会到了作为一名学术研究者的艰辛，也体会到了探索前沿寻找未知的乐趣。徐向艺教授在公司治理理论创新方面有诸多建树，也有着多年进行管理咨询积累的丰富实践经验。这些研究工作的完成与研究成果的取得无不凝结了导师无私的帮助与支持，谨在此表示深深的感谢！同时衷心感谢课题组其他成员对本书的贡献！

感谢在百忙之中接受访谈的企业高管们，他们的无私帮助对于本研究工作的顺利完成起到了至关重要的作用，也为理论研究提供了非常有益的实践素材，在此表示深深的感谢！

感谢学校及学院领导、老师们，感谢他们在工作与生活上给予我的指导、帮助与支持！感谢学校与学院提供的良好科研环境，使我的学术研究得以顺利进行！

感谢我的亲人与朋友！在多年的研究生涯中，他们一直对我表示出无限的支持与无私的付出，让我能够积极投入地从事学术研究工作。

最后，感谢所有在本书的写作、编审、出版过程中付出辛勤劳动的专家、编辑老师和同学们！

徐宁
2020 年 2 月